V&R unipress

Bonner Biblische Beiträge

Band 188

herausgegeben von
Ulrich Berges und Martin Ebner

Benedikt Josef Collinet

Die letzten Könige von Juda

Eine narratologische und intertextuelle Lektüre von 2 Kön 23,30–25,30

Mit 3 Abbildungen

V&R unipress

Bonn University Press

Bibliografische Information der Deutschen Nationalbibliothek
Die Deutsche Nationalbibliothek verzeichnet diese Publikation in der Deutschen Nationalbibliografie; detaillierte bibliografische Daten sind im Internet über http://dnb.d-nb.de abrufbar.

Veröffentlichungen der Bonn University Press erscheinen im Verlag V&R unipress GmbH.

Gedruckt mit freundlicher Unterstützung der Katholisch-Theologischen Fakultät der Universität Wien.

Umschlagabbildung: Babylonisches Exil (597–539 v. Chr.) der Juden, gemalt von Bendemann / istockphoto.com (ID: 683702856).
Druck und Bindung: CPI books GmbH, Birkstraße 10, D-25917 Leck
Printed in the EU.

Vandenhoeck & Ruprecht Verlage | www.vandenhoeck-ruprecht-verlage.com

ISSN 0520-5670
ISBN 978-3-8471-0965-5

Die eigene Perspektivgebundenheit wahrzunehmen, ist zugleich von dem be(un)ruhigenden Wissen geprägt, dass Lesen nur vorläufig ist und nur aus pragmatischer Notwendigkeit beendet werden kann, die Lektüre eines Textes aber nie abgeschlossen ist. Texte sind nie zu verstehen, und sie sind nie zu domestizieren!

(B.Schmitz, Prophetie 19.)

Sometimes people think parts of the Bible are so boring – like this section in Kings. But it's not the writer's fault! When will we realize that, though there is always a bite to holiness and a spice to uprightness, evil is sheer tedium.

(D.R.Davis, 2 Kgs 337.)

The story is told to us by men who believed that all history was in the hand of God who used it to fulfil his purposes. They believed that God loved his people and that that love was to be discerned even in disasters and suffering. [...] In the circumstances out of which Kings was written, this was an act of faith which was as courageous as it was unexpected.

(J.Robinson, 2 Kgs 13.)

Inhalt

Den Online-Anhang zum Buch finden Sie unter:

http://www.vandenhoeck-ruprecht-verlage.com/collinet_koenige
(unter Downloads)
Passwort: cDuY6Ykc

Vorwort

Das Ende der Königsbücher reflektiert eine der wichtigsten Gotteserfahrungen der jüdischen und christlichen Glaubensgeschichte. Mit dem Untergang Jerusalems und der Zerstörung des Zentralheilitgums von Juda im Jahr 587 v. Chr. hätte der JHWH-Glaube im Volk Israel sein Ende finden können. Wie im Alten Orient üblich hätte sich das geschlagene Volk dem Gott der Sieger unterworfen und assimiliert. Mit diesem Datum hätte die Geschichte des Alten Israel enden und die von Judentum und Christentum gar nicht erst beginnen können. Doch es kam anders. Die Exilierten akzeptierten ihr eigenes Scheitern und suchten die Schuld nicht in der vermeintlichen Schwäche Gottes, sondern bei sich selbst. Gott verliert nicht gegen andere Mächte, sondern er hebt seinen Schutz über das Volk auf und gibt es so seinen Gegnern preis. Ist er deshalb der zornige und gewalttätige Gott, den man im Alten Testament so gerne zu finden sucht? Oder geht es in der Erzählung von 2 Kön 23,30–25,30 nicht viel mehr um die Treue eines Gottes zu seinem Volk, der alles tut, um es zu retten, ohne dabei Barmherzigkeit mit blinder Bevorzugung zu verwechseln. Was geschieht mit dieser Erfahrung im Lauf ihrer Rezeption, und vor allen Dingen wie tritt sie uns im Erzählzusammenhang des Alten Testamentes gegenüber? Wovon erzählt diese Geschichte heutigen LeserInnen und Lesern?

Der Abschluss eines Großprojekts ist immer auch der Ort, innezuhalten und Dank zu sagen. Danke all jenen, die mich beim Schreiben der Arbeit unterstützt haben: Allen voran meiner Betreuerin und Doktormutter A.Siquans.

Ein weiterer Dank geht an B.Schmitz und L.Schwienhorst-Schönberger, die die Arbeit begutachtet haben. Außerdem an G.Braulik, K.Kremser, B.Lumesberger-Loisl und K.Rötzer, so wie allen anderen Kolleginnen und Kollegen der KTF Wien, die mir mit ihrer hilfreichen Kritik, ihrem offenen Ohr und ihrer Zeit zur Seite gestanden haben.

Ein besonderer Dank gilt auch D.Markl und P.Dubovský, die mir den von der Universität Wien geförderten KWA-Forschungsaufenthalt am Biblicum in Rom ermöglicht und ihn so angenehm und bereichernd gestaltet haben.

Für die Aufnahme in die Reihe Bonner Biblische Beitäge danke ich U.Berges und M.Ebner sehr herzlich. Auch dem Verlag und besonders J.Schwanke und O.Kätsch danke ich für die angenehme und hochprofessionelle Zusammenarbeit.

Dem Bistum Trier und der KTF Wien danke ich für die finanzielle Unterstützung.

Meiner Familie, all meinen Freundinnen und Freunden und Dir Magdalena, danke ich für eure liebevolle und durchhaltende Unterstützung.

Euch und Ihnen allen von Herzen ein großes Vergelt's Gott. A.M.D.G.

Wien, am 9.Ab 2018 Benedikt Josef Collinet

A. Einleitung

1. Forschungsfrage und Methodendiskussion

1.1 Hinführung

Betrachtet man die Forschungsliteratur zu den Königsbüchern des Alten Testaments in den letzten Dekaden, so gibt es einige Auffälligkeiten. Nahezu alle Kommentare (seit Klostermann 1887) befassen sich mit den Königsbüchern als Geschichtsbüchern. Das Hauptinteresse an diesen Texten liegt im Bereich der historisch-kritischen Quellenkritik. Dort scheint in weiten Bereichen ein Konsens erreicht zu sein. Die Literarkritik hat die möglichen Schichten getrennt und ihre Plausibilität diskutiert. Die Redaktionskritikerinnen und -kritiker sind unentschlossen, ob sie zwei oder besser drei Redaktoren den Vorzug geben soll.[1] Die (Grob-) Komposition und Gliederung ist breit diskutiert worden.

Erneut in Frage gestellt ist die Suche nach dem ältesten erreichbaren Textzeugen der Königsbücher, da namhafte Textkritiker wie A.Schenker, S.Kreuzer, N.Fernández-Marcos u.a. im Antiochenischen bzw. Lukianischen Text der Septuaginta einen prä-masoretischen Text (= nicht-Vorlage des MT) gefunden haben, der altersmäßig dem ältesten proto-masoretischen Text (= Vorlage MT) vorausliegt. Auch die Qumran-Quellen lässt er um einiges hinter sich.[2]

Das letzte große Thema der Forschung zu den Königsbüchern, so scheint es, ist die nie enden wollende Diskussion um die Existenz und Plausibilität des sogenannten *Deuteronomistischen Geschichtswerks* (DtrG)[3], welches die Bücher Deuteronomium – 2 Könige umfasst. Hier trifft die breite Masse der Befürwortenden immer wieder auf Gegenwind. Prominent ist die Enneateuch-Hypothese, wie sie z.B. bei R.G.Kratz[4] als aktuellem Vertreter der Göttinger Schule und

1 H.Weippert, *Beurteilungen* 301–339; W.Thiele, *Rückschau* 69–79.

2 A.Schenker, *Älteste Textgeschichte*; S.Kreuzer/ M.Sigismund (Hg.), *Der Antiochenische Text* bes. 23–86.

3 A.Alt, G.Braulik, N.Lohfink, M.Noth u.v.m. vertreten diese These.

4 R.G.Kratz, *Komposition* 219–225.

E.Aurelius[5] begegnet. Eine umfassende Darstellung und Kritik beider Seiten sowie die Berücksichtigung der verschiedenen redaktionsgeschichtlichen Modelle aus dem englischen, französischen und deutschen Sprachraum hat F.Blanco Wißmann 2008 vorgelegt.[6]

Daher könnte der Eindruck entstehen, es gebe keine neuen Singehalte mehr in den Königsbüchern. Die inhaltlichen Auslegungen zielen üblicherweise auf eine historische Rekonstruktion von Daten und Fakten ab, die die Historie Israels zur Königszeit beleuchten sollen. Theologische Interpretationen sind an die theologischen Implikationen der Gesamtkonzepte rückgebunden und scheinen in den Einzeltexten als die Erfüllung eines Schemas auf.

Bei den Geschichtsbüchern Israels handelt es sich aber nicht um eine Geschichtsschreibung (*history*) im klassischen Sinne, wie E.Ballhorn[7] eindrücklich gezeigt hat, sondern um eine Geschichte in Prosaform (*story*), um erzählte Geschichte. Dies ist wichtig, weil es sich nicht um eine reine Sammlung von Daten und Fakten handelt, die es auch geben könnte, sondern um die Ver-Dichtung einer Erfahrung. Es handelt sich nicht um eine Abhandlung darüber »wie es eigentlich gewesen ist« (L. von Ranke[8]), sondern, um mit Aleida und Jan Assmann zu sprechen, um »erinnerte Geschichte«[9]. Um Geschichte, die aus reflektierter und überlieferter Erfahrung besteht. Die Gedächtnisform unterscheidet sich von der möglichst objektiven Form der Geschichtsschreibung »nicht hinsichtlich ihrer Referenzialität, sondern hinsichtlich des Standpunktes, den der/ die ErzählerIn zu seinem/ ihrem Gegenstand einnimmt«.[10]

Die sich daraus ergebende Notwendigkeit, auch die Geschichtsbücher, ähnlich wie die Weisheitsbücher und viele einzelne Erzählungen des Alten und Neuen Testaments als Erzählung zu verstehen und als solche zu untersuchen oder sie gar kanonisch-intertextuell rückzubinden, wurde bisher kaum aufgegriffen.[11] Einen

5 E.Aurelius, *Zukunft* bes. 207–216. Auch Peter Weimar und Erich Zenger haben dieses Modell befürwortet.

6 F.Blanco Wissmann, »*Er tat das Rechte…*«.

7 E.Ballhorn, *Israel.*

8 L.von Ranke, *SW* 33 7. Die Überwindung dieses Paradigmas und der heutige Umgang damit wir gut gezeigt im Sammelband C.Landmesser/ R.Zimmermann, (Hg.), *Text.*

9 A.Assmann, *Geschichte* 175–184; J.Assmann, *Das kulturelle Gedächtnis;* Ders., *Gedächtnis* 63–85.

10 I.Müllner, *Zeit* 21. Dies ist durchaus im Einklang mit historischen Untersuchungen. So weist Gerdien Jonker in seiner Dissertation ausführlich nach, wie Mesopotamien im Laufe seiner Geschichte Erinnerung konstruiert und in schriftlicher Form zu Geschichte *macht.* Er zeigt außerdem, wie das topographische Wissen und die politischen Realitäten dieser Zeit das Weltbild beeinflussen und wie wichtig der Umgang mit Toten für die Konstituierung und Interpretation der Vergangenheit ist (vgl. Ders., *Topography*). Auch die gegenwärtige Geschichtswissenschaft wird sich der Notwendigkeit, Historie narrativ zu vermitteln wieder stärker bewusst (vgl. E.-M.Becker, *Ereignis*).

11 Eine Ausnahme sind die Analysen von Klara Butting, Uta Schmidt, Barbara Schmitz, sowie

Beitrag zu diesem Forschungsbereich will meine Dissertation leisten, die sich im Sinne einer Tiefenbohrung mit dem Ende der Königsbücher, konkret der Erzählung von der Nachfolge Joschijas bis zur Erhebung Jojachins aus dem Gefängnis (2 Kön 23,30–25,30), befasst. Dies wird selbst, nach Vorbild von Arbeiten aus dem anglo-amerikanischen Sprachraum, in erzählend-interpretierendem Stil geschehen, der zwar bei der Wissenschaftlichkeit keine Abstriche macht, aber ein angenehmeres Leseerlebnis produzieren soll.

Die Erzählung ist mehrfach im Alten Testament überliefert (2 Kön 23–25; Jer 52; 2 Chr 36) und außerdem ein Kernthema alttestamentlicher Geschichtstheologie. Daher sind einige Worte zu ihrer Stellung im christlichen und jüdischen Kanon sinnvoll:

Der Untergang des Königtums Juda und die damit einhergehende Zerstörung Jerusalems, des Salomonischen Tempels sowie der Exilierung des israelitischen Volkes ist mehr als nur ein sekundäres Ereignis im Alten Testament; es gehört zu den am häufigsten überlieferten Narrationen. Betrachtet man den Kanon der Jüdischen Bibel (TNK), so stechen vor allem die Positionierungen dieser Erzählung heraus. In der Tora spielen Könige kaum eine Rolle, da das verheißene Land nicht in Besitz genommen ist. In den Büchern der Vorderen Prophetie (Josua, Richter, 1.2 Sam, 1.2 Kön) wird das Interesse an einem König, der Ordnung schafft und mächtig macht, immer mehr forciert, bis in 1 Sam 8 der Ruf nach einem König so laut wird, dass Jhwh ihm nachgibt und Samuel beauftragt, Saul zu salben.[12] Dies ist der Beginn einer langen, durchwachsenen und meist negativen Historie des israelitisch-judäischen Königtums. Unter Saul, David und Salomo (1 Sam 1–1 Kön 11) wird die goldene Ära verstanden, unter den Königen der getrennten Reiche (1 Kön 12–2 Kön 17) sind viele schlechte Herrscher anzutreffen und schließlich, nach dem Untergang des Nordreiches, bleiben die wenig ruhmreichen Südkönige, mit Ausnahme Hiskijas und Joschijas, dem negativen Urteil nicht entzogen (2 Kön 18–25). Mit den letzten Königen Judas, jenen, die auf den großen Reformer Joschija folgen, wird das Geschichtswerk, und damit die gesamte Vordere Prophetie, beschlossen. In der darauf folgenden »Hinteren Prophetie« beschäftigt sich, ausführlicher als jedes andere Buch, das Buch Jeremia mit den judäischen Königen nach Joschija. Jeremia endet in Kap. 52 mit einem annähernd gleichen Text wie 2 Könige. Der dritte und letzte Teil des TNK, die »Schriften«, werden durch die Chronikbücher abgerundet. Diese geben noch einmal die gesamte Geschichte von Adam bis zum Untergang Jerusalems

die Arbeiten von Egbert Ballhorn zu Josua, sowie die Kommentare von Shimon Bar-Efrat (S.Bar-Efrat, Das Erste [Zweite] Buch Samuel.

12 Es finden sich, vor allem in den frühen Texten, immer wieder kritische Stimmen. Eine volle Zustimmung zu einem Königtum im Gottesvolk kann daher weder historisch noch textlich angenommen werden.

wieder. 2 Chr 36, das letzte Kapitel der jüdisch-masoretischen Kanonfassung, ist wiederum eine adaptierte Fassung von 2 Kön 23,30–25,30.

Im christlichen Kanon werden die Chroniken vorgezogen. Auf sie folgen Esra und Nehemia, sodass eine chronologische Reihenfolge entsteht. Dadurch ist die privilegierte Stellung der Chronik-Erzählung aufgehoben.

1.2 Problemstellung und Forschungsfrage

»Der theologisch magere Schluss des Königsbuches und damit des großen deuteronomistischen Geschichtswerkes hat die Exegeten immer etwas enttäuscht.«[13] Dieses Zitat verwendet Erich Zenger als Einleitung zu seinem Artikel über die Begnadigung Jojachins (1968). Kaum ein Kommentar der letzten 150 Jahre widmet den letzten Kapiteln der Königsbücher mehr als 10 bis max. 20 Seiten. Häufig wird in den Einleitungen zu besagten Kommentaren nur dann auf diese Kapitel Bezug genommen, wenn sie als sekundär oder sogar tertiär bezeichnet werden und keine Auslegung mehr folgt. Die knappen Inhalte werden als geschichtlich unterfütterte, aber unvollständig überlieferte Fakten der ›Königstagebücher‹ gesehen und kaum weiter beachtet. Der Untergang Jerusalems wird – aufgrund des Hinweises in 2 Kön 24,3f. – theologisch Manasse zu Lasten gelegt, danach widmen sich die Autoren den historischen Quellen und gleichen diese mit dem überlieferten Text ab oder umgekehrt. Theologische Aussagen gelten als Erfüllungen der Strafandrohung JHWHs, ohne dass dies näher ausgeführt oder gar untersucht würde. Wichtiger erscheint es, die realgeschichtlichen Jahre zu finden (Chronologie-Debatte), die archäologischen Orte einwandfrei zu bestimmen und die Zahl der Deportierten sowie die Höhe der Tributzahlungen und die Gewichte der Tempelschätze zu verifizieren. Auch das Ausmaß der Zerstörung Jerusalems, die Rekonstruktion des Tempels und die rituellen Abläufe von Thronbesteigungen und Vasallitätsbekundungen sowie ihr rechtlicher Status im Alten Orient sind Bestandteil der bisherigen Forschung. Die wenigen einschlägigen Dissertationen konzentrieren sich vor allem auf die literar- und redaktionskritischen Fragestellungen, sowie die Beziehungen zum Jeremiabuch.[14] Eine Zusammenschau dieser Überlegungen bildet daher den ersten Teil der vorliegenden Arbeit.[15]

---

13 E.ZENGER, *Begnadigung* 16; H.-W.Wolff nennt den Schluss des DtrG sogar »spröde« (DERS., *GSt* 311).

14 Hier sind vor allem C.SEITZ, *Theology* (1989), E.AURELIUS, *Zukunft* (2003); F.BLANCO WISSMANN, *Beurteilungen* (2008) und J.JOB, *Jeremiah's Kings* (2006) zu nennen.

15 Die Rekonstruktion der Umwelt des Erzählten und eine Zusammenstellung textexterner Verankerungen wie archäologische Zeugnisse ist über einen Online Anhang verfügbar gemacht.

Wenige Beiträge und noch weniger Monographien befassen sich explizit mit dem Ende der Königsbücher. Meist sind es kurze Verweise, Belege für redaktionelle Eingriffe oder knappe Bemerkungen zu einzelnen Versen oder Versgruppen, die in den allermeisten Fällen an König Joschija und seine Kultreform rückgebunden sind.[16]

Die Frage, was diese letzten Kapitel noch zu erzählen haben, welche Funktion sie erfüllen – außer dem Streit um den Stellenwert der Erhebung Jojachins aus dem Gefängnis – wird nicht gestellt. Es handelt sich aus der Wahrnehmung bisheriger Forschungsliteratur eher um die Minuten vor dem Abspann eines dramatischen Films. Der große Held Joschija ist gefallen, das Unheil bricht herein und eventuell wird eine Fortsetzung angedeutet. Diese letzten Minuten eines Films sind häufig Zeitraffungen, die entweder große Zeiträume überspringen (wie in 2 Chr 36; »60 Jahre später«) oder in geraffter Form die weiteren Entwicklungen zeigen.

Dabei wird eines übersehen: In diesen oft blitzartig wechselnden Bildern wird ein Großteil der Handlung rekapituliert – häufig sogar auf den Anfang angespielt –, die noch laufenden Stränge werden zusammengeführt und in vielen Fällen wird entweder eine Sammlung der ›guten‹ oder der ›bösen‹ Kräfte angedeutet. Die Konsequenzen, Lohn und Strafe, treffen die Charaktere und Gruppen. Ein *cliffhanger* weckt schließlich die Neugier auf das, was weiter geschehen wird.

Eben dieses letztbeschriebene Szenario trifft auch auf das Ende der Königsbücher zu. Egal ob der Beginn dieses Geschichtswerkes bei der Schöpfung (Gen 1), in der Erwählung Abrahams (Gen 12), in der Errettung des Volkes (Exodus), in der Erteilung der Verkündigung der Tora (Dtn 28) oder in der Erzählung der Herrscher (1 Samuel bzw. 1 Könige) zu suchen ist, es endet (vorläufig) hier.

Die vorliegende Untersuchung vertritt die These, dass es bei diesen Kapiteln um eine komponierte Dekonstruktion der Heilserweise an Israel/ Juda geht. Diese spiegeln die Spannung von bedingungsloser Verheißung und einer Erfüllung wieder, die an die Gebote rückgebunden ist.

Dies zeigt sich nicht nur in der Kürze der Beschreibungen und anderen formalen Kriterien, sondern auch an dem verwendeten Vokabular, sprechenden Namen, bedeutungsgeladenen Zahlen und der Umkehrung von Formeln und Schemata sowie den vielfältigen intertextuellen Bezügen, die in Teil D analysiert werden.

Das forschungsleitende Interesse des Hauptteils dieser Arbeit und die damit verbundene Frage lautet: Wovon *erzählen* die letzten Kapitel der Königsbücher? Es geht nicht nur darum, welche geschichtlichen Daten und Fakten hier über-

16 Vgl. z. B. H.Rösel, *Josua* 27–34; G.Hentschel, *2 Könige* 115–125.

liefert werden, das *Was* der Geschichte, sondern es geht auch um das *Wie*.[17] Wie wird versucht, diese Erfahrung oder erinnerte Geschichte weiterzugeben? Sie ist gleichsam ein Subtext, der das *Was* erweitert und eigentlich erst verständlich macht. Was hier durch das *Wie* vermittelt wird, ist daher die letzten Endes entscheidende Frage.

1.3 Die Auswahl des methodischen Instrumentariums und erste Bestimmungen

Da es sich bei 2 Kön 23–25 um einen erzählenden Text handelt, sind narratologische Methoden für den ersten Teil der Untersuchung das naheliegende und bestgeeignete Werkzeug. In der schier unendlichen Fülle wissenschaftlicher Beiträge der letzten Jahrzehnte wird es darum gehen, einige besonders geeignete Methoden und ihre hermeneutischen Grundlagen auszuwählen. Eine breite Diskussion wird an dieser Stelle nicht mehr vorgenommen, da es bereits eine Reihe von Arbeiten gibt, die dies ausführlich getan und für die Bedürfnisse biblischer Exegese zugespitzte Methoden entwickelt haben.[18]

Die narratologische Untersuchung orientiert sich in dieser Arbeit grundsätzlich an synchroner Methodik, wobei vor allem der heute vorliegende Endtext – inklusive textkritischer Anmerkungen (siehe Teil B) – und zu einem späteren Zeitpunkt die intertextuellen Beziehungen zu anderen Texten einbezogen werden.[19] Diese Auswahl setzt notwendig historisch-kritische Fragestellungen hintan, wie Ballhorn bereits in seiner Habilitation ausführte:

> Das Ziel ist es, sich dem [biblischen Buch] als literarisches Werk in seiner Gänze zu widmen. Unabhängig von der nicht zu leugnenden Tatsache, dass das Buch nicht aus einem Guss ist, sondern eine mehrzügige Genese aufweist, stellt es ein literarisches Werk

---

17 Vgl. dazu S.Lahn/ C.Meister, *Einführung* 36–43; B.Schmitz, *Prophetie* 20. Dies bedeutet nicht, dass die Weltsicht des realen Autors irrelevant wäre bzw. die »textexternen Verankerungen« (B.Schmitz, *Prophetie*, 14) gänzlich unberücksichtigt bleiben müssen. Zu den bisherigen Ergebnissen der Geschichtsforschung wird es eigene Teile in der Auslegung geben. Zum Verhältnis archäologisch-geschichtswissenschaftlicher Einsichten und der erzählten Welt im biblischen Text vgl. B.Collinet, Benedikt, *Verankerungen* 22–35; I.Müllner, *Zeit* 9; 11; 19–23; bes. Tabelle S. 19.

18 Eine gute Einführung bildet I.Müllner, *Zeit* 1–24; W.Schmid, *Elemente*.

19 Zum Begriff »kanonisch-intertextuell« und seiner Verortung vgl. G.Steins, *Bibelauslegung* 37–62; Ders., *Amos* 20–28; Ders., *Kanonisch lesen* 45–64; Ders., *Bibellektüre* 55–68; B.Schmitz, *Prophetie* 17f. Zur schwierigen Definition von Intertextualität vgl. S.Gillmayr-Bucher, *Intertextualität*, 5–20. Zum Stellenwert diachroner und geschichtswissenschaftlicher Einsichten vgl. U.Berges, *Synchronie* 249–252; C.Dohmen, *Schriftsinn* 9–74, 66 B.Schmitz, *Prophetie* 107f.

dar, das allein aufgrund seiner Buchgestalt und seiner Einbindung in den kanonischen Kontext den Anspruch auf ›Ganzheit‹ stellen kann.[20]

Als allgemeine Grundlage der Analyse dient die *Einführung in die Erzähltextanalyse* (^{2}2013)[21] von *Silke Lahn* und *Jan Christoph Meister*, die auch im Bereich der vergleichenden Literaturwissenschaft als Standardwerk in Verwendung ist, sowie das auf biblische Bedürfnisse zugeschnittene Kapitel 5 A im *Arbeitsbuch literaturwissenschaftlicher Bibelauslegung*[22] (^{4}2014) von *Stefan A. Nitsche* und *Helmut Utzschneider.*

Für die Arbeit ergibt sich ausgehend von Forschungsfrage und Methode folgende Gliederung:

In einem ersten Schritt wird der bisherige Forschungsertrag in extenso dargestellt, da er in seiner kaum zu überblickenden Fülle viel Potenzial für die Interpretation enthält, das entsprechend gewürdigt werden soll.

Es folgt die textkritisch kommentierte Übersetzung des masoretischen Textes.

Der dritte Schritt bildet die ausführliche innertextliche Untersuchung der Erzählung 2 Kön 23,30–25,30, bei der sie bewusst isoliert von jeglichem innerbiblischen Kontext betrachtet wird. In diesem Kapitel kommt vorrangig das Instrumentarium der Erzähltextanalyse zum Tragen. Auf diese Weise soll die vordergründige Aussage der Erzählung ermittelt werden.

Die intertextuelle Lektüre, die sich besonders auf den Erzählzusammenhang (Gen 1,1 – 2 Kön 25,30)[23] konzentriert, dient der Klärung bzw. Offenhaltung von Leerstellen, der Präzisierung und Relativierung bisher gemachter Beobachtungen und führt so zu einem erweiterten Blick auf die Erzählung.

In den Schlussfolgerungen werden die Ergebnisse der Analysen zusammengefasst und eine abschließende Interpretation des Textabschnitts, ergänzt durch Register und eine zeitgeschichtliche Rekonstruktion Judas im siebten und sechsten vorchristlichen Jahrhundert, die im Online-Anhang zu dieser Arbeit beigelegt ist, präsentiert.

---

20 E.Ballhorn, *Israel* 68.

21 S.Lahn/ J.C.Meister, *Einführung.*

22 S.A.Nitsche/ H.Utzschneider, *Arbeitsbuch* bes. 140–177.

23 Was unter Erzählzusammenhang genau zu verstehen ist und in welchem Verhältnis er zur kanonischen Leseweise und der Trennung zwischen Tora und Prophetie steht, wird in der Einleitung zu Teil D erläutert.

2. Forschungsgeschichte

2.1 Literarische Untersuchungen

Die Entstehungsgeschichte der Königsbücher ist bis heute umstritten. Zahlreiche Publikationen zur Literar- und Redaktionskritik liegen vor, die sich in zentralen Aussagen unterscheiden. Die meisten Untersuchungen befassen sich nicht allein mit 1.2 Kön, sondern binden es in Theorien zu umfassenderen Sammlungen, wie der Enneateuch-Hypothese (EH)[24] oder dem Deuteronomistischen Geschichtswerk (DtrG) ein. Im Folgenden sollen die Erkenntnisse des letzten Jahrhunderts, die 2 Kön 23,30–25,30 betreffen, vorgestellt und ihre Relevanz für die nachfolgenden Untersuchungen geprüft werden.[25]

2.1.1 Einleitungsfragen

a) Die Quellenfrage

Da in 2 Kön 23,30–25,30 neben dem Königsschema nur die Eroberung Jerusalems und zwei kurze Notizen (Gedalja-Perikope und die Begnadigung Jojachins) zu finden sind, nehmen die meisten Autoren keine orale Tradition an.[26] Dies ist bereits seit *Alfred Jepsen* (1900–1979) der Fall, der in seinen 1939 verfassten *Quellen des Königsbuches*[27] nicht weniger als sechs unterschiedliche Quellen für die hier untersuchte Perikope nennt.[28] Diese »geringe« Anzahl an Quellen geht seiner Meinung nach darauf zurück, »dass die Quellen zurücktreten. [Dies] liegt wohl einfach daran, dass die Redaktoren den berichteten Ereignissen hier noch recht nahe standen. Aber der Ablauf der Redaktionen war der gleiche wie vorher.«[29]

Neben den judäischen Quellen legt sich die Kenntnis einiger Texte aus der Umwelt Israels, vor allem aus dem mesopotamischen Raum, nahe. Die 70 Jahre des Exils bei Jeremia sind nicht nur numerologisch interessant, sondern ent-

---

24 Sie wird von bedeutenden Exegeten wie Erich Zenger und Peter Weimar vertreten (vgl. exempl. E.ZENGER (Hg.), *Einleitung.* In jüngerer Zeit wurde diese These auch von Erik Aurelius in seiner Dissertation zu untermauern gesucht (vgl. DERS., *Zukunft*).

25 Dies wird so ausführlich vorgenommen, weil die meisten Foschungsüberblicke kursorisch und selektiv vorgehen. Auch wenn diese Untersuchungen nur einen marginalen Beitrag zur narratologischen Analyse beitragen können, ist es wichtig, die gesamte Forschung auf diesem Gebiet geordnet überblicken zu können.

26 Vgl. F.BLANCO WSSMANN, *Er tat das Rechte* 222; 233; R.G.KRATZ, *Komposition* 163; G.HENTSCHEL, *Königsbücher* 300–311, 303f.; 307–309.

27 A.JEPSEN, *Quellen.* Aufgrund des II. Weltkrieges konnte das Buch nicht vor 1953 gedruckt werden (vgl. a.a.O. Nachwort).

28 Vgl. ebd. Anhang.

29 Ebd. 29.

sprechen dem neubabylonischen Gründungsmythos, demzufolge die Gottesstatue des Hauptgottes Marduk von den Assyrern nach Assur für 70 Jahre (689–629 v. Chr.) deportiert wurde.[30]

Das Konzept von Jepsen hatte lange Zeit Bestand, ist aber heute in der Krise, weil es zu Vieles erklären möchte.[31] In der Zeit nach Jepsen gibt es nur wenige Untersuchungen zu möglichen Quellen. Diese beziehen sich eher auf Fragen der Literarkritik und überlegen, ob in späteren Redaktionen neue Quellen hinzugekommen sein könnten.[32]

b) Die literarische Einheitlichkeit des Textes

Auch wenn in der narratologischen Analyse der Text in seiner heute vorliegenden Endgestalt untersucht wird, ist die Frage seiner Einheitlichkeit zu berücksichtigen. Die meisten Exegetinnen und Exegeten gehen heute – unabhängig vom Makrokontext – von einem mehrschichtigen Wachstum aus.

Die Grundidee[33] des DtrG geht auf Martin Noth zurück, dessen Kernaussage zu 2 Kön nach *Winfried Thiel* lautet:

> Die Textgröße Dtn-2 Kön bildet ein zusammenhängendes Geschichtswerk, das in Juda während der Exilszeit entstanden ist und cum grano salis eine originäre Einheit darstellt. Es hat im Laufe der Zeit unterschiedliche sukzessive Erweiterungen aus dtr. und nach-dtr. Händen erfahren, die aber seine Substanz nicht wesentlich tangierten.[34]

Von Noths Theorie ausgehend lassen sich derzeit drei grobe Richtungen unterscheiden:

1. Die *Göttinger Schule* und das Drei-Schichten-Modell: Dieses Modell nimmt zwar die theologischen Linien Gerhards von Rad und seiner Schüler auf, orientiert sich aber primär an Martin Noths Arbeiten. Begründer dieses Modells ist Rudolf Smend d.J.[35] Er geht bei 2 Kön von einem komplett exili-

---

30 Vgl. I.Hrusa, *Religion*, 58 (Royal Inscription of Esarhaddon coll. ii 2.9).

31 N.Na'aman, *Temple Library* 129–152, 150f.; S.B.Parker, *authors* 374–376.

32 Bspw. Christof Hardmeier sucht nach Quellen aus der Zidkijazeit, indem er für 2 Kön eine Lexemenanalyse vorschlägt, die, anhand von Wortstatistiken, Quellfragmente zu Tage treten lassen soll (Vgl. Ders., *Umrisse* 148–175, 170). Seine These entwickelte er in der Folgezeit weiter (vgl. Ders., *König Joschija* 81–146).

33 Bereits vorher gab es literarkritische und philologische Analysen, z. B. A.Klostermann, *Sam* 482–498; B.Stade, *Kgs*, 56–59; O.Thenius, *Kön* 440–468.

34 W.Thiel, *Rückschau* 69.

35 Grundlage ist Smends Artikel Ders., *Gesetz* 494–509. Weiter ausarbeiten ließ er es von: W.Dietrich, *Prophetie* bes. 41 Anm.76; 142; T.Veijola, *Dynastie*. Letzterer setzt sich, als einer der ersten, kritisch mit der Position der Cross-Schule auseinander (vgl. N.Lohfink, *Rückblick* 30). Für die vorliegende Arbeit ist sein Nachfolgeband zur Dissertation interessanter (Ders., *Königtum*), bei dem er zwei Redakteure (DtrP und DtrN) am Werk sieht (vgl. a. a. O. 115–117).

schen Werk in drei Schichten (DtrH; DtrP; DtrN) aus.[36] Das Gesamtwerk entsteht nach dieser Theorie in gerade einmal 20 Jahren, zwischen 580–560 v. Chr. in frühexilischer Zeit. Das einzige theologische Ziel ist die Erläuterung der Katastrophe von 587 v. Chr. unter deren Auswirkungen die Exilierten weiterhin litten.[37]

2. Die *Cross-Schule*[38] und das Blockmodell: Die Vertreter dieser Richtung nehmen die Entstehung der Grundschicht von 1.2 Kön zur Joschijazeit an. 2 Kön 23,30–25,30 ist – neben anderen Stellen – das Produkt einer exilischen Fortschreibung und Ergänzung. Ihre Hauptargumente[39] lauten: (1) Es gibt keinen sprachlichen Unterschiede zwischen *editor* und *historian*; (2) das Nordreich spielt keine entscheidende Rolle mehr; (3) es ist kein noch früherer Abschluss auffindbar; (4) es sind eine joschijanische und eine exilische Theologie identifizierbar. Der bibeltheologische Schwerpunkt dieses Modells ist die Restauration eines Einheitsreiches unter Joschija.[40] Die gängige Kritik an dieser These besagt, dass die Voraussetzung für dieses Modell eine singuläre Beziehung zwischen David und Joschija sieht (2 Kön 22,2), die faktisch aber durch Hiskija schon gebrochen ist.[41]
3. Neuere Ansätze: Einige Literarkritiker haben in der letzten Dekade an einer Weiterentwicklung der vorhandenen Konzepte gearbeitet.[42] Darunter ist besonders *Thomas Römer* zu nennen, der eine Verbindung der beiden Modelle für plausibel hält.[43]

---

36 Vgl. W.Thiel, *Rückschau* 76–78. Die Siglen stehen für den »Historiker«, den »Propheten« und den »Nomisten« als Redaktoren des Deuteronomistischen Geschichtswerks.

37 Vgl. W.Thiel, *Rückschau* 78f.; Prominenter Vertreter der klassischen Göttinger Theorie ist R.G.Kratz (vgl. Ders., *Komposition* 173; 224; 312; 318; 323–325; Tabelle S. 193).

38 Sie geht theoretisch und namentlich zurück auf *Frank Moore Cross*. Ihre wichtigsten Vertreter sind E.Eynikel, *Reform* 362f.; G.N.Knoppers, *None* 411–431; R.D.Nelson, *Double Redaction* 119; M.O'Brien, *hypothesis*; R.F.Person, *School*; I.W.Provan, *Hezekiah*; W.M.Schniedewind, *Society*. Auch im deutschen Sprachraum ist ein Ende der Grundschicht zur Joschijazeit eine bevorzugte Position: H.-J.Stipp, *Studien* 488–490; 512.

39 Vgl. W.Thiel, *Rückschau* 74f.

40 Ebd. 71. Die Argumentation der Cross-Schule genießt über Jahrzehnte hinweg beispiellose Rezeption in den englischsprachigen Kommentaren, vgl. dazu chronologisch den sogar ins italienische übertragene Kommentar von R.D.Nelson., *I e II Re*; W.E.Rast, *Kgs*; T.R.Hobbs, *2 Kgs* bes. 328–369; P.R.House, *1.2 Kgs*; ins Englische übersetzt wurde außerdem o. A., *Kgs*.

41 Vgl. ebd. 71–75; ausführlicher noch bei D.Janzen, *Sins* 349–370.

42 Vgl. den Überblick bei C.Levin, *Nach siebzig Jahren* 72–92.

43 Vgl. W.Thiel, *Rückschau* 81; T.Römer, *History*. Das Konzept Römers wird kritisiert von J.Hutzli, *Relationship* 505–519.

c) *Datierung(en), Ort(e), Autor(en)*

Da der Text von 2 Kön einen längeren Produktionsprozess durchlaufen hat, ist von Verfassern in der Mehrzahl auszugehen.[44] Aufgrund ihrer Fähigkeit zu schreiben sowie ihrer guten Kenntnissen der Situation rund um Jerusalem und den Tempel sowie Babylon in späterer Zeit, handelt es sich vermutlich um Angehörige der Deportierten, wahrscheinlich sogar um Personal des Salomonischen Tempels.[45]

Die Datierung ist wenig diskutiert. Die nachjoschijanischen Erzählungen liegen weitestgehend[46] unbestritten in bzw. kurz vor dem Exil.[47] Am plausibelsten als *terminus post quem* ist die Erhebung Jojachins aus dem Gefängnis im ersten Regierungsjahr Amil Marduks (560 v. Chr.). Der *terminus ante quem* ist dann auf die Zeit bis zur Eroberung Babels durch die Perser (540 v. Chr.) festzulegen, da sonst andere Themen in den Vordergrund gerückt sein dürften.[48]

d) *Gattung*

Der Text von 2 Kön 23,30–25,30 ist in Prosa verfasst. Die Berichte über die Könige Joahas bis Zidkija (2 Kön 23,30–25,7) umfassen weitestgehend das Königsschema[49] inklusive zusätzlicher Anmerkungen und bleiben damit im Großen und Ganzen dem Stil von 2 Kön treu. Dies entspricht der Gattung der »altorientalischen Geschichtsschreibung«[50]. Wichtig ist die Beobachtung Surianos, in den gebrochenen Rahmenerzählungen am Ende ein Stilmittel zu sehen, da die Todesnotiz im Rahmen

> shaped the ideological framework in the presentation of the House of David by linking each succeeding king with the past and thus with the divine promises that had been endowed upon the eponym of the ruling house of Judah.[51]

---

44 W.Thiel, *Rückschau* 67 Anm. 8; liefert die Belege sowie eine Literaturauswahl zum Thema.

45 Vgl. N.Lohfink, *Zorn* 37; F.Blanco Wissmann, *Er tat das Rechte* 252.

46 Ausnahme ist eine Arbeit aus den Reihen der Richter-Schule, in der von nachexilischen Redaktionen ausgegangen wird: D.Volgger, *Tora* bes. 149; 365f.; 366 Anm. 158; 215 Anm. 188.

47 Vgl. C.Levin, *Exzerpt* 616–628; N.Lohfink, *Rückblick* 12.

48 Clements glaubt bspw. der Text sei erst nach dem Tod Jojachins verfasst worden, weil »alle Tage seines Lebens« einschlösse, dass er bereits gestorben sei (vgl. Ders., *Privilege* 54; siehe auch F.Blanco Wissmann, *Er tat das Rechte* 249–251); Römer glaubt sogar an eine Fertigstellung in persischer Zeit, wegen der Nähe zu deuterokanonischen Schriften (vgl. Ders., *History* 11; 163f.).

49 R.G.Kratz, *Komposition* 163, beschreibt das Königsschema wie folgt: Alter bei Antritt; Dauer; Name der Mutter mit Herkunft; Urteil; Verweis auf Tagebücher/ Chroniken; Tod; Bestattung; Nachfolge. Eine ausführliche Darstellung des Schemas und seiner Unterschiede zwischen Nord- und Südreich findet sich bei E.Cortese, *schema* 37–52.

50 Zum Begriff und seiner Definition in Abgrenzung zum hellenistischen und heutigen Geschichtsverständnis vgl. B.Becking, *David* 22; M.Dijkstra, *events* 14–44, bes. 25.

51 M.J.Suriano, *Politics* 50; 50 Anm. 144; 70.

Der darauffolgende Bericht der Zerstörung Jerusalems sticht durch seinen neutral-sachlichen Stil hervor, der angesichts dieser äußerst emotionalen Situation befremdlich wirkt.[52] Als Gattung ist hier von einem *Feldzugbericht nach assyrischem Vorbild* auszugehen.[53] Bei der Gedalja-Perikope handelt es sich wiederum um eine andere Art der Erzählung, die, je nachdem ob Jer 40f. oder 2 Kön 25 als älter angenommen wird, variiert. Bei der Erhebung Jojachins (2 Kön 25,27–30) hängt die Wahl der Gattung von den Referenztexten ab. *Felipe Blanco Wißmann* ordnet alle bisherigen Texte unter der Obergattung *Prophetie und prophetische Geschichtsdeutung* ein und widerspricht damit der bisherigen Hauptthese, es handle sich um authentische altorientalische Geschichtsschreibung.[54] Versöhnend bietet er den Begriff der »Historiosophie«[55] an, um die Verbindung von erfahrungsbasierter Geschichte mit theologischen Absichten in Einklang zu bringen. Die Perikope der Begnadigung Jojachins ist für ihn Kennzeichen der *Diasporaliteratur der Exilszeit* (Gen 40f.; Est 1,3 u.a.).[56] Eine Deutung von 2 Kön 25 als *Traumaliteratur* hat David Janzen in seiner Monographie *The Violent Gift* (2012)[57] überzeugend dargelegt.[58]

2.1.2 Geschichtswerke und literarische Schichten als interpretatorischer Rahmen von 2 Kön 23,30–25,30

Die meisten Exegetinnen und Exegeten bauen ihre Interpretation auf der Annahme auf, das zweite Buch der Könige sei Teil eines großen redaktionellen Prozesses, der ein Werk von Exodus bis 2 Könige (EH), Josua bis 2 Könige (DtrG)

52 So auch R.L.Cohn, *2 Kgs*, 170. Schon der erste Bericht »lacks all passion and tension« (a.a.O. 166).

53 Vgl. L.S.Fried, *Conquest* 21–55. Die Eroberung Jerusalems entspricht dem historisch überlieferten Schema assyrischer Feldzüge: Datierung; Unordnung (= Rebellion); Göttliches Eingreifen; Truppensammlung; Truppenbewegung; The Terrifiying Presence (= König oder Gott); Belagerung der feindlichen Stadt (= Nacht); Flucht des Feindes; Verfolgung; Kampf; Sieg; Unterwerfung; Exemplarische Bestrafungen; Konsequenzen (= neue Beziehung); Zeremonie/ Feier; Rückkehr; Schluss-Statement. Es endet mit der Eroberung der Gottheit und dem ab jetzt neu bestehenden Verhältnis des Siegergottes/-königs mit dem besiegten Volk (23–29). Nach einer Rückeroberung gibt es aber ein großes Ritual, durch welches man den eigenen Tempel wiedereröffnet (30–49).

54 F.Blanco Wiss[ß]mann, *»He did what was Right* 241–260, 241; 244–247. Für ihn gilt dabei die Prämisse der Abhängigkeit von 2 Könige vom Buch Deuteronomium (vgl. a.a.O. 256f.). Seiner Argumentation schließt sich an G.Hentschel, *Könige* 310f.

55 Vgl. F.Blanco Wissmann, *He did what was right* 24; 30.

56 Vgl. F.Blanco Wissmann, *Er tat das Rechte* 243–245.

57 D.Janzen, *Gift* bes. 186–211.

58 All diesen Gattungen ist ein starker Bezug zu historischen Ereignissen inne, der eine Berücksichtigung »textexterner Verankerungen« für die endgültige Interpretation nahelegt. Vgl. dazu den Online Anhang zu diesem Buch.

oder zumindest 1 Samuel bis 2 Könige umfasst.[59] Wie unter Punkt 1b) bereits ausgeführt, teilen diese sich in drei Schulen bzw. Gruppierungen auf. Für 2 Kön 23,30–25,30 werden dabei Fragen relevant, die auch bei der narratologischen Analyse zu beachten sind.

Eine große Frage ist die Einheitlichkeit der Textpassage. Dazu ist die Grundsatzentscheidung wichtig, in 2 Kön 25,27–30 das ursprüngliche, das spätere oder ein späteres Ende zu sehen. Aus dem Bereich der Göttinger Schule sticht *Helga Weipperts* Aufsatz von 1972 hervor, der bis heute zitiert wird. Sie findet reichlich Anhaltspunkte für verschiedene Autoren und Redaktionen.[60] Auch wenn ihr Ansatz nicht zwingend ist[61], hält sie doch einige strukturelle Auffälligkeiten fest, z. B. das Durchbrechen des Königsrahmens, und sieht im letzten Redaktor IIIS (Südreich Dritte Bearbeitung) einen »Schwarzmaler«.[62]

Eine ebenso negative Sicht auf das Ende hat der Letztredaktor für *Richard E. Friedman* (1981), einen Vertreter des Blockmodells. Friedman vermutet eine (zusätzliche) exilische Redaktion nach der Joschijazeit, die ein allmähliches Verbergen des Gottes-Namens betreibt, aufgrund dessen Raum für das Unglück von 586 v. Chr. frei wird.[63] *Baruch Halpern* (1991) unterstützt ebenfalls Weipperts Ansatz und trennt die Schichten ähnlich ab. Auch für ihn ist der Letztredaktor negativ besetzt, nicht als Pessimist, sondern als »fanatic«[64].

Positiver dem Ende gegenüber eingestellt ist der Redaktor IIIS, den *André Lemaire* (1986) im Anschluss an Weippert benennt. Für ihn steht am Ende eine prodavidische Königsideologie, deren Produzenten die »*école royale*« aus den exilierten Jerusalemer Tempelpriestern ist.[65]

In jüngerer Zeit sind einige Forscherinnen und Forscher aber auch der Meinung, eine dritte Redaktionsschicht sei ebenso abwegig, wie die Schichtung des Blockmodells. Völlig neue Wege seien zu beschreiten, um die Intention von Autoren und Redaktoren unterscheiden zu lernen.[66]

Wieder andere behaupten die Schuldzuweisung an Manasse (2 Kön 24,2.20), die in den Büchern der Chronik zurückgenommen wird, sei Produkt einer exilischen Ergänzung, um die kollektive Schuld auf eine Einzelperson zu übertragen.[67]

---

59 Ein umfassender Sammelband zu diesem Thema stellt viele Kontroversen und Probleme rund um das DtrG zusammen: H.-J.Stipp (Hg.), *Geschichtswerk*.

60 H.Weippert, *Beurteilungen* 302; 333–335.

61 Die Kritik wird prägnant formuliert von W.B.Barrick, *removal* 257–259.

62 Vgl. H.Weippert, *Beurteilungen* 306–333; 337; 339.

63 R.E.Friedman, *Exile* 136. In diese Richtung geht auch E.Aurelius, *Zukunft* 117.

64 B.Halpern, *Editions* 179–244, 242.

65 Vgl. A.Lemaire, *histoire de la Rédaction* 221–236, 234.

66 Vgl. N.Na'aman, *Death Formulae* 245–254; R.F.Person, *II Kgs 24,18–25,30* 174–205, 192.

67 Vgl. F.Blanco Wissmann, *Er tat das Rechte* 172; N.Lohfink, *Zorn* 37–55, 48–50;

Gegen die vielen literarischen Schichtungen ragt die Meinung des katholischen Alttestamentlers und Deuteronomiumforschers *Norbert Lohfink* heraus. Aus seiner Sicht ist das unter Joschija aufgefundene Buch (2 Kön 22,3–20; 23,24) die Urform des Buches Deuteronomium.[68] In einer Festschrift für Hans Walter Wolff greift er dessen Idee des Umkehr-Kerygmas (vgl. 2.2c) auf und fragt, ob dies eine Verbesserung im Exil oder eine Chance auf Rückgabe des Landes sei – ohne die Frage selbst zu beantworten.[69] Kern seiner Untersuchungen ist die Ablehnung einer deuteronomistischen Bewegung, d. h. alle Redaktionen gehen mehr oder weniger durch die Hände der gleichen Gruppe.[70] Die Theorie einer breit gefächerten literarischen Schichtung würde damit weitestgehend in sich zusammenfallen, sie sei nur »reine Phänomenbeschreibung« und, wie Lohfink polemisch formuliert, »es trabt mit jedem Phänomen ein neuer Trägerkreis auf die wissenschaftliche Wiese«.[71] Sein Schluss ist durchaus plausibel und sollte bar aller Ironie ernst genommen werden:

> Die erste wirkliche und mächtige Bewegung, die wir in der Geschichte Israels wieder [seit Joschija] zu greifen bekommen, wird die makkabäische sein. Sie wird zum blutigen Aufstand werden. Gerade das zeigt, wie ungehörig es ist, aus einzelnen redaktionellen Sätzlein auf eine durch Jahrhunderte fortlebende ›deuteronomistische‹ Bewegung zu schließen, der dann im Endeffekt fast das ganze Alte Testament entstammen müsste.[72]

Für Lohfink erklärt sich der Schluss der Königsbücher von 1 Sam 8 her, einer scharfen Polemik gegen menschliche Könige in Israel. Lohfink schreibt:

> Soweit betrachtet, erscheint eigentlich kein deutender Schlüsseltext mehr nötig. Die Geschichte muss nur geschildert werden: wie sie in den Abgrund führt. Vielleicht muss Dtr II noch an einigen Stellen herausarbeiten, inwiefern Israel bzw. seine Könige sich nicht an die Warnung von 1 Sam 12,25 halten und wieder ›Böses tun‹. [...] Aber einen neuen theoretischen Schlüsseltext bräuchte er nicht mehr einzufügen.[73]

S.L.McKenzie, *Trouble* 125f.; 136f.; K.Schmid, *Kollektivschuld?* 193–222; Ders., *Manasse* 87–99.

68 N.Lohfink, *Bundesurkunde* 99–165. Diese Hypothese bestärkt jüngst Lester L. Grabbe (vgl. Ders., *Last Days* 19–46, 23; 27).

69 Vgl. N.Lohfink, *Kerygmata* 125–142, 137; 140f.

70 Vgl. N.Lohfink, *Bewegung* 65–142, 114f.; 121f. So auch G.Vanoni, *Beobachtungen* 357–362. Auch wenn die Dissertation von Miguel Alvarez eine explizite deuteronomistische Terminologie nachzuweisen sucht, bestärkt er durch die stark deuteronomischen Elemente zumindest in den Königsbüchern die These von Lohfink m. E. eher (Ders., *Terminologia* 83–99). Eine eigene Sprachuntersuchung ist hier noch ausständig. Explizit für die Bewegung und gegen Lohfink äußert sich R.E.Clements, *Deuteronomistic Law* 5–25.

71 Ebd. 74f. Zur gegenteiligen Meinung kommt Hartmut Rösel (vgl. Ders., *Josua* bes. 12–16; 19; 35; 106; 97 Anm. 255; 101–105).

72 Ebd. 133.

73 N.Lohfink, *Rückblick* 90. Nachfolgend (a. a. O. 91) erläutert Lohfink die enge Beziehung zwischen Dtr I und Dtr II, wobei letzterer bereits angelegte Potentiale nutze und ausbaue.

In *Erik Aurelius* Dissertation *Zukunft jenseits des Gerichts* (2003) wird Lohfinks These aufgegriffen und bestätigt, indem 2 Kön 25,27–30 als ursprüngliches Ende postuliert wird.[74]

In conclusio: Die meisten Hypothesen lassen sich in mehr oder weniger modifizierter Form halten, manche gegeneinander, manche miteinander. Sie weiter zu denken, ist sinnvoll, kann aber im Rahmen der vorliegenden Fragestellung nicht geschehen.[75]

2.1.3 Intertextuelle und motivische Bezüge innerhalb des AT

Häufig werden die Überlieferungen der Eroberung und Zerstörung Jerusalems (2 Kön 24f.; Jer 37–39; 52; 2 Chr 36) unkritisch ineinander gelesen, um so eine möglichst umfassende Version zu erhalten. Dies entmündigt den Text in einem gewissen Maß und verleitet dazu, die Aussageabsicht der einzelnen Texte zugunsten einer universalen Symbiose zu überlesen. Das ist vergleichbar mit den Theorien zu den Geschichtswerken, die einen interpretatorischen Rahmen vorgeben, innerhalb dessen die einzig möglichen Sinnpotentiale angesiedelt sind. Gerade deshalb ist die Frage nach den bisherigen Vergleichstexten von 2 Kön 23,30–25,30 von Bedeutung. Die intertextuellen und motivischen Bezüge müssen sauber von der Eigenaussage der Perikope unterschieden bleiben, damit eine möglichst unvoreingenommene narratologische Lektüre möglich werden kann. Erst in einem zweiten Schritt dürfen diese Beziehungen eine Sinnverschiebung bzw. -anreicherung nahelegen. Im Folgenden wird eine Auswahl der wichtigsten bisherigen Bezugstexte vorgestellt und ihre Verbindung zum Abschluss von 2 Kön skizziert. Diese wird in Teil D wieder aufgegriffen und in die Untersuchung einbezogen werden.

74 Vgl. E.Aurelius, *Zukunft* 132; 207. In eine ähnliche Richtung geht D.F.Murray, *Years* 245–265. Er weist u. a. darauf hin, dass alle Sinneinheiten in 2 Kön 25 mit der gleichen Satzkonstruktion beginnen (2 Kön 25,1.8.25.27), eine kompositorische Funktion deutlich hervortrete (vgl. a. a. O. 248). Seine Thesen werden teilweise widerlegt bzw. bestritten von M.Pietsch, *Kultreform* 465–470.

75 Der Fokus dieser Arbeit ist synchron. Daher kann sie, auch wenn sie einige interessante Denkanstöße für die Diachronie liefert, keinen expliziten Beitrag leisten. Die wenigen Hinweise sind zu spekulativ, um sie eigens in den Schlussbemerkungen (Teil F) als Ergebnisse zu präsentieren. Hier sei dennoch auf drei Aspekte verwiesen: 2 Kön 25,27–30 ist ein deutlicher Bruch in Stil und Thematik, sodass ein redaktioneller Abschluss möglich scheint. Die Erzählung in sich erscheint mir wesentlich einheitlicher, als sie die meisten Modelle vorsehen. Auch wenn ich in der Datierung dem klassischen Modell folge, finde ich es nicht bindend. Die *ante quem* Datierung basiert allein auf der Annahme, dass das Thema gescheitertes Königtum nachexilisch nicht mehr in dieser Form relevant ist.

a) Das Verhältnis zu den Büchern der Tora (bes. Gen 40f.; Dtn 28)

In einem viel beachteten Aufsatz von *Hans-Christoph Schmitt* wird die enge Verbindung der Königsbücher zur Tora betont und vor allem die Beziehungen zum Buch Genesis stark gemacht.[76] Neben der Verbindung von Schöpfungs- und Tempeltheologie spielt vor allem die Erhebung Jojachins (2 Kön 25,27–30) eine Rolle. Sie wird immer wieder in Verbindung mit der Josefgeschichte gebracht, besonders mit der Erhebung Josefs aus dem Gefängnis in Gen 40f.[77] Außerdem spielt die Theologie des Dekalogs, besonders des Ersten Gebots, wie auch das Buch Deuteronomium im Gesamten für die Vertreterinnen und Vertreter von DtrG und EH eine – wenn nicht *die* – zentrale Rolle.[78] Andere sehen in der Fluchformel von Dtn 28 den Schlüssel zu 2 Kön 25.[79] *Georg Braulik* bemerkt zum Verhältnis zwischen 2 Kön 23,30–25,30 und dem Buch Dtn: »Der Gotteszorn der alten Formeln hätte Israels Existenz schlechthin und in jeder Hinsicht beendet«, aber es bleibt dennoch eine »einzige, über 2 Könige hinaus uneingelöste Zukunftsaussage, […] die Geschichtsdeutung Moses am Anfang des Werkes in Dtn 4 und 30 (Dtn 4,23–31; 30,1–10).«[80]

b) Das Verhältnis zu den Büchern Josua bis 2 Könige

Zu diesem Verhältnis gibt es an dieser Stelle nicht viel zu sagen, da die globalere Theorie des DtrG mit ihrer eigenen Theologie in vielen Publikationen die Beziehungen der Texte untereinander beleuchtet hat. Interessant ist die proklamierte Beziehung von 2 Kön 17 zu 2 Kön 24f., da diese plausibel machen kann, inwiefern die Wortebene schon den Untergang des Südreiches vorzeichnet.[81]

76 Vgl. H.-C.Schmitt, *Geschichtswerk* 277–294.

77 F.Blanco Wissmann, *Er tat das Rechte* 243–245; M.Chan, *Joseph* 570–572; R.G.Kratz, *Komposition* 311; M.Nobile, Marco, *contributo* 207–224, 200; K.Spronk, *Aanhangsel* 162–170.

78 Vgl. bspw. E.Aurelius, *Zukunft* 7; Ders., *Der Ursprung des Ersten Gebots* 1–21; F.Blanco Wissmann, *He did what was Right* 251–253; R.G.Kratz, *Komposition* 158f.; 222; G.Hentschel, *Könige* 310f.; N.Lohfink, *Zorn* 52–54 deutet auf den besonderen Zusammenhang von 2 Kön 17–25 mit Dtn 28f. hin.

79 Ein gutes Beispiel bietet J.P.Sonnet, *Siege* 73–86. Er versteht das Hulda-Orakel als Anspielung auf Dtn 28 (vgl. a.a.O. 75) und auch die Reaktion Joschijas »Unsere Väter haben nicht gehört« (2 Kön 22,13) als Anspielung auf Dtn 28,15 (»Wenn du aber nicht hörst auf Jhwh deinen Gott«), den Beginn der Fluchformeln (vgl. a.a.O. 77). Die scheinbar so trockene Darstellung von 2 Kön 25 wird für Sonnet ergänzt durch das überreiche Bild von Dtn 28, und schafft auf diese Weise eine gegenseitige Steigerung der Darstellungen (a.a.O. 84f.).

80 G.Braulik, *Theorien* 233–254, 253. Weitere Andeutungen zum Verhältnis finden sich in Dtn 29,21–27 (vgl. a.a.O. 238; 253).

81 Vgl. G.Braulik, *Weisung* 115–140, bes. 129–136. In seinen Ausführungen greift er dabei immer wieder zurück auf N.Lohfink, *Orakel* 11–34. Auch Peter Dubovský denkt in eine ähnliche Richtung und weist die enge Beziehung noch einmal dezidierter nach (vgl. Ders., *Similarities* 47–72, bes. Tabelle S. 62).

c) Das Verhältnis zum Buch Jesaja (bes. Jes 39/40–50)

Das Verhältnis von 2 Kön 23,30–25,30 zum Buch Jesaja ist kaum Gegenstand bisheriger Untersuchungen, obwohl gerade Jes 11; 40–53 eine thematische Nähe aufweisen, die nach genauerer Analyse verlangt.[82]

Die am häufigsten genannte, wenn auch indirekte Beziehung von »Deuterojesaja« zum Königsbuch ist Ps 72, weil dort die Darstellung des Friedenskönigs mit seinem Reich des Friedens komprimiert vorgestellt wird.[83] Doch auch motivkritisch lassen sich Verbindungen ziehen, wie Albertz in seiner Studie über die Transformation der Königsideologie der Königsbücher zu einer weltweiten Herrschaft JHWHs im perserzeitlichen Teil des Jesajabuches zeigt.[84]

d) Das Verhältnis zum Buch Jeremia (bes. Jer 39–41; 52)

Am häufigsten wird die Erzählung 2 Kön 23,30–25,30 mit der parallelen Wiedergabe von Jer 39–41 (Gedalja); 52 (Paralleltext zu 2 Kön 24f.) verglichen. Die Kernfragen lauten: Welcher Text ist die Quelle, welcher die Kopie oder sind sie mit- und aneinander gewachsen?[85] Gibt es unterschiedliche Theologien und Motive, oder nicht?[86] Vertreten beide unterschiedliche Konzepte von Geschichtsschreibung und -theologie?[87] Alle wichtigen Debatten, aber auch die damit verbundenen literaturhistorischen Fragen, sind in der exzellenten Dissertation von *Christopher Seitz: Theology in Conflict* (1989) und in *John B. Jobs: Jeremiah's Kings* (2006) aufgearbeitet und in weiten Teilen bis heute gültig.[88]

e) Das Verhältnis zu den Büchern der Chronik (bes. 1 Chr 3; 2 Chr 36)

Es könnte an dieser Stelle viel gesagt werden, doch für die vorliegende Arbeit ist vor allem ein Punkt relevant. Die Bücher der Chronik sind später als das Buch der Könige zu datieren und nutzen es als Quelle, mit der sie einen freien Umgang pflegen. Daher ist 1 Sam bis 2 Kön der Lieferant intertextueller Bezüge und bezieht seine theologischen Überlegungen nicht aus oder gegen die Chronik, höchstens umgekehrt.[89] Die theologischen Konzepte unterscheiden sich dabei

---

82 Die Erwähnung Jesajas in 2 Kön 17–19 ist ein erster Anhaltspunkt, wurde aber eher im Rahmen der Quellenkritik berücksichtigt (vgl. E.Ruprecht, *Komposition* 33–66); G.von Rad, *Theologie 2* 249–253). Ein Artikel zur Bedeutung des Jesajabuches als möglichem Anschlusstext von 2 Kön 25 ist in Vorbereitung.

83 Vgl. R.A.Clements, *Privilege* 62f.; 65f.; B.D.Sommer, *Prophet.*

84 R.Albertz, *Israel* 435–446.

85 Vgl. J.Pakkala, *Murder* 401–411; 406f.; 410f.; H.J.Stipp, *Gedalja* 166.

86 Vgl. B.Becking, *David* 188f.; D.Reimer, *Jeremiah* 207–224, 200; G.von Rad, *Theologie 2* 201; 204; 212; 226; 425f.; B.Stade, *Kgs* 298–306.

87 Vgl. K.Schmid, *L'accession* 211–227; G.von Rad, *Theologie 2* 215; 219–221; 225.

88 C.R.Seitz, *Theology.* Einige wichtige Aktualisierungen wurden vorgenommen von J.Job, *Jeremiah's Kings.* Gegen Seitz Theorien zum DtrG schreibt E.Aurelius, *Zukunft* 115.

89 Vgl. A.G.Auld, *Main Source* 91–99. Für das Verhältnis zu 1 Chr als möglichem Anschlusstext befindet sich eine Publikation in Vorbereitung.

grundlegend, da die Chronisten eine Tempeltheologie eigener Couleur verfolgen.[90]

f) Das Verhältnis zu poetischen Texten (bes. Ps 72; 78; Klgl 2; Ez 16)

Das Thema der Exilsgeneration ist die gescheiterte Zionstheologie, die die Unverletzlichkeit Jerusalems ideologisch fundierte und der sich das Gottesvolk nun stellen muss.[91] Dies wird häufig in poetischer Weise getan und erlaubt, gerade aufgrund der Eigenart dieses Genres, die Herstellung vielfältiger Bezüge.

Der zeitlich und inhaltlich klarste Bezug ist Klgl 2, ein Threnos, in welchem Eroberung und Zerstörung Jerusalems und seines Tempels besungen werden.[92] Ein zweiter Verweispunkt sind die Psalmen, die aufgrund ihrer angenommenen Nähe zu David immer schon an die Vordere Prophetie rückgebunden werden konnten.[93]

2.2 Bibeltheologische Deutung von 2 Kön 23,30–25,30

2.2.1 Wichtige Etappen der Auslegungsgeschichte

Zu Beginn meines Abrisses erscheint mir ein Ausblick in die jüdische und christliche Auslegungsgeschichte[94] des Königsbuches, speziell meiner Perikope, sinnvoll. Die Auslegungsgeschichte zeigt auf, wie früh bestimmte Probleme erkannt und welche Lösungen gefunden wurden. Sie verdeutlicht Tendenzen und lässt Überlieferungswege aufscheinen. So ermöglicht sie einen Blick auf die bewegenden Themen verschiedener Zeiten.

Die frühen jüdischen Auslegungen zu 2 Kön 23,30–25,30 finden sich im Kontext des Hellenismus. Auch wenn die Quellenzahl gering ist, lässt sich doch anhand der wenigen Informationen, der Titel der Werke sowie der Rezeption in späteren Geschichtswerken, wie dem des Kirchenvaters Eusebius, schließen, dass die Autoren im Kontext *hellenistischer Geschichtsschreibung*[95] dachten und schrieben. Theologische Auslegungen orientieren sich an der Tagespolitik. So sorgen apologetische Anliegen für eine Beschönigung und Harmonisierung von Daten und Fakten in Josephus Flavius *Antiquitates Judaicae.*[96] Besonders seine

90 Vgl. R.F.Person, *Deuteronomistic History* 315–336.
91 Vgl. H.Spieckermann, *Stadtgott* 28.
92 Vgl. Jeremias, *Theologie* 404; 413.
93 Vgl. ebd. 426f.
94 Die hier vorgestellten Aspekte sind das Ergebnis einer Erhebung, deren Veröffentlichung in extenso in Vorbereitung ist.
95 Die hellenistische Historiographie bevorzugt die Nacherzählung als Gattung, da Direktzitate als Plagiate verstanden wurden (vgl. J.Maier, *Studien* 134).
96 Die *Antiquitates Judaicae* (AJ) umfassen zwanzig Bücher. Die ersten elf erzählen durchgängig

Idee, Joahas verzichte bereitwillig auf seinen Thron, um seinem älteren Bruder Eljakim die ihm zustehende Herrschaft freizugeben, hat einige Rezeption erfahren.[97] Im Fokus der jüdischen Interpretationen und Erzählungen stehen nicht die Könige, sondern der Tempel, der Tempelschatz und vor allem nach 70 n.Chr. die Zerstörungsberichte der beiden Tempel sowie ihre Beziehungen zueinander.[98]

Im Ausgang der Antike und im Mittelalter spitzen sich die Paradigmen zu. In apologetischer Abgrenzung zum Christentum wird eine Vereindeutigung und Entmetaphorisierung von Sprache angestrebt, die die Transzendenz Gottes und die Eindeutigkeit des biblischen Textes garantieren soll. Ein gutes Beispiel dafür ist das *Targum Jonatan zu den Vorderen Propheten.*[99] In Kontinuität zu früheren Ansätzen stehen dagegen die Harmonisierungsversuche der Zeitrechnung, die bereits Josephus vornahm. Der *Seder Olam* bildet eine Art Grundschrift, auf die in den chronographischen Abhandlungen der nächsten eintausend Jahre wiederholt aufgebaut wird.[100] Zudem fällt auf, dass König Zidkijas Blendung als Ausdruck eines Versagens – teilweise von ganz Israel – angesehen und in mehr oder weniger engen Zusammenhang mit der Zerstörung des Tempels gestellt wird. Breit lässt sich dies vor allem in den *Predigttexten zum Neunten Ab* belegen.[101]

Der Tempel nimmt auch in dieser langen Phase der jüdischen Auslegung einen zentralen Raum ein.[102] Vor allem die verschiedensten Formen geistiger Schriftauslegung befassen sich mit ihm, sowohl im Sinne eines spirituellen Denkpalastes[103], als auch in der Frage, ob die Zerstörung der beiden Tempel eher eine von Engeln oder von Menschen durchgeführte Vernichtungstat war. Die Berichte und Persönlichkeiten der Könige dagegen spielen – abgesehen von den Großgestalten David und Salomo, weder in der geistigen noch in der weltlichen Literatur eine größere Rolle. Am wirkmächtigsten ist die Leerstelle der Begründung für die Begnadigung Jojachins. Bis heute ziehen sich die Diskussionen, ob es sich dabei

die Geschichte von der Schöpfung bis zu Artaxerxes und werden von Josephus auf exakt 5.000 Jahre datiert. Das X. Buch behandelt den Zeitraum der wundersamen Errettung Jerusalems (701 v.u.Z.) bis zu den exilischen Erzählungen Daniels.

97 Vgl. AJ X, 81–83.

98 Grundlinien des rabbinischen Umgangs mit diesem Thema finden sich bei G.Stemberger, *Reaktionen* 207–236.

99 D.Harrington/ M.McNamara, *Targum Jonatan.*

100 Das Werk stammt aus dem Zeitraum zwischen 200 und 400 n.Chr. und ist eine kommentierte Weltchronik. Relevant ist vor allem Seder Olam Nr. 24–29, der die Eroberungen Jerusalems beschreibt. Wichtigster Rezipient ist der *Seder Olam Rabba* (um 900).

101 Die beiden wichtigsten Quellen sind die Predigtsammlungen am Ende des ersten Jahrtausends: *Pesiqta de RabKahana* und *Pesiqta Rabbati.*

102 Die Wirkungsgeschichte des Salomonischen Tempels durch die Jahrhunderte in Judentum, Christentum und Islam wird umfassend aufgearbeitet bei W.J.Hamblin/ D.R.Seely, *Tempel.*

103 Vgl. G.Stemberger, *Geschichte* 147.

eher um einen Hoffnungsschimmer (*Abrabanel*[104]) oder eine historische Notiz (*Raschi*[105]) handelt. Genau diese Frage wird auch im 20. Jahrhundert unter der Schirmherrschaft Martin Noths und Gerhards von Rad von christlicher Seite diskutiert und ist noch immer offen.

Die biblischen Texte werden in allen genannten Werken stets ineinander gelesen, so dass ein Kommentar zum Königsbuch üblicherweise auch 1.2 Chr, Ez, Jer und Dan beinhaltet. Das ändert sich in der Neuzeit. *Baruch de Spinoza* (1632–1677) stellt (erstmals) öffentlich die Autorschaft des Mose und anderer biblischer Verfasser in Frage und sucht sie zeitlich aufzuteilen.[106] Damit gehen auch Anfragen an die Irrtumslosigkeit der Schrift einher, welche gerade durch eine zunehmend literale Auslegung offensichtliche Widersprüche und Ungenauigkeiten zu Tage förderte. Mit dem Aufkommen der kritischen Methode verstummen daher vielerorts die Harmonisierungsversuche. Auch die geistige Auslegung gerät in eine Krise. *Moses Mendelssohns* (1729–1786) ›Jerusalemschrift‹ (1783) und in seinem Gefolge die Vertreter der *Haskala* fordern und erproben einen vernunftgemäßen Zugang zu den heiligen Schriften, nutzen aber die Erzählungen aus dem Königsbuch eher als Sprungbrett ihrer philosophischen Ausführungen.

Die aus dem historisch-kritischen Interesse hervorgehenden Disziplinen der Archäologie, allgemeinen Geschichtswissenschaft, Quellenkunde usw. legen schließlich das abschließende Fundament einer vernunft- und wissenschaftsgemäßen Schriftbetrachtung, die um 1900 in die historisch-kritische Exegese und ihre Methodik mündet.

Vergleicht man diese Ausführungen mit der christlichen Auslegungsgeschichte, so lassen sich einige Unterschiede und Gemeinsamkeiten festhalten. Sowohl im Judentum als auch im Christentum stehen in den ersten Jahrhunderten nach der Zeitenwende apologetische Interessen im Vordergrund, die vor allem von christlicher Seite in Polemiken münden (*Barnabasbrief*, *Cyrill von Alexandrien*, *Ambrosius von Mailand* u.a.).[107] Weniger die Könige, als vielmehr Jerusalem[108], der Tempel und seine Zerstörung stehen im Fokus des Interesses, wobei die Gründe für die Zerstörung des Zweiten Tempels parallel zur »Schuld Israels« gesehen werden, die nach Ansicht der antiken Autoren zu den Ereignissen von 586 v.Chr. und 70 n.Chr. geführt hatte. In diesen Zeitraum fallen auch die historiographischen Arbeiten der jüdisch-hellenistischen Schriftsteller

104 Vgl. S.Yerushalmi, *Melakhim II* 355.

105 Vgl. ebd. 333.

106 Vgl. B.Spinoza, *Theol.-pol. Traktat* 181.

107 Vgl. Ambrosius, *de officiis* X, 64; Barn. 16,4; Cyrill von Jerusalem, *Catecheses ad illuminandos* 61, 106f.

108 Zur Bedeutung Jerusalems aus alttestamentlicher und christlicher Sicht sei verwiesen auf die Dissertation von D.Stoltmann, *Jerusalem* bes. 165–280.

bzw. des *Eusebius*[109], die üblicherweise von subjektiven Anliegen, z. B. Beschönigung der Tatsachen oder Harmonisierungen, geprägt sind (v. a. *Josephus Flavius*; *Targum Jonatan*).

Für das Früh- und Hochmittelalter wird auf beiden Seiten deutlich, dass geistige Ausleger am Königsbuch kaum Interesse haben, wohingegen literale Zugänge, z. B. die *Antiochenischen Kirchenväter*, durchgängig an den Geschichtsbüchern arbeiten.[110] Zwei signifikante Unterschiede lassen sich für diese Zeit festhalten:

1. Allein die jüdische Seite hat noch ein Interesse am Tempel und seiner Zerstörung.
2. Die Juden interessieren sich stark für die Figur Zidkijas, die Christen mehr für Jojachin.

Zidkija, der in der christlichen Auslegungsgeschichte im Grunde nicht rezipiert wird, tritt im Judentum als Eidbrecher und Verräter oder als König, der schlechte Berater hat, auf. Er ist eine Art Sinnbild für das versagende Königtum Israels und könnte auch deshalb in der Haskala wieder aufgegriffen worden sein. Dort findet er im Gefängnis sitzend zur Vernunft, d. h. der Tora, der Weisung Gottes, zurück.[111] Jojachin dagegen wird i. d. R. nur als Verweispunkt für Zeitrechnungen verwendet und bedeutende Gelehrte wie Raschi sehen in 2 Kön 25,27–30 nicht mehr als eine historische Notiz.

In der christlichen Auslegungsgeschichte dagegen kommt Zidkija quasi nicht vor, während Jojachin als König, der seine Sünden eingesehen hat und von Gott begnadigt wurde, geradezu Modell steht. Er ist Teil des Stammbaums Jesu im Neuen Testament (Mt 1,1–13), wird von *Origenes*[112] als geläutert beschrieben und von *Cyrill von Jerusalem*[113] mit Petrus verglichen. Einen negativen Beigeschmack erhält Jojachin nur insofern, als er von frühen Vätern wie *Cassian* nicht als vollkommen gerechtfertigt angesehen wird und deshalb, ebenso wie Joahas, im fremden Land verbleiben muss.[114] Jojakim, dem in 2 Kön 23,30–25,30 und auch im Buch Jeremia ein sehr großer Raum zukommt, fällt in der gesamten Auslegungsgeschichte mehr oder weniger aus.

109 Vgl. EUSEBIUS, *histor. eccl.* II, 6; III, 5.

110 Leider ist ein Großteil der Antiochenischen Auslegungen nur mehr im Fragment erhalten. Zu den Gründen vgl. A.SIQUANS, *Deuteronomiumkommentar* 33. Die Fragmente zu 2 Kön 24f. finden sich bei SÉVÈRE D'ANTIOCHE, *Fragments* 97; 119; 176; N.FERNANDEZ-MARCOS/ J.R.BUSTO SAIZ, *Theodoreti Cyrensis.*

111 *Zidkija im Gefängnis* ist das bekannteste Poem des aufgeklärten Jiddischen Dichters *Jehuda Leib Gordon* und stammt aus dem Jahr 1789. Es handelt sich um ein aufklärerisches Werk am Vorabend der Französischen Revolution.

112 M.CONTI, *1–2Kgs* xix.

113 Vgl. ebd. 239f.

114 CASSIAN, *Coll.* 57, 193.

Sowohl die jüdischen als auch die christlichen Exegeten des Hochmittelalters tendieren stark zu einer geistig-mystischen Auslegung der heiligen Schrift, sodass es nur sehr wenige Kommentare bzw. Versauslegungen vom Ende der Königsbücher, aber auch von den Königsbüchern insgesamt gibt. Dies zeigt sich an mehreren Faktoren: Es gibt heute kaum noch Handschriften der Kommentare und umfangreichen Arbeiten, wie jene der antiochenischen Schule. Sie sind nur mehr im Fragment erhalten, wohingegen Kommentierungen weisheitlicher Schriften, wie dem Hohelied, *en masse* vorhanden sind.[115] Die verbliebenen Theologen nähern sich den geschichtlich orientierten Büchern vor allem mit dem historischen Sinn an. Häufig sind diese Theologen zugleich politisch aktiv, d. h. sie entnehmen den Texten Informationen, die vor allem der herrschenden Schicht ihrer Zeit zugedacht sind (*Abrabanel*; *Claudius von Turin*; *Hrabanus Maurus* u. a.).

Ab dem 16./17. Jahrhundert vollzieht sich endgültig die Wende hin zu historischen und kritischen Befragungen von Bibeltexten, bei denen gerade die Bücher 1 Sam–2 Kön immer wieder in den Blick kommen. Gerade weil es sich um vier Bücher, aber einen durchgehenden Handlungsstrang – mit Exkursen – handelt, bieten sie sich für Untersuchungen an. Auf beiden Seiten hat die kritische Untersuchung Startschwierigkeiten: Spinoza wird aus seiner Gemeinde ausgeschlossen, *Richard Simon* (1638–1712)[116] begegnet der Inquisition und erhält ein Redeverbot. Im 19. Jahrhundert sind es vor allem die der Aufklärung zugewandten protestantischen Königreiche Preußen und die Niederlande, welche eine kritische histori(sti)sche, philologische und literarische Auseinandersetzung mit der Bibel fördern. Dort kommt es sowohl auf jüdischer als auch auf christlicher Seite zu ersten großen Einsichten und Fragestellungen, die in den folgenden Jahrhunderten und besonders im 20. Jahrhundert weiter verfolgt werden.

Mit *Julius Wellhausens* (1844–1918) Werk *Prolegomena zur Geschichte Israels* (1873/1883)[117] geht die Auslegung der Bibel endgültig neue Wege. Er sieht in den Büchern Ri bis 2 Kön eine Geschichtsschreibung ohne jede Beschönigung, die den »radikalen Abstand der alten Praxis vom Gesetz«[118] beschreibt. Im Gegensatz[119] zu dieser historischen Hypothese geht es im Folgenden um die theologi-

115 Vgl. die Zusammenschau der Forschungsgeschichte zur Auslegung des Hoheliedes bis zum Mittelalter bei B.Collinet, *Motif* 131–161.

116 Mit seiner Person haben sich viele Fachhistoriker der Bibelwissenschaften beschäftigt. In jüngster Zeit vor allem M.Reiser, *Bibelkritik.*

117 J.Wellhausen, *Prolegomena.*

118 Ebd. 292. Diese Weiterentwicklung treibt teilweise merkwürdige Blüten. So finden sich, mit Verweis auf fehlende Quellgewissheit, im wichtigen Kommentar von H.Gressmann/ H.Gunkel [u. a.], *Geschichtsschreibung*, plötzlich keine nachjoschijanischen Könige mehr.

119 Diese Ansicht ist heute nicht mehr haltbar, wie C.Frevel, *Geschichte* 274, noch einmal deutlich macht.

schen Deutungen, die 2 Kön 23,30–25,30 im Lauf der letzten 100 Jahre durchlaufen hat. Diese werden heute noch teils heftig diskutiert.

2.2.2 Das Ende der Königsbücher als »historische Notiz«

An erster Stelle ist fraglos *Martin Noth* (1902–1968) mit seinen *Überlieferungsgeschichtlichen Studien*[120] (1943) zu nennen. Für ihn ist der Abschluss von 2 Kön klar und eindeutig:

> Der Sinn erschließt sich ihm [dem Deuteronomisten] in der Erkenntnis, dass Gott in dieser Geschichte erkennbar gehandelt hat, indem er auf den ständig wachsenden Abfall mit Warnungen und Strafen und schließlich, als diese sich als fruchtlos erwiesen hatten, mit der völligen Vernichtung geantwortet hat.[121]

Aus diesem Grund spielt auch die Erhebung Jojachins für Noth kaum mehr eine Rolle:

> Wenn Dtr ganz am Schluss [...] noch von der Enthaftung des Königs Jojachin [...] berichtet, so dient diese kurze Bemerkung offenbar nur dazu, der großen Darstellung des Verfalls, die Dtr in seinem Werk geben musste, einen versöhnenden Schluss anzufügen, nicht hingegen dazu, die Tatsache des wirklichen Endes [...] zu verschleiern oder noch offen zu lassen.[122]

Als Fazit seiner Studie gilt das vielzitierte Diktum des »Morgenrots einer neuen Zukunft«, das den Lesenden von 2 Kön 25,27–30 gerade *nicht* erscheinen soll, da der Deuteronomist »mit der ihm eigenen Gewissenhaftigkeit und Ehrfurcht vor dem tatsächlichen Geschehen dieses letzte ihm noch bekannte Faktum zum Thema der judäischen Königsgeschichte einfach als solches mitgeteilt«[123] hat.

In einer Studie aus dem Jahr 1950 erledigt Noth die Hypothese eines gottmenschlichen Königs in Juda und weist auf JHWH als einzig rechtmäßigen Herrscher hin. In Konsequenz kann er die Natan-Verheißung (2 Sam 7) als Referenzpunkt für 2 Kön 25,27–30 ausschalten, in der Gerhard von Rad den Schlüssel zu dieser Perikope sieht.[124] Noths Artikel *Die Katastrophe von Jerusalem im Jahre 587 v.Chr. und ihre Bedeutung für Israel*[125] (1953) stellt Beziehungen zu den Büchern Jer, Klgl und Ez her, die von einem endgültigen und unum-

120 M.NOTH, *ÜSt 1.*

121 M.NOTH, *ÜSt 1* 100.

122 Ebd. 12.

123 Ebd. 108; (vgl. auch G.HENTSCHEL, *Könige* 310). Diese These ist nicht haltbar, wie schon die Studie von *Jutta Hausmann* zeigt, die die Unterscheidung vom theologischen Konzept des Restes Israels und der historischen Realität stark macht (vgl. DIES., *Rest*).

124 Vgl. M.NOTH, *Gott* 188–229.

125 M.NOTH, *Katastrophe* 346–371, bes. 346; 369–371.

kehrbaren Untergang Judas ausgehen und betont noch einmal, dass Jojachin nie mehr ein voller Herrscher werden wird, da er »in keiner Weise rehabilitiert«[126] ist.

In seiner *Geschichte Israels* (1950) denkt Noth das Ende Judas und die Erhebung Jojachins als historische Notiz bereits als konsensfähiges Faktum:

> Aber schließlich ist auch Jojachin gestorben, wie der Deuteronomist am Schluss seines Werkes ausdrücklich mitteilt [...] ohne dass sich irgendeine der etwa auf ihn gesetzten Hoffnungen erfüllt hätte.[127]

Nichts desto trotz glaubt Noth an eine große Hoffnungsfähigkeit der Juden, denn wenige Seiten später fasst er zusammen: »Es bedurfte nur der begründeten Aussicht auf eine wesentliche Änderung der weltgeschichtlichen Lage, um das glimmende Feuer der Hoffnung wieder anzufachen.«[128]

Da Noth nur den ersten Teilband seines *Kommentars zu den Königsbüchern*[129] abfassen konnte, ist seine endgültige Interpretation von 2 Kön 23,30–25,30 offen geblieben. Doch diese Lücke wird von einer ganzen Reihe nachfolgender Exegetinnen und Exegeten geschlossen, die seiner Auslegungsrichtung folgen.

Walter Dietrich greift die These auf und modifiziert sie. Dies wurde notwendig, da die Noth'sche These der rein historischen Notiz aufgrund neuer Erkenntnisse nicht mehr haltbar war.[130] In seiner Dissertation *Prophetie und Geschichte* (1972) beschreibt Dietrich das Zusammenspiel eines offenen, auf Hoffnung gerichteten Verfassers, der durch engstirnige Redaktion seiner Pointe beraubt wurde:

> Wo vorher die Weite des Horizontes war, die den religiösen Bereich genauso übergriff wie die Grenzen Israels, herrscht nun Beschränkung auf das eigene Volk und auf dessen Gottlosigkeit und Frömmigkeit. Die kraftvolle Sprache und mehr noch der Reichtum an Redeformen ist nun zum Schema eingeebnet.[131]

In den nachfolgenden Jahrzehnten widmet sich Dietrich den Königsbüchern. 2002 erschien eine Sammlung dieser Studien unter dem Titel *Von David zu den Deuteronomisten*[132], in welcher er noch einmal die Hoffnung auf eine davididische Restauration unter Jojachin verneinte:

---

126 Ebd. 371.

127 M.Noth, *Geschichte* 262.

128 Ebd. 270.

129 M.Noth, 1 *Kön 1–16.*

130 Besonders harsch fiel die Kritik erst kürzlich aus. Der Berner Dozent *Phillippe Guillaume* vergleicht die Eroberung Jerusalems, die ein Hauptthema des Alten Testaments ist und allein in 2 Könige 23 Verse einnimmt, mit der Zerstörung Ninives, die kaum irgendwo erwähnt wird (Ders., *Jerusalem* 31–32); R.G.Kratz, *Komposition* 160 Anm. 58; 219–221.

131 W.Dietrich, *Prophetie* 109.

132 W.Dietrich, *David.*

> So wird das Königtum insgesamt als missglücktes Experiment in der Geschichte Israels hingestellt. Die Wiedererrichtung eines jüdischen Staates, und wäre es unter davidischer Führung, erscheint nicht als erstrebenswertes Ziel. Stattdessen liegt alles daran, dass Israel in konzentrierter Ausrichtung auf die Tora seine Identität als Gottes Volk neu findet. Darin liegt seine Zukunft.[133]

In seiner *Theologie des Alten Testaments*[134] (2015) ist *Jörg Jeremias* das theologische Deuten von Brüchen in der Geschichte des Gottesvolkes besonders wichtig:

> Würden diese großartigen theologischen Versuche, die Kontinuität Gottes in den Brüchen der Geschichte nachzuweisen, nicht mehr erkennbar bleiben, wäre das AT in meinen Augen [...] seines Reichtums an theologischen Konzepten beraubt.[135]

Jeremias postuliert für den Jerusalemer Tempel eine eigene Theologie, die mit der altorientalischen Konzeption bricht, welche einen Tausch von königlichen Gütern und Spenden gegen Gnadenerweise der Gottheit vorsieht. In 2 Sam 7 dagegen liegt nach Jeremias beides auf Seiten Gottes. Damit werde der König auf die gleiche Stufe wie das Volk gestellt, da auch der König allein von der Güte Gottes abhängig ist.[136] Die Natanweissagung deutet Jeremias außerdem, ähnlich wie von Rad, in Richtung einer ewigen Dynastie der Davididen:

> Wie auch immer er [i. e. JHWH] die schuldigen Davididen zur Rechenschaft ziehen wird, verwerfen wie Saul wird er sie nicht. Darin wird die »Festigkeit« bzw. »Zuverlässigkeit« (V.16) der Dynastie Davids bestehen.[137]

An anderer Stelle führt Jeremias die Verbindung zwischen Saul und der Sintflut (Gen 6–9) aus, und eröffnet damit eine Definition des göttlichen Zorns und seiner Reue, die seiner Meinung nach auch für das Ende der Königsbücher zur Anwendung kommen sollte[138]:

---

133 Ebd. 271.

134 J.JEREMIAS, *Theologie*.

135 Ebd. 10.

136 Vgl. ebd. 120f.; 189. Auch wenn die Argumentation in sich nicht unschlüssig ist, scheint mir doch der protestantische Exeget hier stärker von der lutherschen Gnadenvorstellung her zu denken, als vom Bibeltext.

137 J.JEREMIAS, *Theologie* 122. Diese These entfaltet der Autor bereits wesentlich breiter in seiner Monographie *Reue* 9–13, 36–39. Die Vernichtung Sauls ist dabei in Parallele zur Sintfluterzählung (Gen 6–9) zu sehen, weil es die beiden einzigen vollzogenen Gerichte an einem ganzen »Haus« sind, und JHWH hinterher garantiert, keine vergleichbare, d.h. menschheitsbedrohende, Tat zu tun. Kritisiert wird das Konzept von J.SCHIPPER, *Resonances* 521–529.

138 Vgl. J.JEREMIAS, *Zorn* 9–12; 46; 56; 67–75; 186. Sogar eine Verbindung von Saul und Manasse, dem einzig wirklichen bösen König Judas im DtrG hält Jeremias für möglich (vgl. DERS., *Theologie* 227f.).

> Für die Gegenwart und Zukunft braucht Israel mit solchem Willenswandel Jahwes nicht zu rechnen; seine jetzt gültigen Zusagen sind unwiderruflich, von Jahwe selbst und seiner Treue ein für alle Mal garantiert. Auch wo die Menschen schuldig werden und Jahwe zum Zorn und zum Bereuen seiner Heilssetzungen treiben, ist es Jahwe selbst, der Israel wie vor der Vernichtung so vor der Reue bewahrt. Israel kann ohne Furcht vor Jahwes Reue leben. Jahwe beschränkt seine Strafmöglichkeiten – in gültiger Bindung an sein Wort (Gen 6–8; 1 Sam 15): In seiner Treue besteht seine Unwandelbarkeit. Er beherrscht seinen Zorn – in der Sorge um sein Volk (Hos 11 etc.); schon wenn er Vernichtung plant, hofft er, sie nicht ausführen zu müssen (Jer 26; 42; Jl 2; Jon 3f.); geraten die Seinen durch göttlichen Zorn in Not, ist er zur Hilfe bereit (Dt 32; 36 etc.): In diesen Aussagen lassen sich die Erfahrungen Israels mit der Wandelbarkeit seines Gottes zusammenfassen. [...] Wie die Menschen nach der Sintflut unverändert sind, so haben sich auch die Könige nach David nicht generell zum Guten gewandelt – Hiskia und Josia bleiben für das DtrG einsame Ausnahmen – gewandelt hat sich allein Gott, der sich an David und die Davididen gebunden hat, sie straft, aber nicht verwirft (2 Sam 7,14f.). Sie bleiben für alle Zeiten vor Jahwes Reue geschützt und bewahrt; das Ergehen Sauls bildet nur noch die dunkle Folie, von der sich die Geschichte Gottes mit David umso heller abhebt.[139]

Dennoch ringt sich Jeremias nicht durch, die Position Noths aufzugeben und kommt für die Vordere Prophetie zum Gesamtschluss, dass »die prophetische Gerichtsverkündigung vor dem Fall Jerusalems in äußerster Härte und scheinbar[140] ohne jeden Hoffnungsstrahl«[141] endet.

Meik Gerhards, der im Vorfeld seiner Dissertation zwei Artikel zur Frage der Begnadigung Jojachins verfasste, macht Noths Position noch einmal stark.[142] Im Gegensatz zur von Rad'schen These einer neuen Hoffnung sieht Gerhards im Abschluss der Königsbücher eine Beziehung zum Hulda-Orakel (2 Kön 20,18) und betrachtet die letzten Berichte als Erfüllungsberichte des angekündigten Gerichts über die Davididen.[143]

Fasst man die Argumente und Positionen dieser ersten Gruppen von Exegeten zusammen, erhält man folgende Thesen: Die Geschichte Judas wird halbwegs authentisch am Ende des DtrG wiedergegeben. Zugleich sind die auf die Eroberung Jerusalems folgenden Fragmente über Gedalja und Jojachin (2 Kön 25,23–30) nicht darauf ausgelegt Hoffnungen zu machen, sondern sie gehen auf reale Ereignisse zurück, die der Vollständigkeit halber zu nennen sind. Am Ende

---

139 J.Jeremias, *Reue* 119f.; 135. In eine ähnliche Richtung geht auch die Definition von M.Klopfenstein, *Zorn* 199–202.

140 Das »scheinbar« markiert die Skepsis, die Jeremias zu haben scheint. Dennoch ist eine Entscheidung Richtung von Rad nicht nachweisbar, denn selbst seine Rede von einer »dtr. Bußtheologie« (J.Jeremias, *Theologie* 206) ist im Endeffekt nicht das gleiche wie das Wolffsche Kerygma der Umkehr (s.u.).

141 Vgl. J.Jeremias, *Theologie* 190.

142 Vgl. M.Gerhards, *Begnadigung* 52–67; Ders., *Erzählungen* 5–12.

143 Vgl. M.Gerhards, *Erzählungen* 12.

der Königsbücher bleibt ein dem Gericht verfallenes Volk, dessen Zukunft noch in den Sternen steht.[144]

2.2.3 Das Ende der Königsbücher als Hoffnungsschimmer des Gottesvolkes

Der Name, der mit einer Hoffnung für Juda und die Davididen verbunden wird, ist *Gerhard von Rad* (1901–1971).[145] Der große protestantische Bibeltheologe des 20. Jahrhunderts hat sich immer wieder zum Königtum im Alten Testament geäußert, und es sogar zu einem der Kernthemen des ersten Bandes seiner *Theologie des Alten Testamentes* (10 Auflagen bis 1992) gemacht. Bis heute gilt sie als wichtiges Referenzwerk in dieser Disziplin. Seine ersten Gedanken formulierte von Rad bereits in einem Artikel aus dem Jahr 1947: *Die deuteronomistische Geschichtstheologie in den Königsbüchern*[146]. Von Rad spricht in diesem Artikel vom fehlenden Gehorsam[147] der Könige Judas gegenüber Jhwh. Er zählt elf prophetische Weissagungen und ihre Erfüllungen auf, darunter in Nr. 10 die Weissagung über Manasse (2 Kön 21,10–18), die in 2 Kön 24,2 als erfüllt betrachtet wird.[148] Er zieht folgenden Schluss aus dieser Beobachtung:

> So zeigt Dtr in beispielhaft gültiger Weise, was Heilsgeschichte im Alten Testament ist: nämlich ein Geschichtslauf, der durch fortgesetzt hineingegebenes richtendes und rettendes Jahwe-Wort gestaltet und auf eine Erfüllung hin bewegt wird.[149]

Bereits in diesem Beitrag vermutet von Rad in der Natanweißsagung aus 2 Sam 7 eine Schlüsselstelle für die Interpretation des Königsbuchs insgesamt gefunden zu haben,[150] ein Gedanke, der ihn nie wieder loslassen wird und in seiner Theologie Niederschlag findet.

Unkonventionell dagegen ist von Rads kleine Monographie *Der Heilige Krieg* (^{2}1952), in welcher er einige Kriege Israels/ Judas als Gotteskriege dechiffriert, andere dagegen nicht. Joschijas Expansionsfeldzug, der an Pharao Necho scheitert, sei der letzte dieser Kriege innerhalb der Prophetenbücher und zeige so,

144 Dieser Position folgen chronologisch die Kommentare von P.Ketter, *Kön*; J.Gray, *1.2 Kgs* 773; G.H.Jones, *1.2 Kgs* bes. 647–649; M.Cogan/ H.Tadmor, *2 Kgs* 302–320. In deutlicher Abhängigkeit von Gray wiederum R.Dilday, *1.2 Kgs*.

145 Er ist der erste, der sich systematisch mit der Frage nach Hoffnung auseinandersetzt. Erste Hinweise finden sich aber auch schon in Vorgängerschriften, z.B. im Kommentar W.E.Barnes, *Kgs* 330.

146 G.von Rad, *Geschichtstheologie* 189–204.

147 Vgl. ebd. 192.

148 Vgl. ebd. 193–195. Zur Rolle Manasses im Königebuch siehe auch E.Aurelius, *Zukunft* 123f.; und die Dissertation P.F.S.van Keulen, *Manasseh*.

149 Ebd. 204.

150 Vgl. ebd. 199; ähnlich sehen das auch G.Hentschel, *Gott* 47; 92; J.M.Carrasco, *Reyes* 282

dass JHWH die Eroberung Jerusalems zwar zulässt, nicht aber aktiv an ihr mitgestaltet, d.h. keinen Krieg gegen das eigene Volk führt.[151]

Im ersten Band *Die Theologie der geschichtlichen Überlieferungen Israels*, sammelt von Rad viele Fakten rund um das Königsbuch, z.B. das Rahmenschema, das DtrG als teilweise exilisches Werk und Israel als alleinige Schuldträgerin am Scheitern des göttlichen Bundes.[152] Aus diesen Details versucht er das Gerichtsverhalten JHWHs zu rekonstruieren und kommt zu folgender Erkenntnis: Das Urteil über die Könige Israels und Judas ist nicht hart, weil das Königtum prinzipiell kritisiert würde, sondern

> die überwiegend negative Sicht rührt daher, dass Dtr die Könige an einem sehr hohen Vorbild misst. Tatsächlich erkennt er dem Königtum die höchste Schlüsselstellung zwischen Jahwe und Israel zu, denn in den Herzen der Könige und nirgendwo anders musste sich Israels Heil oder Verwerfung entscheiden.[153]

Das hat zur Folge, dass das Eintreffen einer göttlichen Strafe verzögert wird, wenn ein König gut handelt.[154] Beim Lesen der Vorderen Propheten besteht von Rad folgerichtig darauf, dieses Erfahrungselement stärker zu berücksichtigen und nicht etwa von einer mehr oder weniger strikt realgeschichtlichen Erzählung auszugehen, wie sie Wellhausen, Noth und andere annehmen.[155]

In Band zwei der Theologie des AT: *Die Theologie der prophetischen Überlieferungen Israels* greift von Rad erneut seine These zu 2 Sam 7 auf. Dazu muss er einige Prämissen setzen. Zum ersten ist prophetische Vision für ihn keine Universalaussage, sondern »als das bestimmte Wort für eine bestimmte geschichtliche Stunde«[156] zu verstehen. Prophetie spricht zweitens ein neues Wort in eine alte Erwählungstradition an die sündig gewordenen Menschen, z.B. in der Erwählungstradition der Davididen.[157] Zum dritten rechnet das DtrG ausgehend von Jos 24,19 »mit faszinierender theologischer Präzision vor, dass Israel mit seinen Königen allein an Jahwe und seinen Geboten gescheitert ist.«[158] Deshalb ist auch die »Heilskraft der alten Ordnungen […] erloschen; Heil kann Israel nur in neuen zukünftigen Heilssetzungen Jahwes finden«[159], nicht mehr im Vertrauen auf den Schutz Jerusalems und des Tempels.[160]

151 Vgl. G.VON RAD, *Theologie 2* 78f.
152 G.VON RAD, *Theologie 1* 347 Anm. 2; 350; Bd. 2, 370f.
153 Ebd. 351.
154 Vgl. ebd. 353.
155 Vgl. ebd. 356; 404; Bd. 2, 443.
156 G.VON RAD, *Theologie 2* 135.
157 Vgl. ebd. 136; 180.
158 Ebd. 276.
159 Ebd. 280.
160 Vgl. ebd. 312; 366f.

All diese Prämissen erklären den Untergang Judas, doch durch 2 Sam 7 sieht von Rad noch eine messianische Hoffnung für Juda in Gestalt des Davididen Jojachin, der in 2 Kön 25,27–30 rehabilitiert wird. Obwohl nie explizit in seiner Theologie ausformuliert, wird dieser Gedanke von Rads wie kaum ein anderer von seinem breiten Schülerkreis und darüber hinaus rezipiert.[161]

Bevor dieses Phänomen näher untersucht werden kann, sind noch einige Gedanken von Rads zu 2 Kön 23,30–25,30, die aus der Zeit nach der »Theologie« stammen, zu benennen, da auch sie implizit bei vielen Rezipientinnen und Rezipienten mitschwingen. So ist die Verleihung des (Thron)namens eigentlich ein Recht JHWHs und nicht anderer Könige, denn er ist der wahre Herrscher über das Gottesvolk.[162] Der letzte Beitrag von Rads befasst sich mit der Tradition der Gerichtsdoxologie und stammt aus der Zeit kurz vor seinem Tod.[163] Die Gerichtsdoxologien sind für von Rad Teil der Klagefeiern und bestehen aus einer Kombination von »Schuldgeständnis und Gerechterklärung Gottes«[164] im deuteronomistischen Sinn.

Klaus Baltzer äußert sich bereits in der Festschrift zum 60. Geburtstag des Lehrers zum Thema der Messiasfrage am Ende der Königsbücher.[165] Er versucht von Rads These des Fortbestands der Davididen mit Martin Noths Ansätzen zu verbinden, wobei Baltzer die Messiasfrage zu weit hergeholt scheint, da sie zeitlich und thematisch später anzusetzen sei.[166]

Klaus Koch hat sich ausführlich mit dem Phänomen des »Profetenschweigens« befasst, womit er ganz in der Tradition von Rads und Wolffs steht.[167] Darunter versteht Koch Folgendes:

> Wenn in einer im 6. Jh. v. Chr. abgefassten oder überarbeiteten Darstellung der Geschichte Israels jede Erwähnung der Schriftprofeten (außer 2 Kön 18–20) fehlt, ist das ein bemerkenswerter und der Erklärung bedürftiger Tatbestand. Er lässt sich am ehesten dadurch verständlich machen, dass exilische Kreise von der vor Jahwä stets

161 Vgl. exemplarisch M. SURIANO, *Politics* 96; 126; 176; I.W. PROVAN, *1.2 Kgs* 274f.; L.A. SCHÖKEL, *Reyes*.

162 G. VON RAD, *Königsritual* 205–213. Diese Aussage ist wichtig, weil sie die Königsideologie Judas prägt. Nicht ein Mensch, sondern Gott selbst ist der Souverän des Gottesvolkes. Fremde Könige sind seine Instrumente. Wenn ein fremder König sich das Recht der Namenswahl nimmt, dann verletzt er damit göttliches Recht.

163 G. VON RAD, *Gerichtsdoxologie* 245–254.

164 Ebd. 252.

165 K. BALTZER, *Ende* 33–43.

166 Vgl. 38; 41. Als Beleg seiner Thesen führt Baltzer einige Bibelstellen an (Jer 40,2; 52; Hag 2,23).

167 K. KOCH, *Profetenschweigen* 115–128. Anders deutet Isaac L. Seligmann das Prophetenschweigen, welches er als Unkenntnis der Texte Jeremias ausdeutet, und große Teile dieses Buches in der Folge später datiert (vgl. DERS., *Auffassung* 254–284, 283f.).

bestehenden Möglichkeit menschlicher Umkehr überzeugt sind und deshalb gegen die unbedingten Unheilsankündigungen der vorexilischen Profeten Vorbehalte hegen.[168]

Außerdem deutet Koch von Rads Aussagen über göttliches Gerichtshandeln weiter und entwickelt im Ausdruck der »schicksalswirkenden Tatsphäre« die Grundlage des Tun-Ergehen-Zusammenhangs, der gerade in der Vorderen Prophetie ein Kernelement des Gerichtsmotivs ist.[169] Gegen diesen Ansatz entwickelt *Claudia Sticher* den Begriff der »salvifikativen Gerechtigkeit«[170], unter dem sie einen relationalen Gerechtigkeitsbegriff im Sinne Assmanns versteht.[171]

Große Beachtung fand *Hans Walter Wolff* mit seinem paradigmatischen Artikel zum Kerygma des DtrG.[172] Sein Konzept von 1961 baut auf einem zehn Jahre älteren Artikel *Das Thema »Umkehr« in der alttestamentlichen Prophetie*[173] (1951) auf, in welchem Wolff Umkehr als Rückkehr zu JHWH und weniger als Abkehr von den anderen Gottheiten ansah. Im Konzept der Umkehr sieht Wolff den gleichzeitigen Vollzug der Abkehr von »frommer Sitte und [...] politische[r] Macht.«[174] Wie schon Baltzer vor ihm, konstatiert auch Wolff eine Überspannung von Noths und von Rads Thesen, und kritisiert speziell 2 Sam 7 als gerade nicht messianisch.[175] Er fragt sich, weshalb es das DtrG braucht, wenn David als Idealfall und eine vernichtende Kurzfassung über die anderen Könige auch ausgereicht hätte.[176] Noth hält er dagegen vor, das definitive Ende des Staates zu überschätzen, denn »wer will sagen, dass es nicht zu einer ganz neuen Phase mit wiederum ganz neuen Setzungen für Jahwes Eigentumsvolk kommen könnte, wie nach den früheren Verwerfungen?«[177] Noth liegt für Wolff nur soweit richtig, ein von Hoffnung schweigendes Ende anzunehmen, aber *in silentio* stehe dieses Schweigen für den Raum, der dem Gottesvolk zur Umkehr gelassen wird.[178] Die Umkehr ist das Schlagwort hier; sie ist die »Frucht des Gerichts«[179], die sowohl in

168 Ebd. 128. Diesen Gedanke dachte Karl-Friedrich Pohlmann in der Festschrift für Ernst Würthwein weiter, sieht aber darin gerade keine negative Botschaft, sondern ein Arrangement der Gola-Gemeinde mit den Babyloniern (vgl. DERS., *Erwägungen* 94–109, 108).

169 K.KOCH, *Vergeltungsdogma* 130–180.

170 Vgl. C.STICHER, *Rettung* 18–25; 30–32; 341–344.

171 Jan Assmann führt in seinem Buch über Ma'at den Begriff der *Konnektiven Gerechtigkeit* ein, den Sticher als solidarisch, relational, und die gesellschaftliche Ordnung erhaltend definiert (vgl. ebd. 30–36).

172 H.W.WOLFF, *Kerygma* 171–186.

173 H.W.WOLFF, *Umkehr* 130–150.

174 Ebd. 146.

175 H.W.WOLFF, *Kerygma*, 172–174.

176 Vgl. ebd. 175f.

177 Ebd. 177–179.

178 Vgl. ebd. 179; 185.

179 Ebd. 183.

Heimkehr (Dtn 30,4) als auch »in Anbetung an den Ruinen aus der Fremde« (1 Kön 8,41–43; 9,8f.) münden kann.[180]

Alles in allem ist für Wolff die Geschichte Judas auf die Zukunft hin offen, ein Gedanke, den er an anderer Stelle ausgeführt hat.[181] Er verteidigt sein Konzept über zwanzig Jahre später im Diskurs mit *Marco Nobile*[182] noch einmal am Beispiel der Gedalja-Perikope (2 Kön 25,23–26) und lässt sich von einer probabylonischen Sicht als schwachem Hoffnungsschimmer überzeugen.[183]

Auch aus dem Bereich der Göttinger Schule meldet sich mit *Walter Zimmerli* einer der großen Bibeltheologen zu Wort. Nicht so optimistisch wie von Rad, sieht er die Rede von Hoffnung dennoch als berechtigt an:

> Man wird nicht ausschließen können, dass im Schlussbericht über die Begnadigung des Davididen, wenn es schon mit keinem Wort ausdrücklich ausgesprochen ist, die Frage sich leise regt, ob Jahwe nicht auch über diesen Tod Israels um seiner Treue zu seinem Wort willen noch eine weitere Zukunft zu eröffnen bereit sein könnte.[184]

Immer wieder wird der Gesamtansatz kritisiert, da sein Hoffnungsbild übertrieben sei. Bekanntes Beispiel ist *Hartmut Rösel*, der der Schule entgegenhält:

> Und selbst, wer in den Schlussversen [...] zum Schicksal Jojachins im Exil einen Hoffnungsschimmer erkennen möchte, der müsste doch zugeben, das [sic!] dies in den lakonisch berichteten Versen nicht ausgesprochen wird.[185]

Doch auch andere Auslegerinnen und Ausleger sehen in der Aufforderung zur Umkehr eher eine Option als eine Vision.[186]

---

180 Vgl. ebd. 183.

181 »Die Zukunft Gottes erscheint im prophetischen Wort zumeist als geschichtliche Zukunft, nicht als Ende der Geschichte.« (H.W.Wolff, *Geschichtsverständnis* 289–307, 292).

182 M.Nobile, *contributo* 221; 227.

183 H.W.Wolff, *interpretation* 3–11, 11. Eine ähnliche Position vertritt er auch noch Mitte der 1990er (Ders., *Gedaliah* 21–46). Der früheste Beleg eines schwachen »glimm of hope« findet sich bei F.W.Farrar, *2 Kgs* 476.

184 W.Zimmerli, *Grundriss* 159.

185 H.Rösel, *Joschija* 34. Ob es tatsächlich nicht ausgesprochen ist, wird in dieser Arbeit u.a. untersucht werden. Doch bereits zuvor hatte Wolff ja explizit darauf hingewiesen, dass das *Schweigen* Gottes den Raum zur Umkehr eröffnet und eben kein gesprochenes Wort.

186 Vgl. G.Hentschel, *Könige* 311; N.Lohfink, *Rückblick* 138, weitet dieses Motiv auf den gescheiterten Staat aus: »Wenn dieses Experiment [Königtum im Gottesvolk] auch gescheitert war: da Gott sich darauf eingelassen hatte, hätte es auch die Chance in sich getragen, nicht zu scheitern. [...] Dtr II hatte sie zu definieren versucht, in den Ämtergesetzen des Deuteronomiums und in den vorher wohlvorbereiteten Ausführungen von 1 Sam 12.«

2.2.4 Das Ende der Königsbücher als probabylonische Trostschrift

Eine dritte populäre Auslegungsweise ist die Mischung der beiden Ansätze.[187] Hier wird von einer historisch inspirierten Trostschrift ausgegangen, die eine Aufforderung zum Arrangement mit den Besatzern beinhaltet. Ihr Schema: Geht es dem König im Exil gut, wird es uns allen gut gehen. Diese These ist vor allen Dingen in der englischsprachigen Literatur zu finden. *Jon D. Levenson* brachte 1984 erstmals die Idee einer probabylonischen Tendenz, noch im Sinne einer pragmatischen Option für die Exilierten, ins Spiel.[188] *Christopher T. Begg* greift in einem Artikel von 1986 diese Idee auf und führt sie weiter.[189] Außerdem setzt er sich dafür ein, das Fehlen des Gottesnamens in den letzten Versen als Zeichen zu sehen, die Erhebung Jojachins keinesfalls als theologische Spitzenaussage, sondern bestenfalls als »human gesture«[190] auszudeuten. Dies aber im doppelten Sinn: als freundliche Geste ohne tieferen Sinn und als menschliche im Gegensatz zu einer göttlichen Tat.[191] In eine ähnliche Richtung geht auch *Matthew H. Patton* in seiner jüngst erschienen Dissertation *Hope for a Tender Sprig* (2017)[192]. Aus anderer Richtung argumentierend, aber zu einem ähnlichen Ergebnis kommt *Wolfgang Oswald* in seiner *Staatstheorie im Alten Israel* (2009) und zeigt so die Aktualität der probabylonischen Deuterichtung[193] auch über die Kommentarliteratur hinaus.[194]

Zu kritisieren ist in diesem Modell vor allem die Tatsache, dass Gedalja explizit die Option vorschlägt (2 Kön 25,23 f.) und ermordet wird, d. h. diese Theorie geht nicht auf. Aurelius führt gegen das Gedalja-Argument die Fortführung des Buches durch 2 Kön 25,27–30 an, die er als komplementär zum Abschluss des Tempelweihgebets (1 Kön 8,50) ansieht:[195]

> Die Rehabilitierung Jojachins weist, wenn man von 1 R 8:46–51 herkommt, nicht auf eine Möglichkeit der Dynastie und des Staates Juda, wohl aber auf eine Möglichkeit des Volkes hin, eine mögliche Zukunft mit Jhwh, ohne einen eigenen irdischen König.[196]

---

187 Exemplarisch sei verwiesen auf B.Becking, *David* 187; R.A.Clements, *Privilege* 56, 60 f.; 64. Ältester Beleg einer probabylonischen Redaktion findet sich im Kommentar von Sanda, *2 Kön* 372–374; 395.

188 J.D.Levenson, *Verses* 353–361. Vor allem die Versöhnung royalistischer Traditionalisten mit den Pragmatikern habe, aus seiner Sicht, die Intention ausgemacht (vgl. a. a. O. 361).

189 C.T.Begg, *Significance* 49–56.

190 Ebd. 51; ähnlich auch D.F.Murray, *Years* 265.

191 Vgl. ebd. 50 f. Von diesen Überlegungen ausgehend baut er eine literarkritische Theorie zu DtrP, im Anschluss an Walter Dietrich und Félix García López (Ders., *Construction* 222–232), auf (vgl. C.T.Begg, *DtrP'* 49–55).

192 M.H.Patton, *Hope* 34–36.

193 W.Oswald, *Staatstheorie* 69–71.

194 Beggs Ansatz verfolgen u. a. R.L.Cohn, *2 Kgs* 171–173; B.O.Long, *2 Kgs*; D.R.Davis, *2 Kgs* bes. 348. Schon vor ihnen argumentierte ähnlich A.Rolla, *Re.*

195 Vgl. E.Aurelius, *Zukunft* 129.

196 Ebd. 134. Er verstärkt seine These noch mit Rückgriffen auf das Deuteronomium und die Konzeption des Tanach insgesamt (vgl. a. a. O. 214–216).

3. Überlieferungsgeschichte und textkritische Bemerkungen

Die Überlieferungsgeschichte der Königsbücher ist im hebräischen Bereich weitestgehend erschlossen. In Bezug auf die Septuaginta-Versionen ist der Diskurs in jüngster Zeit angeheizt.[197] Hatten der große protestantische Exeget und Begründer des textkritischen Jahrhundertprojekts *Göttinger Septuaginta*[198] (seit 1908) *Alfred Rahlfs* (1865–1935)[199] und seine »Schule«[200] lange Zeit angenommen, der Codex Vaticanus sei der älteste erreichbare griechische Text, mehren sich in den letzten Jahrzehnten Gegenstimmen.[201] Prominentester Wortführer auf der katholischen Seite ist der em. Professor und ehemalige Leiter des Barthélemy-Instituts in Fribourg, *Adrian Schenker*. In seinem 2004 erschienen Werk *Älteste Textgeschichte der Königsbücher*[202] vertritt er die These, der Antiochenische Text alias die Lukianische Rezension (im Folgenden Ant) sei in ihren Grundzügen nicht nur älter als der Codex Vaticanus, sondern er gehe auch auf eine hebräische Grundlage zurück, die älter als der älteste prä-masoretische Textzeuge sei. Zu der gleichen Ansicht gelangte bereits in den späten 1980er-Jahren die Forschungsgruppe rund um den Madrider Sprachforscher *Natalio Fernández Marcos*.[203]

---

197 Zur Einführung in Thematik und Probleme der textkritischen Fragestellungen der Septuagintatexte, ihrer Entstehung und dem Verhältnis zu den hebräischen Texten sei verwiesen auf folgende Grundlagenwerke: K.De Troyer, *The Seventy-two* 8–64; G.Dorival/ M.Harl [u.a.] (Hg.), *La Bible grecque*; R.A.Kraft (Hg.), *lexicography*; F.Siegert, *Bibel* bes. 189–217; I.Soisalon-Soininen, *Zurück* 35–51; M.Tilly, *Einführung* bes. 1–24; 46–48; 56–99; 121; E.Tov, *Bible* bes. 477–517; E.Würthwein, *Text* bes. 18–21; 32; 102.

198 Leider ist bis heute der Band zu den Königsbüchern nicht abgeschlossen. Zum Projekt und seinen Vertreterinnen und Vertretern, seiner Geschichte und Zielsetzung vgl. R.G.Kratz/ B.Neuschäfer (Hg.), *Göttinger Septuaginta*.

199 A.Rahlfs, *Studien*. Paradigmatisch war bis vor kurzem seine vielzitierte Aussage: »Wir müssen mit der Möglichkeit rechnen, dass der L-Text [= Ant] des AT keine einheitliche Größe im strengen Sinne ist, vielmehr Lucian bei den verschiedenen Büchern nach verschiedenen Grundsätzen gearbeitet oder Mitarbeiter gehabt hat, die sich seine Grundsätze vermutlich im großen und Ganzen aneigneten, aber in manchen Einzelheiten von ihm abwichen.« (Ders., *Septuaginta-Studien I–III*. 295).

200 Exemplarisch sei verwiesen auf die Studie von M.Rehms, *Untersuchungen*.

201 In der Literatur lassen sich bis in die späten 1980er-Jahre keine Gegenstimmen zu dieser These finden. Auch nicht in dem für ihre Textkritik bekannten Kommentar von J.A.Montgomery/ H.Snyder Gehman, Kgs. Einzig N.Schlögl, *Kön* bes. 330–341 macht sich für Ant als bevorzugte Lesart der griechischen Textzeugen stark. Die unveröffentlichte Dissertation von K.L.Hui (Timothy), *critical analysis*, war mir leider nicht zugänglich, weshalb ihr evtl. Widerspruch hier ungehört bleiben muss.

202 A.Schenker, *Älteste Textgeschichte* bes. 172–174; 179; 182f. Auch in diesem Werk (a.a.O. 184 u.ö.) vertritt Schenker seine These einer Institution, die im Umfeld des Jerusalemer Tempels die normative Version des hebräischen Bibeltextes festlegte und die Gültigkeit von griechischen Übersetzungen prüfte (vgl. Ders., *graeca veritas* 57–78, 75).

203 Eine Einleitung in seine Theorie findet sich in N.Fernandez Marcos, *Antiochene Edition* 57–73; zugespitzt auf die Königsbücher formuliert er sie aus in Ders., *Text* 177–213 und etwas früher in Ders., *Reflections* 219–229.

Auf protestantischer Seite geht die Neubewertung von Ant maßgeblich von Seiten des Septuaginta-Forschers und Mitherausgebers der Lxx.D, *Siegfried Kreuzer*, aus.[204] Für die Königsbücher besonders relevant ist die 2009 publizierte Dissertation seines Schülers *Jong-Hoon Kim*[205]. Dieser erschließt und analysiert das vorliegende Quellenmaterial und fasst sein Ergebnis in folgender Graphik[206] zusammen:

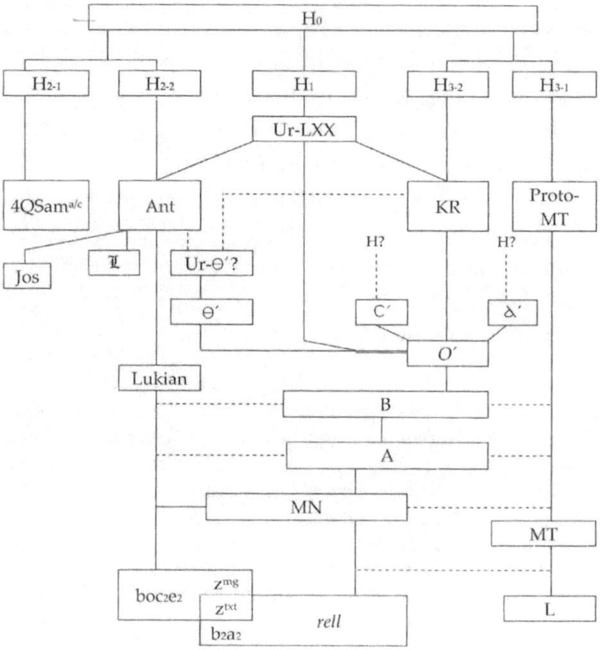

Abb. 1

Im Bereich der Textkritik gibt es einige auffällige Linien[207]:

1. Die griechischen Texte übersetzen Jojakim und Jojachin durchwegs mit dem gleichen Namen *Joakeim*, weshalb eine absichtliche Änderung zu vermuten ist.[208]

---

204 Neben zahlreichen Publikationen bietet vor allem sein Sammelband DERS./ M.SIGISMUND, *Text*, einen Überblick über seine plausiblen Thesen einer Neubewertung dieses Textzeugen.

205 J.-H.KIM, *Textformen*. Für das Verhältnis von hebräischem und griechischem Text in 2 Kön 24f. sind außerdem die textkritischen Ausführungen zu Jer 52 zu beachten (vgl. G.FISCHER, *Jeremia 52* 333–359; DERS., *Jeremiah 52* 37–48; E.TOV, *Textual criticism* 174; 242; DERS., *text-critical use* 137; 166; 243f.).

206 J.-H.KIM, *Textformen* 414.

207 Die einzelnen textkritischen Anmerkungen finden sich in den Fußnoten zur Übersetzung (s. nächstes Kapitel). Zur Einleitung in die textkritischen Problemata vgl. die Einleitung von S.Kreuzer, M.Meiser, F.Winter, in: Lxx.D Kommentar I 714–737.

2. Die Namen der Mütter, aber auch vieler weiterer Personen, weichen in einigen wichtigen Textzeugen voneinander ab, z. B. Jojakims Mutter *Sebuda* (2 Kön 24,1) heißt in Ant *Amital* und in der Rahlfs-Edition *Jeldaph.*[209]
3. Einige griechische Textzeugen, z. B. Josephus (s. o.), gleichen Datierungen und Regierungsdauern an die Überlieferung der Chronik an.[210]
4. Es gibt in vielen griechischen Varianten Ergänzungen gegenüber dem hebräischen Text, die meist dem verbesserten Verständnis des Textes dienen sollen.
5. Einige Textänderungen legen apologetische Interessen nahe, z. B. neigt Ant dazu, namentlich genannten Akteuren die alleinige Verantwortung für Taten zuzuschreiben, die im MT auf Gruppen (Verwendung 3. Person Plural) bezogen sind.

4. Zwischenfazit

Nach diesem ausführlichen Einblick in die Forschungs- und Auslegungsgeschichte von 2 Kön 23,30–25,30 sind einige Fäden aufgerollt worden, die in der narratologischen Analyse weiterzuspinnen sind. Dazu zählen die theologisch offene Frage nach dem Maß der Hoffnung für Israel, die Frage zu welchen biblischen Büchern 2 Kön in enger Beziehung steht und welches Buch kanonisch sinnvoll an 2 Kön anschließen könnte.[211]

---

208 Vgl. M.Karrer/ W.Kraus (Hg.), *Septuaginta Deutsch* : 1034f.

209 Es gibt in der Tradition der griechischen Bibeltexte immer wieder die Tendenz Namen zu ändern oder in sprechende Namen zu transformieren. Ausführlicher damit befasst hat sich F.Siegert, *Bibel* 196–217.

210 Interessant ist die Tatsache, dass auf katholischer Seite viele Exegeten ihre textkritische Arbeit bis weit in die erste Hälfte des 20. Jahrhunderts von der Vulgata abhängig machen, z. B. L.-C.Fillion, *sainte bible II*. Zu den Gründen für diese Bevorzugung vgl. B.Collinet, *Nicht-Gleichgültigkeit* 17–34, 25–30.

211 Die letzte Frage wurde aus der Veröffentlichung dieser Dissertation ausgegliedert. Ein entsprechender Artikel befindet sich in Vorbereitung. Die folgenden Kommentare fassen die bisherigen Positionen gut zusammen, sind i. d. R. historisch-kritisch angelegt und liefern daher über das bisherige hinaus keine Interpretations-Anstöße mehr: L.-C.Fillion, bible bes. 664–674 ; T.E.Fretheim, *1.2 Kgs*; V.Fritz, *2 Kön* bes. 150; S.Garofalo, *Re II* bes. 285–295; M.Nobile, *1.2 Re*; S.Quinzio, *commento*; D.J.Wiseman, *1.2 Kgs*. Ebenfalls interessant, aber für die vorliegende Frage irrelevant, sind moralisierende Kommentare, z. B. von W.W.Wiersbe, *2 Kön*; oder G.Mayer, *Kön*; auch wenn sie in ihrer Argumentation recht kurzweilig scheinen: »Wohl einem jeden [...], der die Geschicht [sic.] von Israel und Juda nicht bloß als Historiker liest, sondern sie als einen Bußspiegel sich vor Augen stellt und unter dem Eindruck von ihr scheidet: Herr, gehe nicht ins Gericht mit deinem Knechte, denn vor dir ist kein Lebendiger gerecht. Bei dir ist die Vergebung, da[ss] man dich fürchte.« (a. a. O. 369).

Als wenig relevant hat sich die Frage nach den Quellen und mündlichen Traditionen erwiesen, da diese stark voneinander abweichen und für den heute vorliegenden Endtext und seine Untersuchung keine wesentlichen Weichen stellen. Auch die iterar- und redaktionskritischen Fragestellungen nützen nur insoweit, als sie die größeren Dimensionen eröffnen, in denen 2 Kön 23,30–25,30 stehen könnte. Da auch hier der Streit der Schulen nicht eindeutig zu klären ist, weil alle Seiten gute und weniger gute Argumente und Gegenargumente vorzuweisen haben, wird die Arbeit am (masoretischen) Endtext solange wie möglich ohne Berücksichtigung dieser Faktoren vorgenommen.

Als sehr produktiv hat sich der Blick in die Auslegungsgeschichte des Alten Testaments und die Systematisierung der bisherigen Positionen erwiesen. So zeigen sich in der bisherigen Forschung deutliche Unterschiede zwischen historischen und bibeltheologischen Zugängen zum Text – nur gelegentlich eine findet eine Hybridisierung statt. Auf diese Weise werden unterschiedliche Sinnpotentiale stark gemacht und die Weite des Textes kann eröffnet werden.

B. Textkritik und Übersetzung 2 Kön 23,30–25,30[212]

Joahas (23,30–35)

30Und es fuhren ihn [i.e. Joschijahu] seine Diener tot von Megiddo weg und brachten ihn (nach) Jerusalem und sie begruben ihn in seinem Grab; und es nahm das Volk-des-Landes den Joahas, Sohn Joschijahus, und sie salbten ihn und sie machten ihn zum König anstelle seines Vaters.

3123 Jahre alt war Joahas, als er König wurde und drei Monate war er König in Jerusalem; und der Name seiner Mutter (ist) Chamutal[213], Tochter Jirmejahus von Libna[214].

32Und er tat das Böse vor den Augen Jhwhs[215], genauso wie es seine Väter/Vorfahren getan hatten.

33Und es fesselte ihn Pharao Necho[216] in Ribla[217], im Land Chamat, als er König in Jerusalem war und es gab ein Bußgeld[218] auf das Land: 100 Talente Silber und [?] Talente[219] Gold.

212 Es handelt sich bei den textkritischen Anmerkungen um eine Auswahl der für meine Arbeit relevanten Lesarten, d.h. längere Einschübe, Namensänderungen und sinnverändernde Wortwahl. Für die textkritischen Anmerkungen beschränke ich mich auf die textkritischen Ausgaben von BHS (669–674), und Rahlfs-Hanhart (747–752) sowie die kommentierte Übersetzung der Lxx.D (Lxx.D 484–489; Lxx.D Kommentar I 1034–1037), weshalb dem in der der BHS editierten MT sowie der Rahlfs-Edition der Lxx (RA) und dem Antiochenischen Text (Ant) die größte Bedeutung zukommt. Diese drei können aus textkritischer Sicht als älteste bzw. seriöseste Zeugen gelten. Gliederung und Überschriften sind von mir vorgenommen worden, wobei sich die Gliederung weitgehend am MT ausrichtet.

213 Eine andere Lesart ist [Ch]Amital (RA; Ant; Vulg, u.ö.).

214 Andere Lesarten sind Lobenna (Ant) und Lemna (RA).

215 Der Ausdruck »in den Augen des Herrn« wird in RA verkürzt zu »vor dem Herrn«.

216 Ant fügt die Erklärung »der König von Ägypten« hinzu.

217 Ribla wird in den griechischen Versionen zu Deblatha. Chamat transkribiert zu Aimath (Ant) bzw. Emath (RA).

218 In Ant »Tribut«.

[34]Und es machte zum König[220] Pharao Necho den Eljakim, den Sohn Joschijahus[221] anstelle seines Vaters Joschijahu; und er veränderte seinen Namen (in) »Jojakim«, und den Joahas nahm er und brachte ihn nach Ägypten, und dort starb er.

[35]Und das Silber und das Gold gab Jojakim dem Pharao; jedoch besteuerte[222] er das Land, um das Silber geben zu können, wegen des entsprechenden Befehles des Pharaos[223]; von jedem Mann trieb er das Silber ein, jedem nach seiner Schätzung[224], und das Gold des Volkes-des-Landes gab er Pharao Necho.

Jojakim (23,36–24,7)

[36]25 Jahre alt war Jojakim[225] als er König wurde und 11 Jahre war er König in Jerusalem, und der Name seiner Mutter (ist) Sebudah[226], Tochter Pedajas[227] von Ruma.

[37]Und er tat das Böse vor den Augen Jhwhs, genauso wie es seine Vorfahren getan hatten.

[24,1]In seinen[228] Tagen zog hinauf Nebukadnezar, König von Babel[229], und es wurde Jojakim sein Knecht für drei Jahre; und dann wandte er sich ab und lehnte sich gegen ihn [i. e. Nebukadnezar] auf.

---

219 Während in den hebräischen Versionen die Talente in Gold unbestimmt bleiben, spricht RA von zehn, Ant sogar von 100 Talenten.

220 Die griechischen Versionen ergänzen »er machte zum König über sie [i. e. die Judäer]«. Diese Anmerkung dient vermutlich apologetischen Zwecken. »Über sie« definiert eine Gruppe »anderer« bzw. »nicht-Wir«, die die Schuld trägt. Dadurch wird von einer Kollektivschuld des Volkes abgelenkt (vgl. zu dieser Frage die Ausführungen in Kapitel D.2).

221 RA ergänzt »des Königs von Juda«.

222 Ant verwendet an Stelle von Steuer erneut »Tribut«.

223 Die im Hebräischen offenere Formulierung wird in den griechischen Texten vereindeutigt. Der Pharao benennt nur die Höhe der Zahlung, keinesfalls wie sie zu beschaffen ist.

224 Ant verwendet anstelle der Steuerschätzung das Wort »Vermögen«, als wären diese Werte offen zugänglich. Das lässt sich m. E. durch die besser ausgebaute Verwaltungs-Infrastruktur erläutern, die rückwirkend auf Juda übertragen wird. Dies könnte den apologetischen Zweck verfolgen, nicht als rückständig zu gelten.

225 In den griechischen Texten wird der Name abgewandelt wiedergegeben als Joakim (RA; in der Vulg. zu Joachim verändert) bzw. Joakein (Ant). Die identische Schreibweise wird auch für seinen Sohn Jojachin verwendet.

226 In Ketib-Qere, einigen Targumim, der Syriaca und der Vulgata wird sie zu »Sebiddah«. Der RA Text verwendet aus ungeklärtem Grund »Jeldaph«. Ant nennt für Jojakim dieselbe Mutter, die auch Joahas und Zidkija geboren hat. Es geht m. E. dabei um eine Auslöschung des Haremgedankens zugunsten der im griechisch-hellenistischen Raum (theoretisch) praktizierten Monogamie.

227 In Ant wird der Name dem Griechischen angepasst (»Phedeias«).

228 Ant spricht von »jenen Tagen« und beseitigt damit die Unklarheit, ob nach Jojakims oder Nebukadnezars Chronologie gerechnet wird.

229 Ant ergänzt »zog heraus gegen das Land«.

2Und es sandte (warf) JHWH[230] gegen ihn[231] Räuberbanden[232] der Chaldäer und Räuberbanden aus Aram[233] und Räuberbanden aus Moab[234] und Räuberbanden der Söhne Ammons[235]; und er sandte sie nach Juda[236], um es[237] zugrunde gehen zu lassen[238], gemäß des Wortes JHWHs, das er gesprochen hat durch die Hand seiner Diener, der Propheten.

3*Gerade* wegen des Mundes[239] Gottes gegen Juda wurde verstoßen es aus seinem Gesicht, durch die Sünden[240] Manasses, wegen allem, was er getan hatte.

4Und besonders (das) Blut der Unschuldigen, welches er[241] vergoss. Er füllte Jerusalem mit unschuldigem Blut; und JHWH ist nicht (mehr) willens, dies zu vergeben.

5Und das Übrige an Dingen (über) Jojakim und all das, was er tat[242], ist es nicht in den Schriften aufgeschrieben in den Angelegenheiten die Tage betreffend der Könige von Juda?

6Und es legte sich Jojakim zu seinen Vorfahren[243] und es wurde sein Sohn Jojachin[244] König an seiner statt.

7Und nicht setzte fort der König der Ägypter hinauszuziehen aus seinem Land, denn genommen hatte der König von Babel vom Strom Ägyptens bis zum Strom Euphrat, alles, was gehört hatte dem König von Ägypten.

230 RA ersetzt JHWH durch »er«. Damit findet eine Umdeutung hin zu Nebukadnezar statt.

231 Ant vereindeutigt zu »Jojakim«.

232 Die griechischen Versionen verwenden »Leichtbewaffnete« und reduzieren die Überfalltruppen auf reine Militärs.

233 In den griechischen Versionen »Syrien«, da das Volk der Aramäer in der hellenistischen Zeit nicht mehr existiert.

234 Ant verwendet die Bevölkerungsbezeichnung »Moabiter«.

235 Ant ergänzt »und aus Samaria«. Hier zeigen sich deutlich die anti-samaritanischen Einflüsse der persisch-hellenistischen Zeit (vgl. K. WEINGART, *Israel* 297–311; 339).

236 RA schreibt »in das Land Juda«. Damit wird die kollektivere Bedeutung des Stammes Juda, d. h. der gesamten Bevölkerung des Südreiches ausgeschlossen.

237 In der Syriaca und den Targumim wird »es« in den Plural gesetzt »um sie zu vernichten«. Dadurch wird die potentielle Offenheit, ob Jojakim allein gemeint ist (»um ihn zu vernichten«) oder ganz Juda (»um es zu vernichten«) auf den kollektiven Begriff hin vereindeutigt.

238 RA schwächt dies ab »zu beherrschen«.

239 Die griechischen Versionen, die Syriaca und die Targumim entscheiden sich für das eindeutigere »Zorn«.

240 Ant ergänzt zu »all die Sünden«.

241 Ant nennt hier explizit »Jojakim«, sodass die Schuld nicht allein bei Manasse liegt. Einige kleinere Handschriften dagegen setzten »Manasse« namentlich ein (vgl. BHQ 670 Anm. 24,4 a).

242 Die griechischen Versionen ergänzen im Anschluss ein verstärkendes »siehe!«.

243 Ant ergänzt an dieser Stelle »und wurde begraben im Garten Uzza«.

244 In den griechischen Versionen »Joakim« (RA) und »Joakein« (Ant). In der RA liegt eine Namensgleichheit von Vater und Sohn vor.

Jojachin (24,8–17)

8 18 Jahre alt war Jojachin, als er König wurde, und drei Monate war er König in Jerusalem; und der Name seiner Mutter war Nehuschta[245], Tochter von Elnatan aus Jerusalem.

9 Und er[246] tat das Böse vor den Augen JHWHs, genauso wie es sein Vater/Vorfahre getan hatte.

10 In jener Zeit zogen hinauf die Knechte[247] Nebukadnezars, des Königs von Babel, nach Jerusalem und die Stadt kam unter Belagerung.

11 Und es kam Nebukadnezar, König von Babel, über *die* Stadt und seine Diener (Knechte) schlossen sie ein.

12 Und es zog hinaus Jojachin, König von Juda, zum König von Babel persönlich, und seine Mutter und seine Knechte[248] und seine Obersten und seine Eunuchen; und es ergriff ihn[249] der König von Babel im achten Jahr seiner Herrschaft.

13 Und[250] er brachte hinaus von dort alle Schätze des Hauses JHWHs[251] und alle Schätze des Königshauses, und er hackte ab alle Geräte des Goldes, die Salomo, König von Israel, in den Palast-Tempel JHWHs getan hatte[252]; gemäß dem, was JHWH gesagt hatte.

14 Und er exilierte alle von Jerusalem[253] und alle Obersten und alle Kriegshelden, um die 10.000 entblößte er; und all die Steinmetze und den Schmied ließ er nicht zurück, (niemand) außer den Ärmsten des Volkes-des-Landes.

15 Und er führte ins Exil nach Babel den Jojachin und die Mutter des Königs und die Frauen des Königs und seine Eunuchen und die »Pfeiler des Landes« und brachte sie ins Exil von Jerusalem nach Babel.

16 Auch alle kriegstüchtigen Männer, das sind 7.000, auch den Steinmetz und den Schmied, das sind 1.000; alles Helden des Krieges; und es brachte sie hinein der König von Babel in das Exil[254] nach Babel.

---

245 Im griechischen »Nestha, Tochter Elnatans«.

246 Ant nennt »Jojachin« namentlich.

247 Ant und RA streichen die »Knechte«, sodass Nebukadnezar persönlich nach Babel zieht.

248 RA kehrt die Reihenfolge um, was die Position der Mutter stilistisch-hierarchisch senkt.

249 Ant verwendet das kollektive »er ergriff sie«.

250 Ant ergänzt »er drang in die Stadt ein«.

251 Ant sagt »die im Haus JHWHs waren« und suggeriert damit, dass diese Schätze nicht zwangsläufig Tempeleigentum sind.

252 Die griechischen Versionen lesen »die Salomo im Haus JHWHs gemacht hatte«. Dies würde bedeuten, Salomo selbst habe im Tempel eine Schmiede errichtet und dort selbst die Geräte hergestellt oder doch zumindest, dass Salomo für die Herstellung persönlich verantwortlich war.

253 RA streicht alle Figuren bzw. Gruppen, sodass »er deportierte Jerusalem« herauskommt, ein Kollektiv, welches das »leere Land« schon in der ersten Deportationswelle einspielt.

254 In Ant fehlt »in das Exil«.

17Und es machte zum König der König von Babel den Mattanja, seinen Onkel[255], an seiner Stelle und änderte seinen Namen in Zidkijahu[256].

Zidkija (24,18–25,7)

1821 Jahre alt war Zidkijahu als er König wurde und 11 Jahre war er König in Jerusalem; und der Name seiner Mutter war Chamutal, Tochter des Jirmejahu aus Libna.[257]

19Und er[258] tat das Böse vor den Augen Jhwhs, genauso wie es Jojakim vor ihm[259] getan hatte.

20So wurde es, wegen Jhwhs Zorn über Jerusalem und über Juda, dass er sie selbst wegsandte von seinem Angesicht; und es lehnte sich auf Zidkijahu gegen den König von Babel.

25,1Und es geschah im Jahr neun der Regentschaft, im zehnten Monat, am zehnten Tag des Monats[260], (da) kam Nebukadnezar, König von Babel, *selbst*[261] und seine ganze Armee gegen Jerusalem und er lagerte ihr gegenüber; und sie bauten einen (Belagerungs-)Wall um sie herum.

2Und *die* Stadt kam unter Belagerung bis ins elfte Jahr des Königs Zidkijahu.

3Am Neunten des Monats aber wurde stark der Hunger in *der* Stadt; und nicht gab es Brot[262] für (das) Volk-des-Landes.

4Und es wurde (gewaltsam) geöffnet die Stadt und alle Männer des Krieges[263], des Nachts (gingen) sie den Weg durch das Tor[264] zwischen den beiden Mauern[265], die am Garten des Königs (sind) und die Chaldäer waren um die Stadt herum; und er[266] ging den Weg zur Araba[267].

255 RA sagt »Sohn« anstelle von »Onkel«.

256 In den griechischen Texten »Sedekias«.

257 Zu den Angaben der Mutter vgl. Anm. oben; bei RA fehlt die Angabe »aus Libna«.

258 Ant nennt »Zidkija« namentlich.

259 Dieser Ausdruck fehlt in den griechischen Versionen.

260 Der Einschub über den Tag fehlt in den griechischen Versionen.

261 Das betonte »selbst« fehlt in den griechischen Versionen. Dadurch wird die persönliche Anwesenheit Nebukadnezars bei der zweiten Eroberung Jerusalems in Frage gestellt.

262 RA setzt in den Plural »Brote«. Dies bringt keine wesentliche Sinnänderung mit sich.

263 Ant ergänzt »Und *der König und mit ihm* alle Männer des Krieges«. Zidkija versucht einen Ausfall bzw. einen geordneten Rückzug. Das spricht erneut für ein apologetisches Interesse, da die feige Flucht des Königs verschleiert wird.

264 Ant nennt es das »*Aufgang*stor«, einem m.E. explikativen Ausdruck.

265 RA spricht nur von den Mauern im Allgemeinen und ergänzt, dass die Mitte der Mauern das Tor ist: »das ist das Tor«; Ant verdeutlicht das zwischen den Mauern auf »zwischen den zwei Mauern«, d.h. der Dual wird exakt übersetzt.

266 In Ant wird das »er« zur Pluralform »sie«, als Anpassung an die eingangs gemachte Ergänzung.

267 Ant ändert die Araba/ Steppe zu »nach Westen«. Dieser Eingriff ist sinnverändernd, da die Araba im Osten Jerusalems liegt und nicht im Westen. Damit könnte eine Flucht nach

5Und die Streitkräfte der Chaldäer verfolgten den König (hinter ihm her) und sie erreichten ihn in den Steppen[268] von Jericho; und seine ganzen Streitkräfte hatten sich zerstreut von ihm weg.

6Und sie ergriffen den König und sie brachten ihn (dar) dem König von Babel nach Ribla; und sie[269] sprachen über ihn[270] (das) Urteil.

7Und die Nachfahren Zidkijahus wurden geschlachtet vor seinen Augen[271]; und die Augen Zidkijahus blendete er und er band ihn in (kupferne) Ketten/ Fesseln[272] und er brachte ihn (nach) Babel.

Die Eroberung Jerusalems (25,8–21)

8Und im fünften Monat, am Siebten[273] des Monats, es war das 19. Jahr des Königs[274] Nebukadnezar, König von Babel, (da) kam Nebusaradan, (ein) Chef der Leibwache[275], der Knecht des Königs von Babel (nach) Jerusalem.

9Und er brannte nieder das Haus JHWHs und das Haus des Königs; und alle Häuser Jerusalems und alle Häuser der Großen[276] brannte er[277] nieder.

10Und die Mauern um Jerusalem herum, sie rissen sie nieder, das ganze Heer der Chaldäer, das (zum) Chef der Leibgarde (gehörte).[278]

Ägypten als erstem Ziel angedeutet sein – ein Umstand, der der jüdischen Gemeinde in der ägyptischen Diaspora schmeichlerisch hilfreich sein könnte.

268 Diese Gegend heißt im Hebräischen »Araba« (Plural Araboth). In einigen griechischen Versionen wird »Araboth« als Eigenname angewendet (RA). Ant dagegen wählt »im Westen von Jericho«, was wahrscheinlich eine explikatorische Funktion erfüllen dürfte (vgl. LXX.D Kommentar I 1036). Wie die nach Westen Fliehenden in den Westen von Jericho geraten sind, erklärt diese (Fehl-)Übersetzung nicht.

269 Die beiden griechischen Lesarten sprechen das Urteil allein Nebukadnezar zu (RA »er«; Ant »der König von Babylon«).

270 Ant ergänzt »Zidkija«.

271 Ant kürzt dieses Satzstück auf »er schlachtete seine Söhne vor ihm ab«.

272 Ant und RA sprechen explizit von »*Fuß*fesseln«.

273 Ant setzt den »neunten Tag« an, um näher an den Neunten Ab, den liturgischen Tag der Tempelzerstörung zu gelangen.

274 RA verzichtet auf das erklärende »des Königs«; Ant spricht von der »Königsherrschaft«.

275 RA ergänzt »der vor dem König von Babylon stand«. Auf diese Weise wird das Stehen-vor-dem-König zu einer Art Beamtendefinition. Die verhafteten »Männer-vor-dem-Angesicht-des-Königs« (2 Kön 25,19) erhalten so ein Muster, das eine klare Zuweisung als *terminus technicus* des Beamtentums ermöglicht.

276 RA verzichtet auf »großen« und kann dadurch ganz Jerusalem explizit niederbrennen lassen.

277 Ant nennt hier ausdrücklich den »Obersten der Leibgarde«. Dadurch wird dieser zum Verantwortlichen für die Brandstiftung.

278 Im RA fehlt *de facto* der gesamte Vers. Nach Disse (Richterschule) ließe sich *sabib* auch als nachgestelltes Attribut zum topikalisierten Objekt verstehen, d. h. die Mauern um Jerusalem herum würden eingerissen (A.DISSE, *Informationsstrukturen* 201).

11Und der Rest des Volkes, die Übriggebliebenen in *der* Stadt und die Überläufer, die umgefallen waren zum König von Babel, und den Rest[279] der Menge exilierte Nebusaradan, Chef der Leibwache.

12Und von den Ärmsten des Landes[280] ließ (der) Chef der Leibwache zurück einige (als) Ackerbauern[281].

13Und kupferne Säulen, die vom Haus JHWHs sind, und die Sockel[282] [?] und das Kupferne Meer, das(/ die) zum Haus JHWHs gehört(en), zerschlugen die Chaldäer; und sie trugen ihr(/ deren) Kupfer nach Babel.

14Und die Töpfe [Dornen, Haken] und die Schaufeln[283] und die Kerzenlöscher und die (flachen) Schalen und alle Geräte aus Kupfer, die zu seinem[284] Dienst verwendet wurden, nahmen sie.

15Und die Kerzenleuchter und die Schüsseln, die von goldenem Gold waren und jene, die von silbernem Silber waren, nahm der Chef der Leibgarde mit.[285]

16Die beiden Säulen, das eine Meer und die Sockel, die Salomo[286] gemacht hatte für das Haus JHWHs;[287] nicht geschieht es, (dass) das Gewicht des Kupfers aller dieser Geräte bestimmbar ist.

17 18 Ellen hoch (ist) *eine* Säule und ein Kapitell[288] war auf ihr aus Kupfer und die Höhe des Kapitells war drei Ellen und Flechtwerk[289] und Granatäpfel (sind)

---

279 RA ergänzt »Rest der *zuverlässigen Bürgerschaft*«. Damit wird ein verschärfender Gegensatz zu den Überläufern aufgetan, der den aus persischer Zeit bekannten Graben zwischen den ehemaligen Exilierten und den im Land verbliebenen anklingen lässt (vgl. K. WEINGART, *Israel* 297–311).

280 Ant ergänzt zu »den Ärmsten des Volkes des Landes« und nimmt damit eine Konjektur vor, die den *terminus technicus* des »Volkes-des-Landes« einspielt.

281 In RA »für die *Gabin*« suggeriert die Ärmsten würden die Knechte einer anderen Gruppe, anstelle des eigenen Verbleibens als (Fron)bauern.

282 Ant übersetzt mit »Gestelle«, was auf die Kesselwagen anspielen könnte; RA spricht von »Mechonoth« als Eigenbegriff.

283 Es ist unklar, was genau sich hinter diesem Begriff verbirgt. Ant spricht von »Fleischgabeln«, RA verwendet »Jamin«.

284 Die griechischen Texte sprechen von »Gottesdienst« und vereindeutigen damit die offene Bedeutung, die auch auf den Tempel oder den König bezogen werden könnte, auf Gott hin.

285 Die Verstärkungen »goldenes Gold« und »silbernes Silber« werden in den griechischen Lesarten zu »Gold« und »Silber« verkürzt.

286 Ant ergänzt zu »König Salomo«.

287 Ant ergänzt »die Nebusaradan, der Oberste der Leibgarde, mitnahm«. Dadurch wird erneut die Verantwortung für die Plünderung und Zerstörung von Stadt und Tempel auf seine Schultern gelegt.

288 Ant übersetzt das »Kapitell« wörtlicher mit »Aufsatz, Sockel«; RA verwendet das hebräische Wort als Eigennamen »Chotar«.

289 Anstelle des Flechtwerks übersetzt Ant »Netz«; RA verwendet wiederum das hebräische Wort als Eigenname »Sabcha«. RA erzeugt durch die Beibehaltung der Originallaute eine Art »Geheimsprache«, die nicht dekodiert werden kann. Nur die des Hebräisch Mächtigen sind in der Lage zu wissen, dass es sich hier nicht um bestimmte Zierrate handelt, sondern um einen Definitionsbegriff.

rund um das Kapitell; ihre Gesamtheit (von all dem) war aus Kupfer. Und ebenso (gemacht) war das Flechtwerk an der zweiten Säule.[290]

18Und der Chef der Leibgarde nahm Seraja, erster Priester, und Zefanjahu, den zweiten[291] Priester, und drei Wächter der Pforte.

19Und von *der* Stadt nahm er einen Eunuchen, der eingesetzt war über die Krieger und fünf von den Männern-vor-dem-Angesicht-des-Königs, die in der Stadt gefunden worden waren und den Schreiber des Heerführers[292], der das Volk-des-Landes mustert; und 60 Mann des Volkes-des-Landes, die gefunden wurden in *der* Stadt.

20Und Nebusaradan, der Chef der Leibgarde, nahm sie und er führte sie zum König von Babel nach Ribla.

21Und es (er-)schlug sie der König von Babel und er tötete sie in Ribla, im Land Chamat; und er entblößte Juda weg von seinem Boden.

Gedalja (25,22–26)

22Und[293] das übriggebliebene Volk im Land Juda ließ zurück Nebukadnezar, König von Babel; und er setzte ein über sie Gedaljahu[294], Sohn von Achikam, des Sohnes Schafans.

23Und es hörten alle Heeresführer und alle (ihre) Männer, dass eingesetzt hatte der König von Babel Gedaljahu und sie kamen zu Gedaljahu nach Mizpa[295]; und Jischmael, Sohn von Netanja und Jochanan, Sohn von Kareach und Seraja Sohn von Tanchumet, der Netofatite und Ja'asanjahu, Sohn des Maachiters, sie und ihre Männer.

24Und es beschwor Gedaljahu sie und ihre Männer und er sagte zu ihnen: »Fürchtet euch nicht! [schießt keine Pfeile] vor den Knechten[296] des Chaldäers! Verweilt im Land und dient/ seid Knechte von Babels König und gut ergeht es euch!/ wird es euch ergehen!«

---

290 Ant ergänzt explikatorisch »auch an der zweiten Säule *Aufsatz und Netz und 100 Granatäpfel.*« Eigentlich sind an beiden Säulen zusammen 100 Granatäpfel (vgl. 1 Kön 7,18–20), doch dies scheint dem redigierenden Übersetzer von Ant entgangen zu sein.

291 RA sieht die Bezeichnung »zweiter« als Rang-Stufung an: »Priester von zweitem Rang«. Ob er damit zwei hierarchische Stufen oder einen »Vize-Priester« als Stellvertreter des ersten Priesters meint, bleibt unklar.

292 Ant übersetzt anstelle des Schreibers des Heerführers »Schaphan, der Oberbefehlshaber«. Auf diese Weise wird der Großvater Gedaljas eingespielt und als Geisel gehalten. Gedalja ist durch eine solche Lesart unter Druck gesetzt, denn als von Babylon eingesetzter Beamter muss er nun – ob freiwillig oder nicht – probabylonisch regieren. Dies erfüllt m. E. wiederum eine apologetische Funktion.

293 Ant setzt hier ein »und über das … Volk setzte ein«. Die Herrschaftsfunktion Gedaljas wird unterstrichen.

294 In den griechischen Lesarten »Godolja«.

295 In Ant »Massepha«, in RA »Massephtah«.

296 Ant lässt »den Knechten« weg; RA ersetzt durch »den Einfall der Chaldäer«.

[25]Und es geschah im siebten Monat, (da) kam Jischmael, Sohn von Netanja, Sohn von Elischama, von königlichem[297] Samen, und zehn Männer mit ihm und sie (er)schlugen[298] Gedaljahu und er starb; und die Judäer und die Chaldäer, die bei ihm waren in Mizpa[299].

[26]Und es erhob sich das ganze Volk vom Kleinsten bis zum Größten und die Heeresführer und sie kamen nach Ägypten, weil sie sich fürchteten vor dem Angesicht der Chaldäer[300].

Jojachins Erhebung aus dem Gefängnis (25,27–30)

[27]Und es geschah im 37. Jahr des Exils Jojachins, König von Juda, im 12. Monat am 27.[301] des Monats, (da) hob auf Ewil-Merodach, König von Babel, im Jahr seines Königwerdens, das Haupt Jojachins, des Königs von Juda, weg vom[302] Haus der Ketten [= Gefängnis].

[28]Und er sprach zu ihm Gutes und platzierte ihn auf den Ehrenplatz [= Thron] oberhalb der Throne der Könige, die bei ihm in Babel waren.

[29]Und er vertauschte seine Gefängniskleidung; und er aß Brot kontinuierlich [= täglich] vor seinem Angesicht, alle Tage seines Lebens.

[30]Und sein Lebensunterhalt, ein kontinuierlicher Lebensunterhalt, wurde ihm gegeben von dem König[303]; nach Tagesbedürfnis alle Tage seines Lebens.

297 Ant spricht vom »Samen des Königs«, RA vom »Samen der Könige«. Offen wäre in erstem Fall, ob dabei an einen konkreten König gedacht wurde und wenn ja, welchen.

298 RA macht Jischmael zum alleinigen Täter »er erschlug«. Offen ist die Aussageabsicht. Soll sich die Tat auf ihn als Helden fokussieren, der im Alleingang das Attentat vollzieht oder handelt es sich um eher apologetische Gedanken? So wie es nicht ganz Israel, sondern nur das Haus Juda war, das exiliert werden musste, handelt es sich auch hier um eine Einzeltat weniger Rebellen und keinesfalls um eine Tat des ganzen Volkes Israel. M.E. passt die letztere Bedeutung besser zu einer Diaspora-Gemeinde, da diese stets auf ihr Ansehen achten muss, d.h. Relativierung ist wichtiger als Hybris.

299 Ant ergänzt »erschlug Ismael«. Wie in RA gibt es auch hier die Tendenz, die Letztverantwortung dieser Tat komplett auf Jischmael zu übertragen.

300 Die griechischen Versionen sprechen von Furcht vor »den Chaldäern«, was lediglich auf eine Anpassung an den Stil der Zielsprache bedeuten dürfte.

301 Jer 52,31 spricht vom 25. Tag des Monats, weshalb einige Handschriften wahrscheinlich Konjekturen vorgenommen haben.

302 Ant und RA ergänzen beide »und er führte ihn hinaus«. Dies verstärkt noch den Eindruck, der babylonische Herrscher habe persönlich Jojachin aus dem Gefängnis abgeholt, eine m.E. eher unwahrscheinliche Annahme.

303 Ant und RA lesen »aus dem Haus des Königs«. Die Syriaca liest »vom König von Babel« in Anlehnung an Jer 52,34.

C. Narratologische Analyse

0. Methodische Vorbemerkungen

Die Erzählstimme

Für die Frage nach der Erzählstimme und divergierenden Perspektiven in Figurenkonstellationen, die im Text auftreten können, ist die Habilitation *Prophetie und Königtum*[304] (2008) von B. Schmitz das primäre Referenzwerk.[305]

Wichtig ist zunächst die Unterscheidung von Autorenstimme (K I) und Erzählstimme[306] (K II), die der direkten Rede innerhalb eines Textes (K III) vorausliegen.[307] In 2 Kön 23,30–25,30 spielt vor allem die Ebene K II eine tragende Rolle, da es nur einen Satz direkter Rede (2 Kön 25,24) gibt.

Diese Erzählstimme ist auf ihre Rolle innerhalb der Erzählung hin zu befragen.[308] So handelt es sich in 2 Kön 23,30–25,30 weder um eine im Text anwesende Stimme, die sich mit einer Figur identifizieren lässt, noch um eine wertneutrale auktoriale Erzählstimme.[309] Stattdessen ist von einer »extradiegetischen Erzählstimme«[310] zu sprechen, d.h. einer Stimme, die durchgehend auf Ebene K II

304 B.Schmitz, *Prophetie* bes. 9–108.

305 Zur allgemeinen Einführung vgl. S.Lahn/ J.C.Meister, *Einführung* 59–100.

306 Schmitz wählt diesen Begriff an Stelle des geläufigeren »Erzählers«, da es sich im Allgemeinen um eine Funktion des Textes und nicht um eine Personalisierung handelt (vgl. a.a.O. 22).

307 Vgl. ebd. 10. Zur Bedeutung des Autorbegriffs, dem in dieser Arbeit kein großer Raum beigemessen werden wird (vgl. a.a.O. 58–108). Dies hat u.a. mit dem Ausbleiben metanarrativer Elemente zu tun, die den Erzähler auf den Autor hin transparent machen wollen (vgl. S.Lahn/ J.C.Meister, *Einführung* 170–188), sowie der Tatsache, dass der biblische Text aus theologischer Sicht nicht nur rein menschliche Wurzeln hat (vgl. B.Schmitz, *Prophetie* 104–107).

308 Zu den Hintergründen dieser Theorien vgl. S.Lahn/ J.C.Meister, *Einführung* 103–131; das hier zur Anwendung kommende Schema basiert auf Genettes Konzept. Es wird knapp und gut erklärt und in den Kontext zu anderen Positionen gesetzt bei J.Schneider, *Einführung* 76–83.

309 Vgl. B.Schmitz, *Prophetie* 24.

310 Ebd. 25.

verharrt und keinen Einblick in die Gedankenwelt der Figuren vornimmt. Sie steht dem Geschehen zwar gegenüber, kommentiert und wertet es aber gelegentlich (2 Kön 23,32.37; 24,3f.). Sie ist außerdem für die *Fokalisierung* verantwortlich, d.h. sie gibt die »Augen, durch die die fiktionale Welt bzw. Ausschnitte aus dieser wahrgenommen werden. [...] Mit diesem Begriff werden sowohl Reduktionen auf spezifisch visuell-optische Phänomene vermieden als auch psychologische Implikationen umgangen.«[311] Die Fokalisierung schafft bewusst eine Lesendenperspektive, lässt aber auch Raum für »rezeptionsgebundene Ausfüllung von Leerstellen«[312]. Die »Nullfokalisierung« (Genette) ist eine Erzählstimme, die mehr weiß als jede Figur und in der sie die Rolle der übergeordneten Erzählinstanz einnimmt.[313] Diese Art der Erzählstimme findet sich auch in 2 Kön 23,30–25,30.[314]

Die grundlegende Funktion der Erzählstimme ist aber »die Konstituierung der funktionalen Welt [...]. Sie konstruiert Zeit- und Raumstruktur der erzählten Welt, stattet diese mit Figuren aus und erzählt die Handlung.«[315]

Diese Funktionen sind in ihrer Bedeutung für den biblischen Text zuzuschneiden. Es handelt sich bei den Texten der Vorderen Prophetie/ Geschichtsbücher häufig um reflektierte Erfahrungen mit der Geschichte, in denen die Dimension Gottes, der als Figur im biblischen Text eine zentrale Rolle spielt, einbezogen wird.[316]

Diese wenigen Worte sollen für die Beschreibung der Erzählstimme in 2 Kön 23,30–25,30 reichen, da sie selbst soweit im Hintergrund steht, dass sie kaum wahrnehmbar ist. Ihre Funktion ist die Beschreibung der Handlung, gelegentlich die Lenkung der Lesenden. Im Lauf der Arbeit werden daher, wo notwendig,

---

311 Ebd. 43.

312 Ebd. 43. Zur Rolle von Wissen und Informationsvergabe, besonders im Blick auf Lesendenlenkung, vgl. S.Lahn/ J.C.Meister, *Einführung* 156–164.

313 Vgl. ebd. 44. Zu weiteren Deutungsmöglichkeiten der Fokalisierung, z.B. was wer wie fokalisieren kann (vgl. a.a.O. 448f.).

314 Es ist in der Forschungsliteratur umstritten, ob es so etwas wie eine Nullfokalisierung überhaupt geben kann. In der Bibel, in der der Figur »Gott« eine zentrale Rolle zukommt, stellt sich diese Frage noch einmal in besonderer Weise.

315 Ebd. 35; J.Schneider, *Einführung* 73–76 erläutert zusätzlich das ausführlichere Modell Boris Uspenskijs (Ders., *Poetik*), das sechs Kategorien unterscheidet: zeitliche, räumliche, ontologische, psychologische, stilistische und weltanschauliche Perspektive. Dieses Konzept ist detaillierter in seinen Grundfragen, als Genettes, welches hier zur Anwendung kommt, eignet sich aber nicht unbedingt für biblische Texte. Denn nicht jede seiner Kategorie lässt sich in einem antiken Text zur Anwendung bringen. Zur Funktion der Erzählstimme in biblischen Erzähltexten vgl. S.Gillmayr-Bucher, *Erzählte Welten* 21–24.

316 Der spezielle Zeugnischarakter religiös-reflektierter Erfahrung liegt auf der Grenze zwischen illusionärer Fiktionalität und subjektiv-lebensweltlicher Realität. Er konstituiert sich aus einem anderen Horizont, als es ein belletristisches Werk in der Regel tut und braucht daher auch einige Anpassungen in der analytischen Methodik.

Verweise auf die Funktion der Erzählstimme eingespielt, insgesamt aber soll der Fokus auf den von ihr beschriebenen Konzepten liegen.

Zeitkonzeption

Die zeitlichen Strukturen fasst Schmitz unter den gängigen[317] Schlagworten Ordnung, Dauer und Frequenz zusammen.[318] Unter *Ordnung* differenziert sie noch einmal – im Anschluss an Mieke Bal[319] und Gérard Genette[320] – fabula und story. Die *fabula* ist der chronologische Ablauf der Ereignisse[321], die *story* bettet diesen Ablauf in die Erzählung ein. Aus beiden ergibt sich ein Verhältnis, *Dauer* genannt, welches z.B. in geraffter oder gedehnter Zeit Ausdruck findet und sich in vier Grundtempi einteilen lässt: Zusammenfassung, Pause, Ellipse, Szene.[322] Die *Frequenz* prüft, ob es Wiederholungen und Häufigkeitsbeziehungen im Text gibt und welche Funktion diese einnehmen.[323]

Raumkonzeption[324]

Unter Raum kann sehr viel verstanden werden, z.B. Orte, Schauplätze, Landschaften, Gebäude, Wege usw.[325] Es wird die Frage nach dem *wo* einer Erzählung gestellt und die Funktion des Raumes zu bestimmen versucht. Häufig wird das Fiktionale dabei mit Beschreibungen aus der Lebenswelt der Lesenden angereichert, um eine Vertrautheit mit dem Ort herzustellen.[326] Dennoch ist eine unmittelbare Identifikation der erzählten Welt mit der Erzählwelt nicht sinnvoll, da

> [e]s nicht zu empfehlen [ist], als Referenz des räumlichen Erzählens sofort und ungebrochen die außertextliche Gegebenheit der entsprechenden Orte anzunehmen. Die in der Erzählung genannten Orte verweisen auf die Orte außerhalb des Textes, das ist selbstverständlich und liegt allein schon aufgrund der Namensidentität nahe […] Zu-

317 Vgl. S.Lahn/ J.C.Meister, *Einführung* 133–155.
318 Vgl. B.Schmitz, *Prophetie*, 35; so auch I.Müllner, *Zeit* 8f.
319 M.Bal, *Narratology*.
320 G.Genette, *Erzählung*.
321 Bei der Chronologie ist noch einmal zwischen »natürlich zeitlicher Abfolge« (chronologisch), der »vertauschten Reihenfolge« (anachronisch) und der achronischen Zeitkonzeption, die »überhaupt keine natürliche Geschehnisabfolge erkennbar oder rekonstruierbar« macht, zu unterscheiden (vgl. J.Schneider, *Einführung* 43).
322 Vgl. B.Schmitz, *Prophetie* 36. Schneider verwendet hier den Begriff *Tempo* und beschreibt einen Text als »temporeich«, wenn er in kurzer Abfolge viele Situationsänderungen und eine gewisse Hektik verbreitet, »tempoarm« dagegen ist er, wenn wenig geschieht, sehr detailliert beschrieben wird und sich so die Handlung verzögert, bzw. eine »leere Betriebsamkeit« vorherrscht (vgl. J.Schneider, *Einführung* 45).
323 Vgl. ebd. 37.
324 Für die Frage der Zeit- und Raumkonzepte ist E.Ballhorn, *Israel* 73–134, wegweisend.
325 Vgl. B.Schmitz, *Prophetie* 37.
326 Vgl. ebd. 38.

gleich aber sind beide Orte nicht miteinander identisch und schlechthin austauschbar.[327]

Die Bedeutung einzelner Räume, die Beziehungen von Räumen untereinander und die unterschiedlichen Funktionen von Räumen bzw. Perspektiven, aus denen sie wahrgenommen werden, spielen ebenfalls eine wichtige Rolle.[328] Beispiel solcher Raumkonzeptionen sind *Grenzen*, da sie eigentlich nicht-Räume sind. Sie trennen zwei Bereiche voneinander ab und schaffen häufig ein drinnen und draußen.[329] Ein weiteres Beispiel sind Gruppenkategorien, z. B. Ägypten oder Gottesvolk, die Raum als *relationale* Größe sichtbar machen.[330] Es handelt sich dabei, ausgehend von Martina Löws Begriff *spacing*, um »das Errichten, Bauen oder Positionieren [...] in Relation zu anderen Platzierungen« im Sinne von »primär symbolischen Markierungen, um Ensembles von Gütern und Menschen als solche kenntlich zu machen«[331]. Die Verbindung mehrerer Ensembles zu einem einzigen Raum nennt sie »Syntheseleistung«[332], d. h. es werden verschiedene Elemente in eine (An)Ordnung gebracht, um ihre Relation zu kennen und in gewisser Weise zu konstituieren.

Ebenfalls aus dem raumsoziologischen Bereich stammt Michel Foucaults Terminus *Heterotopie*, der das Phänomen umschreibt, wie sich »mehrere Räume und auch widersprüchliche Raumaussagen überlagern lassen«[333].

Interessant ist in diesem Zusammenhang auch die Frage nach der Beschreibung des Raumes innerhalb der Erzählung, d. h. dem Zeitpunkt, ab wann ein Raum eindeutig benannt, genauer beschrieben wird etc.[334] Dieses Verhältnis – nach Michail Bachtin *Chronotopos* genannt – bindet die Dimension des Rau-

327 E.Ballhorn, *Israel* 99. Er spricht in diesem Kontext auch von dem erzählten Ort als »Gedächtnisspeicher«, d. h. an einen Raum werden bestimmte Emotionen und Erinnerungen gebunden. Dies geschieht in Form von Erzählungen in mündlicher oder schriftlicher Form, die ihrerseits erst den Raum konstruieren (vgl. a. a. O. 88).

328 Vgl. B.Schmitz, *Prophetie* 38.

329 Vgl. E.Ballhorn, *Israel* 116–118.

330 Vgl. ebd. 80–82; 87. Eine alternative Aufteilung des sozialen Raums in drei Bereiche (räumliche Praxis, Raumrepräsentation, gelebter Raum) finden sich bei H.Lefebvre, *Produktion* 330–342. Diese eignet sich aber nur begrenzt, da ihre Aufteilung »in verschiedene Ebenen sich dabei nur theoretisch vollziehen [lässt], in der Praxis diese Vorgänge aber eng miteinander verbunden [sind]« (S.Gillmayr-Bucher, *Erzählte Welten* 31 Anm. 139).

331 M.Löw, *Raumsoziologie* 158.

332 Vgl. ebd. 159f.

333 Vgl. E.Ballhorn, *Israel* 127; und noch einmal ausführlicher zur Unterscheidung der Krisen- und Kompensationsheterotopie in Ders., *Gestaltung* 415–429, bes. 418–421; M.Foucault, *Heterotopien/ Les hétérotopies* 44; 48f. Wichtig bei diesen scheinbar paradoxen Überlagerungen ist für Foucault die Infragestellung von Räumen, indem: »en créant une illusion qui dénonce tout le reste de la réalité comme illusion, ou bien, au contraire, en créant réellement un autre espace réel aussi parfait, aussi méticuleux, aussi arrangé que le nôtre est désordonné, mal agencé et brouillon.« (a. a. O. 49f.).

334 Vgl. B.Schmitz, *Prophetie* 39.

mes an die Zeit zurück und ermöglicht so erst die Handlungen der Figuren sichtbar zu machen.[335]

Figuren und Figurenkonstellationen

Die Erzählstimme ermöglicht den Figuren Kommunikation und Interaktion untereinander. Sie konstruiert soziale Gruppen, Kollektive, Gesellschaften und stellt individuelle Figuren vor.[336] Des Weiteren entscheidet sie über die Rolle und das Ausmaß an Aktivität und Bedeutung innerhalb der Geschichte, z. B. durch direkte Rede, Auftreten, ausschließliches Verweisen usw.[337] Die auf diese Weise erzeugte Multiperspektivität teilt durch die Interaktionen in *korrespondierende* und *kontrastierende Figurenperspektiven* ein und macht einen Vergleich, eine Zuordnung, aber auch eine (zeitliche) Nachordnung möglich.[338]

Die *Possible-World-Theory*[339] nennt fünf Elemente, die das Agieren einer Figur motivieren: Wissen (*knowledge*), Pläne und Absichten (*intention*), Erstrebenswertes und Ziele (*wishes*), subjektive Überzeugungen und Normen (*moral*) und die Regeln der Gruppe bzw. des Kollektivs (*obligation*). Eine entscheidende Voraussetzung der Deutung einer Figur ist ihr Wissensstand. Die Frage, was sie weiß bzw. wissen kann, erklärt, wie sinnvoll oder intentional ihr Handeln ist und relativiert die Extreme von guter und schlechter bzw. sinnvoller und nichtsinnvoller Aktion.[340] Auch die Werte des Kollektivs lassen sich aus der Handlung herauslesen. Die Bereiche *intention*, *wishes* und *moral* sind aufgrund der Verschlossenheit des Inneren der Personen in 2 Kön 23,30–25,30 nicht ergründbar und fallen für die Analyse aus.

Ein weiterer Grund, warum die Entwicklung der einzelnen Figuren mir nicht relevant scheint, ist die von Edwin Muir in Anlehnung an Aristoteles angelegte Unterscheidung einer *novel of action* von einer *novel of character*.[341] In letzterer entwickelt sich der Plot mit der Figur, bei ersterer sind die Taten der Figur entscheidender als ihre persönliche Entwicklung. Da die Figuren wenig Charakterzüge aufweisen und hauptsächlich an ihren Handlungen gemessen werden, sind sie eher als *Aktanten* zu sehen, denn als *Charaktere*.[342] Die Figur siegt oder

335 M.M.Bachtin, *Chronotopos* 7f., beschreibt diesen Aspekt ebenfalls. Er bindet die Zeit als vierte Dimension an den Raum zurück.

336 Die Grundzüge der Sprechakttheorie, die innerhalb des hermeneutischen Diskurses der Narratologie immer wieder Thema sind, lassen sich für die Methodik der biblischen Auslegung kaum fruchtbar machen (zu den Gründen vgl. I.Müllner, *Gewalt* 55 Anm. 37).

337 Vgl. ebd. 39.

338 Vgl. ebd. 53.

339 Die Erläuterung folgt S.Gillmayr-Bucher, *Erzählte Welten* 10–16.

340 Vgl. ebd. 54.

341 Vgl. J.Schneider, *Einführung* 25; E.Muir, *structure*, der dabei auf G.Lukás, *Theorie*, aufbaut.

342 Zu den Begriffen, ihrer Definition und Entwicklung vgl. I.Müllner, *Gewalt* 52f.; 66.

versagt und kehrt am Ende an ihren Ausgangspunkt zurück, wobei Sieg oder Niederlage, nicht die eigene Entwicklung, den Ausschlag zur Bewertung der Handlung geben. Dieses Schema, in einer weniger extremen Form, könnte sich auch auf das Gottesvolk übertragen lassen, das mit Abraham in Chaldäa aufbricht und durch das Exil dorthin zurückkehrt.

1. Textabgrenzung und Gliederung

1.1 Die Grobgliederung von 1 Samuel bis 2 Könige

Für den Endtext gibt es nach Hentschel[343] eine weitgehend konsensfähige Gliederung, die nicht mit der heute üblichen Vierteilung der Bücher übereinstimmt, sondern der Tatsache Rechnung trägt, dass die in der Lxx vorgenommene Teilung größtenteils keiner kompositorischen Logik zu folgen scheint[344] bzw. dass ein Zusammengehören dieser vier Bücher von Beginn an vorliegt[345]. Im Verlauf der Arbeit wird sich zeigen, ob nicht doch inhaltliche Elemente die Komposition beeinflussen. Die folgende Gliederung soll dennoch als Groborientierung dienen:

1 Sam 1–15	Samuel und Saul (*Rückbindung an Ri*)
1 Sam 16–2 Sam 5	Aufstieg Davids
2 Sam 6–20	Thronnachfolge *(erst in 1 Kön 1–2 abgeschlossen)*
2 Sam 21–24	Helden und Sühne
1 Kön 1–11	Geschichte Salomos
1 Kön 12–2 Kön 17	Geschichte der getrennten Reiche
2 Kön 18–25	**Geschichte Judas nach 722 v. Chr.**

1.2 Die Grobgliederung von 2 Kön 18–25

Das Königsschema erlaubt eine relativ klare Unterscheidung zwischen einzelnen Abschnitten, die für die grobe Gliederung der Einheit 2 Kön 18–25 ausreichend sind. Es ergibt sich folgende Untergliederung:

343 G.Hentschel, *Samuel* 291, *Könige* 302. Jüngst ist Knauf (vgl. Ders., *1 Kön* 67) von dieser Einteilung leicht abgewichen, nicht in Bezug auf den hier untersuchten Bereich.

344 Eher praktische Gründe könnten eine Rolle gespielt haben, z. B. sind alle Textteile in etwa gleich groß, sodass man von mehreren Schriftrollen ausgehen könnte, auf die sie geschrieben wurden.

345 Vgl. F.Blanco Wissmann, *»Er tat das Rechte«*, 246; so auch E.A.Knauf, *1 Kön 1 - 14* 37.

2 Kön 18–20	König Hiskija von Juda – erste Reformen und die Rettung Jerusalems unter Assur
2 Kön 21,1–18	König Manasse von Juda – der große Sünder
2 Kön 21,19–26	König Amon von Juda
2 Kön 22,1–23,30a	König Joschija von Juda – der neue David
2 Kön 23,30b–35	König Joahas von Juda
2 Kön 23,36–24,7	König Jojakim/ Eljakim von Juda
2 Kön 24,8–17	König Jojachin und die Kapitulation Jerusalems vor Babylon
2 Kön 24,18–25,7	König Mattanja/ Zidkija von Juda und die Preisgabe Jerusalems
2 Kön 25,8–21	Eroberung Jerusalems und die Zerstörung des Tempels
2 Kön 25,22–26	Statthalter Gedalja und die völlige Entvölkerung des Landes
2 Kön 25,27–30	Erhebung Jojachins aus dem Gefängnis

Der erzählte Raum (hier: Versumfang), der den einzelnen Königen eingeräumt wird, variiert stark und steht in keinem erkennbaren Zusammenhang zur Regierungszeit oder Bewertung der Könige:

König (Regierungsjahre/ Beurteilung)	**Anzahl Verse**
Hiskija (29/ positiv)	95
Manasse (55/ sehr negativ)	21
Amon (2/ negativ)	8
Joschija (31/ sehr positiv)	50
Joahas (>1/ negativ)	5
Eljakim/ Jojakim (11/ negativ)	9
Jojachin (>1 oder 37/ negativ)	10+4
Zidkija (11/ negativ)/ Jerusalem fällt/ Gedalja	10/14/5

Exkurs: Anfang – Mitte – Schluss als Strukturmerkmale (Georg Fischer[346])

Die insgesamt 230 Verse legen, wenn man Anfang, Mitte und Schluss der Einheit betrachtet, eine Struktur offen, die als Erklärung dienen könnte.

Die ersten Verse der Erzählung, die auf Hiskijas Königsschema folgen (2 Kön 18,4–8), lauten:

> Er schaffte die Kulthöhen ab, zerbrach die Steinmale, zerstörte den Kultpfahl und zerschlug die Kupferschlange, die Mose angefertigt hatte und der die Israeliten bis zu jener Zeit Rauchopfer darbrachten – man nannte sie Nehuschtan (Kupferbild). Er setzte

346 Vgl. G. Fischer, *Wege* 7. Praktisch demonstriert er seinen Ansatz in seinem Kommentar zum Jeremia-Buch (Ders., *Jer 1–25*).

sein Vertrauen auf den Herrn, den Gott Israels. Unter allen Königen Judas, die nach ihm kamen oder vor ihm lebten, war keiner wie er. Er hing dem Herrn an, ohne von ihm abzuweichen, und hielt die Gebote, die der Herr dem Mose gegeben hatte. **Darum war der Herr mit ihm; in allem, was er unternahm, hatte er Erfolg.** So fiel er vom König von Assur ab und war ihm nicht länger untertan. Auch schlug er die Philister bis Gaza und den Umkreis dieser Stadt, vom Wachtturm bis zur befestigten Stadt.

Im Mittelvers (2 Kön 22,19), der am Anfang der Erzählung über König Joschija steht, heißt es:

> Du hast dich vor dem Herrn gedemütigt, als du vernahmst, was ich über diesen Ort und seine Bewohner gesprochen habe: dass sie zu einem Bild des Entsetzens und zum Fluch werden sollen. Du hast deine Kleider zerrissen und vor mir geweint. **Darum habe ich dich erhört** – Spruch des Herrn.

Die Schlussverse (2 Kön 25,27–30) sind:

> Im siebenunddreißigsten Jahr nach der Wegführung Jojachins, des Königs von Juda, am siebenundzwanzigsten Tag des zwölften Monats, begnadigte Ewil-Merodach, der König von Babel, im Jahr seines Regierungsantritts Jojachin, den König von Juda, und entließ ihn aus dem Kerker. Er söhnte sich mit ihm aus und wies ihm seinen Sitz oberhalb des Sitzes der anderen Könige an, die bei ihm in Babel waren. Er durfte seine Gefängniskleidung ablegen und ständig bei ihm speisen, solange er lebte. Sein Unterhalt – ein dauernder Unterhalt – wurde ihm vom König von Babel in der bestimmten Menge täglich geliefert, solange er lebte.

Wäre das Ende bei Joschija anzusetzen, dann lauteten die letzten Verse (2 Kön 23,25–27):

> Es gab vor ihm keinen König, der so mit ganzem Herzen, mit ganzer Seele und mit all seinen Kräften zum Herrn umkehrte und so getreu das Gesetz des Mose befolgte, und auch nach ihm war keiner wie er. Doch der Herr ließ von der gewaltigen Glut seines Zornes nicht ab. Sein Zorn war über Juda entbrannt wegen all der Kränkungen, die Manasse ihm zugefügt hatte. Darum sprach der Herr: Auch Juda will ich von meinem Angesicht entfernen, wie ich Israel entfernt habe. Ich verwerfe diese Stadt Jerusalem, die ich erwählt habe, und das Haus, von dem ich gesagt habe: Hier wird mein Name sein.

Dieses Ende wäre eine *contradictio in adjecto* zu den vorherigen Sätzen, denn gerade dort hieß es, wer mit Gott ist, der wird leben und Erfolg gegen die eigenen Feinde haben. Hier würde Gott sich abwenden. Außerdem ergäbe der geänderte Mittelvers keinen Sinn mehr. Das heutige Ende in 2 Kön 25,30 wirkt dagegen passender.[347]

In der insgesamt sehr negativen Darstellung vom Ende des Königtums stechen drei positive Aussagen hervor. Es scheint eine positive Dynamik in der Erzählung angelegt zu sein, die von der Entfernung der Kultbilder und der Reue darüber bis

347 Vgl. dazu die Ausführungen im Kapitel »Literaturhistorie«.

zu einem *modus vivendi* im Exil leitet – einem nicht optimalen, aber immerhin nicht aussichtslosen Ende.

Die Grobgliederung des Endtextes zeigt eine innere Sinneinheit von 2 Kön 18–25, wie sie bereits von Blanco-Wißmann und anderen vertreten wurde.[348]

1.3 Die Abgrenzung von 2 Kön 23,30–25,30

Hiskija, Manasse (mit Amon) und Joschija sind die Könige der Endzeit Judas, denen ein großer textlicher Raum zukommt. Sie führen ihre Reformen und Gegenreformen durch und hören noch Prophetenworte. Sie haben noch die Möglichkeit das Schicksal von Land und Volk zu ändern und die Umkehr zu vollziehen. Anders sieht es bei den Erzählungen ab 2 Kön 23,30–25,30 aus, die von anderen Strukturmerkmalen dominiert werden und daher kompositorisch anders untersucht werden müssen.

Die Abgrenzung zwischen beiden Textbereichen ist vor 2 Kön 23,30b zu setzen, denn dort wird das Königsschema Joschijas abgeschlossen und Joahas als sein Nachfolger erstmals erwähnt.

Die Abgrenzung nach hinten scheint zunächst einfach, da es sich bei 2 Kön 25,30 zweifelsfrei um das Ende des zweiten Königebuches handelt. Hinterfragt man diese These kanonisch, dann bleiben zwei Aspekte ungeklärt:

1. Wovon genau ist 2 Kön 25,30 das Ende? Aus der Forschungsliteratur wurden bereits die Möglichkeiten, bei Exodus, Deuteronomium, Josua, 1 Samuel, 1 Könige oder 2 Könige zu beginnen, angeboten. Diese Frage wird sich, wenn überhaupt, erst am Ende der Arbeit beantworten lassen.
2. Welches biblische Buch schließt sinnvollerweise an 2 Könige an? Der katholische Kanon wählt die Bücher der Chronik aus, da sie als Geschichtsbücher noch einmal aus einer anderen Perspektive die Zeit von Gen 1,1 bis 2 Kön 25,30 reflektieren. Der masoretische Kanon schließt das Buch Jesaja an und unterscheidet zwischen Vorderer und Hinterer Prophetie. Welche Version sinnvoller scheint oder ob ein anderes Buch geeigneter ist, als Anschlusspunkt gedacht zu werden, wird an anderer Stelle zu diskutiert.[349]

348 Vgl. ebd.

349 Ein Artikel befindet sich in Vorbereitung. Zur Kanonbildung: Peter Brandt hat in seiner Dissertation noch einige seltenere Varianten aus Handschriften u. ä. herausgearbeitet, die im Folgenden aufgelistet sind (vgl. DERS., *Endgestalten):* es gibt Mischformen Vorderer und Hinterer Prophetie, bei denen 1.2 Kön zwischen Jeremia und Ezechiel oder vor Jeremia gereiht werden. Für diese gibt es keine genannten Begründungen (vgl. a. a. O. 143). In den Septuaginta-Traditionen bilden die Kanones Epiphanius I–III eine Ausnahme des Schemas Könige – Chroniken, indem die Chronik entweder vorgezogen oder sogar noch vor 1.2 Sam gesetzt wird (vgl. a. a. O. 201). In den syrischen Traditionen ab der Frühzeit (a. a. O. 219) bis zu den späteren Bildungen ist die Reihung Könige – Chroniken üblich, werden auch einmal

1.4 Die Gliederungsstruktur von 2 Kön 23,30–25,30

Die vier Könige (2 Kön 23,30–25,7) und die drei nachfolgenden Erzählungen (2 Kön 25,8–30) sind voneinander zu unterscheiden, da die ersten vom Königsschema und wenigen Zusatzinformationen geprägt sind, die drei Erzählungen aber eine starke Eigendynamik mit vielen Orts- und Personenwechseln aufweisen.

Die Könige sind durch eine parallele Struktur untereinander verbunden.[350]

Joahas	3 Monate, kein Thronname, Absetzung & Deportation
Jojakim	11 Jahre, Thronname, Belagerung Jerusalems
Jojachin	3 Monate, kein Thronname, Absetzung & Deportation
Zidkija	11 Jahre, Thronname, Belagerung Jerusalems

Die Eroberung Jerusalems (2 Kön 25,8–21) schließt in zeitlicher Kontinuität an Zidkija an, verlegt den Ort aber wieder zurück nach Jerusalem und wechselt im Stil auf eine detailliertere Beschreibung. Die Gedaljaperikope (2 Kön 25,22–26) schließt durch die Figur ›Nebukadnezar‹ an das Vorhergehende an, wechselt aber Raum und Protagonisten, sodass eine Eigenständigkeit vorliegt. Die Erhebung Jojachins aus dem Gefängnis (2 Kön 25,27–30) bringt einen klaren Bruch in Zeit (26 Jahre später) und Raum (von Juda nach Babel) mit sich. Sie knüpft an Jojachin an, den dritten der zuvor genannten Könige, und stellt sich somit in den größeren Kontext hinein.

Die Erzählung vom Untergang Jerusalems, die mit der Absetzung Jojachins bzw. der Einsetzung Zidkijas (2 Kön 24,17) beginnt, findet sich in drei parallelen Strukturen wieder, deren letzte nicht vollendet wird.

Erste Deportation (24,11–16)

    Initiative Babylon: Einsetzen eines Vasallen für Juda durch Babylons König (24,17)

        Rebellion gegen Babylon von einem Davididen (25,1–3)

            Flucht vor Babylon (25,4–5)

                Bestrafung von ganz Juda (25,6–21)

Zweite Deportation (25,20)

    Initiative Babylon: Einsetzen eines Statthalters für Juda durch Babylons König (25,22)

        Rebellion gegen Babylon von einem Davididen (25,25)

            Flucht vor Babylon (25,26a)

                Angst vor Bestrafung von ganz Juda (25,26b)

---

die Psalmen bzw. Sprichwörter angereiht (a.a.O. 222). Dort liegen deutliche Bruchlinien, d.h. ein Wechsel in die Weisheitsschriften vor (vgl. ebd.).

350 So ähnlich R.L.Cohn, *2 Kgs* 163f.; ihm folgend J.P.Leithart, *1.2 Kgs* 273f.

Dritte (Selbst)-Deportation (25,26)

Initiative Babylon: Wiedereinsetzung des Oberhaupts von Juda durch den König von Babylon (25,27)

Die vorgestellte Gliederung ist im Großen und Ganzen mit der »Texttiefenstruktur«[351] kohärent und stellt eine ›lineare thematische Progression‹ dar, die Endpunkte erreicht.[352] Dies deutet auf eine geschlossene Struktur hin, die auch als Abschluss eines Buches dienen kann.

1.5 Gliederungsmerkmale für den Abschluss einer Erzählung (Susan Zeelander)

Der Abschluss einer Erzählung ist etwas Prozesshaftes, das sich üblicherweise über mehrere Etappen hin erstreckt.[353] Er konstituiert die Integrität der Figuren, indem er sie endgültig definiert und einem abschließenden Urteil anheimstellt.[354] Die in einer Erzählung begonnenen (Handlungs-)Bewegungen werden zusammengeführt und sollen in eine neue Stabilität am Ende münden.[355] Vor allem Rituale und Vertragsabschlüsse, aber auch gemeinsame Mahlzeiten spielen in der Bibel häufig eine Rolle am Ende einer Erzählung, z. B. in Gen 21,22–34; 26,12–33; 31,1–32,2. An diesen Stellen haben sie immer einen *transformativen* Charakter[356], sodass sich auch für 2 Kön 25,27–30 eine solche Option nahelegt.

Des Weiteren treten *Wiederholungen* häufig in rahmender Funktion auf.[357] Ein gutes Beispiel dafür ist das Königsschema, welches innerhalb des Königebuches die einzelnen Herrscher voneinander abgrenzt.[358] Durch das Verbleiben an einem bestimmten Ort wird häufig das »natürliche Ende«[359] einer Geschichte erreicht. Dies ist in 1/2 Kön in der Regel die Todesnotiz eines Königs. Bei Jojachin ist es dagegen die Formulierung »alle Tage seines Lebens«, die in 2 Kön 25,29 und 25,30 ein endgültiges Verbleiben in Babylon beschreibt. Durch die fehlende Todesnotiz

351 Zu diesem Begriff vgl. S.A.Nitsche/ H.Utzschneider, *Arbeitsbuch* 75–77.

352 Nitsche/ Utzschneider verstehen darunter einen Text, bei dem jedes Folgethema auf das vorhergehende aufbaut (vgl. Dies., *Arbeitsbuch* 74). Durch das Königsschema ist diese Struktur gegeben. Einzig die Zerstörung des Tempels (2 Kön 25,9) wird von seiner Plünderung gefolgt (V.13–17), was zu einer erklärungsbedürftigen zeitlichen Abfolge führt (vgl. dazu die Ausführungen zur Zeitkonzeption).

353 S.Zeelander, *Closure* 170.

354 Vgl. ebd. 174.

355 Vgl. ebd. 164.

356 Vgl. ebd. 144.

357 Ebd. 63.

358 Vgl. ebd. 56f.

359 Ebd. 97f.

durchbricht dieses Ende zugleich die Reihe des Königsschemas, indem kein Nachfolger mehr benannt wird.[360]

Als Wiederholung kann aber auch das Auftreten bereits bekannter Orte dienen, da dies vielen Lesenden die Erinnerung an bestimmte Begebenheiten erleichtert.[361] In 2 Kön 23,30–25,30 sind das beispielsweise Ägypten (2 Kön 24,7; 25,26); die Steppen von Jericho (2 Kön 25,5) oder Mizpa (2 Kön 25,23). Eine weitere Art von Wiederholungen ist das Aufrufen von Keywords, die für die einzelne Erzählung oder im intertextuellen Kontext wichtig sind.[362]

Als besonderes Schluss-Merkmal gilt das *anti-closure*, d.h. die Erzählung hat einen ungeklärten Überhang bzw. Leerstellen, die häufig auf ein *moving-about*, eine fiktive Zukunft hin, offen sind. Ihre Antwort konstruiert und konstituiert sich üblicherweise in den Köpfen der Lesenden.[363] Solche Überhangsfragen gibt es auch in 2 Kön 25, wo weder klar wird, wie es den Judäern in Ägypten geht, noch was aus dem Nordreich und den anderen Exilierten geworden ist usw.

Der große Zeitsprung von 2 Kön 25,26 auf 25,27 hat zusätzlich konklusiven Charakter. Solche Zeitsprünge haben in der Filmtheorie und in der Prosa häufig die Funktion einer abschließenden Zusammenfassung[364], d.h. alle begonnen Handlungen, z.B. eine nicht erwähnte Heimkehr der Hauptfiguren oder die Restauration eines Landes o.ä., sind bereits abgeschlossen und es wird ein Schlusspunkt gesetzt, der zeigt, wie sich die gefundene Lösung in der Zukunft bewährt hat.

Alle genannten Kriterien lassen sich anhand von 2 Kön 23,30–25,30 nachweisen. Es handelt sich offensichtlich um ein Ende in mehreren Etappen: (1) die zunehmende Abhängigkeit und Gefährdung Judas, sowie der beginnende Verlust der Bevölkerung unter den Königen Joahas, Jojakim und Jojachin. (2) Das Ende des Jerusalemer Königtums sowie das Ende Jerusalems und damit das endgültige Ende Judas unter Zidkija. (3) Das endgültige Scheitern einer Staatsform im verheißenen Land und die endgültige Entvölkerung des Landes durch die Gedalja-Perikope. (4) Die Erhebung Jojachins aus dem Gefängnis als Epilog und potentieller Wendepunkt.

---

360 Dies ist nicht der erste Bruch. Auch bei den Königen Joahas und Zidkija wird kein vollständiges Königsschema mehr durchgehalten. Es könnte sich dabei um ein Stilmerkmal handeln, welches die zunehmende Unordnung in Juda anzeigt, indem die Schemata und Rahmen zerbrechen.

361 Vgl. ebd. 113.

362 Vgl. ebd. 88f. Hier lassen sich vor allem im Bereich der Intertextualität eine Reihe von Worten aufführen, die erst im weiteren Verlauf der Arbeit erschlossen werden und daher hier nicht gelistet sind.

363 Vgl. ebd. 181–183.

364 Vgl. S.Lahn/ J.C.Meister, *Einführung* 263–265.

Zwischenfazit

Fasst man alle bisherigen Ergebnisse zusammen, so ergibt sich für die folgende Untersuchung eine vorsichtig optimistische Perspektive, die das unheilvolle Ende des Staates Juda rahmt. Die Abgrenzung der Perikope von 2 Kön 23,30 bis zum Ende des Buches in 2 Kön 25,30 wurde als sinnvoll nachgewiesen. Die Frage nach der Stellung im Königebuch und im biblischen Kanon bleibt zunächst offen. Für die einzelnen Abschnitte sind zwei parallele Strukturen mitzudenken. Die ersten beiden Könige stehen zu den letzten beiden in einer Parallelstruktur, die sich nur in den Eroberern (Ägypten und Babylon) unterscheiden.

Von der ersten Deportationswelle unter Jojachin bis zu seiner Begnadigung läuft eine parallele Struktur ab, die zweimal komplett durchgezogen und ein drittes Mal begonnen wird. Darüber hinaus lässt sich mit großer Sicherheit sagen, dass es sich bei 2 Kön 23,30–25,30 um den durchkomponierten Abschluss einer größeren Erzählung handelt.

2. Zeitkonzeption, Zeitangaben und ihre Symbolik

Im ersten Teil der Arbeit (A.1) wurden die grundlegenden Methoden und der hermeneutische Ansatz vorgestellt. Jetzt gilt es, diese allgemeinen Fragestellungen auf die jeweiligen Analysen hin zu konkretisieren. Für die Suche nach der Zeitkonzeption ist das relativ einfach, obwohl Zeit als abstraktes Konstrukt eher das Gegenteil vermuten lassen würde.[365] Die Konzeption der Zeit hängt von drei Aspekten ab: Gibt es *Signalwörter*, z. B. ein Datum, Zeiträume, Tageszeiten etc.? Gibt es einen *semantisch logischen Ablauf* von Ereignissen, mit denen sich die Zeit in Beziehung setzen lässt? Gibt es Angaben, die das *Tempo* der Erzählung beschleunigen,wie Zeitsprünge oder Zusammenfassungen oder Entschleunigungen, z. B. Wiederholungen oder detaillierte Beschreibungen? Wenn diese Angaben gesammelt sind, stellt sich die Frage nach ihrer *Ordnung* und dem dieser Ordnung zugrundeliegenden *Zeitverständnis*, das linear, zyklisch oder auch atomistisch sein kann.

365 Vgl. die entsprechenden Seiten bei Lahn/ Meisters und Nitsche/ Utzschneider (s. Kapitel A.1).

2.1 Zeitliche Ordnung

2.1.1 Fabula

Es handelt sich bei 2 Kön 23,30–25,30 um eine *chronologische* Darstellung der Ereignisse, die nur in einem einzigen Fall durchbrochen wird und zwar während der Darstellung der Plünderung Jerusalems (2 Kön 25,9.13–17). Der Ablauf gestaltet sich wie folgt:

Joahas (23 Jahre alt) folgt seinem Vater Joschija auf den Thron, indem er zum König proklamiert wird. Nach nur drei Monaten wird er abgesetzt, nach Ägypten exiliert und durch seinen älteren Bruder Eljakim/ Jojakim (25 Jahre alt) abgelöst, ohne dass weitere Informationen oder eine Todesnotiz vorhanden wären. Jojakim regiert elf Jahre lang. Nach seiner bewegten Regierungszeit, in welcher er nach einer dreijährigen Vasallität von Babylon abfällt, stirbt er und sein Sohn Jojachin (18 Jahre alt) folgt ihm auf den Thron. Dieser regiert nur drei Monate[366] und wird dann durch seinen Onkel Mattanja/ Zidkija (21 Jahre alt) ausgetauscht. Nach elf Jahren und einer undatierten Rebellion folgt eine genau datierte Belagerung Jerusalems.

Am zehnten Tag des zehnten Monats des neunten Regierungsjahres Zidkijas wird Jerusalems Belagerung begonnen (2 Kön 25,1). Die nächsten zwei Jahre dauert die Belagerung an, bis im neunten Monat des elften Jahres eine Hungersnot ausbricht (V.2f.). Es folgen die Berichte über die Eroberung Jerusalems, die Gefangennahme Zidkijas etc. (V.4–7) sowie die Verschleppung ins Exil, ohne genauere Datierung.[367]

Dann gibt es einen Bruch in der Chronologie, da in 2 Kön 25,8 auf die Regierungszeit Nebukadnezars gewechselt wird (erstmals angedeutet in 24,8). Jerusalem wird am siebten Tag des fünften Monats seines 19. Regierungsjahres erobert, alles wird niedergebrannt (25,9) und die Bevölkerung exiliert (V.12.20f.). An dieser Stelle lässt sich ein *Anachronismus* beobachten, da der bereits niedergebrannte Tempel in ausführlicher Schilderung geplündert wird (V.13–17). In V.16 findet sich außerdem ein *flashback* auf König Salomo, der die Tempelgeräte anfertigen ließ.

Es folgt die Einsetzung Gedaljas, der, wie auch seine Feldherren und der Attentäter Jischmael, durch Namen und Orte in eine je eigene Genealogie eingebunden wird (V.22f.25). Im siebten Monat eines nicht näher definierten Jahres

366 Nach Aussage von 2 Chr 36, die von Josua u. a. Quellen zitiert wird, sind es drei Monate und zehn Tage. Dabei geht es vermutlich um ein Zahlenspiel, das in den Bereich der Chroniken gehört, die eher in 10ern rechnet. 30 x 3 + 10 = 100 Tage sind auch 10 x 10 Tage bzw. 2 Jubiläen (2x [49+1]).

367 In Jer 52,11 wird auf die Gefangenschaft Zidkijas bis zu seinem Tod hingewiesen. Dieser Hinweis entfällt hier.

(V.25) wird Gedalja ermordet. Im Anschluss flieht das noch nicht exilierte Volk nach Ägypten (V.26).

Nach einem Zeitsprung von mehr als zwei Jahrzehnten wird Jojachin, der vorletzte König, am 27. Tag[368] des zwölften Monats im 37. Jahr seines Exils freigelassen (V.27); ein Datum, welches mit der Thronbesteigung Ewil-Merodachs von Babel zusammenfällt. Abermals findet ein Zeitrechnungswechsel statt, zurück nach Juda bzw. in die davididische Dynastie. Der Tod bzw. Verbleib Nebukadnezars bleibt hier unerwähnt und auch Babels Chronologie wird nicht mehr berücksichtigt. Auf die Erhebung aus dem Gefängnis folgt die symbolische Annahme und ein kontinuierlicher Lebensunterhalt für den König nach täglichem Bedarf alle Tage seines Lebens (V.28–30). Ob es sich dabei um die Lebenstage Ewil-Merodachs oder Jojachins handelt, ist unklar. Das zeitliche Ende ist offen gehalten – ein Stilmittel, das auch aus anderen biblischen Texten bekannt ist (vgl. Ex 40,38; 1 Kön 22,54; 2 Chr 36,23; Apg 28,30).[369]

2.1.2 Story

Das Alter der Könige fügt sich innerhalb der Erzählung in den Königsrahmen ein und hat für sich betrachtet keine bedeutende Aussagekraft. Die Hauptfunktion scheint die lückenlose kontinuierliche Entwicklung der Königsgeschichte zu sein. Auch die Nennung der genealogischen Kette hat diese Funktion. Die Dauer der Regierungen steht nicht zwingend in Verhältnis zu dem Raum, den sie in der Erzählung einnehmen, da zwar Joahas die wenigsten Verse hat, Jojakim und Jojachin aber in etwa gleich viel Text haben und Zidkija das meiste zukommt, sofern man die Eroberung und Plünderung Jerusalems mitzählt. Die Zeitangaben markieren die Einsetzung bzw. Absetzung von Königen, gegebenenfalls ihren Tod. Die beiden Wechsel in der Chronologie versinnbildlichen die Herrschaftswechsel über Juda, ebenso der völlige Rückzug Ägyptens ins eigene Territorium (24,7). Wichtige Ereignisse werden zeitlich markiert, z.B. die Rebellionen von Jojakim und Zidkija. Auf den Monat datiert werden die Hungersnot unter Zidkija (25,3) und die Ermordung Gedaljas (25,25). Datierungen, die auf den Tag genau lauten, gibt es nur für die zweite Belagerung Jerusalems durch Babylon (25,1), den Tag der Eroberung (25,8) und die Erhebung Jojachins aus dem Gefängnis (25,27).

Unklar bleibt an dieser Stelle noch die Bedeutung des Hinaufziehens in »seinen« Tagen (24,1), das sowohl auf Nebukadnezar, als auch auf Jojakim be-

368 Jer 52,31 datiert auf den 25. Tag dieses Monats. Der Grund dafür könnte in der Berechnung der 70 Jahre liegen.

369 In Jer 52,34 wird »bis zu seinem Todestag« ergänzt, was den Tod Jojachins voraussetzt.

zogen sein kann.[370] Zieht man alle Jahre zusammen, so erhält man 22,5 Regierungsjahre unter davididischer Herrschaft bis zur Zerstörung des Tempels und noch einmal 26,5 Jahre, in denen Jojachin als Exilskönig »herrscht«. In Summe macht dies 49 Jahre (7 x 7), was auf ein anstehendes Jubeljahr hinweist.

2.2 Erzähltempo

Der erste Teil der Erzählung (2 Kön 23,30–25,7) wird in geraffter Form erzählt, es liegt ein hohes Erzähltempo vor. Es gibt kaum Details, nur Anfang, Ende und einige wenige Stationen werden markiert. Große Zeiträume werden zusammengefasst und auf das Nötigste an Beschreibung beschränkt. Dennoch lässt sich ein langsames Abnehmen des Tempos von Joahas bis Zidkija feststellen. Während über Joahas kaum Details bekannt werden, wird es bei Jojakim ausführlicher, Jojachins Kapitulation und Deportation werden detailliert beschrieben und Zidkija leitet in die Eroberung Jerusalems über. In diesem Teil der Erzählung (25,8–22) ist die Handlung stark entschleunigt und bezieht sich auf den Tag der Eroberung, der benannt und *en detail* beschrieben wird. Besonders die Plünderung des Tempels (V.13–18) wird im Kontrast zum bisherigen Tempo sehr genau beschrieben, weshalb die Handlung zu schleichen scheint. Zweimal wird die Deportation erwähnt und damit zusätzlich Tempo herausgenommen (25,11.22). Es folgt die Gedalja-Perikope (25,22–26), die wieder in deutlich erhöhtem Tempo (etwa wie Zidkija) stattfindet. Den Abschluss bildet die Begnadigung Jojachins. Der Zeitsprung über mehrere Dekaden hinweg (V.27) ist das höchste Tempo, da keinerlei Details über diese Zeit bekannt werden. Die Erhebung Jojachins ist in ihren Details etwa so ausführlich wie die erste Jojachinerzählung und endet mit einem Blick in die Zukunft, über die fast nichts bekannt ist. Es endet mit einer kontinuierlichen offenen Bewegung.

Fasst man das Erzähltempo zusammen, ergibt sich folgendes Bild (vgl. Abb. 2): Das Tempo hat eine konzentrische Struktur. Es ist sehr hoch bei Joahas und dem Ausblick in die Zukunft (A–A'), verlangsamt sich auf die beiden Jojachin-Szenen hin (B–B'), nimmt noch einmal leicht zu bei Zidkija und Gedalja (C–C') und findet sein Zentrum und zugleich den Tiefpunkt in der Eroberung und Plünderung Jerusalems (D).[371] Bedenkt man die turbulent-chaotische Beschreibung dieser Zeit, lässt diese Struktur an einen Wirbelsturm denken, der zu sei-

370 Ant nimmt hier die Änderung »in jenen Tagen« vor, die keinen interpretatorischen Spielraum mehr lässt. Die zeitliche Dimension fällt damit auch nahezu komplett aus.

371 Jojakim liegt exakt auf der abnehmenden Linie, der Zeitsprung hat außer seiner Existenz keinerlei unterstützende Details, sodass sie in dieser Grafik ausgespart werden.

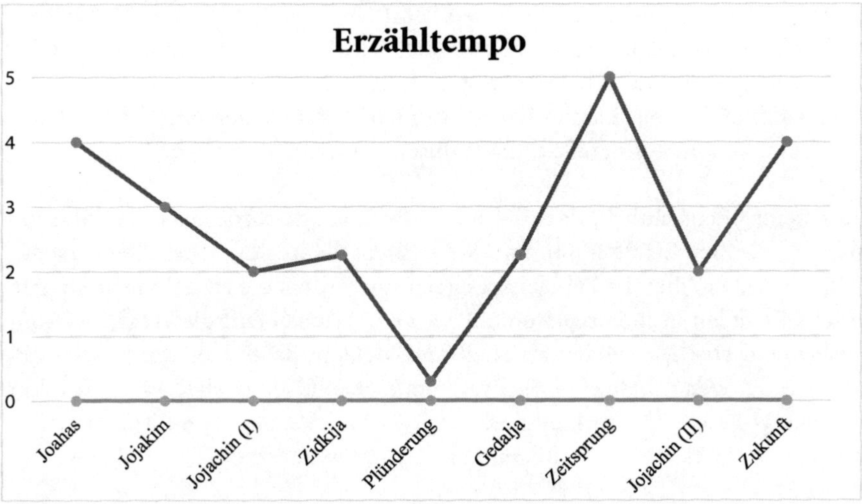

Abb. 2

nem Zentrum hin immer mehr an Tempo verliert, im Auge einen Moment der schonungslosen Realisierung erlaubt, und dann weiterrauscht.

2.3 Frequenz

2.3.1 Doppelstrukturen

Innerhalb der Erzählung gibt es eine Reihe sich wiederholender Handlungen, die zu unterschiedlichen Zeitpunkten spielen. Eine auffallende Doppelstruktur, die sich auch schon in der Grobgliederung[372] der Perikope bemerkbar gemacht hatte, hält sich durch:

1. Das Königsschema inklusive schlechter Bewertungen und der Regierungsdauern nach dem Schema A-B-A'-B' findet sich in 2 Kön 23,31 f.36 f.; 24,6.8 f.; 24,17–19.
2. Weitere Doppelstrukturen sind die Verleihung der Thronnamen durch Fremdherrscher (23,34; 24,17), die Absetzung und Arretierung des Königs von Juda in Ribla durch einen anderen Herrscher (23,33; 25,6), die Ausführung von Hinrichtungen (25,7.18–21) die detailliert beschriebene Plünderung des Tempels mit gleichzeitig beschriebener Exilierung (24,13–15; 25,11.13–17) u. a.

372 Vgl. Kapitel C.1.

3. Ein Chiasmus findet sich in 24,2–4. Dort wird der Zorn Gottes beschrieben (vernichte – wegen seiner Worte/ wegen seines Mundes – verstoßen), zu der es in 24,20 noch eine Wiederholung gibt. In 25,29f. wird der andauernde Lebensunterhalt Jojachins in Form eines Parallelismus hervorgehoben. Beides nimmt Tempo aus der Geschichte durch ein leichtes Stocken.

Es scheint offensichtlich, dass die Frequenz eine strukturierende Funktion innerhalb der Geschichte einnimmt. Sie stellt Beziehung zwischen den verschiedenen Königen über die Zeiten hinweg her und ordnet die Handlungen, solange noch Davididen in Juda regieren (23,30–25,7). Danach fällt die Frequenzierung weitgehend aus. Die beiden Parallelismen deuten, da es hier um tatsächliche Wiederholungen des gleichen Sachverhalts geht, auf Schlüsselstellen im Text hin, da sie das Lesetempo verlangsamen (vgl. C.2.2). Sie markieren Transformationspunkte Judas, die im Weiteren näher zu untersuchen sind.

2.3.2 Auffällige Wiederholungen

Neben den Doppelstrukturen kommen eine ganze Reihe von Personen- und Ortsbezeichnungen regelmäßig verteilt oder fokussiert vor. Da es sich um eine chronologische Erzählung handelt, gibt ihre Häufigkeit Aufschluss über die zeitliche Entwicklung.

a) Jhwh

Jhwh spielt in der gesamten Erzählung eine Rolle, denn das Tetragramm wird 12x zwischen 23,32–25,16 erwähnt (meist in Constructus-Form). Auffällig ist dabei das Ausbleiben seiner Erwähnung ab der Zerstörung und Plünderung des Tempels. Diese Figur ist quasi omnipräsent, solange der Tempel steht.

b) Babel und Ägypten

Nebukadnezar bzw. der »König von Babel«, wird mit insgesamt 18 Erwähnungen am häufigsten im ganzen Text explizit genannt. Er tritt zwischen 2 Kön 24,1–25,24 auf und verdrängt zugleich den Pharao, der zwischen 23,33–35; 24,7 genau siebenmal erwähnt wird. Zählt man Nebukadnezars Nachfolger Ewil-Merodach/ König von Babel dazu, so kommt man sogar auf 20 Erwähnungen des babylonischen Herrschers.[373]

Sowohl Nebukadnezar, als auch das Heer der Chaldäer, als auch Nebusaradan treten in 2 Kön 25,1–26 je siebenmal auf. Ebenfalls siebenmal wird im Laufe der Zeit von der Fortführung und Exilierung gesprochen (23,34; 24,15.16; 25,7.11.13.21), dreimal von einem Heraufziehen aus Babel (24,1.10f.; 25,1). Auch

373 Zur Bedeutung dieses Phänomens siehe C.4 ›Figurenanalyse‹.

Ägypten wird dreimal genannt, zu verschiedenen Zeiten der Erzählung (23,34; 24,7; 25,26). Die Militärpunkte Ribla im Land Chamat (23,33; 25,6.20) und Mizpa (25,22.25) werden vier- bzw. zweimal genannt und markieren jeweils gewaltsame Übergänge in der Herrschaft Judas zu verschiedenen Zeitpunkten.

c) Juda

Jerusalem findet die häufigste und weiteste Verbreitung aller Bezeichnungen für Juda innerhalb der Erzählung. Zwölfmal kommt sie zwischen 2 Kön 23,30–25,7 und dreimal in 25,8–30 vor.

Das Auftreten der Könige Judas findet chronologisch strikt aufeinanderfolgend statt, weshalb die Namen immer geballt auftreten. Joahas wird bspw. nur in 23,30–36 und insgesamt nur dreimal erwähnt. Es werden die vier Könige zu ihren Lebzeiten besprochen und drei bereits verstorbene eingespielt (Joschija 23,30.34 [2x]; Salomo in 24,13; 25,16, Manasse 24,3). Jojakim und Zidkija werden, wenn man ihre ursprünglichen Namen mitzählt, jeweils siebenmal genannt, Jojachin wird beim ersten Mal drei Mal (24,8–17) und beim zweiten Mal (25,27–30) zweimal erwähnt. Auch seine Mutter wird dreimal erwähnt (24,8.12.15).[374]

Doch nicht nur Jojachin wird insgesamt fünfmal genannt. Es gibt fünf Erwähnungen Gedaljas (25,22–26) und drei Gruppen aus 2 Kön 25 treten in dieser Häufigkeit auf: die Männer vor dem Angesicht des Königs (25,18), die Priester und Tempelwächter (25,19) sowie die Heerführer Gedaljas (25,23). Die 60 (5 x 12) Männer aus dem Volk-des-Landes werden ebenfalls verhaftet und hingerichtet (25,19). Diese Fünfzahl lässt sich erst in der Untergangsphase Jerusalems beobachten.

Das Volk-des-Landes dagegen tritt siebenmal (23,30.35 u. ö.) auf, wenn man die »Ärmsten des Landes« (25,12) mit den »Ärmsten des Volkes-des-Landes« (24,14) gleichsetzt, wie es Ant, der an dieser Stelle älteste Textzeuge, vorschlägt.[375] Es verteilt sich, ebenso wie ›Jerusalem‹, durch die ganze Zeit und, ebenso wie ›Jhwh‹, wird es ab der Zerstörung Jerusalems nicht mehr erwähnt.

2.4 Zusammenfassung und Interpretation

Die Erzählung in 2 Kön 23,30–25,30 ist eine chronologische Abfolge von Ereignissen, die sich in zwei Bereiche einteilen lässt. Der erste Teil beschreibt die Regierungszeit der vier Könige (23,30–25,7) in geordneter, sich entschleuni-

374 Vgl. dazu ausführlicher C.4.
375 Im MT מדלת הארץ, die Übersetzung von Ant entspricht מדלת עמ־הארץ.

gender Form, bei insgesamt hohem Erzähltempo. Dies ist am Ende prosaischer (biblischer) Bücher üblich.[376]

Der zweite Teil markiert den Tiefpunkt des Erzähltempos in der Eroberung Jerusalems und beschleunigt sich wieder zusehends bis zum Ende. Dort spielen weniger Zeiträume als genauere Datierungen eine Rolle.[377]

Es deutet sich ein Zerbrechen der Makrostruktur an, da die zeitliche Struktur in sich zusammenbricht. Waren in 2 Kön 23,30–25,7 Anfang und Ende in ein klares zeitliches Schema (Alter, Regierungsjahre, dynastische Verbindung) eingebettet, entfällt dies ab 2 Kön 25,8. Es werden zwar genealogische Verbindungen in der Gedalja-Perikope genannt, doch allein Jischmael wird mit den Davididen verknüpft. Es kommt zu einem Achronismus in 25,13–17 und einem Zeitsprung in 25,27 sowie zu dynastischen Chronologie-Wechseln (25,8.27), die die Linearität der bisherigen Erzählung durchbrechen.[378]

Unterstützt wird das Zerbrechen der chronischen Zeit durch den Déjà-Vu-Effekt der Doppelstrukturen innerhalb der Erzählung sowie der ständigen Wiederholung bzw. Einspielungen von Figuren und Orten in einer Frequenz von fünf oder sieben Nennungen.

Dem stehen die präzisen Datierungen, die bis auf den Tag genau laufen können (25,27 u. ö.) entgegen. Es zeigt sich eine *Entwicklung vom Zeitraum zu einzelnen Zeitpunkten*. Das Ende kehrt diese Entwicklung wieder um. In 25,27–30 wird vom 37. Jahr der Exilierung Jojachins gesprochen. Die Erzählung befindet sich wieder in einem Zeitraum davididischer Chronologie, die als Heilszeit für Juda gilt.[379] Es wird von einem kontinuierlichen Lebensunterhalt für eine offene Zeit gesprochen (25,29f.), der Zeitraum kehrt zurück.

Das 37. Jahr erfüllt außerdem noch eine zweite Funktion, die bereits vorher (vgl. C.2.2) angesprochen wurde: das Jubeljahr. Zieht man alle Regierungszeiten der judäischen Könige nach Joschija, dem letzten guten König (vgl. 2 Kön 22,2; 23,25) zusammen, so gelangt man ins 49. Jahr, ins siebte Sabbatjahr (7 x 7), dem ein Jubeljahr folgen wird.[380]

Noch weitere Beobachtungen schlagen einen zeitlichen Bogen über die gesamte Erzählung. Ägyptens dreimaliges Auftreten markiert den Beginn

376 Vgl. dazu auch F.Blanco Wissmann, *Er tat das Rechte* 240f. Dies gilt auch innerhalb der Königsbücher z. B. bei 2 Kön 17 (a. a. O. 240).

377 Für die Frage nach einem möglichen realen Vorbild für die Datierung vgl. den Abschnitt zur Chronologie-Debatte im Online Anhang zu diesem Buch.

378 Knauf erläutert solche Brüche, die noch an anderen Stellen innerhalb des DtrG auftreten mit dem Argument, im Alten Israel habe es nicht-lineares Zeitdenken gegeben, das sich an chronologisch-dynastischen und nicht chronischen Zeiten orientiere (vgl. E.A.Knauf, *1 Kön* 53).

379 K.Koch, *Zahlen* 433–441, bes. 440.

380 Koch bemerkt außerdem, dass es die Hälfte eines Jubiläums seit der Zerstörung des Tempels sei und dies einen Umbruch hin zur Befreiung für das Volk bedeute (vgl. Ders., *Zahlen* 436).

schlechter Zeiten für Juda innerhalb der gesamten Erzählung. JHWH tritt parallel zum Tempel mit insgesamt zwölf Erwähnungen auf, findet seine letzte Erwähnung in 25,16, ebenso wie das Volk-des-Landes, das mit sieben Erwähnungen vertreten ist. Dies aber nur bis Jerusalem niederbrennt und sie exiliert wurden, sodass die Zweiteilung der Zeitgliederung zu Gunsten eines Gesamtrahmens übergangen ist. Diese drei Beispiele verbindet, dass sie auf ein negatives Ereignis Bezug nehmen und ihr (zeitliches) Auftreten dadurch limitiert zu sein scheint.

Einige Beobachtungen sind hier festzuhalten, die sich bisher der Interpretation entziehen:

1. Die beiden das Tempo ausbremsenden »Stolpersteine« 2 Kön 24,2–4 und 25,29f. könnten Schlüsselereignisse (Zorn Gottes – Begnadigung) markieren. Dazu muss aber erst die Figurenanalyse abgeschlossen sein.
2. Wie kommt es, dass Joahas (23) als jüngerer Bruder vor Jojakim (25) auf den Thron gesetzt wird? Zeigt sich in diesem in 1.2 Kön einzigartigen Verhalten bereits das drohende Zerbrechen des Königtums, und welche Rolle spielt das Volk-des-Landes dabei?
3. Von Joahas ist zwar sein Tod, aber kein Alter oder Datum bekannt, bei Zidkija findet sich gar keine Todesnotiz, sodass dieser noch in Babel leben könnte. Hat dies eine Bedeutung für die Interpretation der Handlungen?
4. Jojachin ist sieben (!) Jahre alt, als sein Vater den Thron besteigt, und bei seiner Erhebung aus dem Gefängnis muss er demzufolge 55 Jahre alt sein, was den Regierungsjahren Manasses (2 Kön 21,1) entspricht. Hat dies eine Bedeutung oder nicht, zumal beide Lebensaspekte unüblich in der Königsgeschichte Judas sind?[381]

3. Raumkonzept

Die Raumanalyse trianguliert verschiedene Konzepte. Lahn/ Meisters schlagen zunächst vor, die genannten Orte und Landschaften, die Schauplätze der Handlung, die explizit im Text genannt sind, durchzugehen und mit Hilfe der in der Erzählung gemachten Angaben zu beschreiben (*setting*). Wie in vielen anderen Erzählungen basieren auch die biblischen Schauplätze auf realen Vorbildern, die von den Verfassern der Erzählung bewusst oder unbewusst miteinbezogen wurden. Diese »textexternen Verankerungen« (B.Schmitz) werden in einem eigenen Online Anhang zur Verfügung gestellt, da sie innerhalb einer

381 Vgl. G.GALIL, *Chronology* Appendix C (S. 155): Durchschnittlich sind die Könige Judas 21,5 Jahre alt bei Regierunsantritt. Ihr Nachfolger wird nach neun Monaten geboren (22,3) und mit 46 Jahren sterben sie.

Erzähltextanalyse allein deskriptive, nicht aber instruktive Bedeutung haben können.[382]

(1) *Schauplätze* scheinen statische Gebilde zu sein, da Straßen, Gebäude, Bäume etc. ihren festen Platz haben, der nicht einfachhin verändert werden kann. Der *ortsbezogene* Raumbegriff aber ist seinem Wesen nach viel dynamischer. Er kann verändert werden, z. B. durch die Dekoration eines Hauses, das Errichten neuer Gebäude, das Umlenken eines Flusses, aber auch das Fällen oder Pflanzen von Bäumen, das Anlegen eines Ackers usw. (2) Außerdem kann ›Raum‹ gefühlt werden (eng – weit), er kann gefürchtet werden (Klaustrophobie – Agoraphobie), geliebt (Heimat, Elternhaus usw.), aber auch gehasst (Feindesland). Dann handelt es sich um einen *emotionalen* Raum. Räume sind aber auch ambivalent, da das Elternhaus des einen zugleich das Haus des ungeliebten Nachbarn für jemand anderen sein kann. Eine letzte Zuflucht für den einen, ist es das letzte Nest des Gegners für andere. Dies ist es, was Foucault mit dem Begriff der *Heterotopie* so treffend beschrieben hat.[383]

Räume hängen stark von den Wesen ab, die ihn gestalten, errichten oder auch zerstören. Der Raum kann innerhalb der Handlung als real angesehen werden (Jerusalem), er kann gefühlt sein (Heimatstadt), er kann aber auch eine Sehnsucht (Exilierte erinnern sich an ihre Heimat) oder eine Utopie i. S. einer Verheißung bzw. Hoffnung sein. Es kann sein, dass der Raum selber gemeint ist, aber er kann auch stellvertretend für *soziale* Räume, d. h. Familie, Königreich, Berufsgruppe, Kollektiv, Volk u. v. m. stehen. All diese beweglichen, transformativen Teile werden im zweiten Teil der Analyse betrachtet und interpretiert.

Die bereits angedeutete Beziehung zwischen den Menschen, zwischen den Einzelnen und der Gruppe, zwischen Gruppen untereinander, mit-, neben- oder sogar gegeneinander wird erhoben. Die innerliche Grenze zwischen Ich und Du, Wir und Ihr, die Herrschaftsbereiche und die sich daraus ergebenden Weltbilder und Ideologien heißen »relationale Räume« und bedürfen ihrer gesonderten Analyse (*spacing*), die nach den Verhältnissen und ihrer Durchlässigkeit fragt.

Bevor ein vorläufiges Urteil über das Raumkonzept der Erzählung gemacht werden kann, ist in einem letzten Schritt (3) die Beziehung zum Zeitkonzept wichtig, denn auch die vierte Dimension ist Teil des Raumkonzepts (*Chronotopie*). Folgende Fragen sind dabei zielführend: Konvergieren oder divergieren die Beobachtungen? Werden die bisherigen Tendenzen aus der Zeitanalyse bestärkt, konterkariert oder stehen Raum und Zeit eher nebeneinander? Ergibt sich ein einheitliches Bild, d. h. sind die einzelnen Szenen eher Fragmente, ergibt sich

382 Warum diese text-externen Horizonte für das korrekte Verständnis der Erzählung wichtig sein könnten, habe ich an anderer Stelle reflektiert und in seiner hermeneutischen Bedeutung beschrieben (vgl. B. Collinet, *Verankerungen*).

383 Vgl. dazu ggf. das Einleitungskapitel A.1 zur Methodenfrage.

ein Mosaik oder verändert sich alles so schnell, geschieht so parallel, dass eher an ein Kaleidoskop zu denken ist?

3.1 Schauplätze der Erzählung (*setting*)

3.1.1 Das Südreich Juda und seine Städte

Das Südreich Juda wird nur selten und vor allem in Bezug auf Personen erwähnt (25,27 u. ö.). Auffällig ist, dass es allein bei König Jojachin und auch erst im Exil als Herrschaftsbereich der davididischen Könige genannt wird (24,12; 25,27). Seit dem Untergang des Nordreiches (2 Kön 17) haben die Könige Judas diese Notiz nicht mehr erhalten (vgl. 2 Kön 21,1.19; 22,1; 23,31.36; 24,8.18).[384]

Innerhalb der Erzählung wird achtmal Juda und einmal »die Judäer« (25,25) verwendet. In 24,2f.20 geht es um das Land bzw. Volk Juda, auf das sich der Zorn JHWHs richtet, und in 25,21f. um die Ausführung des Zorns durch Exilierung. In 24,5 ist es Teil der Todesnotiz Jojakims und dreimal wird von Jojachin gesagt, er sei der »König von Juda«. Festhalten lässt sich an dieser Stelle zunächst, dass Land und Volk *Juda* austauschbare Begriffe zu sein scheinen. Allein Jojachin kommt das Prädikat zu, ihr »König« zu sein. Nach der Zerstörung Jerusalems und Einsetzung Gedaljas sind die Zurückgebliebenen zwar »Judäer«, doch erst bei Jojachin im Exil ist die Bedeutung auch wieder auf das Land hin offen. Juda als territoriale Größe scheint in irgendeiner Weise an das Königtum gebunden zu sein.

Neben der Stadt Jerusalem, die in einem eigenen Abschnitt behandelt ist, werden drei weitere Orte innerhalb von Juda genannt, insofern es mit der historischen Landkarte identisch gesetzt wird:

Libna (23,31; 25,18) und *Ruma* (23,36) sind Städte, aus denen Ehefrauen Joschijas und damit Königinmütter stammen. Es liegen keine näheren Definitionen innerhalb dieser Erzählung vor, sodass ihr Aussagewert zunächst marginal zu sein scheint. Einzig auffällig ist, dass Jojachins Mutter, eine Frau Jojakims, aus Jerusalem stammt. Joschija hatte Frau*en* (Pl.) aus Juda, während Jojakim auf ein viel engeres Territorium beschränkt ist.[385]

384 Ab der Reichstrennung bis zum Untergang Israels dagegen wurden alle Könige Judas explizit als solche tituliert und ihr Sitz in Jerusalem angesiedelt (vgl. 1 Kön 15,1f.9f.; 2 Kön 14,1f.; 15,1f.32f.; 16,1f.; 18,1f.).

385 Jojakim ist Vasall Ägyptens geworden. Ob dies mit der Verengung des Horizontes zusammenfällt, wird an anderer Stelle (vgl. Teil C) untersucht.

Jericho, genauer gesagt die *Steppen vor Jericho* (25,4f.), sind das Gebiet, in dem der fliehende Zidkija gefangen genommen wird. Auch über dieses Gebiet ist noch nichts näheres zu sagen.[386]

3.1.2 Jerusalem

Jerusalem ist der einzige ausführlich beschriebene Schauplatz in der gesamten Erzählung und nach Babel und Nebukadnezar der meist verwendete Begriff.[387] Namentlich wird Jerusalem 15x erwähnt, weitere fünfmal wird von *der* Stadt hebr. העיר gesprochen (24,10f.; 25,2.4), dem für Jerusalem reservierten Ausdruck. Die Verteilung des Namens ist sehr regelmäßig, endet mit dem Niederbrennen der Stadt in 25,10. Fünfmal tritt es als Zuordnung zum König (23,31.33.36; 24,8.18) und einmal zu Elnatan – den Vater einer Königsmutter (24,8) – als *Nomen rectum* auf. Siebenmal bezieht es sich auf die Stadt selbst (24,4.10.14f.20; 25,1.8), je einmal auf die Stadtmauern (25,10) und die Häuser (25,9) in der Stadt.

Die Stadt dient als Königssitz bzw. Herrschaftsgebiet der Könige Judas, was auf eine Lage innerhalb Judas schließen lässt, die nicht explizit innerhalb dieser Erzählung bestätigt wird. Die Stadt steht zweimal unter Belagerung durch Babel (24,10; 25,1f.) und leidet während der zweiten Belagerung unter Hunger (25,3). Vor seiner Zerstörung hatte Jerusalem Stadtmauern (25,4.10) und Tore, von denen evtl. eines erwähnt wird (25,4). Neben nicht näher definierten Häusern (25,9) gibt es noch »große Häuser« bzw. »Häuser der Großen« בתים גדולים (25,9), ein Gotteshaus בית יהוה (25,9), mindestens einen Palast בית המלך (25,9) und eine Gartenanlage גן המלך (25,4).

Das Areal, auf dem Tempel, Königspalast und vermutlich auch der »Garten des Königs« liegen, wird היכל genannt (24,13). Vom Königspalast wird nur zweimal gesprochen (24,13; 25,9) und immer in einem Atemzug mit dem Tempel. Dieser wird sechsmal – zählt man den Hechal mit, siebenmal – genannt (24,13; 25,9.13 [2x]; 25,16). Das »Haus JHWHs« wird zweimal Opfer von Plünderungen (24,13; 25,13–17), derer es nur drei gibt, wenn man die Tributforderungen Ägyptens

386 Da diese Aussagen in sich etwas unbefriedigend sind, aber im Sinne historischer Fiktivität davon ausgegangen werden kann, dass die realen Städte, ihre geographische Lokalisierung usw. für diese Erzählung mitbedacht werden dürfen oder sogar sollen, ist ein Kapitel zu den textexternen Verankerungen online verfügbar gemacht. Besonders unbefriedigend ist die Frage, was der Großraum »Juda« ist, da der Text hierauf eigentlich keine Antwort gibt. Eine genauere Analyse dieses Begriffs wird erst im Rahmen der intertextuellen Lektüre möglich werden (vgl. Teil C). Wichtige Fragen sind: Ist es ein Ort, ein sozialer Raum, ein Land, ein Königreich, alles zusammen oder etwas ganz Anderes?

387 Da auch der/ die Autor/ en von 2 Kön 23,30–25,30 als tempelnahe Bewohner Jerusalems anzunehmen sind (vgl. A.2.1.1), die Stadt und Tempel gut gekannt haben dürften, ist im Online Anhang zu diesem Buch ein eigener Abschnitt eingefügt.

(23,34f.) mitzählt. In 25,22 sind alle genannten Orte in Jerusalem sowie die Stadt selbst niedergebrannt, geplündert und entvölkert.

3.1.3 Ägypten, der Strom Ägyptens und der Strom Euphrat

Ägypten wird dreimal im Lauf der Erzählung erwähnt: Als Ort, an den Joahas verschleppt wird (23,34), als Lebensraum der Ägypter (24,7) und als Fluchtort der restlichen Judäer nach der Ermordung Gedaljas (25,26). Es ist demnach ein Ort, an den Juda geht, freiwillig oder auch gezwungen, Babel aber nicht. Der Strom Ägyptens (24,7) scheint als neue Grenze des Einflussgebietes zu dienen, nachdem alles, was zwischen ihm und dem Strom Euphrat liegt, unter Babels Kontrolle steht (24,7). Zu Ägypten selber haben wir sonst nur Informationen, die an Pharao Necho gebunden sind (23,33–35), keine Informationen zum Schauplatz selbst.[388]

3.1.4 Babel, Ribla im Land Chamat und die Räuberbanden

Ebenso wie bei Ägypten und Juda ist auch Babel als Raum kaum beschrieben. Einzig das »Haus der Ketten« בית כלא, das Gefängnis von Babel und ein implizit angedeuteter Königspalast durch Throne/ Ehrenplätz und durch das Essen *vor* dem König werden in 2 Kön 25,27–30 eingespielt.[389] Mit insgesamt 25 Erwähnungen ist Babel dennoch der häufigste Begriff der ganzen Erzählung. Bei gleichmäßiger Verteilung wird 19x der König von Babel eingespielt, viermal die Exilierung nach Babel genannt (davon dreimal in Bezug auf Jojachin und einmal auf Zidkija), einmal das Verweilen in Babel (25,27) und einmal die Verschleppung des Tempelschatzes nach Babel (25,13).[390]

Ribla im Land Chamat wird als Ort, an dem Fremdherrscher Urteile über ihre Vasallen verhängen und durchführen lassen, beschrieben. Sowohl Pharao Necho

388 Historisch und innerbiblisch ließe sich Vieles zu Ägypten sagen, ein Auszug davon findet sich in der Figurenanalyse (C.4) und in Teil D. An dieser Stelle soll ein Hinweis darauf reichen, dass der Strom Ägyptens sowohl als »Grenzbach« mit unterschiedlichen Lokalisierungen, als auch der Nil gemeint sein kann (vgl. D. Jericke, *Ortsangaben* 148f.). Schon bei Philo von Alexandrien (In Fug. 180; Leg I.34) findet sich ein Plädoyer für den Nil als korrekte Annahme des »Stromes Ägyptens«, sodass ein einfacher Grenzfluss nicht zwingend angenommen werden muss.

389 Dieses Haus ist das einzige Gebäude außerhalb Jerusalems, das genannt wird.

390 Das historische *neubabylonische Großreich* erstreckt sich im 6. Jahrhundert etwa von Karkemisch (in der heutigen Türkei) im Norden über den Tigris (Ostgrenze) bis zu dessen Mündung. Im Süden bildet die Wüste einen klaren Schnitt und im Westen das Rote Meer sowie der ägyptische Herrschaftsbereich und das Mittelmeer. Die Hauptstadt Babylon liegt dezentral im Südosten, an der Stelle, wo Euphrat und Tigris sich am nächsten liegen, in besonders fruchtbarem Terroir.

(23,33), als auch Nebukadnezar (25,6) setzen hier Könige ab. Außerdem lässt Nebukadnezar Exekutionen als Sanktion öffentlich durchführen (25,6.20f.).[391]

Die *Räuberbanden*, von denen in 2 Kön 24,2 die Rede ist, werden im Kontext der Erzählung nicht näher beschrieben. Die Chaldäer, die offensichtlich zu Babel gehören, da sie auch dessen Armee stellen (25,4f.10.13.25f.) sind hier eine »Räuberbande«. Ebenso werden auch die »Söhne Ammons« als Volksgruppe vorgestellt und sind damit nicht zwingend territorial gebunden. Demgegenüber stehen die Räuberbanden aus Moab und Aram, bei denen es sich um klar begrenzte Gebiete zu handeln scheint, die ihre Banden aussenden.[392] Für keine dieser Gruppen lässt sich anhand des Textes eine sichere Herkunft oder ihre Beziehung zu Juda ausmachen. Klar ist nur, dass sie grenzverletzend handeln und eine eigene Größe innerhalb der Feinde Judas bilden. Interessant ist die Beobachtung, dass durch die Erwähnung von »Söhnen Ammons« eine Beziehung zwischen Völkern und durch die Nennung von »Moab und Aram« Staatsgebilde angesprochen werden. Judas Bedrängung ist umfassend und im wahrsten Sinne des Wortes ›persönlich‹. Worauf dies zurückgehen könnte, lässt sich hier aber noch nicht entscheiden, da zu wenige Informationen über Motivation und Herkunft der Räuberbanden bekannt sind.[393]

3.2 Transformation, Bewegung und Beziehung zwischen Räumen und Gruppen

3.2.1 Juda: Vom Lebensraum zum Todesraum

Die deutlichste Entwicklung der Raumvorstellung durchläuft Juda und besonders die Hauptstadt Jerusalem. Sie ist zu Beginn (23,30f.) eine Stadt, die ihren König selbst einsetzt, die einen gewissen Wohlstand hat, deren Alltagsbetrieb geregelt zu sein scheint, da es keine gegenteiligen Hinweise gibt. Dieses *argumentum e silentio* ist deshalb angebracht, weil bereits in 23,33–36 der erste Umbruch stattfindet. Pharao Necho setzt den König von Juda ab und verschleppt ihn bis zu seinem Tod nach Ägypten (23,33f.). Der nächste König wird von Ägypten installiert und muss sogleich eine Bußzahlung leisten, die er von der Bevölkerung eintreibt (23,33.35). Es wird Gold und Silber abgezogen, was einen

391 Die Stadt Ribla liegt am Fluss Orontes nordnordwestlich des neubabylonischen Reiches (im Gebiet des heutigen Syrien) und ein Stück nördlich des ehemaligen Nordreiches Israel.

392 Historisch gibt es nur wenige Informationen, die an dieser Stelle von Relevanz sind. Die Nachbarstaaten Ammon, Aram und Moab liegen alle östlich von Juda und sind in etwa gleich groß. Sie standen bereits unter assyrischem Einfluss und sind Vasallen des neubabylonischen Großreiches. Im Gebiet von Aram ist außerdem das Königreich der Maachititer angesiedelt, dem einer der Gefährten Gedaljas entstammt (vgl. Jos 13,11–13; 2 Kön 25,23).

393 Vgl. dazu C.4 und D.

Mangel an Lebensstandard zur Folge haben könnte. Schon wenige Verse später wird Ägypten durch Babel ersetzt (24,1.7), d.h. Juda bekommt einen neuen Oberherrn, gegen den es nicht einmal persönlich im Kampf unterlegen ist. Die Folge ist eine Rebellion (24,1), die einen Kriegszustand bzw. plündernde Horden nach Juda bringt (24,2) und Jerusalem mit unschuldigem Blut füllt (24,4). Hier ist offensichtlich der Lebensraum von chaotischen Kräften bedroht, die Blut, den Sitz des Lebens nach altorientalischem Verständnis, sinnlos vergießen und weitere Besitztümer Judas aus dem Land hinausbefördern.[394]

Nach dem Tod König Jojakims (24,6) wird Jerusalem belagert (24,10f.) und kann nur durch die bedingungslose Kapitulation Jojachins gerettet werden (24,12). Es folgt eine erste große Deportation nach Babel, in der König und Hofstaat, inklusive der Königsmutter, der Königsfrauen und Palastbeamten, außerdem 10.000 kriegserfahrene Männer vom Militär und 7.000 weitere Soldaten sowie deren Anführer, alle Steinmetze, der Schmied und 1.000 Handwerker und eine Gruppe, die »Pfeiler des Landes« אילי הארץ genannt wird, verschleppt werden (24,12.13–16). Von der Elite bleiben einzig ihre Ärmsten, die »Ärmsten des Volkes-des-Landes« עם־הארץ, zurück (24,14). Zusätzlich plündert Babel noch den Tempelschatz, den Königsschatz und alle Goldgeräte des Hechal, die aus Salomos Zeiten stammen (24,13). Ein weiterer Vasallenkönig wird installiert und soll das jetzt reduzierte Volk regieren (24,17). Es zeigt sich auch hier, dass der Raum Jerusalem weiter demontiert wird und kaum mehr Spielräume offen sind. Juda ist jetzt völlig besetzt und geplündert und fällt damit als Raum, der einer eigenen Dynamik folgen kann, aus. Er wird von außen gestaltet, nicht durch natürliches Wachstum oder den Eingriff der ihm bisher zugehörigen Menschen.

Zidkija regiert zwar in Jerusalem, doch ab dem Moment seiner Rebellion, einer eigenständigen Handlung (24,20), ist Babel wieder als Belagerungsmacht da (25,1f.). Dieses Mal zieht das Heer nicht nur heran, sondern sie bauen einen Wall (25,1) um die Mauern Jerusalems, der Lebensraum wird durch zwei Mauern begrenzt und eingeengt. Die sowieso schon in ihrer Qualität eingeschränkte Stadt

394 Aktuelle und neue Einsichten zu diesem Thema liefert die Dissertation von Krzysztof Kinowski, der die These vertritt, der Ausdruck »unschuldiges Blut« sei eine nachträgliche Ergänzung zu Lasten Manasses und damit der interpretatorische Schlüssel zum Untergang Judas in der Endfassung. Der Ausdruck stehe für Blutschuld und verlange nach Blutrache im Sinne des Talionsgesetzes, um eine »Reinigung von Grund auf« durchzuführen, die im Sinne von Dtn 29,19 notwendig geworden ist. Die Schuld Manasses, die an Juda gerächt wird, beziehe sich nicht nur auf ihn, sondern auf alle ungesühnten Bluttaten der Davididen, z.B. 1 Kön 22,35.38; 2 Kön 9f. Dies entspreche dem Untergang des Nordreiches (2 Kön 17), das wegen Menahems Bluttaten verurteilt wird, z.B. 2 Kön 15,16; Hos 14,1, und keine andere Option mehr lasse, als die Zerstörung des ganzen Landes (Num 35,33; 2 Kön 21,13; Ez 24,6.11–13) (vgl. Ders., *Bloodshed;* Dissertation PBI Rom 2017 [bisher unveröffentlicht]). Die Beziehungen zu Manasse, die hier herausgearbeitet werden, finden sich ausführlicher behandelt in Teil C dieser Arbeit.

beginnt an Hunger zu leiden (25,3), es ist sogar das pure Überleben gefährdet durch Feinde von außen und Hungertod von innen.

Das Durchbrechen der Mauer (25,4) führt zur Flucht des Königs und seiner Soldaten (25,4–6), sodass alle Arten von Schutz und die Möglichkeit der Kapitulation, eine Rettung der Stadt verloren sind.

In rascher Folge wird die Stadt geplündert, wobei besonders der Tempel als letzter Ort mit Wertgegenständen im Fokus liegt (25,13–17). Es werden wirklich alle transportierbaren Werte mitgenommen, außerdem die zwei Priester und drei Torwächter außer Landes gebracht und hingerichtet (25,18.20f.). Ein Kult vor Ort ist nicht mehr möglich. Nachdem Gold, Personal und Gebäude vernichtet sind, ist der Kultort Jerusalem tot.

Die Flucht des Königs führt derweil durch Mauern, eigentlich ein Verteidigungsraum (!), und an einem Garten, einem blühenden Lebensraum, vorbei in die Steppen von Jericho.[395] Steppen ערבות sind an und für sich kein sehr lebenswerter Raum und – besonders im Gegensatz zu Gärten oder Feldern – kein kultivierter Lebensraum mehr. Zusätzlich sind sie Ort der Verhaftung des Königs, dem auch aus Jericho niemand zur Hilfe zu kommen scheint, und selbst seine Männer, sein letzter Schutz, verlassen ihn. Zidkija wird außer Landes gebracht (25,6), seine Söhne getötet, er selbst geblendet und ins Gefängnis nach Babel gebracht (25,7). Die zwei lebenden Könige Judas sind beide in Gefangenschaft außerhalb Judas und Zidkija hat keine Augen mehr, nicht einmal Sicht-»Raum«. Der Schutz, den die Könige garantieren sollten, wird endgültig in den Flammen des Königspalastes erstickt (25,9). Einzig die toten Könige in ihren Gräbern verbleiben in Jerusalem (24,6) und Jischmael als weitläufiger Verwandter, im Land (25,25). Das Königtum als sozialer Machtraum ist an dieser Stelle in seiner lebensschützenden, d.h. -garantierenden Form erloschen.

Aus Jerusalem und Juda wird nun die restliche Bevölkerung zu großen Teilen und auf verschiedene Weisen entfernt: Es gibt Überläufer, Menschen, die nicht länger Judäer sind und die überlebenden Stadtbewohner (25,11). Beide Gruppen werden nach Babel ins Exil geführt. Die dritte Gruppe besteht aus Stadtbeamten, Kultpersonal und Mitgliedern des Volkes-des-Landes, die sich noch innerhalb der Stadt aufhielten (25,18f.). Diese Gruppe wird außer Landes gebracht und exekutiert (25,20f.). Nachdem die gesamte lebende Bevölkerung aus Jerusalem entfernt ist, werden dort alle Häuser verbrannt und die Mauern niedergerissen (25,9f.). Jerusalem ist jetzt ein Ort, an dem es weder Häuser, noch Einwohner, noch eine Infrastruktur, noch Schutzmauern gibt. Sie hat keinen Tempel und keinen Palast mehr, somit jede kultische und politische Funktion verloren. Aus dem Lebensraum Jerusalem ist ein Nicht-Raum bzw. eine Nekropole geworden.

395 Zur Rekonstruktion dieses Fluchtweges und der Bedeutung des Ausdrucks »zwischen den Mauern« בין החמתים vgl. B. Collinet, *Verankerungen* 25–31.

Die Mauern, die diesen Ort vom bereits verwüsteten Juda getrennt haben, sind gefallen, d. h. es gibt auch keine Grenze mehr zwischen diesen Gebieten, denn Babel hat alles geschluckt und dem Erdboden gleichgemacht.

Als letztes Überbleibsel gibt es einige als Ackerbauern zurückgelassene Judäer (25,12) und den Ort Mizpa, an dem ein judäischer Statthalter, kein König und kein Davidide mehr, sitzt (25,21). Er hat bei sich fünf Heerführer und Soldaten aus Babel, d. h. ihm kommt kein wirklicher Machtbereich mehr zu. Drei seiner Beamten stammen aus Juda, der vierte ist Maachititer (25,23), er kommt aus einem der Nachbarländer, die Juda überfallen haben (24,2).[396] Der fünfte ist Jischmael, ein Davidide, der Gedalja und alle, die bei ihm sind, umbringt (25,25). Im Anschluss daran flieht Jischmael zusammen mit allen, die noch in Juda zurückgeblieben sind, nach Ägypten (25,26). Auch wenn über Mizpas Zerstörung so wenig gesagt wird wie über die von Jericho, Libna oder Ruma, ist doch klar, dass es jetzt verlassene Orte sind. Es gibt nun keinen einzigen lebenden Judäer mehr in Juda. Das Land, in dem einst Milch und Honig flossen, ist zur Wüste, zum Nicht-Ort, zu einer Utopie geworden.[397]

3.2.2 Ägypten: ein ambivalenter Raum

Ägypten markiert einen Machtraum. Fremdherrschaft und Bedrohung sind seine Elemente am Beginn dieser Erzählung (23,33–35). Es ist eine Machtsphäre, die Juda beherrscht, seinen König absetzen kann und Gebiete bis Ribla besitzt. Es ist sowohl westlich als auch nördlich von Juda gelegen. In 23,34 wird deutlich, dass Ägypten für Juda ein Raum der Gefangenschaft und des Todes ist, denn Joahas wird dorthin verschleppt und stirbt dort. Die Macht Ägyptens erweist sich aber nicht nur in der Einsetzung, sondern auch in der Verleihung des Thronnamens durch den Pharao, da so eine klare Grenze und Hierarchie gesetzt ist. Der Tribut führt dazu, dass eine große Menge Silber und Gold nach Ägypten kommen (23,34 f.), nicht nur Macht, sondern auch Prosperität nehmen dort zu.

Beim zweiten Auftreten Ägyptens ist diese Macht stark beschnitten. Der kontrollierte judäische König steht mittlerweile unter der Vorherrschaft Babels und selbst wenn seine Loyalität Ägypten gegolten haben könnte (der Thronname wurde nicht geändert), ist er tot und damit der Einfluss unwiederbringlich gebrochen (24,1.6). Im Vergleich zu Babel verliert Ägypten einen Gutteil seiner Macht, denn es wird zurückgedrängt bis an seinen Strom, d. h. alle nördlichen

396 Vgl. ggf. die Ausführungen im Online Anhang zu diesem Buch.

397 Zu den intertextuellen bzw. motivlichen Ausführungen dieses Bildes, wie sie bspw. in Mi 3,12 auftreten, vgl. die entsprechenden Kapitel in Teil D. Den Begriff der Utopie meine ich hier im Sinne von Thomas Morus in seinem Werk ursprünglich gedachten Doppeldeutigkeit eines Nicht-Ortes (ou-topos), der zugleich ein verheißener bzw. schöner Ort (eu-topos) ist, ein im englischen ununterscheidbares Wortspiel (vgl. T. Morus, *Utopia* [1516] intr.).

Einflussgebiete sind verlorengegangen, darunter auch Ribla (24,7; 25,6). Es wird weder von einer Deportation, noch von einer Abhängigkeit des Pharaos von Babel, noch von Tributzahlungen gesprochen. Der Lebensraum Ägypten bleibt in reduzierter Form intakt und bietet eingeschränkten Schutz vor Babel innerhalb seiner eigenen Grenzen.

Bei der dritten Erwähnung (25,26) wird nicht mehr auf den Pharao als Herrscher angespielt, aber die Judäer gehen nicht als Gefangene dorthin und auch von ihrem Sterben wird nicht berichtet. Auch wenn ›freiwillig‹ sicher nicht das richtige Wort für diese Bewegung ist, sondern die Angst vor den Chaldäern eindeutig im Vordergrund steht (25,26), ist die Flucht doch eine Option: Ägypten als Lebensraum für Juda ist denkbar. scheint es nicht mehr als ein ›Überlebensraum‹ zu sein, denn im Gegensatz zu Babel gibt es keine weiteren Notizen zum Verbleib Judas und des Davididen Jischmael vor Ort. Für diese Beobachtung spricht auch die Tatsache, dass Ägypten vom gestaltenden *big player* zum Wunden leckenden Löwen und schließlich nicht einmal mehr als sozialer Raum gesehen wird, da Juda dorthin geht, aber kein Pharao sie aufnimmt, ablehnt etc. Ägypten wird ein Ort selbstgewählter Exilierung des Volkes Juda.

3.2.3 Babel: Verwüstung mit Oase

Babel wird durchwegs als mächtig und bedrohlich geschildert. Es ist ein Raum, der sich ab seinem Auftreten permanent vergrößert. Das zeigt sich sowohl an den Gebiets- und Wertgewinnen (24,1f.7.10–17; 25,1f.4–6.9–15), als auch an der Anzahl kontrollierter Völker (24,1f.7), als auch an der Anzahl von Versen, in denen Babel auftritt (siehe die Grafik[398] in Abb. 3) und damit zum Raumnehmer der Erzählung wird:

Babel ist auch über diese ersten Verweise hinaus ein sehr dynamischer Raum. Von dort ziehen die Armeen herauf (24,1.10; 25,1) und die Menschen werden dorthin gebracht (24,15f.; 25,13). Die Einwohner haben nicht den gleichen Namen wie das Land (כשדים) und befinden sich in permanenter Bewegung. Dies kann man beispielhaft am »König von Babel« מלך־בבל sehen, der von Babel nach Juda (24,1), Richtung Ägypten (24,7) nach Jerusalem (24,11), nach Babel zurück (24,16), erneut nach Jerusalem (25,1.8) und dann nach Ribla (25,6.20) zieht. Aus seiner Bewegung ergibt sich die Struktur A–B–A'–C–A"–D, die, wenn man Ewil-Merodachs Benennung als מלך־בבל mit einbezieht, in Babel endet (25,27), obwohl Juda dem Schema gemäß hätte genannt sein sollen.[399]

398 Was diese Grafik nicht ausdrückt ist das Verhältnis aktiv – passiv. In den meisten Versen ist Babel der Agitator, während Juda/ Jerusalem und Ägypten nur Reaktoren sind.

399 Babel als Raum des »neuen Juda« lässt sich erst aus dem Kontext erschließen (vgl. D.5.3).

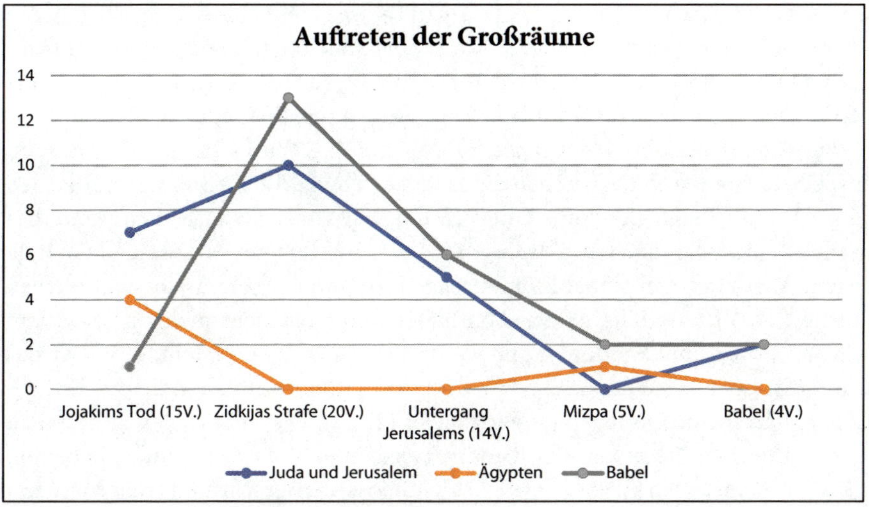

Abb. 3

Parallel zur Gruppe ›Ägypten‹ ist an dieser Stelle das Hinausziehen (23,33), das Heimkehren (24,7) und das Sein im eigenen Land (25,26) zu vermerken. Beide haben außerdem gemeinsam, dass keine eigene Stadt oder Hauptstadt genannt wird, sondern nur Orte, über die sie die Vorherrschaft haben, z.B. Ribla. Dies unterstreicht zusätzlich die Dynamik. Babels Bewegungsdrang dehnt sich auch auf die besetzen Völker aus, denn, ob freiwillig oder nicht, es gibt die Räuberbanden (24,2) und die Deportationsbewegungen Judas (24,15f.; 25,11 u.ö.).

Ein Ergebnis der permanenten Bewegung Babels ist die eigene Bereicherung bei gleichzeitiger Verwüstung anderer Gebiete. Hatte Ägypten noch einen Tribut von Juda gefordert (23,34f.), nimmt Babel alles mit, was es haben will, ohne Rücksicht auf das eingenommene Areal (Plünderungen und Deportation der Eliten). Ihm widerstehen weder militärische Gegner wie Ägypten oder Judas Könige, noch Steine, z.B. Mauern oder Häuser, und scheinbar nicht einmal JHWH, denn seine Nennung endet mit der Niederbrennung und Plünderung des Tempels (25,10.16). Daraus lässt sich schließen, dass Babel eine Chaosmacht ist, die Juda zu verschlingen droht, was nichts anderes als eine Rebellion zur Erhaltung des eigenen Lebensraums nötig macht (24,1.20), zumal JHWH seinen schützenden Raum zu verweigern scheint (24,2–4).

Den (sozialen) Raum Babel zeichnet bei diesem Vorgehen eine gewisse Skrupellosigkeit aus, denn sie nehmen den Raum um jeden Preis. Wer bei Belagerung nicht sofort kapituliert (24,7.10–12) wird eliminiert (25,1–21). Babel scheint auf den ersten Blick nichts anderes zu sein als Tohuwabohu.

Doch es zeichnen sich auch andere Tendenzen ab, die ihren Höhepunkt in der Schlussszene finden (25,27–30). Kant spricht in seiner Schrift *Zum ewigen*

Frieden (1795) davon, dass »die gute Organisation eines Staates [...] selbst für ein Volk von Teufeln (wenn sie nur Verstand haben) auflösbar ist«[400], womit er meint, dass eine organisierte Staatsform für die Wahrung der Eigeninteressen notwendig ist. Die ›Chaosmacht‹ Babel zeigt dies an verschiedenen Stellen.

Sie akzeptieren eine Westgrenze mit Ägypten (24,7) und damit ein Minimum an Selbstbegrenzung. Sie machen die unterworfenen Völker zunächst zu Vasallen (24,1f.) und ermöglichen eine Unterwerfung (24,10–12; 25,1f.), auch wenn dies vielleicht nur die eigenen Truppen schonen soll. Sie setzen zweimal in Juda eigene Verwalter ein, wobei Zidkija sogar König mit eigenem Hofstaat bleiben durfte (24,17f.). Gedalja ist nur Statthalter und sitzt nicht mehr in Jerusalem (25,22f.), doch ihm werden Truppen aus Babel zur Seite gestellt, damit er das Land organisieren kann (25,22–25), und genug Menschen als Ackerbauern gelassen, damit ein Überleben möglich bleibt (25,12). Die finanziellen, kulturellen und kultischen Reserven des Landes werden erst nach erneuter Rebellion gänzlich eingezogen (25,8–21), sodass vorher ein eingeschränktes eigenständiges Leben möglich geblieben wäre; auch wenn Babels eigene Steuerinteressen wichtiger waren, als ein Prosperieren des unterworfenen Landes. Babel zeigt erst bei den Hinrichtungen (25,6f.18–21) und der Niederbrennung Jerusalems (25,9f.), dass sie die Macht haben alles Leben zu vernichten, und auch da erst auf königliche Anweisung bzw. Verurteilung. Interessanterweise bedient sich der König dafür des Schauplatzes Ribla im Land Chamat, welches schon dem ägyptischen Pharao als Richtplatz diente (23,33; 25,6.20f.). Ebenso bleibt die Kontinuität, dem Vasallen einen Thronnamen zu geben, bestehen (23,34; 24,17). Babel ist kein rechtsfreier Ort und ist durchaus bereit, bisherige Gesetzmäßigkeiten beizubehalten. Es hat die Macht, Räume zu gestalten und zu verändern. Ägypten wird kleiner, Ribla bleibt gleich. Jerusalem wird *zernichtet*, während Mizpa aufsteigt. Räume können entvölkert und geplündert werden, aber auch – wie Babel – mit Reichtum und Kultur versorgt sein.

In 2 Kön 25,27–30 findet die Transformation Babels statt. Der arretierte König von Juda, Jojachin, wird aus dem Gefängnis בית כלא zum König von Babel gebracht und dort in mehrfacher Hinsicht erhoben: Er darf diesen Ort verlassen und zukünftig *vor* dem König essen, es wird ihm ein neuer Ort zugewiesen (25,28–30). Mit ihm wird freundlich gesprochen (דבר טבות) und er darf die Kleidung wechseln שנה בגד (25,28f.). Sein Platz ist ein Ehrenplatz כסא nicht nur *bei*, sondern *über* den Thronen aller anderen Könige in Babel. Urteile können revidiert und Leben in Babel ermöglicht werden. Dies zeigt sich besonders am Brot (25,29f.), das in krassem Gegensatz zur Hungersnot in Jerusalem (25,3) steht.

400 I. Kant, *Frieden* 222f.

Babel zeigt sich als *Heterotopos*[401] in mehrfacher Weise. Es ist ein bedrohlicher übermächtiger Ort, aber zugleich eine Oase des Lebens innerhalb der Wüste, die es geschaffen hat. Es ist außerdem der Ort, an dem das kulturelle, kultische und königliche Potential Judas lebt – wenn auch in Gefangenschaft. Juda und Babel kommen in eine gewisse Deckungsgleichheit. Durch diese Beobachtung verändert sich weniger der Raum Babel, als vielmehr Juda. Aus einer territorialen Größe im Land wird ein Volk in Babel. Dabei geht es nicht um die Volksgruppe der Judäer (25,26), sondern um Juda[402] (25,27), denn in Babel befinden sich der König mit allen Angestellten, die für seinen Staatsdienst benötigt werden, sowie alle Kultgegenstände des Tempels. Juda wird räumlich betrachtet zu einem Ort der (gefühlten) *Zugehörigkeit.*

3.3 Chronotopie

Im Verhältnis von Raum und Zeit ist festzuhalten, dass kaum eine der noch offenen Fragen aus der Zeitanalyse hier beantwortet werden kann. Die bisherigen Tendenzen, in der Eroberung Jerusalems den Höhe- bzw. Tiefpunkt der zeitlichen Entwicklung zu beobachten, sowie eine plötzliche Änderung in 2 Kön 25,27–30 bleiben bestehen. Auch die langsame Entwicklung hin zum Tiefpunkt und ein leichtes Ansteigen danach finden sich in der räumlichen Struktur wieder. Dies, insofern die relationale Größe ›Juda‹ als Kernthema der Interpretation festgelegt wird, denn das Volk schrumpft permanent durch Deportationen, Überläufer und Exekutionen. Die bisherigen Beobachtungen verstärken sich im Blick auf die Gesamthandlung gegenseitig.

Nimmt man den noch häufigeren Begriff ›Babel‹ in Bezug auf das Phänomen eines schrumpfenden Juda bzw. Jerusalem, zeigt sich Ähnliches. Obwohl Babel erst ab 24,1 auftritt, verengt es die räumliche Perspektive und bremst die Handlung aus. Die große Transformation Jerusalems in einen leblosen Raum fällt dabei mit dem schleichenden, nahezu erstarrten Erzähltempo zusammen. Durch das Auftreten Babels und – wie die Figurenanalyse zeigen wird – durch das Handeln Nebukadnezars und seiner Diener wird es in den Zustand einer Zeitlupe gezwungen werden.

Der zeitliche Wechsel einer Hegemonie Ägyptens auf eine Vorherrschaft Babels ist mit den räumlichen Änderungen, besonders in 2 Kön 24,7, in Eins zu setzen. Auch die dynastische Chronologie Nebukadnezars und die Verwüstung

401 Zur Erläuterung des Begriffs nach Foucault vgl. die Beschreibung der Methodik im Einleitungskapitel A.1.

402 Auch jetzt ist noch nicht klar, um was für eine Art von Raum es sich bei Juda handelt, mit Ausnahme der Zuordnung zu Jojachin als dessen König.

des Raumes Juda, wie auch die Rückkehr zur davididischen Chronologie Jojachins bei gleichzeitigem Auftreten eines neuen Lebensraums, erscheinen parallel. Ägypten korrigiert außerdem die zeitliche Inkohärenz, dass ein jüngerer Bruder vor einem älteren auf dem Thron sitzt, indem es den jüngeren räumlich entfernt und den älteren installiert. Es zeigt sich an dieser Stelle, dass die in Kapitel C.2 postulierte Ordnung, die vor Babel geherrscht habe, doch schon einige Kratzer enthielt, von einem völlig intakten Königtum Judas in dieser Erzählung nie die Rede sein kann.

Verstärkt wird dieser Eindruck durch einige Beobachtungen zur Königsgeschichte Judas. Die dynastischen Rückblicke auf Salomo, Manasse und Joschija verbinden sich im räumlichen Sinn immer mit negativen Ereignissen. Unter Jojakim, dem Sohn Joschijas (23,34), wird der Machtraum Judas an Ägypten verloren gegeben. Bei der Einspielung Manasses geht es um unschuldiges Blut, das Jerusalem überflutet (24,3f.) und bei beiden Erwähnungen Salomos (24,13; 25,16) werden Kultgegenstände aus dem Tempel entfernt. Die zeitlichen Rückblicke in die Königsgeschichte Judas zeigen nur, was gegenüber vorherigen Herrschern verlorenging, der Traditionsraum wird zum Zeichen des Verlustes. Dies steht in enger Verbindung zu den kurzen Regierungszeiten der Könige. Traditionsraum und Regierungszeit schrumpfen gleichmäßig. Der Höhepunkt eines fehlerhaften Traditionsverständnisses liegt bei Jojakim, der Manasse statt Joschija folgt, doch auch in Zidkijas Regierung findet sich ein Rückschritt. Jojachin ist der Sohn Jojakims, des älteren Bruders, und hat den Thron nach dessen Tod erhalten. Zidkija jedoch wird als sein Onkel דוד vorgestellt, ein Nachfolger, der einen zeitlich-dynastischen Schritt zurückliegt und einen noch lebenden König beerbt. Mit dem Todesurteil seiner Kinder und seiner Blendung wird jede Perspektive auf eine Zukunft ausgelöscht. Erst mit Jojachin, der als *König von Juda* (25,27) präsentiert wird, ist wieder eine Option da. In Zidkija fallen die räumliche und zeitliche De(kon)struktion einer Geschichte Judas zusammen, mit Jojachin kehren sie – erst 26 Jahre später und am anderen Ende des babylonischen Reiches, der größtmöglich denkbaren Entfernung – wieder zurück.

Spannend ist außerdem die raum-zeitliche Verbindung der Aufgabe Jerusalems durch Zidkija. Dieser versucht nachts הלילה (25,4) zu fliehen, das einzige Mal, dass eine Tageszeit genannt wird, und zwar durch eine Mauer, d.h. durch einen schattigen Ort, und damit gibt er den Schutz Jerusalems auf. So beginnt die Zeit, in der Jerusalem in aschige Dunkelheit gestürzt wird. Die nächste zeitliche Konkretion ist das genaue Datum der Zerstörung Jerusalems, in deren Kontext der einzige Anachronismus (vgl. C.2) auftritt. Von der Dunkelheit der Nacht gibt es einen Wechsel in grelles, alles vernichtendes Feuer, das selbst den Tempel Gottes vernichtet und damit die mikrokosmische Welt Judas endgültig einreißt. An dieser Stelle, genau nach dieser Vernichtung in 2 Kön 25,9 zerreißt auch die Zeit, das kosmische Gleichgewicht ist gestört. Der Erzähler von 2 Kön 23,30–25,30 zeichnet hier ein Bild, das in seiner Drastik und Emotionalität kaum zu überbieten ist.

Das nächste Datum ist die Ermordung Gedaljas. Sie ist Auslöser der endgültigen Raumaufgabe Judas durch den letzten freien Sproß aus dem Davidsgeschlecht, Jischmael, und damit Abrisspunkt der Geschichte Judas in Raum und Zeit.

Jojachins Erhebung als eine Wiederaufnahme räumlich und zeitlich auf Zukunft hin offener Kategorien folgt erst nach einem Zeitsprung und Ortswechsel. Die letzte Szene wird vom Rest der Erzählung sowohl räumlich als auch zeitlich abgetrennt.

Alles in Allem lässt sich eine Konvergenz zwischen der räumlichen und zeitlichen Konzeption festhalten, die nicht nur kohärent, sondern einander verstärkend wirken. Ob sich dies auch mit der Figurenanalyse verträgt, wird im Folgenden noch zu untersuchen sein.

3.4 Relationale Räume (spacing[403])

Einige Teile dieser Untersuchung sind schon in Kapitel 3.2 zur Sprache gekommen oder können erst in bzw. nach der Figurenanalyse (C.4.3) geklärt werden. Darum sollen hier nur einige Punkte angedacht und relevante Fragen formuliert werden:

1. Im Verhältnis von Machthabern zu Untertanen bzw. Vasallen zeigt sich, dass es festgelegte Gestaltungsräume gibt, deren Verletzung mit Raumverlusten zusammenhängt, z. B. der Verlust des Namensgebungsrechtes in 2 Kön 23,34; 24,17, die Funktion, welche die Figur noch haben darf (24,18; 25,22) u. v. m. Der Machthaber entscheidet über den Gestaltungsspielraum seiner Untergeordneten. Inwiefern sich die genauen Machtverhältnisse auch auf die Handlungen auswirken, wird noch zu untersuchen sein, da sich dort zeigt, wie weit die Macht über einzelne Figuren und Gruppen tatsächlich reicht.
2. Mit Ausnahme des ägyptischen Volkes, das in der Erzählung nie erwähnt wird, ist deutlich, dass die Völker in Gruppen organisiert sind, deren Stand hierarchisch vom König her zu verstehen ist, da dieser Befehle erteilen kann, z. B. Judas König hat seine Mutter, diverse Berater, die Heerführer, die jeweils Handwerker, Soldaten usw. kontrollieren. Babels König führt Nebusaradan, Gedalja und diese wiederum chaldäische Soldaten an. Da Babels König Judas König zum Vasallen hat, kann er ihm befehlen und seine Untergebenen beliebig durch das Land (Räuberbanden; Deportationen, aber auch Zurücklassen) und seinen sozialen Raum (Beförderung Gedaljas; Erhebung Jojachins

403 Zum Begriff nach M. Löw und seiner Verwendung in der Bibelwissenschaft vgl. A.1.

auf einen Ehrenplatz; Degradierung zu Ackerbauern) verschieben. Das Verhältnis von Ägypten zu Babel ist nicht genau definiert, kann aber eventuell in der Figurenanalyse genauer geklärt werden, ebenso wie die Kriterien für das Handeln der Könige.

3. Dynastische Räume spielen eine große Rolle, da der Sohn dem Vater nachfolgt, der sich zu seinen Vätern gelegt hat (24,6) bzw. Ewil-Merodach vermutlich erst nach dem Tod Nebukadnezars den Thron besteigt. Die Königsmütter, die mit Joschija verheiratet waren, stammen aus den judäischen Städten Libna und Ruma, während die Mutter Jojachins aus Jerusalem ist. Es scheint im Rahmen der Bedrohung Judas auch zu einem Rückzug in der Frauenwahl gekommen zu sein, d.h. der schrumpfende Machtraum könnte sich auch hier zeigen. Dies müsste sich erst noch durch die Handlungen nachweisen lassen.
4. Völlig unklar ist auch nach der Raumanalyse noch das Verhältnis von Jhwh zu den anderen Figuren. Er scheint an sein Haus in Jerusalem gebunden zu sein. Warum, wie und mit welchen Auswirkungen und Handlungsspielräumen, ist bisher völlig offen. Einzig die Figurenanalyse kann hier, wenn überhaupt, Klarheit bringen.

3.5 Zusammenfassung und Interpretation

Die Raumanalyse hat eine Fülle von Daten ergeben, die an dieser Stelle zusammenzutragen reduktionistisch wäre. Daher sollen nur einige wichtige Stationen genannt und noch weiter untermauert werden.

Juda und besonders Jerusalem entwickelt sich im Lauf dieser Erzählung von einem Lebensraum zu einem U-topos. Ägypten ist mehr eine Randerscheinung, die bald vom größeren Feind Babel verdrängt wird. Dieses scheint alle Merkmale einer Gewaltherrschaft an sich zu tragen und ist doch auch dem Wandel unterworfen. Es hat zwar mit Jerusalem und Juda den Lebensraum zerstört, bietet aber im Exil einen neuen Lebensraum für König und Volk von Juda an. Jerusalem, der Tempel und die Größe Babel sind *sympathetische Räume.*[404] Ihre Beschreibung und Entwicklung lösen Emotionen in den Lesenden aus, z. B. Ohnmacht, Trauer, Hoffnungslosigkeit, Angst, Hoffnung.

Diese Emotionen sind nicht willkürlich, sondern unterliegen einer deutlichen Lenkung, die anhand einiger Beispiele deutlich werden kann:

S.Jafet hat darauf hingewiesen, dass die Mauern Jerusalems in der Chronik einen Bautermin erhalten, in 1 Kön 9,15–19 aber einfach nur als vollendet an-

404 Vgl. J.Schneider, *Einführung* 42.

gegeben sind.[405] Innerhalb der Königsbücher dienen diese Mauern als Zeichen der physischen Stärke Judas, die mit Zidkija erlischt.[406] Wenn Zidkija in 25,4 die Mauern im Stich lässt, dann hat dies eine große symbolische Bedeutung, die spürbar ist.

Dieses schockierende Moment nimmt noch zu, wenn man L.J.Hoppe[407] zustimmt, der Jerusalem und nicht nur den Tempel als Hauptheiligtum Judas ab der Joschijazeit annimmt. Die Verletzung der Mauern bedeutet dann zugleich die Verletzung der Gabe JHWHs, der nicht eingreift, wie er in 2 Kön 24,2–4 bereits angedroht hat, und damit seinen Einfluss auf die Gestaltung der Stadt nicht wahrnimmt,[408] oder doch? Auf jeden Fall ist Jerusalem kein Ort mehr, der sich selbst helfen kann, die Festung Gottes ist bedroht.[409]

Ein zweites Beispiel ist die Plünderung aller Edelmetalle in Juda und besonders im Tempel, die sich im Lauf der Geschichte von Tributzahlungen in Gold und Silber bis zur Zerschlagung des Bronzebeckens und der Säulen Boas (»In ihm ist Kraft«) und Jachin (»JHWH macht fest«) vollzieht. K.Singer hat in seiner bereits zitierten Studie zu den Metallen der Bibel einige interessante Beobachtungen gemacht:

Gold ist ein mächtiges Metall, das besonders in kultischen Gegenständen vorkommt, da es durch Feuer nicht verunreinigt werden kann.[410] Im Kontext des Jerusalemer Tempels darf nur Gold für die wichtigsten Gegenstände verwendet werden, dennoch wird es nie in direkte Verbindung mit JHWH gebracht, um es nicht als Gottesbild missverstehen zu können.[411] Insgesamt wird es verwendet als »Geschenk, Tribut, Kaufpreis, Handel und Gewinn durch Weisheit«, aber auch als Zeichen von »Diebstahl, Raub, Verräterei und Habsucht«.[412]

Silber stellt weniger einen kultischen als vielmehr einen finanziellen Wert dar. Das Wohlergehen des Landes zeigt sich in seiner Existenz, da es als einzige Währung galt.[413] Sein Ausbleiben ist ein Rückschlag weltlicher Macht, wie der Verlust von Gold den Verlust kultischer Macht mit sich bringt.[414] Kultisch erfüllt Silber, da es sich im Feuer reinigen lässt, eine Bußfunktion, sein Verlust zeigt Unentschuldbares an.[415] Singer fasst wiederum zusammen:

---

405 S.JAPHET, *Wall* 205–219, bes. 207.
406 Ebd. 213.
407 L.J.HOPPE, *Jerusalem* 107–110.
408 Vgl. O.H.STECK, *Zion* 265.
409 Vgl. ebd. 272; 278.
410 Vgl. K.SINGER, *Metalle* 32; 39; 58; 79.
411 Vgl. ebd. 161f.; 164f.
412 Ebd. 56.
413 Vgl. ebd. 41.
414 Vgl. ebd. 79; 172f.
415 Vgl. ebd. 81; 101 mit Ausnahme von Dtn 7,25.

> Verschwindet Silber aus dem Lande, so herrscht Armut und Verwüstung. Ebenso bedeutet der Mangel an diesem Edelmetall für den einzelnen Not und sozialen Abstieg [...] Menschenhandel, Diebstahl, Verräterei und Glaubensabfall [...] ungezügelte Begierde nach Silber [...] Bestechlichkeit, Untreue, Lügenorakel, Wucher, Habsucht und Hybris [...] Im politischen Leben wird die schrankenlose Besitzgier nach Silber [...] häufig zur außenpolitischen Gefährdung eines militärisch schwachen Staates.[416]

Bronze, als letztes und zugleich meistgenanntes Edelmetall in der Erzählung, symbolisiert nach Singer Härte, Formbarkeit, Waffenfähigkeit.[417] Kultisch betrachtet ist es wenig wert, durch seine Farbe ähnelt es aber dem Gold, was in vorexilischer Zeit zu seiner Verwendung in Notzeiten führt.[418] Seine Funktion liegt mehr im militärischen Bereich, in dem es für Unverwundbarkeit steht.[419] Darüber hinaus ist allen Edelmetallen gemeinsam, dass sie als moralische Versuchungen gelten und in dieser Eigenschaft als schädlich verstanden werden.[420]

Zieht man diese Betrachtungen zusammen und geht davon aus, dass sich der Verlust von Edelmetallen als extrem negative Auswirkung für ein Land intuitiv den Lesenden erschließt, so ist das Schicksal Judas schon ab der ersten Tributzahlung vorgezeichnet. Es verschwinden zuerst alle wirtschaftlichen Mittel, denn Silber wird nach 2 Kön 23,34f. nur noch einmal erwähnt, dann große Teile des kultischen und waffenfähigen Materials und zum Schluss die großen Beweise der eigenen Unverwundbarkeit in Gestalt der Tempelgegenstände. Gold und Bronze des Tempels machen diesen Ort zu einer Festung, die mit göttlichen Trophäen das Chaos als gebändigt anzeigt; Boas und Jachin tragen Namen der Stärke, das Bronzebecken zeigt die Zurückdrängung der Chaoswasser an. Ihre Zerschlagung bzw. das unfreiwillige Forttragen deutet im Umkehrschluss auf die Ohnmacht Gottes hin.[421]

Diese beiden Beispiele sollen genügen, um die Leserlenkung innerhalb der Raumkonstruktion offenzulegen. Die nachfolgende Figurenanalyse wird zeigen, ob und wie Juda und Babel, aber auch der Pharao von Ägypten und die Nachbarvölker Israels miteinander interagieren, wie sie handeln und ob dies den Ergebnissen der raum-zeitlichen Analysen wider- bzw. entspricht.

---

416 Ebd. 76; 78.

417 Vgl. ebd. 46–48; 104–106; 113.

418 Vgl ebd. 108f.; 184. Als Belege nennt K.Singer 1 Kön 14,27par und Jes 60,17.

419 Vgl. ebd. 179.

420 Vgl. ebd. 133. Wenn Kupfer statt Bronze gemeint ist, dann zeigt sich die Sündigkeit nicht im Metall, sondern in dem es zerfressenden Grünspan (vgl. für Belege a.a.O. 111f.).

421 Vgl. dazu die Ausführungen zur Symbolik und Ikonographie des Tempels im Online Anhang zu diesem Buch.

4. Figuren- und Handlungsanalyse

Wie sich herausstellte (A.1; C.0), handelt es sich in der Erzählung 2 Kön 23,30–25,30 vor allem um eine handlungsorientierte Erzählung und nicht um die psychische oder charakterliche Entwicklung der einzelnen Figuren. Denn es ist, wie bereits in der Methodendiskussion zu Beginn dieser Arbeit (A.1) angedeutet, wenig über das Innenleben der Figuren, ihr Aussehen usw. bekannt. Verstärkt ist dieser Effekt durch das weitgehende Fehlen direkter Rede.[422] Dennoch kommt es immer wieder zu »indirekter Figurencharakterisierung«[423], d.h. Zusatzinformationen über Status, Wohnort, Beziehungen, Freiheit oder Gefangenschaft, Instrumentalisierung, Herrschaftsbeziehungen u.ä. werden gegeben. Da der Autor dieser Erzählung als Judäer im babylonischen Exil zu denken ist (vgl. A.2.1), werden wiederum Exkurse zu den Beziehungen Judas zu seinen Nachbarvölkern im sechsten Jahrhundert, aber auch sozialgeschichtliche Beobachtungen zu Gesellschaft, Kult und Recht im Alten Orient und in besonderen Fällen für Juda im Speziellen im Online Anhang zu diesem Buch verfügbar gemacht. Dies unterstützt die Analyse insofern, als es die »Figurensoziologie« (Schneider)[424] offenlegt, die Übereinstimmung der konstruierten Figuren mit dem Denken und Fühlen potenzieller Adressatinnen und Adressaten bzw. mit dem Denkhorizont des Verfassers. Allein auf diese Weise lassen sich Aussagen über die subtile Sympathielenkung innerhalb der Erzählung machen und für heutige Leserinnen und Leser unklare Gefühle und Spannungen besser verstehen, um sie in die Deutung miteinzubeziehen.[425]

Aus diesen Vorüberlegungen ergeben sich für die nachfolgende Analyse mehrere Fragen:

1. Was lässt sich überhaupt über die Figuren und ihr Verhältnis zueinander sagen?
2. Welche Rollen (Protagonist, Antagonist, Nebendarsteller) nehmen die Figuren innerhalb der Erzählung ein?
3. Wie läuft die Handlung (*plot*) ab und worauf zielt sie ab?

---

422 I.Müllner (*Gewalt* 54) weist zurecht darauf hin, wie wichtig die erzählte Rede für die Rekonstruktion der inneren Welt der Figuren ist. Durch das Ausbleiben müssen einige Kriterien der Figurenanalyse ausfallen (vgl. a.a.O. 60).

423 J.Schneider, *Einführung* 24.

424 Ebd. 26.

425 Vgl. ebd. 29f. Schneider schränkt an dieser Stelle zu Recht ein, dass die emotionale Ebene bzw. die Sympathielenkung schwierig zu analysieren ist, da sie den Intuitionen der je individuellen Lesenden und ihrem je eigenen Horizont unterworfen sind. Zur Bedeutung dieser Beobachtung und ihrem ideengeschichtlichen Hintergrund sei an dieser Stelle nur auf H.G.Gadamers Hauptwerk *Wahrheit und Methode (1961)*, verwiesen, das die Grundlage von Schneiders »Horizont«-Begriff bildet und für alle lesergesteuerten Prozesse, sprich Rezeptionen, Voraussetzung ist.

4. In welchem Verhältnis steht die Figurenanalyse zum vorher erhobenen Raum-Zeit-Konzept?
5. Was erzählt 2 Kön 23,30–25,30?
6. Welche Fragen bleiben offen? Welche Leerstellen bleiben bestehen? Bedürfen diese Leerstellen einer Ausfüllung und wenn ja, womit können bzw. dürfen sie gefüllt werden (Kon-Texte)?

4.1 Vorstellung und Charakterisierung der individuellen Figuren, Gruppen und Kollektive

4.1.1 Judas Könige: Protagonisten des Untergangs oder Opfer der Geschichte[426]

a) *Joahas (23,30b–34)*

Der erste König Judas in dieser Erzählung ist zugleich derjenige, über den am wenigsten bekannt wird, da seine Vorstellung kaum über das Königsschema hinausgeht. Joschija, der Vater des Joahas, wird dem Schema gemäß bestattet, und Joahas tritt die Nachfolge an. Auch der Name der Mutter und ihre Herkunft, das Alter bei Thronbesteigung und die Regierungszeit werden genannt sowie eine Bewertung vorgenommen (23,30f.). Dennoch gibt es bereits eine Abweichung vom klassischen Königsschema, denn er tritt nicht die natürliche Nachfolge seines Vaters an, sondern wird vom Volk-des-Landes eingesetzt anstelle seines älteren Bruders Eljakim. Er ist auch der erste der Könige, der nur noch Jerusalem, nicht aber Juda in seiner Inthronisations-Notiz enthält, d.h. der Machtbereich dieses Königs ist bereits stark eingeschränkt. Die Legitimität seiner Herrschaft ist nicht abgesichert und auch nicht durch eine Prophetensalbung oder ähnliches geregelt. In 23,33 befindet sich Joahas plötzlich in Ribla, ohne je dorthin gegangen zu sein, und wird von Pharao Necho in Ketten gelegt, sein Land mit einem »Bußgeld« (ענש) belegt, das der Nachfolger des Joahas aufbringen muss (23,34f.). Er selbst wird allein, ohne seinen Hofstaat oder seine Mutter,[427] nach Ägypten verschleppt und stirbt dort auf ungeklärte Weise. Sein Körper wird nicht nach Jerusalem überführt und so fällt auch die Schlussnotiz des Königsschemas aus.[428]

---

426 Vorweg sind einige Bemerkungen zur Auslegungsgeschichte notwendig. Die meisten Monographien und Kommentare lesen und deuten die Könige Judas in 2 Kön 23,30–25,30 von den wesentlich ausführlicheren Schilderungen der Propheten Jeremia und Ezechiel her. Dadurch geht m.E. der Eigenwert dieser Erzählung verloren und es ist wegen dieser starken Mischung kaum möglich, diese Werke in diesem Kapitel zu zitieren. Darunter fallen bspw. die Dissertationen von C.Seitz, E.Aurelius und J.Job.

427 Vgl. K.-D.Fricke, *2 Kön* 342.

428 Zum Ausfall der Schlussformeln in 2 Kön 23,30–25,30 vgl. M.J.Suriano, *Politics* 89; 126.

Der Name ›Joahas‹ wird innerhalb dieser wenigen Verse genau dreimal genannt und sein Name bedeutet »JHWH initiiert/ beginnt zu tun«. Diese Initiative könnte sich darauf beziehen, dass das Volk Juda seine Königswahl selbst in die Hand genommen hat. Joahas selbst handelt nie, an ihm wird gehandelt. Er ist völlig passiv, sei es bei seiner Einsetzung, seiner Absetzung oder seiner Verschleppung. Daher überrascht auch die »seltsamerweise negative«[429] Beurteilung seines Königtums, die im Grunde nur darin bestehen kann, dass er weder seinen Pflichten, als jüngerer Bruder nicht den Thron anzunehmen, noch seinen Aufgaben als König, sich gegen Ägypten zu stellen, nachgekommen ist.[430]

b) Jojakim (23,35–24,7)

Der zweite König von Juda in der Erzählung heißt Eljakim. Er ist der eigentliche Thronanwärter nach Joschija[431] und wird durch Pharao Necho inthronisiert (23,34). Dies hat seinen Preis, denn er muss sich ihm unterwerfen, was zu einer Änderung seines Namens in ›Jojakim‹ führt[432] und er muss eine Geldzahlung leisten (23,34f.). Diese Zahlung in Gold und Silber bringt er nicht selber auf, er bemüht weder den Tempel- noch den Kronschatz, sondern lässt das Volk-des-Landes, jene Personengruppe, die seinen Bruder Joahas ihm vorgezogen hat, dafür zahlen. Es legt sich eine Spannung zu diesem Kollektiv nahe.[433]

Jojakim ist der letzte der Könige Judas und der einzige der vorhandenen Vierergruppe an Königen, dem ein volles Königsschema zuteil wird (23,36f.; 24,5f.). Sein Alter, seine Regierungsdauer, der Name der Mutter und ihre Herkunft geben wenig Aufschluss über sein Tun. In V.36 erhält er wiederum eine negative Beurteilung, die, ebenso wie die des Joahas, auf die Vorväter im Plural bezogen ist, die davididische Dynastie insgesamt haftbar macht für das Urteil JHWHs. Die Todesformel in 24,5f. entspricht exakt dem Schema und auch V.6 enthält nur die Information, dass Jojakim stirbt und sein Sohn Jojachin übernimmt.[434] Der rechtmäßige Nachfolger Jojakim stirbt dem Schema gemäß und erhält eine Bestattung, alles nach den üblichen Maßstäben Judas.[435]

429 K.-D.FRICKE, *2 Kön* 340.

430 Um hier einem vorschnellen Urteil zu entgehen, sei auf die textexternen Verankerungen im Online Anhang dieses Buches verwiesen.

431 Vgl. K.-D.FRICKE, *2 Kön* 338.

432 Diese Art der Unterwerfung wird in den frühen Kommentaren durchaus als frevlerische Tat und *malum in se* angesehen (vgl. E.REUSS, *La Bible 7* 572).

433 So auch SANDA, 2 Kön 360; E.WÜRTHWEIN, *2 Kön* 467–469; J.WERLITZ, *Kön* 311f.

434 Trotz des vollständigen Schemas weisen einige Exeget*innen auf Jojakims negatives Leben hin, das sich implizit auch in der Schlussformel wiederfindet, z.B. U.SCHULZE/ G.STEUERNAGEL, *Aussage* 267–275, bes. 268–271.

435 Was genau »üblich« ist, klären die Ausführungen im Online Anhang zu diesem Buch. Würthwein vermutet in Anlehnung an Ant und 2 Chr 36, dass die Beerdigung wie bei Manasse und Amos im Garten Uzza stattfindet, der dem Königsgarten in 2 Kön 25,4f. entsprechen könnte. Im MT wäre er dann als Homoioteleuton ausgefallen (vgl. E.WÜRTHWEIN, *2 Kön* 469).

Das volle Königsschema, der narrative Staatsakt, überrascht, wenn man die sonstigen Informationen über Jojakims Leben liest, die wesentlich detaillierter und negativer sind, als die Taten seines Bruders Joahas, der im Gefängnis sterben muss und dessen Schema gebrochen existiert.[436]

Jojakim besteigt seinen Thron mit Hilfe des Erzfeindes Ägypten und bezahlt diesen noch dafür (23,33–35). Doch das nützt ihm nicht viel, denn noch »in seinen Tagen« (בימיו) zieht Babel herauf und unterwirft ihn erneut (24,1). Er reagiert mit einer Rebellion, was als Auflehnung eines Dieners und nicht als Tat eines freien Herrschers zu werten ist. Als Konsequenz dieser Tat, die aus bisher unbekannten Gründen negativ gewertet ist, »wirft« JHWH[437] gegen ihn Räuberbanden, die ganz Juda plündern und damit deutlich zeigen, dass der Machtbereich Jojakims allein auf Jerusalem beschränkt ist (24,2). Doch damit nicht genug der Hiobsbotschaften. JHWH ist so wutentbrannt, dass jetzt die Prophetenworte eintreten werden, die im Vorfeld verkündigt wurden und den Untergang Judas vorhersagten (vgl. dazu Teil D). Das Königreich Juda wird von JHWH, wegen a) der Sünden Manasses und b) des unschuldigen Blutes, welches in Jerusalem vergossen wurde (24,3f.) verstoßen. Alle weiteren Informationen über Jojakim fließen ins Königsschema (24,5) ein, sie scheinen nicht detaillierter Erwähnung wert zu sein.

Noch zweimal wird im weiteren Verlauf auf Jojakim angespielt – sodass insgesamt sieben Bezüge zu zählen sind – und auch diese beiden Bezüge sind äußerst negativ. In 24,9 wird über Jojachin gesagt, er habe schlecht gehandelt vor JHWH, wie »sein Vater« (אביו), erstmals wird in 1.2 Kön nicht der Plural aufgegriffen. Joschija, der positiv bewertete Vorfahre fällt aus, Jojakim als Vater dagegen ist die Kontinuität alles Schlechten, das er bereits unter Verweis auf Manasse begangen hat.

Der zweite Bezug ist unter dem letzten König und jüngeren Bruder Jojakims Zidkija in 24,19 zu finden. Von ihm heißt es ebenfalls, er habe das Schlechte getan »wie es getan hatte Jojakim vor ihm«. Sogar sein Name wird explizit noch einmal genannt und damit wird er als Vorgänger tituliert, im Gegensatz zu den Vorfahren, die bei Zidkija gänzlich ausgefallen, inexistent geworden sind. Jojakim haftet für die Taten des ganzen Geschlechts am Ende der Erzählung.

Fasst man diese Beobachtungen zusammen, so ist es Jojakim, der der mit Abstand schlechteste Herrscher Judas in der gesamten Erzählung ist und doch

---

436 Fricke erklärt dies unter Rückbezug auf Jeremia, wo Jojakim ein schlimmes Ende vorhergesagt wird: »Weil diese Weissagung […] nicht eingetroffen zu sein scheint, wird ein ängstlicher Abschreiber es für besser gehalten haben, über Jojakims Begräbnis lieber ganz zu schweigen« (vgl. K.-D.FRICKE, *2 Kön* 344).

437 In den großen LXX-Handschriften fehlt der Verweis auf JHWH, sodass Nebukadnezar zum Subjekt des Satzes wird und die Banden auf Juda ansetzt. Dies könnte als Rehabilitation des Gottesbildes gedacht sein (so auch W.DIETRICH, *Prophetie* 61 Anm. 41).

geht es ihm am besten. Dies verlangt nach einer Rechtfertigung, die der vorliegende Text nicht zu geben bereit ist.[438] Das mag u. a. damit zusammenhängen, dass die Person Manasse ohne den weiteren Kontext nicht zu verstehen ist (vgl. Teil D), sie aber zugleich den Schlüssel zum Gottesurteil bildet.[439]

c) *Jojachin (24,8–17; 25,27–30)*

Jojachin ist die einzige Figur neben Nebukadnezar und JHWH, die in mehr als einer Szene vorkommt. Die beiden Auftritte werden durch eine Zeitangabe in 25,27 verbunden, die aus der dreimonatigen Regierungszeit (24,8) Jahrzehnte macht. Jojachin hat damit die längste Regierungszeit der judäischen Könige in dieser Erzählung, was üblicherweise für das Wohlwollen JHWHs spricht.[440] Ebenfalls vorteilhaft scheint seine Kapitulation zu sein, die zwar zu einem Verlust des Tempelschatzes in 24,13 führt, aber auch den Namen Salomos aufs Tapet bringt, ein Name der den umfassenden Frieden in sich trägt, dessen genaue Bedeutung aber erst im Kontext der gesamten Königserzählung erschlossen werden kann (vgl. Teil D.) und den Fortbestand Jerusalems sichert. Jojachin opfert sich für sein Volk (auf). Er beweist sich damit als der rechtmäßige König Judas. Er ist kein Usurpator wie Joahas und kein Vasall wie sein Vater, denn dieser hat rebelliert und somit seinen Sohn zum freien Nachfolger gemacht. Jojachin ist der reguläre Nachfahre der davididischen Linie und er hat Nebukadnezar niemals einen Treueid geleistet, da sonst Jerusalem nicht unter Belagerung gekommen wäre und er nicht Jahrzehnte im Gefängnis verbracht hätte. Zidkija dagegen wird wiederum ein Vasall sein, ist auch er kein König im Vollsinne. Jojachin geht ins Exil, wobei ihn seine Frauen, die in 24,11 f. noch nicht erwähnt werden, begleiten dürfen (24,15). Dies ist ebenfalls positiv, da von keinen Nachkommen des 18-jährigen erzählt wurde, die Frauen demnach die Möglichkeit eines dynastischen Fortbestehens verkörpern.

Dennoch ist seine Bewertung im Königsschema, ebenso wie seine tatsächliche Regierungszeit, negativ (24,8 f.), was die Frage nach seinem Vergehen aufwirft.

Zunächst einmal fällt die Nähe zur Perikope seines Onkels Joahas auf. Er wird, ebenso wie Joahas, innerhalb des ersten Teils der Erzählung dreimal erwähnt und ist ihm auch sonst inhaltlich ähnlich. Beide werden deportiert, beide regieren nur

---

438 Barnes füllt diese unbefriedigende Leerstelle mit der Behauptung, Jojakim sei Opfer eines Attentats geworden und habe auf diese Art seine Strafe erhalten (vgl. W.E.BARNES, *2 Kgs* 320). Doch im Text weist absolut nichts auf diese Theorie hin, weshalb sie zu verwerfen ist.

439 Einzige Ausnahme ist der Codex Alexandrinus, der nicht Manasse, sondern Zidkija explizit zum Haupttäter erklärt (vgl. J.PAKKALA, *Zedekiah's Fate* 445).

440 Zum Sonderfall Manasse, dessen 55 Jahre andauernde Regierung trotz katastrophaler Religionspolitik unerklärlich scheinen, hat das hellenistische Judentum nicht nur mit einem Einschub in den Chroniken, sondern auch mit einer apokryphen Schrift reagiert. Weitere Bemerkungen zu diesem Thema folgen in Teil D.

drei Monate lang, beide werden ersetzt durch andere Herrscher und beide unterwerfen sich niemals als Vasallen. Doch während dieses Verhalten in Ägypten zum Tod des Joahas im Gefängnis führt, gibt es für Jojachin eine Fortsetzung (25,27–30) mit zwei Erwähnungen und einer Aufwertung zum »König von Juda«, einem Titel, den keiner der vier Könige im ersten Teil getragen hat; sie waren alle Könige »in/ von Jerusalem« (בירושלם) und nicht »von Juda« (ביהודה). Sein Name bedeutet »JHWH macht fest/ setzt ein«, was Jojachin dazu prädestiniert, eine Verheißung für Juda zu sein. Er wird nach all diesen Jahren im Exil aus dem Gefängnis entlassen und erhält eine ganze Reihe von Zuwendungen, die seine Lebenssituation aufwerten. Diese Beobachtungen sprechen schon einmal dagegen, die Schuld Jojachins in einer Verbindung zu Joahas zu suchen. Sie werfen eher die Frage auf, warum und um wieviel sich seine Situation im Exil unter Ewil-Merodach verbessert.

Zu Beginn steht einmal die Tatsache einer 26-jährigen Haftstrafe, die Jojachin verlebt hat. Das bedeutet einerseits eine lange Haft und andererseits, dass Babel ihn am Leben erhalten hat.[441] Die Zuweisung täglicher Rationen (25,29f.) könnte bedeuten, dass sein Essen entweder besser oder mehr geworden ist, es ist aber kein allzu großer Schritt.[442] Auch das Aufstellen von Thronen bzw. Ehrenplätzen muss noch nicht zwangsläufig eine Ehrenbezeugung sein. Es könnte sich genauso gut um die Andeutung eines Gerichtsverfahrens handeln, in welchem Jojachin aufgrund der Thronbesteigungsfeierlichkeiten Ewil-Merodachs dauerhaft erleichterte Haftbedingungen als Gnadengabe erhält[443] bzw. könnten die Throne ihn auch nur als neuerdings treuen Vasallen der Babylonier auszeichnen.[444] Das Essen »vor-dem-Angesicht-des-Königs« ist, wie ein Blick in die Geschichte zeigen kann, ebenfalls ambivalent.[445]

Die letzte Szene zeigt eine Verbesserung an, die auf der rein menschlichen Ebene keinen großen Aussagewert hat und auf eine Rückbindung in größere Zusammenhänge harrt. In jedem Fall ist es kein negatives Ereignis und es erläutert auch nicht, was die Schuld Jojachins war, die immer noch nicht erhoben

441 Diese Beobachtung wird in Jer 52 bis zum Tod Jojachins durchgehalten. In 2 Kön 25,30 lebt Jojachin noch, er hat noch eine auf Zukunft hin offene Funktion. Siehe dazu die älteren Kommentare, wie I.BENZINGER, *Kön* 200; O.THENIUS, *Kön* 467f.

442 Dieses Moment der eher kleinen Verbesserung stützt eine philologische Beobachtung des Richter-Schülers Disse, der die Kontinuität als adSyn2, als einen abnominalis als unbestimmte Ergänzung identifiziert, d.h. es ist eine syntaktisch unbestimmte Form, die das gönnerhafte der Tat unterstreichen könnte (vgl. A.DISSE, *Informationsstruktur* 176; 197).

443 Vgl. M.WEIGL, *Achikar-Sprüche* 304 bes. Anm. 97. Auch der Ausdruck »jemandes Haupt erheben« stammt aus der altorientalischen Gerichtssprache und unterstreicht die Mehrdeutigkeit der Szenerie (vgl. B.BECKING, *David* 175).

444 M.GERHARDS, *Begnadigung* 62f., vertritt diese These unter Verweis auf die Parallelität in der Josefgeschichte (Gen 41); ähnlich zurückhaltend auch A.KLOSTERMANN, *Sam* XXVIII.

445 Vgl. dazu die Ausführungen im Online Anhang zu diesem Buch.

ist. Rückkehrend in die erste Szene (24,8–17) besteht die Schuld Jojachins vielleicht im Fortsetzen dessen, was sein als schlecht beurteilter Vater getan hat.[446] Doch auch eine Schuld gegen Gott ist denkbar, z. B. indem Jojachin sich Babel ergibt, anstatt auf die Rettung durch JHWH zu hoffen, wie es sein Vorgänger Hiskija noch getan hat. Diese Frage muss noch offen bleiben, da die Schuldfrage offensichtlich über die Erzählung 2 Kön 23,30–25,30 hinausreicht und noch nicht einmal klar ist, ob sie nicht im wahrsten Sinne des Wortes ›bei Adam und Eva‹ beginnt (vgl. Teil D).

d) Zidkija (24,18–25,7)

Auch Mattanjas Herrschaft beginnt noch einmal mit dem Königsschema (Alter, Mutter inklusive Herkunft; Regierungsdauer). Ebenso wie seine drei Vorgänger ist auch sein Urteil negativ (24,19), wobei es explizit auf Jojakim, nicht auf seinen Vater und auch nicht auf seinen unmittelbaren, noch lebenden Vorgänger Jojachin, bezogen ist. Da er nach Babel verschleppt, sein Tod in 2 Könige aber nicht berichtet wird, fällt der Abschluss des Königsschemas aus. Aus diesem Grund ist auch unklar, ob er in der letzten Szene (25,27–30) noch lebt. Auf jeden Fall ist er aber nicht mehr König, denn Jojachins Jahre werden in dieser Perikope ab seiner Exilierung gezählt und Zidkijas Regierungszeit einfach miteingerechnet und dadurch deligitimiert. Das Königsschema ist an dieser Stelle endgültig durchbrochen. Ein König, der genealogisch gesehen vor und nicht nach Jojachin hätte regieren müssen, dynastisch aber höchstens nach dessen Tod in Frage gekommen wäre, regiert in Jerusalem. Er bezieht seine Autorität allein von Nebukadnezar, an dessen Stelle er in Jerusalem regiert (24,17).[447] Jojakim, nicht Jojachin, wird als sein Vorgänger genannt, in dessen Leben Rückschlüsse auf Manasse gezogen werden, sodass auch Zidkija in die Reihe besonders schlechter Könige aufgenommen wird. Doch nicht nur in diesem Punkt entsprechen sich diese beiden negativen Könige. Sie regieren gleich lang und zwar elf Jahre, eine Zahl, die die Überschreitung des Dekalogs (10 + 1) nahelegt und in der hebräischen Zahl אחד עשרה auch als solche ausgedrückt wird. Es ist eine Zeit der Übertretung des göttlichen Gebotes. Sie tragen beide Thronnamen fremdländischer Herrscher, sind keine Könige Judas von Gottes Gnaden, sondern Vasallen eines Menschen. Außerdem lehnen sich beide gegen diese Herren auf, was an und für sich eigentlich positiv bewertet werden müsste, wenn es um die Anerkennung JHWHs

446 Vgl. K.-D. FRICKE, *2 Kön* 347–349.

447 Das formelhafte »N.N. מלך N.N. תחת« erscheint üblicherweise im Königsschema und zeigt die Übergabe der Herrschaft vom Vater auf den Sohn an. An dieser Stelle kann sie sich entweder auf Jojachin beziehen, der noch lebt oder auf Nebukadnezar. Dies ist insofern interessant, als Zidkijas Königtum dann von vorneherein nur noch eine Statthalterschaft gewesen wäre. Das bedeutet vom Vasallen Jojakim über den gekrönten Statthalter Zidkija zum ungekrönten Verwalter Gedalja findet sich ein schrittweiser Abstieg.

als einzig legitimen Herrn von Juda ginge. Aber die Auflehnung wird von JHWH mit der erneuten Betonung des unter Jojakim begonnenen Drohwortes (24,2–4) kommentiert (24,20). Dieses Vergehen lässt sich eventuell durch einen Eidbruch erklären, denn mit der Rebellion stellen sich die beiden Könige gegen einen Dienstherrn, dem sie einen Vasallitätseid schwören mussten, der üblicherweise vor Göttern abzulegen ist.[448] Ein solcher Verstoß erklärt dann auch die drakonischen Maßnahmen, die Nebukadnezar gegen Zidkija persönlich anordnet.[449]

Doch nicht nur der babylonische König, sondern in erster Linie JHWH reagiert auf diesen Eidbruch, der sich gegen ihn als einzigen Gott Israels richtet bzw. seinen Namen entehrt.[450] Die Konsequenzen des Eidbruchs für Zidkija sind nicht nur in der Zerstörung Jerusalems und der großen Plünderung zu sehen (25,8–21), sondern betreffen ihn zunächst einmal selbst. In 25,4–7 bricht mit den Mauern Jerusalems auch Zidkijas Königtum zusammen. In der darauffolgenden Nacht verlässt er die Stadt und macht sich nach Westen auf. Unklar ist die Bewertung dieser Aktion. Einige Auslegungen tendieren dazu, einen militärischen Durchbruch Zidkijas anzunehmen, eine Art letzte Verzweiflungstat.[451] Realistischer ist aber doch ein Fluchtversuch, zumal er zwischen den Mauern hindurch, weg von den Chaldäern und bei Nacht flieht, zu einer Zeit und auf einem Weg, die eher mit heimlicher Flucht zu identifizieren sind.[452] Zidkija erscheint hier nicht als der König, der sein Volk verteidigt oder bereit ist, für es ins Exil zu gehen, sondern er ist ein Feigling auf der Flucht, ein Herrscher, der sein Volk in den Untergang führt und dann verlässt.

Seine Flucht scheitert kläglich, denn schon bald wird er von den Truppen der Chaldäer eingeholt, indes ihn die eigenen Soldaten verlassen haben (25,4). Er wird verhaftet und vor ein Tribunal nach Ribla gebracht, wo ihn eine grausame Strafe erwartet: Er muss mit ansehen, wie seine Söhne, seine Thronfolger, hingerichtet, wörtlich »geschlachtet« (שחט), werden. Er erlebt den Untergang seiner genealogischen Linie und damit aus seiner Sicht auch das Ende der Dynastie. Als besondere Grausamkeit[453] wird er nach der Hinrichtung seiner Kinder geblendet. Das Letzte, was er in seinem Leben sieht, ist deren Ende. Danach wird er in

448 Vgl. K.F.MÜLLER, *Ritual* 51. Im Falle Zidkijas steckt die Fluchformel in seinem Thronnamen (vgl. W.E.BARNES, *Kgs* 322f.; R.L.COHN, *2 Kgs* 167). So bereits in der Antike Philo, Spec. II, 253.

449 Vgl. J.PEDERSEN, *Eid* 108–118; 159. Die Selbstverfluchungsformel soll die juridische Validität des Eides absichern (vgl. a. a. O. 128). Dabei spielt es nicht einmal eine Rolle, ob ein Verstoß gegen diesen Eid mit Absicht geschieht, allein die Tatsache wird gewichtet (vgl. I.HRUSA, *Religion* 33. Diese Tradition ist auch aus Ijob 1,5 bekannt).

450 Zur Bedeutung JHWHS für Israel/ Juda aus religionsgeschichtlicher Sicht und dem Wesen des Eids vgl. die Ausführungen im Online Anhang zu diesem Buch.

451 Vgl. A.J.NEVIS, *Temple* 22; N.A.SNAITH/ R.CALKINS, *1.2 Kgs* 333.

452 Vgl. 1 Sam 19,10.18.

453 Vgl. J.PAKKALA, *Zedekiah's Fate* 443–452, 445; A.MICHEL, *Gott* 37.

bronzene Ketten geschlagen und nach Babel deportiert.[454] Zidkija wird mehrfach bestraft und gedemütigt. Von seinem Tod wird nicht berichtet, sodass seine Thronansprüche in Babel gegen die Jojachins stehen.[455] Die Strafen haben deutlich gemacht, weshalb er nicht in Frage kommt und wie kurzsichtig bzw. blind Juda sein müsste, wenn es ihn als Option für die Zukunft sehen würde. Er ist ein König, der durch einen fremden Herrscher legitimiert wurde, der seinen Eid im Namen Jhwhs gebrochen hat, der sein Volk im Stich lässt, wenn es darauf ankommt, der keine Söhne hat, die die Linie weiterführen können und der durch seine Blendung nicht mehr unversehrt i. S. v. makellos ist. Er ist ein aufgrund seiner politischen Kurzsichtigkeit Gezeichneter, der sich nicht freiwillig für sein Volk, sondern in Ketten nach Babel führen lassen muss. Zidkija beweist in all diesen Punkten, dass er nicht der wahre König Judas ist.[456] Wer aber ist es dann?

4.1.2 Juda: Ein Volk oder viele Gruppen?

a) *Das Beamtenwesen: Von Loyalen, Überläufern und Schafaniden*

In der Erzählung wird ein nicht unbedeutender Teil des judäischen Hofstaates vorgestellt, darunter die bereits erwähnten Frauen des Königs nebst Königsmutter, aber auch eine große Anzahl von Dienern (עבדם), Obersten und Eunuchen (סריסים) (24,12).

Die *Obersten* scheinen die militärischen Führer Judas gewesen zu sein, da ihnen die vielen Kriegshelden, die Steinmetze und der Schmied zugeordnet werden (24,14.16). Es könnte sich aber auch um die Anführer des Volkes-des-Landes (עם־הארץ) handeln, da nur ihre Ärmsten (דלה) in Jerusalem zurückgelassen wurden (24,14).

Die Eunuchen werden an dieser Stelle den Frauen zugeordnet, was ihren Einsatz im Harem nahelegt (24,15). Eine nicht genauer definierte Gruppe sind die *Pfeiler-des-Landes* איל הארץ (24,15). Alle Funktionäre Jojachins kapitulieren mit ihm und ziehen aus Jerusalem aus, was zu ihrer Exilierung führt (24,14–16), zugleich aber ihre Königstreue ausdrückt.

Unter Zidkija scheint es nur noch eine reduzierte Form von Volk und Beamtentum gegeben zu haben, die – nach Verlust der gesamten Elite – auch qualitativ zu wünschen übrig gelassen hat. Es wird von fünf »Männern-vor-dem-Angesicht-des-Königs« (אנשים מראי פני־המלך) erzählt, die in ihrer Funktion ebenso unklar sind, wie die unter Jojachin bezeichnete Gruppe der Pfeiler-des-

454 Dies ist eine besondere Demütigung, da Ketten als Fesseln das Gehen unmöglich machen, z. B. Ez 3,25; Ri 16,21; 2 Sam 3,34, Dan 5,12 (vgl. zur Analyse des Ausdrucks die Ausführungen von M. Weigl, *Achikar-Sprüche* 454 f.).

455 So auch G. Fohrer, *Vertrag* 15.

456 Vgl. J. Pakkala, *Zedekiah's Fate* 449; K.-D. Fricke, *2 Kön* 356.

Landes. Weiters wird nur ein einziger Eunuch erwähnt, der ohne Artikel genannt wird, eine unbestimmte Zahl weiterer Eunuchen annehmen lässt (25,19). Dieser ist für das Militär verantwortlich und hat einen Schreiber zur Musterung des Volkes-des-Landes unter sich (25,19). Beide werden in Jerusalem zusammen mit 60 Mann des Volkes-des-Landes gefasst.[457] Das bedeutet im Umkehrschluss, dass sie nicht zu den letzten königstreuen Truppen Zidkijas zählten, den Truppen, die ihn dann trotz allem auf der Flucht im Stich lassen (פוץ מעליו 25,5).[458]

Von Frauen am Hof oder der Königsmutter ist keine Rede mehr. Allein Zidkijas eigene *Söhne* sind wahrscheinlich in Jerusalem gewesen, von einer Funktion am Hof wird nicht berichtet (25,7). Das Kultpersonal des Tempels, das aufgrund seiner Lage am Hechal auch zu den Beamten gezählt werden kann, besteht aus mindestens fünf Personen, die eine klare hierarchische Ordnung haben: es gibt einen ersten und einen zweiten Priester sowie drei »Wächter der Pforte/ des Beckens« (שמרים הסף). Ob dabei ›erster‹ und ›zweiter‹ als Aufzählung oder als Prädikate gelten, ist unklar. Spannend ist die Tatsache, dass die Namen der beiden Priester überliefert sind, Seraja (»JHWH hat sich als Herrscher erwiesen«[459]) und Zefanjahu (»JHWH hat geborgen/ behütet«[460]).

Innerhalb des Volkes von Juda gibt es *Überläufer* (wörtlich »Umgefallene« הנפלים), auch dort ist keine Treue mehr zu erwarten (25,11). Demnach ist der qualitative Makel durch die gesamte Bevölkerung und Hierarchie Judas gezogen. All diese Personen, die im Kontext der Zidkija-Perikope auftreten, mit Ausnahme der geflohenen Soldaten, werden hingerichtet und üben keine einzige aktive Handlung oder Kommunikation aus (25,21).

Ein letzter Einblick wird durch die Gedalja-Perikope gewährt, in der die Beamten benannt werden. *Gedalja* wird als »Sohn Achikams, des Sohnes Schafans« vorgestellt (25,22), eine Information, die nahelegt, dass die Lesenden diese Namen kennen sollten (2 Kön 22). Innerhalb der isolierten Erzählung sind sie aber singulär, sodass hier zunächst eine Leerstelle gesetzt wird. Die drei Namen bedeuten »JHWH hat Großes getan« (Gedalja); »Mein Bruder steht aufrecht« (Achikam) und »Klippdachs« (Schafan)[461], wobei zumindest der letzte Name auf die nicht-königliche Herkunft schließen lässt und noch nicht einmal theophor ist.[462]

457 Diese Gruppe ist bisher nicht definiert. Handelt es sich um einen Titel, eine Funktion oder eine Volksgruppe? Dazu mehr am Ende dieses Unterkapitels.

458 A.DISSE, *Informationsstruktur* 169, ist nicht sicher ob diese Form als *Dislokativ* (Richtungsergänzung), *Lokativ* (Ortsergänzung) oder *localis* (Ortsangabe) zu verstehen ist. Ich denke, es handelt sich um einen bewusst gesetzten Dislokativ, da es ebenso wie bei der Araba eine räumliche Bewegung ausdrückt.

459 Vgl. H.HAUG, *Namen* 345.

460 Vgl. ebd. 376.

461 Vgl. ebd. 124; 132.

462 Dies ist auch deshalb auffällig, weil eine breite Belegung und Zunahme theophorer Namen

Gedalja hat den einzigen Satz in direkter Rede in der gesamten Erzählung und diesen nutzt er, um Werbung für Babel und einen Verbleib im Land zu machen (25,24). Er verspricht, dass es denen, die sich Babel unterwerfen, gut ergehen werde, ein offensichtlicher Widerspruch zur Hinrichtung der Überläufer in 25,20f.

Gedalja verfügt über fünf Heerführer mit ihren Männern, die einzige Art von Beamten, die ihm geblieben bzw. gegeben ist (25,23). Dies legt nahe, dass seine Funktion mehr auf Kontrolle als Verwaltung basiert. Seine fünf Heerführer heißen Jochanan (»JHWH war gnädig«), Sohn von Kareach[463]; Seraja (»JHWH hat sich als Herrscher erwiesen«), Sohn von Tanchumet (»Ich tröste mich«), ein nicht näher bestimmter Netofatite[464] und Ja'asanjahu (»JHWH erhörte«), Sohn des Maachititers (25,23).[465] Als fünfter und letzter wird Jischmael (»Gott wird erhören«), Sohn Netanjas (»JHWH hat gegeben«), des Sohnes Elischmas (»Mein Gott hat mich gehört«) genannt, der »von königlichem Samen« (מזרע המלוכה), folglich aus der davididischen Linie ist (25,23.25).[466]

Es fällt auf, dass allein Jischmaels Name eine futurische Bedeutung hat, während die anderen sich fast ausschließlich auf Vergangenes beziehen und zwar auf Handlungen JHWHs in der Vergangenheit. Eine Tatsache, die die Passivität dieser Krieger, die sich töten lassen, noch unterstreicht. *Jischmaels* theophorer Gottesname bezieht sich außerdem, wie der seines Großvaters auf El und nicht auf JHWH. Dies ist sonst nur bei Eljakim vor seiner Umbenennung der Fall. Die übrigen tragen allesamt Verweise auf JHWH. Jischmael ist auch der einzige Heerführer, der aktiv ist, denn er tötet נכה die anderen und flieht בוא (25,25f.). Mit ihm flieht das ganze Volk כל־עם aus Juda nach Ägypten, wobei die Totalität dieser Aussage gesteigert wird durch einen additiven Merismus מקטן ועד־גדול (25,26). Dies ist die letzte Aussage, in der das Volk Juda oder seine Beamten genannt werden und sie spricht vom totalen Auszug des Volkes aus dem eigenen Land.[467] Die Perikope in Babel bezieht sich nur noch auf Jojachin (25,27–30). Die

---

für das sechste Jahrhundert anhand diverser Ostraca belegbar ist (vgl. O.KEEL/ C.UEHLINGER, *Göttinen* 414). Wenn ein solcher Name im Text vermieden wird, dann könnte es sich dabei um eine bewusste polemische Spitze handeln.

463 Dieser Name ist von seiner Bedeutung her unklar. Die Wurzelkonsonanten קרש entsprechen der Schreibweise »Korach« was im Rahmen der interetxtuellen Untersuchung relevant wird (vgl. Teil C).

464 Die hebräische Syntax hält auch die Möglichkeit offen, Tanchumet als Netofatiten anzusehen. Meine Wahl hängt vom letzten Heerführer ab, der nach seiner Zugehörigkeit und nicht nach seinem Vater ausgewählt wurde.

465 Zu den Namen vgl. H.HAUG, *Namen* 170; 201; 345.

466 Vgl. für die Namen ebd. 107; 197; 277.

467 Zu den historischen Wahrscheinlichkeiten habe ich mich bereits an anderer Stelle geäußert (s.o.). Hier möchte ich dennoch Oded Bustenay entschieden widersprechen, der glaubt ein menschenleeres Land sei »not only unproved but also unnecessary« (DERS. Where, 55–74,

שרים, die mit ihm in Babel sind (25,28), können nicht seine eigenen Leute sein, sonst wäre sein Ehrenplatz *qua persona* bzw. Amt vorgegeben gewesen.

Fasst man diese Erkenntnisse zusammen, so endet das Beamtentum Judas erst in Mizpa und nicht schon in Jerusalem, da nur mehr militärische Funktionäre präsent sind. Dennoch sind die Beamten innerhalb der Erzählung nicht besonders aktiv.[468]

In der Sekundärliteratur zeigt sich aus diesem Grund auch wenig überraschend, dass vor allem Gedalja im Fokus der Auslegung dieser Gruppen steht. Eine erste Frage ist die seines Status. War er ein König oder eher ein Statthalter? Letzterem ist, nicht nur aufgrund der fehlenden Königsformel, sondern auch, weil er kein Davidide ist und Babel es bereits mit einem König versucht hatte, der Vorzug zu geben.[469]

Nach R.Kessler hat er vier Jahre regiert[470] und A.Nevis vertritt gar die These, Gedalja sei bei der ersten Deportation nach Babel mitgenommen worden und habe sich dort hochgearbeitet, was zu seiner Rücksendung nach Juda geführt habe.[471] Für beides gibt es keinerlei Hinweise im Text und die Angabe »im siebten Monat« bei fehlendem Jahr in 2 Kön 25,25 legt einen Bezug auf 25,8 nahe, d. h. die Gedaljaperikope entspricht einem Intermezzo von sieben bis acht Wochen.

Die drängendste Frage ist die nach dem Grund seiner Ermordung. Auch hier wurde viel spekuliert und häufig von Jer 39–41 her zu argumentieren versucht. Zieht man die Thesen zusammen, kommt man auf folgende Deutungstendenzen:

1. Gedaljas Ermordung ist ein Zeichen gegen probabylonische Tendenzen und eine Rebellion gegen die Herrscher (Cohn)[472]. Das Problem an dieser These ist, dass sie mit der Flucht nach Ägypten aus Angst vor Vergeltung endet, die Rebellion schon nach einer einzigen Aktion gescheitert wäre.
2. Es handelt sich um eine persönliche Vendetta bzw. ein politisches Attentat der Davididen gegen den Aufsteiger (Fricke; Rehm; Würthwein).[473] Wenn es sich

71, unter Bezug auf B.U.Schipper, *Israel* 281). Selbst historisch fokussierte Exegeten wie Würthwein räumen ein, dass es sich um ein bewusstes Narrativ handelt (Ders. *2 Kön* 478).

468 Das Klischee verstärkt sich noch, wenn man die Studie von U.Rüterswörden *Die Beamten der israelischen Königszeit* (1985) berücksichtigt. Er weist darauf hin, dass das Beamtentum leicht zu korrumpieren gewesen sei, da es Anteile an Kronlehen und Steuern bekommen habe, was Grundlage der prophetischen Sozialkritik, z. B. bei Amos und Micha gewesen sei. Durch die Korruption sei ein Erbbeamtentum entstanden, das sich deutlich an den Schafaniden gezeigt habe (vgl. a. a. O., 116 [Grafik]; 125–134; 146).

469 Sehr kreativ ist an dieser Stelle der Vorschlag Robinsons zu nennen, der aus den Wurzeln GDL einen Bezug zu den niedergebrannten GDL Häusern zieht und diese als den Besitz Gedaljas unter Annahme einer Konjektur ausgibt (vgl. Ders., *2 Kgs* 243).

470 R.Kessler, *Sozialgeschichte* 128.

471 A.J.Nevis, *Temple* 3–25, 18. Ich halte diese These nicht für sinnvoll, da m. E. die Erzählung auf Dekonstruktion aufbaut und nicht darauf, dass Personen aus dem Exil zurückkehren.

472 Vgl. R.L.Cohn, *2 Kgs* 171f.

473 Vgl. K.-D.Fricke, *2 Kön* 259–263; M.Rehm, *2 Kön* 244; E.Würthwein, *2 Kön* 479.

um eine Fehde gehandelt hat, stellt sich nur die Frage, weshalb das ganze Volk mit Jischmael flieht, ein Attentat, also ein singulärer Akt des Widerstands, ließe sich schon eher erklären, da dies Konsequenzen für die Gesamtbevölkerung mit sich bringt, falls Babel beschließt ein weiteres Exempel zu statuieren.

b) Die Königsmutter und die Frauen des Königs

Neben den Königen scheint die Königsmutter eine besondere Stellung am Hof von Juda genossen zu haben, da sie in jedem Königsschema erwähnt wird. Innerhalb dieser Erzählung sind es drei Mütter, die insgesamt sechsmal erwähnt werden: Chamutal, Tochter Jirmejahus von Libna, ist die Mutter von Joahas und Zidkija (23,31; 24,18). Die Mutter Jojakims heißt Sebudah, Tochter Pedajas aus Ruma (23,36). Jojachins Mutter heißt Nehuschta, Tochter von Elnatan aus Jerusalem, und wird sogar dreimal erwähnt (24,8.12.15). Sie ist auch die einzige, von der eine Handlung berichtet wird, denn sie zieht mit Jojachin aus Jerusalem heraus, um sich Nebukadnezar zu ergeben (24,12) und wird mit ihrem Sohn exiliert (24,15).

Die Königsmütter werden nicht von ihrem Ehemann, sondern von ihren Vätern und Söhnen her definiert, was auf eine reine Funktionalisierung innerhalb der Dynastie hindeuten könnte. Ob ihr Status eine Ehrenbezeigung oder eine tatsächliche politische Einflussnahme beinhaltet, wird aus der (isolierten) Erzählung noch nicht deutlich (vgl. D.2). Da sie in 24,12 als einzige Frau genannt wird, bei der Aufzählung der Anführer mit ihrem Volk in 24,15 aber vor den »Frauen des Königs« aufgeführt ist, könnte sie – und nicht etwa die Hauptfrau – dem Harem vorstehen.[474] Klar ist, dass die Königsmütter in Jerusalem, vermutlich am Königshof leben.[475]

Über die Frauen des Königs ist noch weniger, nur ihre Deportation in 2 Kön 24,15 berichtet. Diese Information, sowie das Wissen, dass Joschija mindestens zwei Frauen gehabt haben muss (Chamutal und Sebudah), deutet auf die Existenz eines Harems am Königshof in der Erzählung hin, über dessen Struktur nichts bekannt wird.

Über das Verhältnis der drei Königsmütter in der Erzählung zueinander lässt sich zwar nichts sagen, doch hat jede von ihnen einige Besonderheiten:

Chamutal ist eine Frau Joschijas und Mutter zweier Könige (Joahas und Zidkija). Ihre beiden Söhne sind nicht die legitimen Thronnachfolger (23,30; 24,17). Dennoch werden sie inthronisiert. Weder bei Joahas, noch bei Jojachin

474 So auch C.Seitz, *Theology* 55.

475 Diese Überlegung wird zusätzlich durch die textexternen Verankerungen aus dem altorientalischen Umfeld gestützt (vgl. den Online Anhang zu diesem Buch).

oder Zidkija wird ihre Deportation explizit gemacht, sodass unklar ist, ob sie nicht bis zum Ende in Jerusalem geblieben ist. Ihr Name bedeutet in etwa »im Schatten der Hitze«, was einen Ruhepunkt oder auch Besonnenheit ausdrücken könnte. Sie stammt aus Libna (hebr. »die Weiße«[476]) einer in dieser Erzählung nicht näher definierten Stadt und ihr Vater, Jirmejahu, d. h. »JHWH hat gegründet/ erhöht«[477], ist ein ebenfalls in dieser Erzählung Unbekannter. Diese Namen deuten auf einen politischen Aufsteiger hin, der seine Tochter auf ihre politische Funktion vorbereitet haben könnte und unterstreicht damit die Vermutung, dass die Königsmutter als Frau am Hof eine bestimmte Funktion zu erfüllen hatte.

Die zweite Mutter und damit vermutlich Konkurrentin Chamutals ist *Sebudah.* Sie ist die Mutter des legitimen Thronnachfolgers Jojakim, hat sich aber scheinbar nicht durchgesetzt. Ihr Name leitet sich laut Kittel von »schenken« סבד (1 Kön 4) ab und bedeutet »Mitgift«.[478] Sie stammt aus Ruma (»Die Erhabene«) und ihr Vater heißt Pedajah »JHWH kauft los«[479]. Waren die ersten beiden Namen eher machtpolitischer Art, spielen diese beiden auf finanzielle Verhältnisse an.[480] Interessant ist, dass Jojakim, der Sohn dieser Mutter, als einziger einen Preis zahlen muss, um sein Land vor dem Bedränger zu schützen.

Diesem politischen Kalkül entgegen steht *Nehuschta*, die ihren Sohn Jojachin unterstützt, indem sie ihn überall hin begleitet. Sie selbst stammt als einzige der drei aus Jerusalem (hebr. »Gründung des Schalem«[481]) selbst, d. h. eine emotionale Beziehung zu dieser Stadt und ein persönliches Interesse an deren Erhalt können nicht ausgeschlossen werden. Sie ist die Frau Jojakims gewesen und somit die letzte Mutter, die einen »dynastischen Fortschritt« bei den Davididen mit sich bringt.[482] Ihr Name ist in seiner Bedeutung unklar, könnte aber »Kupferbild«, den Namen der bronzenen Schlange (vgl. Num 21,9; 2 Kön 18,4), andeuten. Ihr Vater heißt Elnatan »Gott hat gegeben«[483] und ist der einzige Vater, dessen theophorer Name nicht JHWH enthält. Sollte es sich auch hier um sprechende Namen handeln, so sind sie allein aus dieser Erzählung nicht zu verstehen.

476 Vgl. H.HAUG, *Namen* 238.
477 Vgl. ebd. 195.
478 R.KITTEL, *Kön* 305; J.Gray, 1.2 Kgs 754.
479 Vgl. H.HAUG, *Namen* 285.
480 Es versteht sich von selbst, dass nicht jeder Name in der Handlung als sprechender Name eingesetzt ist und dass einige Namen, z. B. Nebukadnezar, einfach dem historischen Vorbild entstammen. Dennoch soll die Möglichkeit sprechender Namen erprobt und auf eine vertiefende Deutung der Ereignisse hin befragt werden – und dies bewusst in maximalistischer Ausformung. Ob und inwiefern dann die Namen tatsächlich zur Deutung beigetragen haben, wird erst im instruktiven Teil am Ende der Arbeit entschieden werden.
481 Vgl. H.HAUG, *Namen* 184–187.
482 Die beiden anderen sind Frauen Joschijas gewesen, d. h. drei Könige liegen auf der gleichen genealogischen Erblinie.
483 H.HAUG, *Namen* 110.

c) *Das Volk-des-Landes und seine Stellung innerhalb von Juda*

Eine letzte Gruppe innerhalb des Volkes von Juda, die genauer in den Blick genommen werden muss, ist das Volk-des-Landes (עם הארץ). Es tritt ebenso wie die Königsmutter durch die gesamte Länge der Erzählung auf und zwar mit insgesamt sieben Erwähnungen (23,30.35; 24,14; 25,3.12.19 [2x]). Es ist die umstrittenste Gruppierung der gesamten Erzählung, da ihre Auftritte verschiedene Assoziationen von Beamten, über eine bestimmte Bevölkerungsgruppe bis hin zu Adeligen denkbar machen. Sie setzen Joahas zum König ein (23,30) und müssen die Kopfsteuer für den Pharao aufbringen (23,35), was eine Funktion bzw. einen gewissen Reichtum andeutet. Alle bis auf ihre Ärmsten werden deportiert (24,14[484]), wobei eine direkte Verbindung zum Königshof für einen Teil wahrscheinlich ist. In 25,19 wird diese Verbindung durch Verweis auf den Heeresmusterer und die exemplarischen 60 (5 x 12) Männer, die in Ribla hingerichtet werden (25,20f.), noch ausgebaut.[485] In 25,3 hungert diese Gruppe während der Belagerung von Jerusalem. Sie sind neben den Königen die aktivste Gruppe in Juda, da sie eigenständige Handlungen vornehmen. Korrespondierend sind sie aber auch die Gruppe mit den meisten Belastungen. Sie müssen eine spezielle Kopfsteuer zahlen, werden zweimal massiv durch Deportation reduziert und stellen die größte Gruppe bei den Hinrichtungen. Dies lässt zwei mögliche Schlüsse zu, die der Text indirekt bestätigt. Erstens handelt es sich um eine relativ große Gruppe bzw. eine Gruppe, die einen bestimmten Teil oder eine bestimmte Schicht der judäischen Bevölkerung repräsentiert. Zweitens ist diese Gruppe sowohl ein politischer, als auch ein finanzieller und ein militärischer Faktor. Sie dürfte Macht und Einfluss in Juda oder zumindest in Jerusalem besitzen.

Mit Joahas und Jojachin scheint diese Gruppe im Einvernehmen zu stehen, da sie ersteren einsetzt (23,30) und letzterem bei seiner Kapitulation folgt (24,14). Mit Jojakim hingegen zeichnet sich eine deutliche Spannung ab, da sie ihn offensichtlich bei der Thronfolge übergehen, was man an seinem Alter erkennen kann (23,30.36; vgl. C.2). Er revanchiert sich dafür mit einer Sondersteuer für den Pharao, die sie allein aufbringen müssen, ohne Unterstützung vom Staats- oder Tempelschatz zu erhalten (23,35).[486] Unter Zidkija sind die Verhältnisse unklar,

---

484 Disse identifiziert an dieser Stelle das Subjekt ausgehend von W.Richters Definitionen und macht so deutlich, dass das Volk-des-Landes an dieser Stelle attributiv verwendet wird (vgl. Ders., *Informationsstruktur* 166).

485 Zählt man alle Personen in 25,19, so kann man weitere 12 Personen finden, die exemplarisch hingerichtet werden (fünf hohe Beamte; fünf Personen des Kultpersonals, der Schreiber und der Eunuchen), sodass sich insgesamt 6 x 12 = 72 Personen zur Hinrichtung einfinden. Eine Zahl, die eindeutigen Symbolcharakter trägt (so auch J.Werlitz, *Kön* 320).

486 Unklar ist ohne Berücksichtigung des Kontextes, ob diese Schätze überhaupt noch existiert haben. Babel jedenfalls requiriert ausschließlich Dekorationselemente und für den Kult notwendige Utensilien und Symbole (vgl. 2 Kön 24,13; 25,13–17).

da aber Vertreter des Volkes-des-Landes hingerichtet werden, ist auch dort mit einer königstreuen Gruppe zu rechnen (25,19–21).

Im Verhältnis zu den fremden Mächten zeigt sich, dass das Volk-des-Landes ihnen immer feindlich gesinnt zu sein scheint, denn ihr eingesetzter König wird von Ägypten umgehend abgesetzt, sie werden von Babel deportiert und hingerichtet. Unabhängig davon, ob die Ärmsten-des-Landes in 2 Kön 25,12 zu dieser Gruppierung gehören (Ant) oder nicht (Codex B; MT) dürfte es eine letzte unbestimmte Gruppe im Land gegeben haben, jene, die nicht in der Stadt aufgegriffen wurde (2 Kön 25,19). Der Zusatz בעיר würde ansonsten keinen Sinn machen und eröffnet den Spielraum für Spekulationen. Da das Volk-des-Landes sich sowohl durch Treue gegenüber den Davididen, als auch durch militärische Präsenz auszeichnet, könnten die Truppen, die sich bei Zidkijas Flucht zerstreuen (25,5), einen Teil dieser Gruppe enthalten haben. Zieht man diesen Gedanken weiter zur Gedalja-Perikope, so kann dessen Zuruf auch als Amnestie-Versprechen aufzufassen sein. Da er selber vermutlich aus einer Beamtendynastie stammt, wird er kaum mit dieser Gruppe zu identifizieren sein. Jischmael (25,25) jedoch, der selber davididischen Ursprungs ist, aber offensichtlich keinen Thronanspruch hat, würde ins Schema passen. Unabhängig davon, ob er tatsächlich dazugehört oder nicht, flieht das gesamte Volk Judas in 2 Kön 25,26 nach Ägypten, sodass auch das Volk-des-Landes endgültig aus dem Land verschwunden ist und sich in der Fremde aufhält. Was die Erzählung verschweigt bzw. als bewusste Leerstelle hinterlässt, ist die Frage, wie sich diese von äußeren Einflüssen abgrenzende Gruppe im Exil verhält. Eine Frage, die aber erst im größeren Kontext beantwortet werden kann.[487]

Es handelt sich nach bisherigem Stand um ein Kollektiv, das staatstragende und -machende Funktion hat und eng an das davidische Königtum gebunden ist. Sie haben eine finanzielle Unabhängigkeit, die nach den Tributzahlungen an Necho in 2 Kön 23,34f. empfindlich getroffen, wenn nicht sogar ruiniert sein dürfte. Sie haben politischen Einfluss, der mit der Absetzung des Joahas (23,33) erlischt. Sie haben mit der Einsetzung des jüngeren Bruders vor dem älteren (23,30) einen Fehler gemacht, der, wie sich später zeigen wird (vgl. D.2), den Gesetzen des Deuteronomiums widerspricht. Für diesen Fehler bezahlen sie, wie bereits mehrfach erwähnt, mit ihrem Silber und Gold, sprich ihrem Einfluss (vgl. C.3.4). Dennoch stehen sie weiterhin zu den Königen Judas, sogar wenn diese kapitulieren oder ihren Pflichten als Schutzherren des Lebens nicht mehr nachkommen können (24,14; 25,3). Dies könnte, wenn man Jischmael als Anführer der letzten Reste dieser Gruppe ansieht, dazu führen, dass sie den vermutlich unschuldigen Gedalja ermorden, d.h. unschuldiges Blut vergießen.

487 Zur Diskussion, ob und als was diese Gruppe real existiert haben könnte, vgl. die Diskussionen im Online Anhang zu diesem Buch.

Deutlich wird einerseits, dass diese Gruppe nach ihrem Fehler deutlich an Einfluss verliert. Sie werden zu einer passiven Gruppe, die sich anstandslos, trotz ihrer nicht unbedeutenden militärischen Stärke (24,14–16), deportieren lässt. Aus den Königsmachern werden schwache Gefolgsleute und wahrscheinlich sogar Mörder. Andererseits scheint dies mit dem Verlust des Goldes, welches ja als kultischer Besitz zu verstehen ist, zu harmonieren. Sie haben durch ihren Gesetzesbruch die Verbindung zu JHWH unterbrochen und verfallen ab diesem Moment dem Niedergang, der in Deportation, Ermordung und der Flucht nach Ägypten, dem Land der Fremde, gipfelt.

4.1.3 Pharao Necho: Der letzte Ägypter

Das Volk der Ägypter wird in der Erzählung völlig ausgespart. Allein ihr König »Pharao Necho« wird am Anfang namentlich erwähnt (2 Kön 23,33). Im weiteren Verlauf wird er noch zweimal »Pharao« פרעה genannt (23,34f.) und zweimal »König von Ägypten« מלך מצרים (24,7).

Necho kommuniziert nicht ein einziges Mal in direkter Rede, sind zwei Anweisungen anzunehmen: Er gibt Eljakim einen Thronnamen und legt »dem Land« eine Strafzahlung auf (23,33f.). Ansonsten schafft er unausgesprochene Tatsachen. Necho fesselt Joahas (23,33) und bringt ihn nach Ägypten, wo dieser stirbt. Die Strafzahlung muss der von Necho selbst eingesetzte neue König von Juda aufbringen und ihm aushändigen (23,34f.). Ob der König von Ägypten in 24,7 immer noch Pharao Necho ist, bleibt in der Erzählung unklar. Auf jeden Fall zieht sich dieser König in die eigenen Grenzen und zwar hinter einen Strom zurück, als Babylon anrückt, und gibt damit indirekt den Machtanspruch über Juda auf (24,1.7). Ebenfalls unklar bleibt, ob Necho oder irgendein anderer Herrscher oder ein ägyptisches Volk in 25,26 vorhanden sind, da nur von einer Flucht nach Ägypten berichtet wird. Es ist zwar davon auszugehen, doch scheint es für die Erzählung keine Rolle mehr zu spielen.

Die Motive sind nicht klar aus der Erzählung zu erkennen. Die deutliche Bedrohung des mächtigen Feindes Babel in 24,7 scheint zu einer Sicherung des eigenen Kernlandes zu führen und die Macht über Juda nützt dem eigenen Staat, der seine Position über das eigene Land hinaus ausgebaut hat. Diese beiden machtpolitischen Faktoren sind, da sie Ägypten nutzen, als wahrscheinlichste Interessen des Kollektivs anzunehmen.

Die meisten Deutungen Nechos in der Literatur gehen auf realhistorische Ereignisse zurück, d.h. Ägypten würde in 2 Kön 23,30–25,30 nach historischem Vorbild gezeichnet.[488]

---

488 Vgl. dazu den Online Anhang zu diesem Buch. Die Schlacht bei Karkemisch könnte den

Die Ägypter sind insgesamt eine nebulöse Größe, da sie als Kollektiv nie genannt werden. Dies zeigt sich außerdem im Namen des Pharaos, dem keine klare Bedeutung zugewiesen werden kann.[489] legen die Konsonanten eine Beziehung zu נכה nahe, was »untauglich/ ungeeignet« bedeutet. Wem gegenüber oder zu was er untauglich ist bzw. worauf diese Polemik abzielt, ist noch zu klären.

Ebenfalls offen ist die genaue Tributsumme, die Necho einfordert. 100 Talente Silber sind eindeutig, doch ob die im hebräischen unbestimmt gelassene Summe Goldes ein oder zehn Talente umfasst, ist nicht gesagt. Weiters ist unklar, ob die Art der Besteuerung in 23,35 vom Pharao vorgegeben wurde oder ob es lediglich heißt, dass sein Befehl (ערך) auf diese Weise ausgeführt wurde. Klar ist, dass es sich bei diesem Tribut um eine Strafe handelt, die mit Joahas zusammenzuhängt.[490]

Alles in allem scheint Ägypten in dieser Erzählung keine Größe zu sein, die aus sich heraus verständlich ist. Vielmehr ist sie mit ihren wenigen Auftritten als Nebenakteur einzustufen, dessen Funktion erst aus dem Verhältnis zu den Protagonisten deutlich wird.

4.1.4 Babel und die Völker: Gottesfeinde oder Einfallstor Gottes?

a) Nebusaradan und die Chaldäer

Nebusaradan ist die einzige Figur Babels (wörtl. »Tor Gottes«[491]), die außer den Königen einen Namen trägt. Dieser ist akkadisch und bedeutet »Nabu hat mir Nachkommen gegeben«[492]. Nabu ist nicht der Hauptgott des babylonischen Pantheons, sondern ein machtvoller »Ankündiger«, der Königen das Zepter überreicht. Dies spiegelt sich auch im Hebräischen, denn wenn man den Namen zerlegt, kommt man auf die Wurzel von נבי die für »Prophet« steht und eine klangliche Annäherung an *saris*, den Begriff für »Hofbeamter/ Eunuch«. Nebusaradan ist ein *Garant königlicher Macht.*

Er tritt im Kontext der Erzählung nur als Eroberer und Zerstörer Jerusalems, außerdem nur in einer einzigen Szene, auf (25,8–20) und wird zweimal, inklusive seines Amtes aber sieben Mal genannt. Er tritt offensichtlich hinter seiner Funktion zurück. Auffällig dabei ist, dass in dieser ganzen Szene der Name

---

plötzlichen Rückzug Ägyptens in 24,7 erklären, der in der Erzählung ein »Nehmen« לקח des Gebietes durch Babel beschreibt, scheinbar ohne auf militärische Aktionen abzuzielen.

489 Dieser Punkt ist wichtig, weil bereits ältere, v. a. griechische Textzeugen von einer bewussten Wahl der Namen ausgehen und sie entsprechend übersetzen (vgl. Teil B).

490 Siehe dazu unter 5.2.

491 Vgl. H.Haug, *Namen* 32.

492 Vgl. ebd. 275.

Nebukadnezar das Tun Nebusaradans rahmt (25,8.22).[493] Nebusaradan wird in V.8 in seiner Funktion vorgestellt, die רב־טבחים lautet, und sowohl mit »Chefkoch«, als auch »oberster Schlachter« oder »Chef der Leibwache« gedeutet werden kann, in jedem Fall aber einen militärischen Rang meint.[494] Nebusaradan wird mit der Plünderung und Zerstörung Jerusalems beauftragt, nachdem die Mauern bereits gefallen sind (25,4.9). Er tötet jedoch niemanden, sondern liefert die Menschen an den König von Babel aus (25,18–21). Er ist *ein*[495] Anführer der Chaldäer, steht ihm ein hoher Offiziersrang näher als Kochen, weshalb »Chef der Leibwache« der wahrscheinlichste und mit seinen Handlungen korrespondierende Titel ist. Ihm allein ist die Plünderung von Gold und Silber vorbehalten (25,16), während die anderen die Bronze nach Babel bringen.[496] Nebukadnezar wartet in Ribla auf Nebusaradan (25,20). Auch hier zeigt sich das hohe Maß an Verantwortung, das ihm zugetraut wird. Die Entscheidung, wer im Land bleibt und wer exiliert wird (25,11 f.), liegt ebenfalls bei ihm, die direkte Entscheidung über Leben und Tod aber nicht (25,21). Sein Vorgehen ist im höchsten Maße aktiv und höchst organisiert. Erst zerstört er, dann plündert er, dann werden die Menschen selektiert, zurückgelassen, deportiert, zum König gebracht. Nichts deutet auf ein Zögern oder einen Konflikt hin. Nebusaradan ist ein funktionierender Beamter, der im krassen Gegensatz zu den versagenden Funktionären Judas steht, ein Werkzeug der Zerstörung. Und doch liegt gerade in dieser Nüchternheit eine Grausamkeit, die sich nur mit dem berühmten Diktum H.Arendts von der ›Banalität des Bösen‹, welches sie über den Deportationsleiter Adolf Eichmann gesprochen hat, vergleichen lässt.[497] Wie kann ein vermutlich judäischer Erzähler eine Figur kreieren, die über das Schicksal des eigenen Volkes entscheidet, ohne betroffen zu sein? Handelt es sich dabei um eine Leserlenkung

---

493 Eine Parallele hierzu findet sich im Buch Judit im Verhältnis von Nebukadnezar zu Holofernes (vgl. Teil C).

494 Auch wenn die Anspielung auf einen »Schlächter«, d. h. die Grausamkeiten, die mit Jerusalem geschehen beim ersten Lesen der Geschichte passend erscheinen mag, korrespondiert ein solcher Titel nicht mit seinem Handeln.

495 Im Kontext seines Amtes wird nicht ein einziges Mal der bestimmte Artikel verwendet.

496 Jones vertritt die These »silbernes Silber« und »goldenes Gold« stehe hier für den materiellen Wert, d. h. die Plünderer hätten nach Wertgegenständen gesucht, ihre eigentliche Bedeutung aber nicht gekannt (vgl. Ders., *1.2 Kgs* 645). Dieses Argument halte ich aus mehreren Gründen für nicht zutreffend. Zum einen ist eine derartige Wiederholung im Hebräischen eher im Sinne einer Steigerung zu verstehen und macht dann auf die besondere Güte und Reinheit der Kultobjekte aufmerksam; zweitens verhindert dies die Überleitung der relativ neutralen Schilderung der Zerstörung Jerusalems, auf die detailverliebte Nachzeichnung der Tempelobjekte, die sich auf der Syntaxebene nahelegt (25,13–18) und drittens wird Silber und Gold von Nebusaradan persönlich eingesammelt/überwacht, der auch die Selektion der Menschen übernimmt, was dieser Ausdruck auf der materiellen Ebene unterstützt.

497 Vgl. H.Arendt, *Eichmann* 59; 83; 371 u. ö. Die Neutralität an dieser Stelle ist Teil der Leserlenkung dieser Erzählung (vgl. B 4.5).

und wenn ja, soll es die Unaussprechlichkeit der Ereignisse oder gar den Schockzustand beschreiben?

Die Volksgruppe der *Chaldäer* tritt erstmals in 2 Kön 24,2 auf und wird dort als »Räuberbande« גדודי bezeichnet, die mit anderen marodierenden Gruppen durch Juda zieht, um es »zu vernichten« (אבד), d. h. zu plündern, die Bevölkerung zu dezimieren und Jojakim einzuschüchtern. In 24,11 werden nur die Knechte (עבדים), in 25,10 die »ganze Armee« (כל־חיל) Nebukadnezars genannt, eine Truppe, die jedoch nur aus Rückschlüssen der zweiten Belagerung mit den Chaldäern identifiziert werden könnte, keinesfalls aber muss.

Im zweiten Großabschnitt der Erzählung (25,1–30) werden die Chaldäer genau sieben Mal genannt. In 25,4f. werden sie dann erstmals als Teil der Belagerungsmacht und zugleich als jene genannt, die Zidkija verfolgen und dingfest machen. In V.6 weisen die Chaldäer eine neue Funktion auf. Sie führen den Gefangenen zu Nebukadnezar, wobei der Ausdruck עלה verwendet wird, der auch »darbringen« bedeuten kann.[498] Im weiteren Verlauf dieses Verses ist es nicht der König, sondern *sie* sind es, die das Urteil über Zidkija sprechen (דבר משפט), eine Tatsache die in vielen Übersetzungen übergangen wird.

Die Chaldäer werden weiters als Armee bezeichnet und explizit Nebusaradan zugeordnet, dem Chef der Leibwache (25,10). In 25,10 reißen sie die Mauern Jerusalems ein, in 25,13 beteiligen sie sich an der Plünderung des Tempels, indem sie die großen Bronzegegenstände zerschlagen und nach Babel bringen.

In 25,24 sind sie dann wieder da, innerhalb wörtlicher Rede und als *nomen rectum*, folglich können die »Knechte der Chaldäer« sowohl als *genitivus objectivus* als auch als *subjectivus* verstanden werden. In 25,25 werden die Chaldäer, die sich in Mizpa aufhalten, von Jischmael und seinen Leuten getötet. In 25,26 sind sie als beängstigende Gruppe genannt, vor der der Rest Judas aus Angst vor Vergeltung, vermutlich Blutrache, flieht. Eine Erfahrung, die auf 24,2 zurückgehen könnte und damit den Kreis der Erzählung um diese Gruppe schließt.

Die Chaldäer treten ausschließlich im Plural und im Kontext von Gewalttaten auf. Sie handeln stets auf Befehl bzw. sind einem Befehlshaber zugeordnet: 2 Kön 24,2 (JHWH); 25,4–6 (Nebukadnzear); 25,10.13f. (Nebusaradan); 25,24–26 (Gedalja). Dies scheint notwendig zu sein, denn diese Gruppe ist extrem destruktiv. Unter Kontrolle gehalten reißen sie Mauern nieder, zerschlagen die Reichtümer des Tempels und sinnen auf besonders perfide Sanktionen (25,6.9.13). Sind sie jedoch aus dem Sichtbereich ihres Herren getreten bzw. losgelassen, dann vernichten sie alles und jeden, der ihnen begegnet (24,2; 25,26). Gedalja versucht die destruktive Kraft dieses Kollektivs zu bannen (25,24), scheitert jedoch bereits an der Wahl seiner eigenen Leute (25,25). In der einzigen Szene, die in Babel spielt

498 Außerdem ist es ein üblicher Terminus für das Hinaufziehen ins Land bzw. nach Jerusalem.

(25,27–30), wird die Gruppe nicht mehr erwähnt. Für die Erzählung hat sie ihre Funktion bei der Eroberung erfüllt.

Fasst man die bisherigen Beobachtungen und ersten Interpretationsversuche zusammen, zeigt sich ein Bild, das Babel als zerstörerisches Volk zeigt. Es ist eine destruktive Macht, die allein durch ihren König und seine Funktionäre unter Kontrolle gehalten werden kann. Die Chaldäer sind ein Kollektiv, das bereit ist alles zu vernichten, was sich ihm in den Weg stellt und nach Babel zu tragen, was irgendeinen materiellen (Ressourcen; Edelmetalle; Arbeitskraft) oder ideellen Wert (Künstler; Weise; Könige; Kultgegenstände) hat. Sie gehören zu den aktivsten Figuren der gesamten Erzählung und sind zugleich Instrumente der Vernichtung. Sie sind, um im Bild zu bleiben, der Hammer, der geschwungen wird, um Juda zu bestrafen und seinen sprichwörtlich steifen Nacken zu biegen (24,2) oder zu brechen (25,6). Sie sind handlungstechnisch und emotional die negative Gruppe der Erzählung schlechthin.

b) Die anderen Völker und Volksgruppen

Doch nicht nur die Chaldäer treten als Untergebene des Königs von Babel auf. In 24,2 und 25,23 werden weitere Nachbarvölker Judas eingespielt, nämlich Aramäer, Moabiter, Ammoniter, ein Heerführer der Netofatiter, einer der Maachititer und eine unbestimmte Zahl ihnen untergeordneter Männer, vermutlich Soldaten. Die Aramäer, Moabiter und Söhne Ammons ziehen durch Juda und werden als Räuberbanden bezeichnet, die den Auftrag haben das Land zu vernichten, vergleichbar den Chaldäern (s. o.). Die Heerführer halten sich in Mizpa auf und werden dort mitsamt ihren Leuten getötet, ohne eine einzige Handlung zu vollziehen. Dass sie Gedalja als Heerführer dienen, in Wirklichkeit aber ebenso wie er von Babel abhängig sind, legt zwei Schlüsse über ihre Funktion nahe. Entweder sie sollen das Land und ggf. Gedalja kontrollieren, um weiteren Rebellionen vorzubeugen, und/ oder sie haben Teile des Landes als Belohnung erhalten, die sie qua Amt zur Regierungsverwaltung verpflichten. Beides sind Spekulationen, die sich anhand des Textes nicht belegen lassen. Interessant ist bei dieser Gruppierung, dass sie mit den drei judäischen Heerführern eine Fünfergruppe um Gedalja bildet, ähnlich den Fünfergruppen, die im Umfeld des *Hechal* immer wieder aufgetreten waren (Pfeiler-des-Landes; Männer-vor-dem-Angesicht-des-Königs; Kultpersonal des Tempels u. ö.). Die engste Beratergruppe der Regierung von Juda wäre dann am Ende zu einer Militärjunta geworden, die zusätzlich noch mit Fremden besetzt ist. Verstärkt wird diese Diskrepanz zwischen den verbliebenen Einwohnern Judas, den »Ärmsten-des-Landes« (25,12) und den Fremden noch, wenn man sie mit den Gruppen aus 24,2 vergleicht. Der Netofatite stammt aus einer Stadt des ehemaligen Nordreichs Israel, das mittlerweile unter der Kontrolle Assurs und dann Babels steht. Er ist vermutlich Chaldäer oder ein Teil der in Israel angesiedelten Fremdbevölkerung. Der Sohn eines Maachititers trägt den Namen Ja'asanajahu (»Jhwh erhörte«), was für einen Aufsteiger sprechen könnte, vergleichbar mit Jirmejahu von Libna (23,31). Die Maachiter sind Teil des aramäischen Volkes, der Gruppe, die zuvor in Juda eingefallen war (24,2). Auch wenn sie nicht mehr handeln, stehen die Plünderer Judas an Anfang und Ende der Urteilsvollstreckung Jhwhs über Juda. Sie sterben und nehmen deshalb keinen expliziten Handlungsspielraum mehr in 25,27–30 ein.

Sie haben keine eigenen Herrscher und sind Teil von Babels Hoheitsgebiet. Aus diesem Grund könnte es sein, dass sie handeln, weil der ihnen gegebene Befehl auf ihre eigene staatliche Ent-Hauptung zurückzuführen ist und die anderen Fürsten bzw. Prinzen in Babel die legitimen, aber entthronten und sich eventuell in Geiselhaft befindlichen Anführer dieser Völker sind (25,28). Dies könnte eine implizite Erklärung für ihr Handeln sein.[499] Sollte dies der Fall sein, so ist Juda zwar scheinbar niedriger als sie, da diese es überfallen dürfen (24,2) und sein König im Gefängnis sitzen musste (25,27), gerahmt wird aber die Größe Judas durch eine überlegenere Position. Denn Juda ist noch unabhängig (zumindest im Geist) von Babel, als die anderen es nicht mehr sind (24,1.19) und wird schließlich über sie erhöht (25,28). Deutlich wird, dass alle Völker in dieser Erzählung letztendlich dem Herrschaftsbereich Babels unterlegen sind (24,1f.7; 25,28) und somit die Rolle der Völker in direkter Abhängigkeit der Entscheidungsträger – nicht unbedingt der Protagonisten der Handlung – stehen. Wer sind diese Entscheidungsträger und auf welchen historischen Vorbildern bauen sie auf?[500]

c) *Die Könige von Babel*

Im Verlauf der Erzählung treten zwei Könige von Babel auf und nehmen zugleich Hauptrollen ein. Ob sie dabei die Protagonisten oder die Antagonisten zu den Königen von Juda, den angenommenen Hauptfiguren sind, wird zu untersuchen sein.

Nebukadnezar ist mit 18 Erwähnungen die am häufigsten auftretende Figur überhaupt. Er tritt nur zwischen 24,1–25,22 namentlich auf. In 25,24 wird ein letztes Mal auf ihn als König Bezug genommen. In 25,27–30 ist dann sein Nachfolger Ewil-Merodach an der Macht, auf den es nur einen expliziten (V.27) und zwei implizite Bezüge gibt (V.28 evtl. 30). Insgesamt wird Babels König 21x (= 3 x 7) erwähnt. Diese wahrhaft biblische Zahlenstruktur teilt sich in 11 Er-

499 Eine andere Möglichkeit wäre, die סרים mit den Prinzen, d.h. Königskindern oder mit den baylonischen Fürsten zu identifizieren. Da diese aber bisher nicht vorkamen und Jojachin als besiegter König unter ihnen seinen Platz einnimmt, liegt es näher, diese Gruppe mit den unterworfenen Herrschern bzw. den Geiseln am Hof zu identifizeren (so auch W.Brueggemann, *1.2 Kgs* 606.).

500 Für letzteres vgl. die Ausführungen im Online Anhang zu diesem Buch.

wähnungen im ersten Teil (23,30–25,7), und 7 + 3 Nennungen im zweiten Teil (25,8–26 und 25,27–30) auf, deren genauere Bedeutung noch zu untersuchen sein wird.[501]

Der Name Nebukadnezar stammt aus dem Akkadischen und bedeutet »Nabu schütze meinen Sohn«.[502] Da dies den Überlieferungen des historischen Vorbilds dieser Figur entspricht, ist ein gezielt gewählter sprechender Name für die Erzählung unwahrscheinlich. Dies verstärkt sich noch, wenn man die bewusste Abfälschung seines Nachfolgers Amil Marduk »Sohn des Marduk« in Ewil-Merodach bedenkt. Diese Namensänderung bei annähernd gleichen Konsonanten ist, wie bei Pharao Necho, polemischer Natur und bedeutet entweder »Narr des Marduk« bzw. »Marduk ist ein Narr« oder aber »verfluchter Narr.[503]

Nebukadnezar ist eine Figur, die sich durch ihre unerbittliche Direktheit (nicht Unvermitteltheit!) auszeichnet. Die meisten seiner Handlungen werden stellvertretend ausgeführt oder sind gar nur angedeutet, genauer angedroht: In 24,1 braucht er nur aus Babel heraufzuziehen (עלה) und Juda ist (vorläufig) unterworfen, Ägypten in seine Schranken gewiesen (24,7). Die Rebellion gegen seine Herrschaft können seine Diener erledigen (24,10 evtl. identisch mit den Räuberbanden aus 24,2). Sobald er aber »über die Stadt kommt« בא על־היער, ein Ausdruck, der auch dem Hereinbrechen einer Katastrophe angemessen ist (vgl. Kapitel C), unterwirft sich Jojachin, der Sohn des rebellierenden Vasallen, und mit ihm ganz Juda bedingungslos (24,11f.). Die Machtdemonstration führt zu einem Wechsel der Zeitrechnung und mündet in die erste Deportation (24,12). Doch damit nicht genug, auch das Tempelgold nimmt Nebukadnezar, er hackt es ab (קצץ 24,13) und sichert seinen Herrschaftsbereich durch das Einsetzen eines neuen Königs, dessen Namen er bestimmt; auch dies ein Ausdruck seines göttlichen Machtbewusstseins (24,17). Es folgt eine erneute Rebellion gegen seinen Willen und dieses Mal begnügt sich der König von Babel nicht mehr mit einem Aufzeigen seiner Macht (24,20). Er kommt persönlich nach Jerusalem (25,1), residiert aber spätestens nach dem Fall der Mauern in Ribla (24,4.6.20f.). Dorthin wird der Rebell »gebracht« עלה, ein Verb, dass auch das Darbringen einer Opfergabe für eine Gottheit bedeuten kann (vgl. 25,6). Die Urteilsfindung und -vollstreckung übernehmen die Chaldäer vor seinen Augen (לעניו). Auch hier kann an eine Gottheit gedacht werden, die auf das Opfer ihrer Diener schaut und nicht nur an einen König (25,7).[504] Im Anschluss an die Hinrichtungen lässt er Zidkija blenden, fesseln und fortführen, wobei unklar ist, ob dies noch dem

501 Siehe dazu die Figur ›Jhwh‹ und die Ausführungen in den Synthesen von Teil C und D.

502 Vgl. H.Haug, *Namen* 275. Dass Namenspolemik im Juda des sechsten Jahrhunderts existiert hat, wurde bereits nachgewiesen, vgl. dazu den Aufsatz Y.Amit, *Epoch* 135–152.

503 Vgl. ebd. 117f.

504 Vgl. bspw. Num 19,2.

bereits gefällten Urteil entspricht oder eine neue Handlung ist (25,7). Bis hierher ist Nebukadnezar elfmal aufgetreten, es ist die mittlere Erwähnung.

Nachdem der König bestraft ist, wendet sich Nebukadnezar Jerusalem zu und zwar im 19. Jahr seiner Herrschaft, elf Jahre nach der friedlichen Kapitulation Jojachins. Doch wieder ist es nur ein Diener, den er aussendet und der ihm die Gefangenen (dar-) bringt (25,8.20). Er lässt die Gefangenen schlagen und töten und »entblößt« גלה das Land bis auf einige Wenige (25,21). Über diese Reste wird Gedaljahu eingesetzt (V.22), ein Mann, der seine Macht allein von ihm bezieht (V.23) und die anderen auf ihn einzuschwören versucht: »Dient Babels König und gut geht es euch!« (V.24). Wie Gedalja auf diese Idee kommt, bleibt offen, denn Nebukadnezar hat bisher nur demonstriert, was mit Dienern geschieht, die nicht tun, was er will. Wer sich seiner Macht nicht freiwillig beugt, wird gebeugt, deportiert und getötet. Dafür braucht Nebukadnezar nicht einmal etwas zu tun. Er zieht herauf, sendet aus und lässt sich darbringen. Er scheint ein Gott zu sein. Aber kein freundlicher Gott, sondern ein Gott der Gewalt. Ihm werden Menschen geopfert und sogar vor dem Land macht er nicht halt. Er entblößt es, d. h. er beschämt es wie eine Frau[505] und macht es zur Wüste. Ist er ein König, der den Lebensraum הארץ (Gen 1) wieder zum *Tohubawohu* macht?

Ewil-Merodachs Handlungen hingegen sind das krasse Gegenteil und durchwegs positiv besetzt. Er entlässt Jojachin nicht einfach aus dem Gefängnis, sondern es wird in fast poetischer Weise von der »Erhebung des Hauptes weg vom Haus der Ketten« בית כלא (25,27) gesprochen. Doch damit nicht genug, denn er spricht gütig טוב mit Jojachin, weist ihm einen Ehrenplatz כסא zu, der sogar noch höher מעל liegt als die Plätze der anderen Fürsten in Babel (V.28). Die V.29f. verschleiern die Akteure der Handlung so geschickt, dass sie erst im Rahmen der Figurenanalyse JHWHs untersucht werden können. Doch sollte der König in V.30 Ewil-Merodach sein, so setzen sich seine guten Taten auch in die Zukunft hinein fort. Klar ist auf jeden Fall die Trias an guten Taten in 25,27f., die eine bildliche Erhebung darstellt und die Poetik damit fortführt: Das (gedemütigte, bildlich gesenkte) Haupt des in Ketten gelegten gefangenen »Königs von Juda« wird von ihm angehoben und er begegnet Jojachin mit Worten der Güte.[506] Zeitgleich wird der Gefangene an einen Ort mit Thronen geführt, den Ort, der einem König gebührt und dort an den Ehrenplatz geleitet, an dem er bis in eine offene Zukunft hinein essen darf.

Vergleicht man die beiden Könige, so könnten sie auf den ersten Blick gegensätzlicher kaum sein. Nebukadnezar ist ein furchtgebietender Herr, der auf

505 Vgl. zu diesem Thema die Ausführungen in Teil D.

506 B.Ubach, der in seinem Kommentar sonst völlig dem Vorgänger Garofalo folgt, wagt an dieser Stelle die These, Israels Exil wäre unter Amil Marduk früher beendet gewesen, hätte dieser nur länger gelebt (vgl. DERS., *I.II Reis* 353).

jede Infragestellung seiner Macht mit Gewalt reagiert (24,1–25,20), Ewil-Merodach dagegen wirkt beinah sanft (25,27–30). Nebukadnezar legt in Ketten und lässt Zidkija spurlos verschwinden (25,7). Ewil-Merodach denkt an Jojachin und befreit ihn (25,27). Nebukadnezar entblößt das Land (25,21), Ewil-Merodach gibt Jojachin Kleidung (25,28). Nebukadnezar lässt Zidkijas Augenlicht verlöschen und sperrt Jojachin weg von seinem Angesicht (24,11; 25,7), Ewil-Merodach lässt Jojachin vor seinem Angesicht essen und platziert ihn auf einem Ehrenplatz: durch Ansehen gibt er ihm Ansehen. Nebukadnezar verursacht Hunger und Tod (25,2), Ewil-Merodach nährt ein ganzes Leben lang (25,29f.).

Die Könige von Babel haben einen stark unterschiedenen Regierungsstil und doch eine große Gemeinsamkeit: Sie regieren als absolutistische Herrscher. Ihre theophoren Gottesnamen zeigen die Legitimation. Ihre Entscheidungen sind unhinterfragt. Sie sprechen und es geschieht. Sie haben Macht nicht nur über die Gestaltung des Lebens der Menschen, sondern auch über den Zeitpunkt ihres Todes – zumindest verkürzend. Vergleichen wir sie mit den Königen Judas, so scheinen sie eher die Antagonisten JHWHs zu sein, als die Gegenparte zu Königen.

4.1.5 Wo war Gott in Juda?

Die Frage, die sich vielen Leserinnen und Lesern dieser Textstelle aufdrängen muss, ist, wo sich JHWH während all dieser Ereignisse aufhält und warum er ein so hartes Gericht über Juda und seine Könige hält. Um die kompositorische Tiefe der Figur JHWH in der Erzählung auszuloten, sind dabei drei Analysen notwendig.[507]

a) Offenbar(t)er Gott – explizite Bezüge

Zwar wird das Tetragramm 15x genannt, doch sind es zunächst vier Auftritte im Königsschema, in denen JHWH (im Genitiv), genauer aber seine *Augen,* angesprochen sind (23,32.37; 24,9.19). Sechsmal sind es *nomina recta* des Tempels, der einmal als היכל יהוה (24,13) und fünfmal als בית יהוה (24,13; 25,9.13 [2x]; 25,16) tituliert wird, in denen der Gottesname Erwähnung findet. Zusätzlich sind die Verweise in 24,13 (auch 25,13.16) eigentlich auf das Tempelgold bezogen bzw. auf seine Anfertigung durch Salomo nach den Anordnungen JHWHs. In 24,13 wird

507 Dies ist besonders bei der Figur ›Gott‹ unerlässlich, da ihre narrative Gestalt immer aus der kulturellen Matrix und dem Horizont der Autoren geschöpft wird (vgl. dazu auch den entsprechenden Abschnitt im Online Anhang zu diesem Buch). Besonders aufschlussreich zu diesem Thema ist folgender, jüngst erschienener Sammelband (bes. der erste und zweite Beitrag) U.E.EISEN/ I.MÜLLNER (Hg.), *Gott.* Fast schon ein Klassiker im Bereich der Narratologie und für die Schwierigkeit die Figur Gott auf einer Erzählebene einzuordnen steht M.STERNBERG, *Poetics* 153–185.

Jhwh dreimal in einem Satz genannt, was diesen Vers auffällig macht. Offensichtlich ist die Entfernung des Tempelgoldes von Salomo ein Schlüsselereignis in der Erzählung.[508]

Noch auffälliger sind die drei Erwähnungen des Tetragramms in 24,2–4. Hier, und nur hier wird von Jhwh explizit als Subjekt gesprochen: er wirft (שלח) Räuberbanden gegen Juda oder Jojakim und sendet (שלח) diese, um Juda zu vernichten (אבד). Der Grund dafür sei in den Prophetenworten angegeben. V.3 spricht vom Mund Gottes (פה יהוה), der für die Verstoßung weg von seinem Angesicht מעל פניו verantwortlich zeichnet und Manasse als Schuldigen enttarnt. V.4 zieht den Manasse-Gedanken weiter und schließt mit der Verweigerung Jhwhs, noch länger zu vergeben (סלח). In 24,20 findet sich noch einmal die Bestätigung dieser Aussagen mit Verweis auf den Zorn Jhwhs (אף יהוה) als Ursache der Verweisung von seinem Gesicht weg. Nach dem vollzogenen Gericht und der Zerstörung des Tempels verschwindet Jhwh stillschweigend aus der Erzählung (25,13).

Jhwh ist in der Erzählung eine Gottheit, die in ihrem expliziten Ausdruck *materiell* gebunden scheint. Er hat ein Heiligtum, das nach seinem Willen errichtet und eingerichtet worden ist und mit dessen Zerstörung in 2 Kön 25,9 sein Name aus der Erzählung verschwindet.[509] Seine Macht oder zumindest seine materielle Präsenz scheint an den Kult, das Gold und das Haus in Jerusalem gebunden zu sein, ähnlich der eines Herrschers:

> Gott wird – im Spiegel der Erfahrungen mit ihm – als selbstidentische Größe konstruiert. Dies geschieht (mit Blick auf die nachalttestamentliche Geschichte muss man sagen: noch) nicht im Sinne eines philosophischen Prinzips, sondern eher nach Maßgabe altorientalischer Königsvorstellungen. Gott ist der Souverän, der gnädig oder hart, gerecht oder willkürlich erscheinen mag, aber als bestimmende Macht beschrieben wird.[510]

Doch nicht nur ein Haus, sondern auch die anderen Bezüge auf Jhwh zeichnen ihn sehr *anthropomorph.* Vor seinen *Augen* tun die Könige Judas Böses, bis er sie von seinem *Angesicht* weg verstößt, d.h. aus seinem Sichtfeld verdammt. Sein *Wort* wird durch die Hand der Propheten verkündigt, was sie wie Herolde eines Königs – übrigens passend zum היכל – aussehen lässt. Doch Jhwhs »Gesicht« wird auch noch durch die Mehrdeutigkeit hebräischer Worte nachgezeichnet. So

508 Für eine solche These gibt es sogar altorientalische Parallelen. Hrusa weist in seiner Einleitung darauf hin, dass die akkad. Gottesbezeichnung *dingir* als grammatische Form auf die Göttlichkeit des bezogenen Gegenstandes verweist (Ders., *Religion* 23; 25). Wenn Jhwh auf das Tempelgold bezogen wäre bzw. auf seine Kultgegenstände, dann müsste mit ihrer Zerschlagung auch tatsächlich seine Göttlichkeit erlöschen.

509 Die letzte Erwähnung in 25,13 ist eine Wiederholung von 24,13f. und bezieht sich auf die Plünderung des Tempels vor der Zerstörung, ist zeitlich vor 25,9 einzuordnen (vgl. C.2).

510 K.Schmid, *Literaturgeschichte* 219.

ist es sein *Mund* פה, der Ursache der Exilierung ist (24,3) und es ist sein *Nasenblähen* אף, das Juda forttreibt ins Exil (24,20). Ob dieses Angesicht Gottes, das sich in der performativen Kraft des Wortes zeigt, Bestand hat, kann an dieser Stelle noch nicht entschieden werden, es scheint aber nicht so zu sein.[511]

Ein dritter Aspekt dieses immanenten Gottesbildes ist der *emotionale*. Es handelt sich bei JHWH um einen Gott, der Zorn empfindet (24,20), Unwillen zeigt (24,4) und nur dann zufrieden ist, wenn alles gemäß seinen Vorstellungen geschieht (24,13; 25,16 vs. 24,2–4; 25,20). Der Zorn, der nach bisherigem exegetischen Konsens in 2 Kön 24f. dem klassischen Tun-Ergehen-Zusammenhang entspricht, gipfelt hier in eine extreme Form des Talionsgesetzes, in der unschuldiges Blut mit dem Leben und Sterben ganz Judas bezahlt wird. Damit ist dieses Gesetz aber eigentlich ausgehebelt, denn die Schuld Manasses wird an den nachfolgenden Generationen verfolgt und von Maß kann keine Rede mehr sein.[512] Die Blutrache JHWHs sorgt sogar nach seinem Verschwinden in 2 Kön 25,13 noch für eine Selbstauflösung der letzten Reste Judas nach dem Attentat auf Gedalja (25,26). Das Ergebnis seines Zornes fällt letztlich sogar auf ihn selbst zurück, denn mit der Zerstörung des Tempels, ist auch er selbst verschwunden – eine dramatische Antiklimax, welche die Hoffnungslosigkeit Judas noch einmal unterstreicht. JHWH als immanente Größe scheint gescheitert.

b) Verborgener Gott – implizite Bezüge

Neben diesen expliziten Gottesbezügen sind auch implizite aufgrund der hebräischen Syntax möglich. Diese sorgt durch ihre Durchlässigkeit für eine Transparenz im Text hin auf eine weitere Ebene. Sie liest sich nicht etwa zwischen den Zeilen, sondern tatsächlich öffnet sich der Text hin zu einer weiteren semantischen Ebene. Diese Beobachtung ist dabei keine Neuentdeckung der Gegenwart, sondern sie führt bereits bis in früheste Stadien zurück und wird heute noch aufgegriffen.[513]

Der erste eindeutige JHWH-Bezug befindet sich in der Gerichtserklärung 2 Kön 24,2–4, in der es u. a. heißt, er werfe Chaldäer, die Einwohner Babels, gegen

511 In jedem Fall spricht der Bezug auf Worte JHWHs, auch wenn keine direkte Rede oder prophetische Offenbarung erzählt wird, für die These von E.Aurelius, nach der nicht nur die Propheten, sondern auch Gott sprachlos wird nach 2 Kön 23,27 (vgl. DERS., *Zukunft* 117f.).

512 Ähnlich sieht es auch K.Schmid, wenn er auf die beispiellose Härte zu sprechen kommt, die JHWH gegen sein Volk richtet, obwohl im AO die Abkehr Gottes bekannt war (DERS., *Literaturgeschichte* 111–118). Als Beispiel sich von ihrem Volk abwendender Gottheiten verweist er auf den Erra-Epos (TUAT 3,781–801) und die »adad-guppi«-Inschrift (TUAT 2,479–485).

513 Die griechischen Texte sorgen durch Einfügung von Namen für eindeutige Zuordnungen und vor einigen Jahren hat J.Werlitz noch einmal auf die Sinnoffenheit des Textes z. B. in 2 Kön 24,2 aufmerksam gemacht (vgl. DERS., *Kön* 314f.) und vor ihm W.BRUEGGEMAN, *1.2 Kgs* 570.

Juda. Es folgt die Formulierung »und er sandte«, gemäß der Worte JHWHs gegen Juda. An dieser Stelle kann sowohl JHWH als auch Nebukadnezar der Sendende sein. Da Letzterer in 24,1 nach Juda gezogen ist und es nach dem Abfall JHWH ist, der straft, wird so die belagernde Rückkehr Babels an den Willen JHWHs rückgebunden und eine Nähe zwischen JHWH und Nebukadnezar, der dann nur ein Instrument JHWHs wäre bzw. ein König, dessen Angriff von JHWH zugelassen wird, plausibel. Zu diesem Zeitpunkt ist Babel noch nichts anderes als eine Räuberbande (גדודי 24,2). Kein dauerhaft strafendes Werkzeug, sondern eher ein Stich, der zum Umdenken bringen soll.[514] Als dies nichts nützt, rückt Babel erneut heran und belagert Jerusalem, wodurch sich Jojachin zur Kapitulation genötigt sieht. In 24,13 findet sich dann die nächste Verbindung dieser Art, wenn es von Nebukadnezar heißt, er »hackte ab« alle Geräte des Goldes im Tempel JHWHs, »gemäß dem, was JHWH gesagt hatte«. Hier geht es im ersten Moment um die Anweisungen zur Einrichtung des Tempels, doch auf den zweiten Blick wird klar, dass auch dessen Demontage auf die Anweisung JHWHs zurückgeht.[515] Nicht Babel und sein König, sondern JHWH lässt den Tempel plündern. Dieses Muster setzt sich in den Versen 24,14–16 fort, denn auch dort ist das Subjekt nur als Suffix des Verbs bestimmt (als 3.Pers. Sg. mask.) und kann damit sowohl JHWH als auch Nebukadnezar meinen. In diesen Versen geht es um die Exilierung Jojachins und seiner Leute. Die gesamte erste Deportation wird von Babel, aber eben auch von JHWH, immer noch auf sein Wort hin (24,2.13), ausgeführt. Er ist der Akteur hinter Babel.

Diese These wird durch eine zweite Beobachtung gestützt. In seiner Monographie *Gott und Gewalt gegen Kinder* (2004) hat A.Michel alle Verben, mit denen Gottes gewaltsames Handeln ausgedrückt wird, untersucht. Er machte dabei die Entdeckung, dass immer nur solche Verbwurzeln zum Tragen kommen, die zwar

514 Die Funktion einer solchen Leidenspädagogik oder auch schwarzen Pädagogik ist hinreichend aus der Geschichte der Erziehungswissenschaften (H.BLANKERTZ, *Geschichte*) und auch aus dem biblischen Kontext bekannt (vgl. z.B. zur Kritik an der Leidenspädagogik Gottes im Buch Ijob L.SCHWIENHORST-SCHÖNBERGER, *Ijob*; DERS. *Buch Ijob* 414–427; DERS., *Herr* 146–153 u.ö.). Diese Idee hat sich u.a. in der Mystik entfaltet, z.B. in Meditationsanleitungen des frühen Mittelalters und dort eine gewissen Blüte als Bezugspunkt psychischer Prozesse getragen (K.BAIER, *Lesen* 23–58, 30–32). Doch viel stärker sind die Gefahren, die von einem derart strafenden Gott ausgehen. Diese schlagen sich jüngst in der Debatte um die Monotheismus-Kritik Jan Assmanns nieder und sind in ihren Konsequenzen kaum zu überschätzen (vgl. zur Debatte und ihrem Verlauf für die ersten Jahre J.THONHAUSER, *Unbehagen*; für eine Zusammenstellung bis heute B.MÜHL, *Heilsexklusivismus* 178–211. Zu den wichtigsten Beschäftigungen gehört mit Assmann derzeit der Sammelband J.-H.TÜCK, *Monotheismus*).

515 Knoppers sieht in dieser Stelle einen Hinweis auf die Theologie der frühexilischen Gemeinde, die glaubt im Zorn Gottes seine Präsenz verloren zu haben und die nun darauf wartet, dass Gott ihr verzeiht und die Neuerrichtung eines Heiligtums anordnet (G.N.KNOPPERS, *Yhwh's Rejection* 221–238).

scharf, niemals aber jene, welche die potentiell aggressivsten sind, verwendet werden. Gott wendet bzw. droht immer nur so viel Gewalt an, wie »unbedingt notwendig«.[516] Michel kommt zu dem Schluss:

> Die Wahl der konkreten Verbwurzeln ist keinesfalls beliebig. Der weitgehende Ausschluss bestimmter Verben, die den Nerv des mitmenschlichen Ethos betreffen, indiziert stattdessen, dass sich die alttestamentlichen Autoren bzw. Redaktoren des Zusammenhangs zwischen Gottesbild und Ethos bzw. Ethik auch in semantischer Hinsicht durchaus bewusst gewesen zu sein scheinen.[517]

Diese Beobachtung lässt sich auch auf die Erzählung 23,30–25,30 im Besonderen anwenden. Die auf JHWH hin transparenten Stellen sind hart, aber nicht unnötig grausam. Ganz im Gegensatz zur Ermordung der Kinder Zidkijas vor dessen Augen, welche die Chaldäer beschließen (25,7).

In 25,14 wird noch einmal implizit im Rahmen einer Tempelplünderung JHWH eingespielt, wenn die Geräte, die zu »seinem Dienst« bestimmt sind, abgebaut werden. Nur diese Gegenstände, die für den Kult unerlässlich sind, werden nicht von den Chaldäern zerstört (25,13f.) oder zerhackt (24,13). Ob dies tatsächlich nur an der Größe der Gegenstände liegt oder auf einen Kult im Exil hin offenbleiben soll, ist fraglich.

Ein erstes Fazit an dieser Stelle: Nur, wenn es um JHWH als mögliches Subjekt geht, wird das Bild undeutlich, mehrdeutig, durchlässig, man könnte auch sagen, transparent. Hinter der Tatwirklichkeit steht eine andere Erzählung, die nicht Babel und seine Könige, sondern JHWH selbst zum Antagonisten seines Volkes macht; genauer: Die Könige und das Volk Juda sind die Antagonisten zu JHWH, der sie deshalb bestraft.

Unklar ist, ob JHWH auch nach Abschluss seines Gerichts und der Zerstörung des Tempels noch aktiv ist und wenn ja, wo: Könnte er sogar, wie König und Kultgegenstände, in Babel sein? Tatsächlich ist der Text auch auf eine solche Möglichkeit hin offen, wenn auch nur mit einer weiten Auslegung.[518]

In 2 Kön 25,28 wird der Vers mit einer syntaktischen Offenheit hin auf Jojachin oder Ewil-Merodach beendet. Diese Unklarheit setzt sich in V.29 fort, wo unklar ist, wer wem die Kleidung tauscht/ tauschen hilft, wer vor wessen Angesicht täglich isst und alle Tage wessen Lebens gemeint sind. Auch in V.30 wird dies zunächst nicht deutlicher, denn dort geht es um »seinen Lebensunterhalt«, der »alle Tage seines Lebens« gewährt wird. Das einzige Subjekt ist »der König«

516 Vgl. A.MICHEL, *Gott und Gewalt* 111f.

517 Vgl. ebd. 114.

518 Auch hier lässt sich ein Wechsel beobachten, wie er in jeder einzelnen Analyse bisher auftrat. Die Perikope 2 Kön 25,27–30 kehrt die gesamte bisherige Handlung um. Aus diesem Grund und weil sowohl Vokabular als auch Namen, Personen und Stilmittel sich ändern, legt sich ein redaktioneller Bruch zum Rest der Geschichte nahe. Da dies nicht Teil der Untersuchungen dieser Arbeit ist, soll dieser Verweis genügen.

המלך und dieser kann rückwirkend eingesetzt werden, was aber auch zu keiner Klarheit führt, da ja beide als Könige vorgestellt sind. Die Nennung des Königs ist außerdem die einzige ohne lokatives *nomen rectum* in der gesamten Erzählung. Auch auf der semantischen Ebene ist die Logik nicht ganz eindeutig: Da sich beide Figuren in Babel aufhalten, ist »bei ihm in Babel« (אתן מבבל), nicht sicher.[519] Semantisch logisch ist nur, dass es Jojachins Kleidung ist, die gewechselt wird. Das Essen des Brotes und das Erhalten lebenslanger Rationen in V.29f. sind semantisch ebenfalls mit großer Wahrscheinlichkeit auf Jojachin bezogen. Offen bleibt dennoch, vor wessen Angesicht gegessen wird und wer der König ist, der den lebenslangen Unterhalt gewährt, da ja gerade nicht ausdrücklich »der König von Babel« (המלך הבבל) genannt wurde.

In der bisherigen Erzählung ist diese Offenheit auf JHWH hin transparent gewesen, was dafür spricht, es an dieser Stelle ebenfalls in Anschlag zu bringen. Der König, vor dessen Angesicht (לפניו) – in dieser Erzählung sonst immer explizit auf JHWH bezogen (24,2; 24,20) – gegessen wird, der nährt und Leben gewährt und der mit Jojachin und dem Volk in Babel ist, kann JHWH selbst sein.[520]

Exkurs: Abbild Gottes – Die Rolle theophorer Namen[521]

Eine letzte Gruppe von Bezügen sind die theophoren Namen, da sich im Handeln dieser Menschen implizit göttliches Handeln zeigen kann. Zwölf verschiedene Namen bei insgesamt zwölf verschiedenen Personen tragen JHWH-Bezüge: *Jo*ahas; Jirme*jahu*; *Jo*jakim; Peda*ja*; *Jo*jachin; Mattan*ja*/ Zidki*jahu*; Sera*ja*; Zefan*jahu*; Gedal*ja(hu)*; Netan*ja*; Sera*ja*; Ja'asan*jahu*.[522] Viermal geht es um die altorientalische (thronende) Hauptgottheit: *El*jakim; *El*natan; Jischma*el*, Ewil-Merodach; zweimal ist Babylons Gott der Könige impliziert: *Nebu*kadnezar; *Nebu*saradan.

Interessant ist zunächst das intrinsische Verhältnis der Namen, doch auch die Beziehungen, die die drei Gruppen zueinander eingehen.

519 Sehr früh bemerkte dies auch schon SLOTKI, *Kgs* 324.

520 Ob JHWH tatsächlich der König des Volkes sein kann und was dies für das Königtum der Davididen bedeuten würde, zeigt sich erst in Kapitel D. Aus christlicher Sicht ist es interessant, dass sich hier – und da hat Gerhard von Rad dann tatsächlich nicht unrecht – eine Verbindung der Natanverheißung und des Königtums Gottes nur noch in einer messianischen Gestalt, wie Jesus sie in Mt 1 verkörpert, denkbar ist. Ebenfalls auf eine christologische Auslegung hin befragt T.POLA, *Jojachin* 12–18.

521 Für die bewusste Namensgebung und ihre Relevanz in der Textdeutung haben sich auch der Allegorie unverdächtige Zeugen wie J.Heller (*Namengebung* 71–82) oder P.J.B.VALVEKENS, *Kon I-IV* 209, und auch E.AURELIUS, *Zukunft* 111–114, ausgesprochen. Nach wie vor wegweisend ist die Studie H.RECHENMACHER, *Personennamen*. Ich danke Annemarie Frank für Hinweis und Zugang zur Datenbank der biblischen Eigennamen, die sich im Abschluss befindet.

522 Zur Unterscheidung der Lang- und Kurzformen und ihrer möglichen Entstehung und Bedeutung im sechsten Jahrhundert siehe S.I.L.NORIN, *Name* bes. 117–119; 122f.

Die vier Könige Judas tragen allesamt JHWH-Bezüge in ihrem Namen. Mit Joahas, der am Anfang der Erzählung steht, »beginnt JHWH« buchstäblich sein Tun. Der Name des Großvaters ist Jirmejahu »JHWH hat erhöht«, was nicht direkt auf die Handlung des Joahas rückschließen lässt. Vielleicht aber auf Joschija, denn in ähnlicher Weise gestaltet sich das Verhältnis bei Eljakim/ Jojakim und Elnatan (s. u.). Pedaja, der als Großvater Jojakims auftritt, trägt die »Loskaufung JHWHs« im Namen, die den Tributzahlungen Jojakims entsprechen könnte, welche einen weiteren Aufschub des in Joahas begonnenen Tun JHWHs bedeuten würde, denn erst sein Sohn Jojachin wird die Ströme unschuldig vergossenen Blutes auszubaden haben. Jojachins Name bedeutet »JHWH macht fest/ setzt ein«. In Bezug auf die Handlung zeigt sich hier eine Doppeldeutigkeit, die sich auf die beiden Auftritte Jojachins aufteilen lässt. Ab dem Beginn der Regierung Jojachins ist JHWH fest entschlossen, Jerusalem und Juda untergehen zu lassen (24,8–17), doch das Königtum Judas lässt er gleichzeitig in Jojachin alle Krisen überdauern (25,27–30). Der Onkel Jojachins heißt vor seiner Inthronisierung Mattanja »Gabe JHWHs« und wird von Nebukadnezar in Zidkija »Meine Gerechtigkeit ist JHWH« umbenannt. Dieser König ist tatsächlich der letzte, der Juda *gegeben* wird und an ihm erweist sich die Gerechtigkeit JHWHs, die seit so vielen Generationen über die Dynastie verheißen war. Es ist die Gerechtigkeit des Gerichts, das in aller Konsequenz zu Lebzeiten dieses Königs an ihm, seiner Dynastie, dem Land und der Stadt Jerusalem vollzogen wird, entsprechend der Wege, die dieses Volk und seine Könige vor den Augen Gottes gegangen ist.[523] Im Verlauf des Untergangs werden die zwei Tempelpriester Seraja »JHWH hat sich als Herrscher erwiesen« und Zefanjahu »JHWH hat geborgen« hingerichtet. Ihre Namen können als Anspielung auf die vollzogene Gerechtigkeit des wahren Königs JHWH und die Rettung der Davididen durch die Exilierung Jojachins und die Erhaltung eines Restes in Juda verstanden werden. Der priesterliche Kult hat seine »vermittelnde« Funktion in der Erzählung damit erfüllt, JHWH hat sein Versprechen den Davididen gegenüber gehalten (2 Sam 7,15f.; vgl. D.1).

Nach diesem Gerichtsgeschehen, das in Joahas begonnen wurde und die Könige über Jojachin zwar auf eine unbestimmte Zukunft hin rettet, in Zidkija aber zunächst einmal endgültig gescheitert ist, schließt sich noch eine kurze Perikope an (25,22–26). In ihr sind noch vier theophore Namen mit JHWH enthalten. Der Protagonist dieses kurzen Stückes ist Gedalja(hu), »JHWH hat Großes getan«. Dies bezieht sich der Sinnspur folgend auf den zurückliegenden Teil der Erzählung, denn das Gericht ist jetzt eigentlich abgeschlossen. Daher tritt auch

523 Dieser Gerichtsvorstellung ist in der Forschung der Begriff der »konnektiven Gerechtigkeit« zugeordnet, die sich auch im Namen Zidkijas wiederfindet: vgl. K.Koch, *Sädaq* 37–64, 60f. Der Großteil dieser Thesen geht bei Koch zurück auf die Habilitationsschrift H.H.Schmid, *Gerechtigkeit.*

ein zweites Mal der Name Seraja »Jhwh hat sich als König erwiesen« auf, diesmal nicht mehr im kultischen, sondern im militärischen Kontext, was den Charakter des Strafgerichts unterstreicht. Netanja, »Jhwh hat gegeben«, und Ja'asanjahu »Gott erhörte« gehören ebenfalls zum Kreis Gedaljas. Jhwh, der Großes vollbracht und sich als König erwiesen hat, erhört und gibt auch weiterhin den im Land Verbliebenen das Notwendigste.[524] Dramatischerweise wird dieser von Jhwh gewährte Rest an Hoffnung auf eine neue Zukunft von Männern, die ihn nicht kennen, ausgelöscht.

Die thronende Gottheit *El/ Elohim*, der uneingeschränkte Schöpfer und Herrscher der Welt, ist eigentlich ein Begriff, der keine bestimmte Gottheit, sondern die Göttlichkeit an sich meint.[525]

Sie begegnet in dieser Erzählung erstmals in Eljakim, durch dessen Thronnamen Jojakim auf Jhwh hin entschieden wird.[526] Sein Name bedeutet »Gott spricht frei von Schuld bzw. Gott richtet (die Ordnung wieder) auf«. Nach der fälschlichen Einsetzung des Joahas in Juda wird diese Schuld durch einen eigentlich »Ungeeigneten« (Necho)[527] korrigiert. Dieser setzt den übergangenen Eljakim ein und richtet so (die Ordnung) wieder auf, was sich in der Anerkennung Jhwhs durch einen Ägypter und nicht durch Juda selbst (*jo* statt *el*) besonders schmerzhaft zeigt. Eljakim war zum Zeitpunkt seines Amtsantritts bereits verheiratet, da sein Sohn schon geboren ist, d. h. er hat zu diesem Zeitpunkt Elnatan als Schwiegervater. Dieser ist der einzige der Schwiegerväter der Könige, der keinen Jhwh-Bezug im Namen trägt und sein Name bedeutet »Gott hat gegeben«. Was genau ist unklar, eventuell bezieht es sich auf Jojachin, der ja noch eine entscheidende Rolle spielen wird. Dann ist der Name aber eher kontraproduktiv, da die Regierung Jojachins damit zusammenhängt, dass Jhwh genommen hat. Mit Jischmael wird ein drittes Mal der unbestimmte Gottesbegriff verwendet und zum zweiten Mal bei einem Davididen. Er ist kein Thronanwärter und ermordet Gedalja. Sein Name bedeutet »Gott wird erhören«. Ebenso wie Eljakim steht Jischmael in einem positiven Verhältnis zu Ägypten, da er dorthin

524 Aus diesem Grund werden in 25,12 wohl auch Menschen zurückgelassen, die einen landwirtschaftlichen Dienst verrichten, also die Subsistenz sichern. Dieser Sonderfall an Notfallwirtschaft könnte auch der Grund für die seltsame Wortwahl sein, denn der Ausdruck ist ein hapax legomenon des AT, welches nur in der Parallelstelle Jer 52 zitiert wird.

525 Vgl. I. Hrusa, *Religion* 23. Dieser vertitt die These, dass ›elohim‹ bzw. das babylonische ›dingir‹ im Henotheismus den Platz einnimmt, den die jeweilige Hauptgottheit übernehmen wird. Ich stelle mir dies ähnlich der Rubriken in den *Sacramentales Romani* vor, die ein N.N. an Stelle der Namen abgedruckt finden, um eine Austauschbarkeit möglich zu machen.

526 Es scheint, dass die Feinde des Volkes besser wissen, wer der wahre Herr Judas ist, als es selber. Eine bemerkenswerte Tatsache, die sich in Teil D. noch genauer zeigen wird.

527 Die Gründe, weshalb der Pharao von Ägypten eigentlich ungeeignet ist Judas Königtum zu stützen, finden sich in Teil D.

flieht nach seiner Tat, dem Vergießen unschuldigen Blutes (2 Kön 25,26).[528] Sein Name ist der einzige der gesamten Erzählung, der futurische Bedeutung hat, und er steht unmittelbar vor dem Zeitsprung, der Jojachin wieder auf die Bühne bringt. Er leitet über zu Ewil-Merodach, in dessen Namen das babylonische Pendant zu El steckt. Versucht man eine Gemeinsamkeit zwischen den vier Namen zu sehen, so zeichnet sie sich durch Unbestimmtheit und Missverständnis aus. Die drei Namen aus Juda beziehen sich auf einen Gott, der scheinbar nach Menschenblut dürstet und eine Brücke in die Fremde schlägt, entweder nach Ägypten oder nach Babel. Vergleicht man die bisherige Definition Gottes in dieser Erzählung, so scheinen diese Personen das Gottesbild zu entwerfen, das die Krise hervorgerufen hat. Ein Gottesbild, das nicht persönlich ist, da es – vielleicht auf Grund des Bundesbruchs (vgl. D.5.2) – keinen Namen (JHWH) trägt.

Die auf *Nebo/ Nabu* bezogenen Namen sind auf Babylonier beschränkt, die ihre Macht durch Gewalt und Krieg demonstrieren und durchsetzen. Diese treten nur auf, um ihren Willen durchzusetzen und sind im Pantheon der Hauptgottheit untergeordnet. Dabei geht es um Nachkommenschaft und Prinzentum, liegt der Fokus auf zukünftiger Herrschaft. Im letzten König Babels tritt der Hauptgott unter dem lokalen Titel Marduk (// El, aber auch Baal) wieder auf, d.h. er ersetzt das bisherige babylonische Paradigma durch einen Gott, der sich in seiner Sanftheit und Güte erweist.

Nichts desto trotz darf die Polemik in seinem Namen nicht übersehen werden. Berücksichtigt man die Beobachtungen zum offenbaren Gott (s.o.), könnte die Polemik bedeuten, dass Babel nicht wirklich weiß, wer Gott und König, der Souverän der ganzen Welt, ist. Geht man noch einen Schritt weiter und bezieht die Beobachtungen zum verborgenen Gott in der Erzählung mit ein, dann wird die Polemik noch verständlicher: Gott vollzieht sein Strafgericht an Juda durch Babel. Er instrumentalisiert die Könige Babels und die ihnen zur Verfügung stehenden Kräfte, ohne dass sie sich dessen bewusst sind. Sie halten sich für die Machthaber über die ganze Welt, sie glauben über Gnade und Ungnade, Leben und Tod zu entscheiden. Doch in Wirklichkeit sind sie nur Verkünder (*Nebo/ Nabi*), niedere Geister (*Kasdim*) und in ihrer Selbstüberschätzung Narren (*Ewil*) vor dem Angesicht des einen Gottes JHWH (*JHWH elohim*), der sie geführt und – so sehr sich dies auch mit unserem kantischen Freiheitsbild spießt – verzweckt hat.[529]

528 Mit diesem letzten Mord ist nach Fricke der Tiefpunkt der Narration erreicht (DERS., *2 Kön* 363–365).

529 Für die Ausführungen zum Kantschen Freiheitsverständnis und seiner Konsequenzen im Kategorischen Imperativ vgl. I.KANT, *Kritik* A 54; und daraus hervorgehend DERS., *Grundlegung zur Metaphysik der Sitten*, bes. Einleitung IVff. Diese Differenzierung gab es in der Antike noch nicht, wie das homerische Menschenbild zeigt. Dort übernehmen in der

c) *Zwischenfazit*

Versucht man die Beobachtungen zur Figur ›Gott‹ in der Erzählung von 2 Kön 23,30–25,30 zu synthetisieren, dann kommt ein aus heutiger Sicht unbefriedigendes Fragment heraus. Gott zeigt sich als unbarmherziger Richter/ Rächer und als omnipotenter Herrscher, der die Menschheit seinem Willen unterwirft und sie instrumentalisiert. Zu den Gründen seines Handelns wird kaum etwas gesagt. Deprimierend wirken besonders die Verse 25,22–30, in denen Gott zweimal in großem zeitlichen Abstand zu einer friedlichen, gnädigen Barmherzigkeit findet, die sehr viel mehr dem entspricht, was als Gottesbild unserer postinkarnatorischen und postmodernen Zeit gewünscht ist. Diese Barmherzigkeit wird in 25,22–26 missverstanden und die Hoffnung zerschlagen; auch in 25,27–30 ist ein gesundes Misstrauen gegen diesen erneuten Versuch angebracht, da JHWH namentlich nicht genannt sondern höchstens als Souverän vorgestellt wird.

Die weitere Untersuchung wird nun die Aufgabe haben, dieses fragmentarische Gottesbild in den Kontext des Alten Testaments zu rücken, um den besonderen Fokus dieser Handlung auf den strafenden bzw. richtenden Gott und sein gnädiges Handeln im Anschluss verorten und besser (aber wohl niemals endgültig!) verstehen zu können.

4.2 Der Handlungsverlauf der Erzählung (*plot*)

Obwohl eine Charakterisierung der einzelnen Figuren und Gruppen kaum möglich ist, enthält die Erzählung doch eine Fülle an Handlungen, Hinweisen und impliziten Wertmustern, die sich anhand ihres Ablaufs in eine logische Linie bringen lassen. Die wichtigste Frage lautet dabei: Wer ist in dieser Handlung eigentlich der Protagonist? Die Machtstrukturen, die Anzahl der Nennungen und die handlungsleitenden Momente lassen dafür nur einen Schluss zu: JHWH, der Gott Judas, ist Hauptakteur dieser mehrschichtigen Erzählung, die Könige Judas und mit ihnen das ganze Volk sind die Antagonisten, alle anderen sind Nebenfiguren.[530]

Illias bspw. die Götter einzelne Körperteile des griechischen Helden, die zu widersprüchlichen Handlungen motivieren sollen, bis es den Heroen im wahrsten Sinne des Wortes zerreißt.

530 Die Nebenfiguren zeichnen sich in Romanen üblicherweise durch eine eindimensionale Funktion in Bezug auf den Protagonisten oder die Handlung aus, z. B. der Clown, die weise Hexe, der Lehrer, die Mutter, der Ritter usw. (vgl. J.SCHNEIDER, *Einführung* 22). Diese Einseitigkeit weisen im Grunde alle Figuren der Handlung auf. Nur JHWH ist ambivalent und vielschichtig. Juda versagt, wird schuldig und besiegt. Ägypten und der Pharao sind für JHWH jenseits jeden Interesses. Babel ist das Werkzeug JHWHs, das verschiedene Grade an Kontrolle braucht und gelegentlich (unangenehme) Eigendynamiken entwickelt, die dann wieder eingegrenzt werden.

Die Erzählung beginnt mit der Einsetzung des nach der Reihung falschen Thronfolgers und damit Usurpators Joahas, der durch die Gruppe ›Volk-des-Landes‹ installiert wurde (23,30). Dieses Versagen von Volk und König ist der Auftakt zum göttlichen Strafgericht. Die Fehlbesetzung ruft Ägypten und den Pharao auf den Plan, die als vorübergehende Bedrohung auftreten und diesen Fehler schmerzhaft korrigieren: Sie verhaften den König, unterwerfen dessen Nachfolger und bereichern sich am Land (23,33–35). JHWH hat den Pharao nicht geschickt, denn dieser ist aus bisher unbekannten Gründen ungeeignet, auch wenn er das Volk-des-Landes bestraft.

Auch König Jojakim, der eingesetzte und eigentlich legitime Nachfolger Joschijas, schafft es nicht mehr, das Ruder herumzureißen und JHWH zu gefallen. Ganz im Gegenteil wird er sogar als katastrophal schlecht, als ungerecht, blutdürstig und seinem Dienstherrn gegenüber illoyal beschrieben.

JHWH greift an dieser Stelle (vielleicht schon zum zweiten Mal) ein: Er schickt Räuberbanden nach Juda, die den König wiederum in seine Schranken weisen. Sie führen ihm seine Ohnmacht, das eigene Land zu verteidigen und zusammenzuhalten, vor Augen. Doch damit nicht genug: Gedemütigt sitzt Jojakim in seiner Hauptstadt Jerusalem, bar eines Königreichs, belagert vom Feind, und stirbt. Sein Sohn Jojachin besteigt als letzter in gültiger Sukzession den Thron. Er ist durch die Rebellion seines Vaters, des rechtmäßigen Königs von Juda, als freier Mann und legitimer Herrscher inthronisiert. Er ist jung und auch er schafft es offensichtlich nicht, vor JHWH zu bestehen, denn die Belagerung dauert an. Um Jerusalem zu retten lässt sich Jojachin zusammen mit seinem ganzen Hofstaat, einem Großteil der beweglichen Güter und allen immateriellen Werten, wie technischem Wissen und geistiger Elite, als Geisel nehmen und deportieren. Der einzige Ort, dessen Personal vorläufig verschont bleibt, ist der Tempel. JHWH hat Jerusalem noch nicht endgültig auf bzw. den Feinden Judas preisgegeben.

Nebukadnezar, der als König von Babel und Anführer der Chaldäer das Strafwerkzeug JHWHs geworden ist, setzt mit Zidkija, dem Onkel Jojachins, einen weiteren »falschen« Herrscher ein, bei dem es sich faktisch nur noch um eine Marionette, einen gekrönten Statthalter handelt (24,17f.). Dieser ist, ebenso wie Jojakim, nicht in der Lage, die im Namen JHWHs geschworene Treue zu seinem Dienstherrn einzuhalten. Durch den Bruch seines Loyalitätsschwurs bricht er zugleich den Stab über Jerusalem, sich selbst und das ganze Volk Judas (24,20). Was auch immer mit König Manasse begonnen hatte (24,2–4), wird jetzt durch JHWH beendet.[531] Erneut lässt er die Babylonier aufziehen. Dieses Mal ist die

531 Wer genau König Manasse von Juda, König Joschija von Juda und König Salomo von Israel, der die Geräte des Tempels angefertigt hat, sind, ist zum jetzigen der Untersuchung Zeitpunkt aus methodischen Gründen noch unbekannt. Erst der weitere Kontext von 1 Samuel–2 Könige, der bei den Lesenden vorauszusetzen ist, wird hier Aufschluss geben.

›dämonische‹ Truppe der Chaldäer unter ihrem Anführer Nebusaradan vor Ort, plündert alles und brennt Jerusalem bis auf die Grundfesten nieder. JHWH selbst hat sich zurückgezogen. Er gibt keine Anweisungen mehr, beschützt nicht, schränkt das Wüten der Chaldäer nicht ein. Zidkija demonstriert in seiner Flucht, in der Unfähigkeit das Leben seiner Nachfolger und damit das Fortbestehen seiner Dynastie zu sichern (2 Kön 25,7) und im Verlust seiner körperlichen Unversehrtheit und Freiheit ein letztes Mal das grandiose Versagen der Könige. Sie sind keine Souveräne, wenn sie JHWH nicht folgen. Babel dagegen kann, *weil* JHWH bei ihm ist, alles erreichen. Juda wird an dieser Stelle ein Spiegel vorgehalten: Ihr hättet frei und reich und zuhause bleiben können, ihr hättet das verheißene Land genießen können, wenn eure Könige und ihr mir, eurem Gott und eigentlichen Souverän, treu geblieben und gefolgt wärt.

Und dennoch hält JHWH den Judäern eine Hintertür offen. Wiederum wird ein Teil der Menschen exiliert und sogar ein kleiner Rest darf unter einer autonomen Regierung im Land verbleiben. Doch selbst diese letzte Chance vergibt Juda. Ein weitläufiger Verwandter der Könige (Jischmael) ist Heerführer unter dem neuen Statthalter Gedalja. Dieser ruft zu einer probabylonischen Haltung auf. Er scheint ein Pragmatiker, ein Realpolitiker zu sein. Auch wenn JHWH sein Volk gerade erst für den Wortbruch seines letzten Königs bestraft hat, hält das Jischmael nicht davon ab, seinen verschworenen Dienstherrn zu ermorden. Er flieht daraufhin vor den Chaldäern nach Ägypten und der ganze Rest, der letzte Same der Hoffnung im Land, begleitet ihn. Ob es ihnen bewusst ist oder nicht: Mit ihrer Flucht in das bereits durch Babylon und damit eigentlich durch JHWH in seine Grenzen gewiesene Ägypten, flieht Judas Rest auch vor JHWH und erweist sich damit ein letztes Mal als uneinsichtiger Antagonist.

Es folgt die letzte Szene, in der Jojachin ins Geschehen zurückkehrt. Nachdem Joahas gestorben war und Zidkija niemals hätte eingesetzt werden dürfen, weil Jojachin noch lebte, Jischmael aber nie einen Thronanspruch geltend gemacht hat, ist nur noch dieser gefallene Herrscher übrig. Während Nebukadnezars Nachfolger den Thron besteigt, erhält Jojachin und durch ihn Juda eine ganz neue Chance. Er wechselt vom Gefängnis in *einen*, wenn auch nicht *seinen* Thronsaal, er erhält einen Thron, andere Kleidung und Nahrung. Ein König ist es, der ihm diese Privilegien verleiht und ihm damit eine neue Zukunft ermöglicht. Ob dieser König Ewil-Merodach heißt oder ob JHWH direkt gemeint ist, spielt dabei kaum eine Rolle, weil es letztlich JHWH ist, der in dieser Erzählung die Handlungen Babels motiviert.

Das offene Ende und einige Leerstellen fordern zu der Frage heraus: Und jetzt? Wer ist dieser Gott, dass er solche Treue fordern kann? Wird Juda zu JHWH zurückkehren? Haben Jojachin und das Volk dazugelernt? Welche Zukunft ist für Juda denkbar? Ist es eine Zukunft im Exil oder im verheißenen Land? Was ist das verheißene Land, wenn JHWH offensichtlich überall auf der Welt sein (territorial) und sich jedes beliebige Volk aussuchen kann (relational)? Ist das Scheitern Judas endgültig und hat es seine letzte Chance vertan? Hat JHWH in Babel ein neues Volk erwählt? Wird es einen neuen Tempel geben oder braucht der Name JHWHs keine Wohnung mehr?

4.3 Das Verhältnis der Figuren zu Raum und Zeit

Im Allgemeinen bleiben die bisherigen Beobachtungen auch nach der Figurenanalyse noch bestehen. Es wird auch hier eine Verstärkung bisheriger Tendenzen nachgewiesen, sodass Zeit, Raum und Figuren bzw. Handlungen einen durchgängigen Erzählzusammenhang bilden. Einige besonders markante Szenen bzw. Stellen werden jetzt erst in ihrer ganzen Tragweite bewusst, andere Details und Zusammenhänge liegen weiterhin im Dunkeln, wie die folgende Zusammenschau deutlich macht.

Die *Könige von Joahas bis Zidkija bzw. Jojachin* leben in der Endzeit des Königtums von Juda. Sie sind ein Sinnbild für ungeordnete Verhältnisse und nach der Handlungsanalyse ist endgültig klar, dass Juda nie eine intakte Größe war. Von Anfang an zeigen sich Probleme in seiner Königsherrschaft: Drei von vier Königen werden deportiert und nur einer stirbt eines natürlichen Todes. Drei Könige sind Brüder und somit keine genealogischen Nachfolger. Drei Könige müssen sich ergeben, zwei werden in der Hauptstadt Jerusalem belagert. Eine Zeit lang wird das Volk von Räuberscharen geplündert, mehrfach werden die Wertgegenstände des Staats- und Tempelschatzes entwendet. Außerdem werden Teile der Bevölkerung deportiert und die Regierungszeiten schwanken enorm. Kein einziger dieser Könige schafft es, vor seinem Gott zu bestehen. Die unklaren Verhältnisse zeigen sich an mehreren Stellen des narrativen Konzepts, z. B. in der Unterstützung des Feindes und der Preisgabe des eigenen Volkes durch JHWH, aber auch im Zerbrechen des Königsschemas, wie sich im nächsten Teil noch deutlicher zeigen wird. Doch nicht nur das Schema, auch alles andere bricht ein. Der Herrschaftsbereich der Könige vergeht zusehends, sodass Zidkija am Ende nur noch in der Hauptstadt als geduldeter Vasall regieren darf. Der Verlust des Landes und die Deportation der Intelligenzija inklusive des rechtmäßigen Königs Jojachin sowie der Verlust der eigenen Zeitrechnung bilden den Auftakt. Das Finale des ersten Teils (23,30–25,7) läuten die einbrechenden Mauern Jerusalems ein. Zidkija gibt sein Königtum und alles, was damit kultisch, ideologisch, wirtschaftlich usw. verbunden ist, auf. Er flieht durch die Mauer (חֹמָה) und dies wird ihm – im Sinne eines Wortspiels zum Ort des Gerichts: Ribla im Land »Chamat« (חֲמָת).

Die chronotopische Analyse zeigte für den Zeitpunkt der Tempelplünderung einen sowohl räumlichen als auch tempomäßigen Tiefpunkt an, der mit dem

Übergang vom ersten in den zweiten Teil beginnt (25,8–12). Auf der Handlungsebene geht mit dieser Tatsache der Verlust des Tempels und damit der Wohnung JHWHs inmitten seines Volkes einher. Wieso JHWH es zulässt, ja sogar anordnet, dass sein eigenes Volk gedemütigt, geplündert und versklavt wird, ist nicht ganz klar. Es hat mit Prophetenworten aus der Vergangenheit zu tun, die noch nicht deutlich geworden sind und mit unschuldigem Blut, das vergossen wurde. Hier und jetzt ist JHWHs Wohnung jedenfalls auf eigene Anweisung hin aufgegeben und niedergebrannt, er hat seinen Sitz im Volk, vielleicht sogar das Volk selbst aufgegeben.

Es folgt ein Statthalter, der an einem eigentlich namenlosen »Beobachtungspunkt«[532] lebt und selbst aus einer eher unbedeutenden Familie stammt.[533] Er verwaltet den kleinen Rest des Volkes, dem JHWH erlaubt hat, im Land zu bleiben und Subsistenzwirtschaft zu betreiben. Auf ein absolutes Minimum reduziert, erhält Juda eine letzte Chance. Doch auch diese hat keinen Bestand, denn Jischmael löscht Gedalja und seine Schutztruppen aus und flieht mit allen Verbliebenen nach Ägypten. Das um sich greifende Chaos hat nun auch die äußersten Peripherien des Landes und Volkes erreicht und zur menschenleeren Wüste gemacht.

Die geschlagene Großmacht *Ägypten* markiert innerhalb der Handlung Probleme, die Juda zu ertragen hat. Dennoch fliehen sie dorthin, denn es scheinen nicht sie, sondern JHWH zu sein, der etwas gegen dieses Land und seinen Pharao hat. Dies zeigte sich schon am proägyptischen Verhalten Eljakims, aber auch in der Wahl des Fluchtortes bei Jischmael. Spannend ist, dass keiner der beiden JHWH als theophores Element im Geburtsnamen trägt, die Verbindung zu Ägypten hat definitiv nichts mit JHWH zu tun oder aber mit einer (un)bewussten Entscheidung gegen ihn. Diese beiden Davididen haben außerdem das Vergießen unschuldigen Blutes gemeinsam, denn Eljakim erhält dies als Urteilsspruch (2 Kön 24,2–4) und Jischmael ermordet Gedalja (25,26), der keine sichtbare Schuld auf sich geladen hat. Welche Motive dahinterstehen und weshalb Ägypten ein Ort ohne Zukunft ist (er wird im Gegensatz zu Babel im Epilog nicht mehr erwähnt), geht aus der Erzählung selbst mit keinem Wort hervor, weshalb ein Rückblick in die Beziehungsgeschichte Judas, JHWHs und Ägyptens nötig werden wird. Das Verhältnis von alter zu neuer Großmacht, von Ägypten zu Babel ist bisher auch noch unterbelichtet geblieben. Auch die Rolle des »Stroms Ägyp-

532 H.HAUG, *Namen* 264 erklärt, dass der Name Mizpa eigentlich nichts weiter als Wachturm bzw. »befestigter Beobachtungspunkt« bedeutet.

533 Der Name von Gedaljas Großvater ›Klippdachs‹ ist nicht theophor und weist auch keine dynastischen Züge auf (vgl. U.RÜTERSWÖRDEN, *Beamten* 116).

tens« (2 Kön 24,7) ist immer noch zu klären, da es aus der Dynamik der Handlung keine Notwendigkeit seiner Einführung gibt.[534]

Aber nicht nur diese Orte, auch die *einfallenden Horden* aus 2 Kön 24,1 f., die Rolle der immerhin namentlich genannten *Heerführer* des Gedalja und die Bedeutung der Orte *Ruma*, *Libna*, *Jericho* und *Mizpa* sind noch immer unbekannt. Noch gravierender ist die Orts- oder Volksbezeichnung *Juda*, zu der es überhaupt keine direkten Informationen gibt, die zugleich aber der Schlüssel zum Verständnis dieses göttlichen Zorngerichts zu sein scheint. Diese Fülle an Unbekannten lässt endlich auch Zweifel an den bisher klaren Größen *Jerusalem* und *Babel* aufkommen. In beiden Fällen ist eine Funktion innerhalb der Erzählung 2 Kön 23,30–25,30 klar erkennbar, doch kann der erste Blick auch täuschen. Ohne eine übergeordnete Perspektive, einen »dimensionalontologischen«[535] Blick auf die Ereignisse, wie V.Frankl es in seiner Grundlegung zur Logotherapie schreibt, kann die Erzählung nicht vollständig erfasst werden.

Nicht nur das endgültige Schicksal Judas und Jerusalems, Jojachins und der Exilierten, auch das Verstehen der Gesamtzusammenhänge und damit letztlich ein Großteil der Erzählung selbst sind noch unklar und der Ort ihres Verstehens utopisch i. S. v. un(be)greifbar.

Last but not least sind die *Chaldäer*, *Babel* und seine *Könige* in die Geschichte einzuordnen. Die drei Größen gehören zusammen und bilden ein chaotisches Element. Diese Gruppe macht fruchtbares Land zu Wüste, Freiheit zu Sklaverei, Heimat zu Exil. Sie vernichten den Raum und stören den Ablauf der Zeit. Sie handeln gegen alles und jeden, bereichern sich und scheinen vor nichts Respekt zu haben. Der König ist nicht mehr als eine Kontrollinstanz, die der völligen Entropie Vorschub leistet, sodass Tod und Vernichtung als apokalyptische Bilder, nicht aber der tatsächliche Weltuntergang hereinbricht. Mittels *spacing* konnte gezeigt werden, dass dies nicht die Idee dieser Könige, sondern die Anweisung JHWHs war. Er ist der Handelnde aus dem Hintergrund. Die Chaldäer sind nicht mehr als ein »Tor Gottes« (Bab-El), durch das JHWH in die ›Geschichte‹ – im

534 D.5.2 wird zeigen, dass es sich bei 2 Kön 24,7 um eine Prolepse für 25,26 handelt, die als Vorbereitung des Fluchs von Dtn 28,68 dient.

535 V.E.Frankl, *Mensch* 72–80. Hinter dem Begriff »Dimensionalontologie« verbirgt sich ein in seiner Einfachheit geniales Konzept. Es geht davon aus, dass Klienten nur ihre eigene Perspektive, die sich evtl. auch in mehrere Facetten aufteilen lässt, auf das eigene Leben hat. Dadurch ergibt sich ein Gemälde (2D), welches für wahr gehalten wird, obwohl nicht alles davon verstanden und zugeordnet werden kann. Es scheinen sich aus der gleichen Situation unterschiedliche, sich gegenseitig ausschließende Deutungen zu ergeben. Frankl vergleicht dies mit einem geometrischen Experiment. Bei diesem wird ein Zylinder von oben und von der Seite angeleuchtet. In der Horizontalen wirft die Pyramide einen runden Schatten, in der Vertikalen ein Rechteck. Die Zweidimensionalität ist nicht in der Lage, das Ergebnis zu erklären. Ähnlich könnte es auch bei Erzählungen sein, wenn sie ohne ihren Kontext gelesen werden.

doppelten Sinn – eintritt. Wenn er derjenige ist, der selbst die Herren der Welt dirigiert, dann ist er es auch, der alle Spielräume eröffnet und dem Chaos Einhalt gebietet. Warum aber dürfen dann die Triumphsymbole des Tempels (Gold, Kultgegenstände, Säulen, Ehernes Meer, evtl. Garten) zerstört und geplündert werden? Ist dies kein Beweis seines Machtverlustes oder zeigt es nur an, dass er diesen Mächten erlaubt hat hereinzubrechen, d.h. ihre gesetzten Grenzen zu verlassen?

Wie kann es schließlich sein, dass in der Schlussszene Jojachin ins Geschehen zurückkehrt und damit plötzlich alles wieder offen ist? Durch die Orts- und Zeitangabe in 2 Kön 25,27 wird er nach langer Zeit im fernen Land der Knechtschaft als »König von Juda« wiedereingesetzt. Er erhält seine eigene dynastische Zeitrechnung zurück, nachdem Nebukadnezar gestorben ist. Doch damit nicht genug: Was ihm geschieht, findet im siebten Sabbatjahr, also am Vorabend eines Jubeljahres statt. Was bedeutet dies und in welchem Zusammenhang steht dieses Jahr mit Juda? Wartet JHWH auf etwas?

Woher er all diese Macht hat, ob sie intrinsisch ist oder erwiesen, vermag die Erzählung trotz aller narrativen Finesse nicht zu erzählen. Allein der Kontext dieser Kapitel, die Bücher Genesis bis 2 Könige, können darüber – vielleicht – Aufschluss geben.

D. Die Erzählung im Kontext des Erzählzusammenhangs (Gen 1–2 Kön 25)

Die narratologische Analyse der (isolierten) Erzählung ergab eine ganze Reihe von offenen Fragen, denen im letzten Teil dieser Arbeit nachgegangen werden soll. Notwendigerweise sind hierbei hermeneutische und inhaltliche Vorentscheidungen zu treffen, um den Umfang des Materials bewältigen zu können.

Den Erzählzusammenhang von 2 Kön 23,30–25,30 bildet in erster Linie das Königebuch (1 Samuel–2 Könige), das bisher als direkter Kontext ausgespart wurde. Darüber hinaus ist die Erzählung jedenfalls bis zum Buch Josua im TNK bruchlos lesbar. Durch den Einschub in Jos 1,7, der als kanonische Zäsur gilt, sind die Texte dem Rest der Erzählung (kanonisch) übergeordnet.[536] Unabhängig vom redaktionsgeschichtlich favorisierten Modell herrscht Konsens darüber, dass eine enge Verknüpfung über diese kanonische Grenze hinaus, besonders zum Buch Deuteronomium hin, besteht.[537] Doch auch die anderen Bücher der Tora sind mit der Vorderen Prophetie verknüpft, weshalb der Pentateuch insgesamt in den Erzählzusammenhang einzubeziehen ist.[538]

Eine Geschichte versteht man aber erst von ihrem Ende her zur Gänze.[539] Die Erzählung 2 Kön 23,30–25,30 schließt den Erzählkomplex ab und greift deshalb, wie für einen Abschluss üblich[540], Elemente des Vorherigen wieder auf, reflektiert

536 Vgl. N.Lohfink, *Tod* 11–28; Zenger, *Einleitung* 25–27. Zur Frage nach dem Unterschied zwischen Erzählzusammenhang innerhalb und außerhalb der kanonischen Leseweise vgl. E.Ballhorn, *Israel* 224f.

537 Vgl. Zenger, *Einleitung;* 238. »Zunächst ist allerdings nicht zu übersehen, dass im Pentateuch Geschehensbögen eröffnet werden, die über ihn selbst hinausweisen (a. a. O. 70).«

538 Vgl. ebd. 103; Schmitt, *Geschichtswerk.* Auch wenn eine Zäsur die Linearität der Erzählung stört, kann die Narration durch thematische Vernetzung durchgehalten werden.

539 Es ist mir durchaus bewusst, dass ein Datierungsnachweis all dieser Texte problematisch, wenn nicht gar unmöglich ist (vgl. dazu den Beitrag L.Grabbe, *Last Days* 23; 26–29; anders K.Schmid, *Legislation* 129–153). Da es sich aber bei dieser Arbeit um eine narratologische Analyse handelt, die auf der synchronen Textfassung von 2 Kön 23,30–25,30 beruht, beschränkt sie sich auf notwendig auf die Synchronie.

540 Vgl. die Ausführungen in Kapitel C.1.

sie, führt zusammen und klärt offene Fragen und Erzählüberhänge. So ergeben sich am Schluss deutliche Hinweise, um die Gesamterzählung zu interpretieren.

Methodisch angemessen ist die intertextuelle Vernetzung, d. h. die *lexematischen Verknüpfungen* bzw. Motive, die sich durch den Erzählzusammenhang ziehen.[541] Ihre Erhebung erfolgt dabei in zwei Schritten. Zunächst werden Kernbegriffe der Erzählung erhoben und ihre Verbindungen beschrieben. Nach diesem deskriptiven Schritt folgt eine Gewichtung des Auftretens nach Kriterien für ein besseres Verständnis von 2 Kön 23,30–25,30.

Diese sind im Anschluss an S.Gillmayer-Bucher:[542]

1. Nennung des *Textmerkmals* (Hinweises), das auf eine Beziehung hinweist. Dies ergibt sich aus der Deskription.
2. Wie wird auf einen Text verwiesen (Einzeltext*referenz*) oder auf strukturelle Ähnlichkeiten (Systemreferenz)? Im vorliegenden Text sind es größtenteils Systemreferenzen.
3. Wie wird der *fremde Text* in den vorliegenden *hineingenommen?* Dies geschicht selten in Form von Direktzitaten wie der Plünderung des Tempels (2 Kön 25,11–14), gelegentlich als Einspielung von Orstnamen, Personen oder Kernbegriffen, z. B. »Salomo«, »Ägypten« oder »herausführen«. Am häufigsten ist es jedoch der sich aus der Systemreferenz ergebende motivische Zusammenhang, z. B. die Anwendung eines Gesetzes aus dem Deuteromium, die Vernichtungsdrohung und der Rest, die Erzeugung einer Erwartung, die sich dann nicht erfüllt.
4. Welches *neue Verständnis* ergibt sich daraus?

Diese vier Kriterien liegen strukturell den folgenden Beschreibungen zu grunde, werden aber nicht in ihren Einzelschritten zäsiert, um eine bessere Lesbarkeit der Ausführungen zu ermöglichen.

Das Unverständnis, weshalb Jhwh sich gegen das eigene Volk richtet, bzw. was am Ende noch bleibt, werden in der Erzählung durch Anspielungen auf ein Strafgericht Gottes erklärt.

Die Härte der Strafen oder überhaupt ihre Rechtfertigung fällt innerhalb der Erzählung knapp aus und erklärt nicht wirklich, worum es geht. Der dritte Teil soll diese Fragen nun klären und vor allem die Figurenanalyse (Kapitel C.4) ergänzen. Dort konnten in der Regel weder die Motivationen für Handlungen, noch das Wertsystem oder die Aufgaben der Figuren und Gruppen innerhalb ihrer Gesellschaft und innerhalb der Handlung erhoben werden. Aus diesem Grund

541 Jüngste Entwicklungen in der Literaturwissenschaft sprechen auch von »Thematologie« statt Motivkritik oder Intertextualität (vgl. Schneider, *Einführung* 33; 37).

542 Vgl. Dies., *Intertextualität* 19. Das letzte Kriterium ist zu ergänzen um die Aspekte: Handelt es sich um eine Verstärkung, Relativierung oder Konterkarierung des Bezuges?

sind auch ihr Verhältnis zu JHWH und ihre Verstrickung in einen Schuldkomplex nicht erkennbar. Das Gericht erscheint weitgehend ungerechtfertigt. Die Figuren Salomo, Joschija und Manasse etwa sind nach wie vor unbekannt, das Volk-des-Landes und die Mutter des Königs, sowie die meisten Hofbeamten handeln selten oder gar nicht. Die Frage einer ›Sippenhaft‹ ganz Judas, in die auch Unschuldige verstrickt werden, steht im Raum. Davon abgesehen, ist immer noch nicht klar, wer oder was ›Juda‹ genau ist und welche Rolle es in der Erzählung spielt.

Um dies aus dem Erzählzusammenhang zu klären, sind zunächst die Verknüpfungen in den erzählenden Büchern (Josua – 2 Könige) und die Gesetzesgrundlagen, an denen die Figuren gemessen werden (Bundesbuch, Levitikus und Deuteronomium, v. a. das Ämtergesetz Dtn 17f. und die Fluchformel Dtn 28), von entscheidender Bedeutung. Ergänzt werden sie durch die Überlieferungen der Prophetie (Jesaja, Jeremia, Ezechiel).[543]

Die drängende Frage nach der Legitimität des göttlichen Gerichts[544] und ihrem Verhältnis zu den großen Verheißungen, die das Gottesvolk erhalten hat (z. B. Gen 12; Ex 3f.; Jos 24; 1 Sam 15; 2 Sam 7) ist ein weiteres großes Kapitel. Hier stellt sich außerdem die Frage, weshalb die umliegenden Völker und vor allem Babel bzw. die Chaldäer für das Strafgericht ausgewählt wurden und warum in Ägypten keine Zukunft liegt.

Ein dritter Fragenkomplex setzt die von JHWH verhängten Strafen in ein Verhältnis zu seinem Gnadenhandeln in 2 Kön 25,27–30 und früherer Gnadenerweise. Gerade die letzten drei Verse, denen in der Forschungsgeschichte breiter Raum zukommt und die scheinbar über die Gesamtaussage der Erzählung entscheiden, müssen noch einmal im Kontext des Erzählzusammenhangs gesehen werden. Wenn mit diesem Schritt die Erzählung von 2 Kön 23,30–25,30 umfassend analysiert und aus ihrem Kontext heraus verstanden ist, kann in einem allerletzten Schritt über den theologischen Aussagegehalt nachgedacht werden.

543 Die Hintere Prophetie wird hier nicht behandelt, weil sie eigene theologische Konzepte zu Katastrophe von 586v.Chr. haben und die Beziehungen besonders zu Jeremia schon breit untersucht sind (vgl. A.2).

544 Hier wird ein Ausblick in die Schöpfungsmacht Gottes (Gen 1–11) und sein Heilshandeln an Israel (Ex 1–40) unumgänglich sein, da diese – wie sich zeigen wird – das Ende von 2 Kön 25 beeinflussen.

1. Das Königtum von Juda

1.1 Das Königtum der Israeliten in ›Gesetz‹ und ›Wirklichkeit‹

Nicht nur die bereits untersuchten Könige Joahas, Jojakim, Jojachin und Zidkija sowie die noch weitgehend ungeklärten Rollen der im Text erwähnten Könige Joschija, Manasse und Salomo sind weiter zu untersuchen. Auch das Königtum von Juda (und Israel) muss insgesamt in den Blick genommen werden, um das göttliche Urteil über Könige und Land zu verstehen. Die wichtigsten Fragen lauten: (1) Wie war das Königtum im Erzählzusammenhang beschaffen? Wie wird man König und welche Aufgaben hat der König? (2) Was erfahren wir über die einzelnen Könige, die für 2 Kön 23,30–25,30 relevant sind? Die Tora dient dabei der Auslegung immer als Richtschnur, an der die weitere Erzählung gemessen wird, da sie diese Funktion auch im Kanon einnimmt.

1.1.1 Die Vorgeschichte zum Königtum in Israel

Zunächst ist die Art der Herrschaft des Königs über das Volk zu ergründen. In der Tora kennt Israel keinen König. Das Königtum beginnt weder mit der Schöpfung, denn dort werden alle Menschen zu Stellvertretern Gottes (Gen 1,26–28), noch zur Zeit der Erwählung der Erzeltern (Gen 12–50), noch zur Zeit des Mose. Auch wenn Abraham ein Heerführer ist (Gen 14f.), Josef sein Volk rettet (Gen 41f.) und Mose, Aaron und Mirjam das Volk in der Wüste leiten (Exodus – Deuteronomium), sind sie doch niemals dessen Herrscher.

Auch im Erzählzusammenhang, der auf die Tora folgt, sind Könige weiterhin[545] eine Erscheinung der Völker, nicht aber Israels (vgl. Jos 2,2f.; 8,1f.; 10; Ri 3,10–20 u.ö.). In Ri 9 wird erstmals von einem König aus den Reihen Israels berichtet.[546] Abimelech (»Mein Vater ist König«), der uneheliche Sohn eines Richters, ermordet einen Großteil seiner Familie und lässt sich in Sichem zum König ausrufen. Daraufhin kommt sein Halbbruder Jotam und bringt das Gleichnis von den Bäumen, die sich selbst einen König erwählen wollten und den am wenigsten geeigneten auswählen, sodass er ihnen zum Verhängnis wird.[547] Diese Szene setzt gleich zwei negative Vorzeichen: (1) Wenn Israel sich selbst einen König einsetzt, dann ist er nicht legitim. (2) Der Kultort Sichem, der

545 In der Tora ist es vor allem der Pharao/ König von Ägypten, der auftritt. Er ist der Gegenspieler JHWHS und besetzt das Königtum damit negativ.

546 Unmittelbar vorher (Ri 8,22f.) hatte Gideon noch erklärt, niemand könne König sein, außer JHWH. Dies stellt den Versuch von Ri 9 zusätzlich in ein schlechtes Licht (vgl. N.WAZANA, *Law* 169–195, 175).

547 Zur Königskritik in Ri 9,8–15 vgl. K.SCHÖPFLIN, *Jotham's speech* 3–22; S.TATU, *Jotham's fable* 105–124.

anfänglich die Hauptstadt des Nordreiches sein wird (vgl. 1 Kön 12), geht auf einen schlechten König zurück und bringt damit das gesamte Königtum des Nordreichs in Verruf. Dort kann kein guter König regieren und so wird auch von *keinem einzigen* der Könige Israels gesagt, er habe getan, was JHWH gefiel.

Trotz dieses gescheiterten ersten Versuchs steht das Richterbuch dem Königtum am Ende positiver gegenüber als einem anarchistischen Modell: »In jenen Tagen gab es noch keinen König in Israel, jeder tat, wie es ihm gefiel« (Ri 21,25).[548]

Bevor ein König gewählt werden kann, erhält das Volk durch eine wundersame Geburt einen neuen Propheten (Samuel), der unter der Obhut des letzten Richters (Eli) aufwächst und JHWH erkennen lernt. Als das Volk in 1 Sam 8 einen eigenen König einfordert, ist Samuel zunächst aufgebracht, denn das Volk braucht nur auf die Führung JHWHs zu vertrauen, um Heil zu erlangen. Doch JHWH hat Geduld mit seinem Volk und setzt ein Königtum ein:

> Denn nicht dich haben sie verworfen, sondern mich haben sie verworfen: Ich soll nicht mehr ihr König sein. Das entspricht ganz ihren Taten, die sie (immer wieder) getan haben, seitdem ich sie aus Ägypten heraufgeführt habe, bis zum heutigen Tag; sie haben mich verlassen und anderen Göttern gedient. So machen sie es nun auch mit dir. Doch hör jetzt auf ihre Stimme, warne sie aber eindringlich und mach ihnen bekannt, welche Rechte der König hat, der über sie herrschen wird.
>
> Samuel teilte dem Volk, das einen König von ihm verlangte, alle Worte des HERRN mit. Er sagte: Das werden die Rechte des Königs sein, der über euch herrschen wird: Er wird eure Söhne holen und sie für sich bei seinen Wagen und seinen Pferden verwenden und sie werden vor seinem Wagen herlaufen. Er wird sie zu Obersten über (Abteilungen von) Tausend und zu Führern über (Abteilungen von) Fünfzig machen. Sie müssen sein Ackerland pflügen und seine Ernte einbringen. Sie müssen seine Kriegsgeräte und die Ausrüstung seiner Streitwagen anfertigen. Eure Töchter wird er holen, damit sie ihm Salben zubereiten und kochen und backen. Eure besten Felder, Weinberge und Ölbäume wird er euch wegnehmen und seinen Beamten geben. Von euren Äckern und euren Weinbergen wird er den Zehnten erheben und ihn seinen Höflingen und Beamten geben. Eure Knechte und Mägde, eure besten jungen Leute und eure Esel wird er holen und für sich arbeiten lassen. Von euren Schafherden wird er den Zehnten erheben. Ihr selber werdet seine Sklaven sein. An jenem Tag werdet ihr wegen des Königs, den ihr euch erwählt habt, um Hilfe schreien, aber der HERR wird euch an jenem Tag nicht antworten. (1 Sam 8,7–18 EÜ 2016, herv. BC)

Die Ansage JHWHs ist so klar wie radikal: Die Einsetzung eines menschlichen Souveräns über das Volk untergräbt das direkte und exklusive Verhältnis zwischen Gott und Volk, da sie ihn als Herrscher nicht länger anerkennen. Diese Einstellung wird auf den wiederholten Götzendienst (Ex 32; Richter u. ö.) zurückgeführt und ist eigentlich eine Bankrotterklärung des Volkes. Der König

548 W.Gro(ß)ss, *Ri*; G.Hentschel, *Richter* 267–278, 276f.

wiederum erhält so viele Rechte, dass er im Grunde willkürlich über Israel regieren kann und das ganze Volk »zu Sklaven« (עבדים) macht.

Dieser Ausdruck greift auf die Tora zurück und zeigt an, dass die Unterordnung unter einen menschlichen König dem Verhalten des Volkes in der Knechtschaft Ägyptens entspricht, wo es sich dem Pharao unterordnen musste (Ex 1,13f.; 5,15f.; 6,5 u.ö.).

Bemerkenswert ist, dass dem König hier nur Rechte, nicht aber Pflichten gegeben werden, wie sie das Königsgesetz des Deuteronomiums vorschreibt (Dtn 17,14–20).

1.1.2 Das Königsgesetz Dtn 17,14–20 und die Könige

> Wenn du in das Land, das der HERR, dein Gott, dir gibt, hineingezogen bist, es in Besitz genommen hast, in ihm wohnst und dann sagst: Ich will einen König über mich einsetzen wie alle Völker in meiner Nachbarschaft!, dann darfst du einen König über dich einsetzen, doch nur einen, den der HERR, dein Gott, auswählt. Nur aus der Mitte deiner Brüder darfst du einen König über dich einsetzen. Einen Ausländer darfst du nicht über dich einsetzen, weil er nicht dein Bruder ist. Der König soll sich aber nicht zu viele Pferde halten. Er soll das Volk nicht nach Ägypten zurückbringen, um mehr Pferde zu bekommen; denn der HERR hat zu euch gesagt: Ihr sollt auf diesem Weg nie wieder zurückkehren. Er soll sich auch keine große Zahl von Frauen nehmen, damit sein Sinn nicht vom rechten Weg abweicht. Er soll nicht zu viel Silber und Gold anhäufen. Und wenn er seinen Königsthron bestiegen hat, soll er sich von dieser Weisung, die die levitischen Priester aufbewahren, auf einer Schriftrolle eine Zweitschrift anfertigen lassen. Sein Leben lang soll er die Weisung mit sich führen und in der Rolle lesen, damit er lernt, den HERRN, seinen Gott, zu fürchten, auf alle Worte dieser Weisung und dieser Gesetze zu achten, sie zu halten, sein Herz nicht über seine Brüder zu erheben und von dem Gebot weder rechts noch links abzuweichen, damit er lange als König in Israels Mitte lebt, er und seine Nachkommen. (Dtn 17,14–20 EÜ 2016)

Das Königsgesetz ist ein so komplexes Thema, dass es in dieser Arbeit nicht ausreichend behandelt werden kann.[549] Dennoch sind einige Aspekte für das korrekte Verständnis des Erzählzusammenhangs unabdingbar.

Die erste Anweisung lautet: Allein JHWH kann einen König einsetzen. Auf diese Weise ist der König automatisch JHWH untergeordnet. Sowohl König Jojakim (2 Kön 23,35) als auch König Zidkija (2 Kön 24,17) werden von Fremdherrschern eingesetzt. Sie können keinesfalls vor den Augen JHWHs bestehen, denn indem sie den fremden Königen untertan sind, dienen sie automatisch auch deren Göttern.

549 Eine hervorragende Einleitung in den Stoff bietet das Kapitel zum Königsgesetz aus der Dissertation J.FRIEDL, *Volk*.

Es folgen Anweisungen, die den Besitz des Königs betreffen: So darf er nicht zu viele Pferde, d. h. Militär besitzen und schon gar keine aus Ägypten. Dies ist eine polemische Prolepse auf König Salomo, der ebendies tun wird (1 Kön 10,28). Außerdem ist das Verbot, das Volk (jemals wieder) nach Ägypten zu bringen, eine Erklärung für das Versagen Jischmaels (2 Kön 25,26), der diesem Gebot zuwider handelt. Auch König Joahas kehrt – wenn auch nicht gerade freiwillig – in 2 Kön 23,32f. nach Ägypten zurück und disqualifiziert sich damit als König von Juda.

Das nächste Gebot behandelt die Anzahl von Frauen und die Beschränkung im Reichtum. Dies sind wiederum Spitzen gegen den unermesslich reichen König Salomo (1 Kön 10,14–29), der außerdem mehr als 200 Frauen aus aller Welt hatte, die ihn schließlich zum Abfall vom Glauben verführten (1 Kön 11,1–13).[550] Doch nicht nur Salomo, auch König Hiskija wird sein Reichtum zum Verhängnis, denn durch ihn provoziert er die Belagerung Jerusalems (2 Kön 20,12–18). Verstöße gegen das Gebot eines großen Harems lassen sich nicht so einfach ausmachen, was verschiedene Gründe haben kann: (1) Es gibt diesen Harem, wie sich am Beispiel Jojachins zeigt (2 Kön 24,15), er wird nur nicht mehr extra erwähnt und/ oder (2) der Abfall vom Glauben an Jhwh hat sich bereits ereignet, daher ist der Punkt mit den fremden Frauen weniger wichtig geworden (s. u.). Dafür spricht auf jeden Fall die negative Beurteilung der meisten Könige von Juda, die nicht von den Taten ihrer Väter abließen, d. h. die Kulthöhen nicht abrissen.

Auf diese wenigen Ge- bzw. Verbote folgt ein weiteres. Der König soll eine Zweitschrift des Gesetzes, des Deuteronomium oder sogar der gesamten Tora, mit sich führen und täglich in ihr lesen, damit er sich an die Gebote Jhwhs halten kann.[551] Das Original soll von den Leviten verwaltet werden. Dies ist zweifelsohne die Schriftrolle, die König Joschija in 2 Kön 22 überreicht wird.

Von diesem Gesetz darf »nicht nach links oder rechts« abgewichen werden, eine Formulierung, die allein Joschija und David als ideale Könige Judas erreichen (2 Kön 22,2).[552] Sie tritt mehrfach in räumlichem Sinne auf, u. a. in Ex 14,22.29, wo sie die zurückgedrängten Wassermassen beschreibt und auch sonst ist das Abweichen vom Weg gefährlich (Num 20,17; Dtn 2,27 u. ö.). Wichtiger noch ist aber die moralische Kategorie, sich an den richtigen Weg zu halten, die sich – mit Ausnahme von Spr 4,27 – als explizite Forderung der Toraobservanz zeigt: Sie leitet den Dekalog aus (Dtn 5,32), ist für das sakrale Gerichtsverfahren (Dtn 17,11) und den König (Dtn 17,20; 2 Kön 22,2) die höchste Richtlinie. Auch das Volk wird auf sie eingeschworen, indem die Formulierung

550 So auch N.Wazana, *Law* 180.

551 Vgl. C.Frevel/ E.Zenger, *Einleitung* 155; 159.

552 Vgl. für den Ausdruck die Tabelle im Anhang. Außerdem G.Braulik, *Gesetzesparänese* 21–50, bes. 31–34; M.Weinfeld, *Deuteronomy.*

an der Schnittstelle zwischen Fluch und Segen (Dtn 28,14) sowie an Beginn und Ende der Landgabe (Jos 1,7; 23,6) auftritt. Das Abweichen führt dazu, einen Weg gehen zu müssen, den das Volk nicht gehen möchte (Jes 30,21).

Nur Könige, die sich an dieses Gebot halten, d.h. auf die Stimme JHWHs in Form des Gesetzes hören, können lange regieren und ihren Nachkommen den Thron sichern.[553]

Eine wichtige Aufgabe des Königs ist deshalb die Verwirklichung der Gerechtigkeit und die Einhaltung der Gebote, das Richteramt. Der König wird in der Weisheitsliteratur beispielsweise mit einem Löwen gleichgesetzt, der mit seinem scharfen Blick die Wahrheit sieht und gerechte Urteile fällt (Spr 19,12; 20,2.8.28). Übt er sein Amt schlecht aus, zählt er zu den Frevlern:

> Der Frevler flieht, auch wenn keiner ihn verfolgt, der Gerechte fühlt sich sicher wie ein Löwe […] Ein grollender Löwe, ein gieriger Bär – ein frevelhafter Herrscher über ein schwaches Volk. Mancher Fürst ist klein an Verstand und groß als Unterdrücker; wer Ausbeutung hasst, hat ein langes Leben. Ein Mensch, auf dem Blutschuld lastet, ist flüchtig bis zum Grab; man halte ihn nicht. (Spr 28,1.15–17 EÜ 2016)

Diese Blutschuld, die den Menschen durch das Gesetz (Dtn 19,10–13; 21,8f.; 27,25) bis zum Grab verfolgt, ist bei den Königen Manasse (2 Kön 21,16) und Jojakim (2 Kön 24,4) zu finden. Sie reicht zurück bis zum Brudermord in Gen 4, wo Kain nach dem blutigen Mord an Abel durch ein dauerhaftes Zeichen bis zu seinem Tod stigmatisiert ist (Gen 4,10.15). Interessanterweise verhindert gerade das der Größe der Schuld entsprechende Zeichen, dass Kain für seine Taten zur Rechenschaft gezogen und getötet wird (Gen 4,14–16). Saul wiederum kann den Untergang seines Königtums noch einmal hinauszögern, weil er auf seinen Sohn hört, als dieser ruft: »Warum willst du nun schuldig werden und unschuldiges Blut vergießen, indem du David tötest?« (1 Sam 19,5). Sie holt ihn dennoch ein, als die beiden letzten Mitglieder seiner Dynastie, sein Cousin Abner (1 Sam 14,50) von Joab (2 Sam 3,29) und sein Enkel Ischbaal ermordet werden (2 Sam 4).[554] Diese Meuchelmorde ernten die Missgunst des Idealkönigs Davids (2 Sam 3,29; 4,10f.) und die Täter*innen werden umgehend (2 Sam 4,12) bzw. auf Davids Sterbebett zum Tod verurteilt (1 Kön 2,5). Obwohl die Feinde Davids tot sind,

553 In diese Richtung denken auch die Weisheitsschriften, wenn sie den gerechten König beschreiben. Die erste Aufgabe dieses Königs ist es, den Willen JHWHs zu erfüllen. Dazu heißt es in Spr 21,1: »Wie ein Wasserbach ist das Herz des Königs in der Hand JHWHs, er lenkt es dorthin, wo er will.« und Ps 1,1f.: »Selig der Mann [i. e. der König David] der nicht nach dem Rat der Frevler geht […], sondern der Gefallen hat an der Weisung des Herrn, bei Tag und bei Nacht über seine Weisung nachsinnt.«. Deshalb ist es auch nicht der König, dessen Gunst zu suchen ist, sondern es ist JHWH, der Recht über das Volk spricht und auf dessen Propheten das Volk hören soll (Spr 29,18.26). Nur auf diese Weise kann der König gerecht sein und seinen Thron ewig sichern (Spr 29,14).

554 Vgl. J.PAKKALA, *Zedekiah's Fate* 449 Anm. 23.

belohnt er deren Mörder nicht, sondern richtet diese nach der Tora, wie es einem gerechten König vor dem Angesicht JHWHs entspricht.

1.1.3 Die Wahl des Königs, seine Nachkommen und die Verwerfung der Sauliden

Das Königsgesetz hat deutlich gemacht, dass nicht das Volk selbst entscheidet, wer der Herrscher sein soll, sondern Gott – in der Erzählung vermittelt durch seine Propheten. Dies ist sowohl bei der Wahl Sauls (1 Sam 9) als auch bei David der Fall (1 Sam 16) und sogar bei der Einsetzung Jerobeams zum ersten König des Nordreichs (1 Kön 12). Kennzeichen der Wahl ist die Salbung, die das Volk-des-Landes ohne prophetische Unterstützung, d.h. ohne göttliche Verfügung an Joahas vornimmt (2 Kön 23,30f.). Er ist kein gottgewählter Herrscher und kann vor JHWH nicht bestehen.

Von Sauls Einsetzung wird berichtet, dass der bereits Gesalbte in einer eigenen Versammlung in Mizpa bestätigt wird (1 Sam 10,17–19) und unmittelbar nach seiner Ernennung das Königsrecht vor ihm abgelegt wird (V.25). Ob es sich dabei um Dtn 17,14–20 oder die Polemik 1 Sam 8 handelt, bleibt unklar. Dies wäre auch die korrekte Vorgehensweise bei Joahas gewesen, doch das bereits einsetzende Schweigen der Propheten spricht für sich (vgl. D.4).

Wichtig für die Dynastien ist die Übergabe der Herrschaft an die eigenen Nachkommen im Anschluss an die Wahl.[555] Sie wird in den Königsbüchern durch das Königsschema angegeben, bei Saul kommt es jedoch nie dazu. »Saul war [?] Jahre alt und er regierte zwei Jahre in Israel« (1 Sam 13,1) ist zwar der Anfang des Schemas. Es fehlen neben dem Alter aber vor allem der Abschluss des Schemas mit Übergabe an seine Kinder, da die regierungsfähigen Nachkommen mit ihm sterben (1 Sam 31). Das Auslassen dieser Notiz zeigt das Ende der Dynastie an und schließt die Sauliden als Ahnväter der Davididen aus.[556] Dazu passend gibt es zu König David kein Königsschema, da er der Begründer seiner Dynastie ist und ihr Bestand bis zum Ende von 2 Könige (und darüber hinaus?) gibt.

Neben dem Haus Saul und dem Haus David, das zunächst nur auf Juda beschränkt ist (2 Sam 2,7) und später wieder sein wird (1 Kön 12) gibt es außerdem die Nordreichdynastien Haus Jerobeam, Haus Menahem, Haus Jehu, Haus Omri und Haus Bascha.[557] Sie alle gehen nach dem Verständnis der Genesis, wie das gesamte Volk Israel, auf die zwölf Stammväter, d.h. die zwölf Söhne

555 Die in 1.2 Könige (im Gegensatz zu Chroniken und Genesis) ausgedrückten Kontinuitätslinie der Könige Judas als Identitätsmarker des Volkes/ Staates entspricht der »ideology of ancestral identities that is directly related to the political landscape of the Levant during the Iron Age.« (vgl. M.SURIANO, *Politics* 175).

556 Vgl. M.SURIANO, *Politics* 172.

557 Ebd. 171.

Jakobs, zurück. Jakob wiederum ist der Sohn Isaaks, der der Sohn Abrahams ist und damit sind alle Könige aus seinem Haus. Wie David ist Abraham ein von Gott erwählter Familienbegründer, denn er verlässt das Haus seines Vaters (Gen 12,1–4). Wie David steht er nicht in der Tradition seiner Väter und zeigt damit, dass ein dynastischer Neuanfang in sich nicht verwerflich ist. Dies ist sowohl für die Davididen als auch für die Nordreichkönige relevant. Letztere Versagen jedoch, da sie nie vom kultischen Versagen ihrer Vorgänger abweichen und die Vorgängerdynastien damit ihre ›geistigen Väter‹ bleiben. Die Nachkommenschaft lässt sich sowohl im genealogischen, als auch im geistigen Sinne verstehen.

Saul, der als erster König von JHWH eingesetzt worden ist, entwickelt sich im Laufe seiner Herrschaft zu einem willkürlichen Tyrannen. Aus diesem Grund wird sein Haus von JHWH verworfen. Den letzten Nagel zu seinem Sarg schlägt Saul in 1 Sam 28,7–22, wo er die Zauberin von En-Dor um ein Orakel ersucht, anstatt JHWHs Propheten um Hilfe zu bitten. Diese Tat ist gleichbedeutend mit Götzendienst (vgl. Dtn 18,9–22) und führt nicht nur zum Ende Sauls, sondern auch zum Untergang seines Hauses. Doch bereits in 1 Sam 15 ist sein Schicksal als König besiegelt, denn »es reute JHWH, dass er Saul zum König gemacht hatte« (1 Sam 15,35) und es ist dort schon klar, wie Saul versagen wird:

> Denn Ungehorsam ist Sünde wie Zauberei und Widerstreben ist wie Götzendienst und -verehrung. Weil du das Wort JHWHs verworfen hast, darum hat er dich verworfen, dass du nicht mehr König sein wirst.« (15,23 EÜ 2016).

Die Reue Gottes, die zur Vernichtung Sauls führt, ist das Ergebnis dauernder Strafandrohung. Nur einmal in der Bibel gibt es noch eine solch totale Vernichtung und zwar in der Sintflut-Erzählung (Gen 6–9), die mit ähnlicher Formulierung beginnt:

> Der HERR sah, dass auf der Erde die Schlechtigkeit des Menschen zunahm und dass alles Sinnen und Trachten seines Herzens immer nur böse war. Da reute es den HERRN, auf der Erde den Menschen gemacht zu haben, und es tat seinem Herzen weh. Der HERR sagte: Ich will den Menschen, den ich erschaffen habe, vom Erdboden vertilgen, mit ihm auch das Vieh, die Kriechtiere und die Vögel des Himmels, denn es reut mich, sie gemacht zu haben. (Gen 6,5–7 EÜ 2016; herv. BC)

Und ebenso, wie Gott in Gen 9,11.15 der Schöpfung zusagt, dass er nicht nochmal derartig bedrohen wird, verspricht er David: »Meine Gnade soll nicht von Dir weichen, wie ich sie habe weichen lassen von Saul, den ich vor dir von meinem Angesicht weg getilgt habe« (2 Sam 7,15). Dieses Versprechen erhält Noah, als der letzte Gerechte der Menschheit, ebenso wie David, der sich als guter und gnädiger König erwiesen hat. Denn David nutzt seine Chance nicht, um die potenziellen Thronansprüche der Sauliden durch weiteres Blutvergießen zu beseitigen, sondern er verspricht in 1 Sam 24,22f., dass er Sauls Nachkommen nicht töten (lassen) wird. Dieses Versprechen hält er nicht nur ein, sondern er behandelt seinen Schwur als Richtmaß für die Mörder der Sauliden (s. o.) und lässt neben individuellem Respekt für Saul und seine Nachkommen (1 Sam 31,12f.; 2 Sam 1; 3,35; 4,12) sogar öffentliche Trauerriten abhalten.[558] Im Gegensatz zu Saul ist David der ideale König.

Er ist das Maß für alle Könige, die von JHWH eingesetzt werden, bis auf eine folgenschwere Ausnahme: David vergießt das unschuldige Blut Urijas, nachdem er nicht vertuschen konnte, mit dessen Frau geschlafen zu haben (2 Sam 11). Der erste Sohn dieser Verbindung stirbt (2 Sam 12), der Thronfolger Abschalom rebelliert gegen seinen Vater und auch im übrigen Leben Davids (2 Sam 13–24) folgt ein Familiendrama dem anderen. Salomo, der überlebende Sohn Batsebas, wird nach langen Thronstreitigkeiten, die auf den Tod Davids folgen (1 Kön 1), zum König. An ihm muss sich nun entscheiden, wie die Dynastie, der JHWH versprochen hat, dass sie nicht mehr ausgelöscht werden wird (2 Sam 7,15f.), fortbestehen kann. Er wird zum Eckstein des Königtums von Juda.

1.1.4 Salomo, Manasse und Joschija – ideale Stereotypen

a) König Salomo von (ganz) Israel – Spender des Tempelschatzes? (2 Kön 24,13; 25,16)

Salomo, der »Friedensfürst«, ist das Produkt einer Liaison, von der es heißt: »JHWH aber missfiel, was David getan hatte« (2 Sam 11,27). Er ist nicht der Erstgeborene Davids und kann nur durch Einwirken seiner Mutter auf den Thron gelangen (1 Kön 1). David ermahnt seinen Sohn auf dem Sterbebett, auf den Wegen Gottes zu gehen und den Geboten der Tora zu folgen (1 Kön 2,3).[559] Damit erweist er sich einmal mehr als idealer König, denn er übergibt seinem Nachfolger die Aufgabe, die das Königsgesetz vorschreibt (Dtn 17,19f.). Zunächst gelingt dies alles auch hervorragend. Salomo ist ein Vorbild an Weisheit und Gottesfurcht. Er errichtet die Wohnung Gottes (1 Kön 6–8) nach dessen Anweisungen und unterwirft sich, sein Königtum und Volk in einem Staatsakt noch einmal JHWH im Anschluss an das Tempelweihgebet:

> Gepriesen sei der HERR, der seinem Volk Israel Ruhe geschenkt hat, wie er es versprochen hat. Von all den herrlichen Verheißungen, die er durch seinen Knecht Mose verkündet hat, ist nicht eine hinfällig geworden. Der HERR, unser Gott, sei mit uns, wie er mit unseren Vätern war. Er verlasse uns nicht und verstoße uns nicht. Er lenke unsere Herzen zu sich hin, damit wir auf seinen Wegen gehen und die Gebote, Befehle und

558 Zur Bedeutung des öffentlichen Weinens als Akt königlicher im Gegensatz zu privater männlicher Stärke vgl. I.MÜLLNER/ T.NAUMANN *Männlichkeit* 303–315.

559 An dieser Stelle wird eine große Menge dtn Terminologie eingespielt, vgl. dazu G.BRAULIK, SBAB 2 11–38; ausführlicher noch N.LOHFINK SBAB 2 11–38; SBAB 12 229–256; SBAB 16 206–238; SBAB 20 157–166.

Anordnungen befolgen, die er unseren Vätern gegeben hat. Mögen diese Worte, die ich flehend vor dem HERRN, unserem Gott, gesprochen habe, ihm Tag und Nacht gegenwärtig bleiben. Möge er seinem Knecht und seinem Volk Israel Recht verschaffen, wie es jeder Tag verlangt, damit alle Völker der Erde erkennen, dass niemand Gott ist als der HERR allein. Euer Herz aber bleibe ungeteilt beim HERRN, unserem Gott, sodass ihr seinen Gesetzen folgt und auf seine Gebote achtet, wie es heute geschieht. (1 Kön 8,56–61 EÜ 2016, herv. BC)

Auf dieses vorbildhafte Leben im Stil seines Vaters folgen die zugesagten Heilszuwendungen JHWHs. Salomo wird reich und kann das Gebiet Israels im Süden bis Eilat ausdehnen (1 Kön 9,26). Er sichert die Grenzen des Reiches und erreicht dessen größte Ausdehnung. Salomo kann Jerusalem und die anderen Städte ausbauen und sichern, Frieden mit den Nachbarvölkern halten und die gute Beziehung zum Tempel erhalten. Irgendwann aber vergisst er die Gebote der Tora, wird zu reich (1 Kön 10,14–29) und besitzt Pferde aus Ägypten (10,28). Er lässt sich schließlich von seinen unzähligen Frauen, die aus politischen Heiraten stammen, zum Götzendienst und der Errichtung von Kulthöhen verführen (1 Kön 11,1–8) und verstößt damit gegen fast alle Anweisungen des Königsgesetzes. In Konsequenz müsste er das ganze Königtum verlieren, doch wegen der Zusage an David (2 Sam 7,15f.) darf er Jerusalem und Juda behalten und weitervererben (1 Kön 11,13). Salomo wird auf diese Weise zum Typos des gefallenen Königs. Er, der die perfekten Voraussetzungen hatte, fällt vom Glauben an JHWH ab und verliert fast alles. Geradeso wie sein Vater David macht er einige fatale Fehler, doch im Gegensatz zu ihm, sieht er sie nicht ein und behält nicht länger das gute Verhältnis zu JHWH. Mit Salomos Tod wird erstmals das volle Königsschema Judas beschlossen (1 Kön 11,41–43) und er wird zum zweiten Ahnherrn.[560]

Durch seine Heirat nach Ägypten und die Reichtümer, die er dem Tempel stiftet, werden Beginn und Ende von 1 Könige und 2 Könige miteinander verbunden (2 Kön 25,12–17.26). Durch seine Hochzeit mit einer Ägypterin holt er Ägypten ins verheißene Land und legt auf diese Weise den Grundstein dafür, dass das Gold Ägyptens (Ex 3,22; 11,2; 12,35) wieder dorthin zurückfließt (2 Kön 23,34f.).[561]

Salomo ist aus Sicht von 1 Könige keineswegs durchgehend positiv zu deuten, wie es in der Forschungsliteratur auf Grundlage von 1.2 Chronik immer wieder geschieht,[562] sondern er ist ambivalent und zeichnet den Weg des Untergangs

560 Dabei erinnert das Königsschema eher an eine Lehensformel und überträgt die Kompetenzen vom Vater auf den Erben (B.HALPERN, *Editions* 242f.).

561 So J.P.LEITHART, *2 Kgs* 272.

562 Vgl. G.GAFUS, *Königskritik* 49–58, 55f. Das Hohelied nimmt eine kritische Position zu König Salomo ein, sodass dieser selbst innerhalb des Alten Testaments ambivalent bleibt (vgl.

ebenso vor wie sein Vater David. Kein menschlicher König und sei er noch so ideal, kann ein Souverän wie JHWH sein.

b) König Manasse von Juda – Vergießer unschuldigen Blutes (2 Kön 24,3f.)

Von Manasse wird durchgehend Schlechtes berichtet. Er ist nicht nur der Praxis seiner Vorfahren verhaftet geblieben, sondern er macht auch noch die kultreinigenden Maßnahmen seines Vaters Hiskija rückgängig (2 Kön 21,3). Er begeht alle Sünden der Völker (21,2.4–6) und lässt sogar einen Kultpfahl errichten (V.7), handelt also explizit gegen die Verordnungen von Dtn 16,21f.; 17,2–7; 18,9–22.[563] Sein Verhalten ist besonders frevlerisch, weil das Volk Judas sich ihm anschließt, auf diese Weise den Tempel und das ganze Land entweiht und JHWH zwingt, sie mit Samaria und dem Greuelkönig Ahab von Israel gleichzusetzen (2 Kön 21,8–13). Kurz: Manasse macht aus Juda ein neues Israel und verwandelt damit das Volk Judas in ein Volk von Götzendienern. Daraufhin droht JHWH:

> Ich will Jerusalem auswischen, wie man eine Schüssel auswischt und dann umdreht. Den Rest meines Erbbesitzes will ich preisgeben und den Feinden ausliefern. So wird mein Volk ein Raub und eine Beute all seiner Feinde werden; denn es hat getan, was mir missfällt und mich erzürnt, seit dem Tag, da seine Väter aus Ägypten auszogen, bis zum heutigen Tag. (2 Kön 21,13–15 EÜ 2016, herv. BC)

Manasse hört jedoch nicht auf diese Worte und übersieht die deutlichen Anspielungen auf die Verurteilung Sauls. Deshalb ist er laut 2 Kön 24,1–4 jedenfalls für die einfallenden Räuberscharen mitverantwortlich.

Darüber hinaus tritt er in Sauls bzw. Ahabs[564] Fußstapfen und vergießt unschuldiges Blut (21,16).[565] Wie immer, wenn solches vergossen wurde, trifft es auch hier nicht Manasse selbst, der immerhin 55 Jahre regierte (21,1), sondern seine Nachfahren: Amon wird in seinem Haus ermordet (21,23), Joschija stirbt auf dem Schlachtfeld (23,29f.), die Söhne Joschijas besetzen nacheinander den Thron und zumindest Zidkija wird grausam bestraft und stirbt einen einsamen Tod (Jer 52). Sein Urenkel Jojachin sitzt den größten Teil seines Lebens in einem Gefängnis in Babel und wird erst im Alter von 55 Jahren freigelassen (2 Kön 25,27). Mit Jojachin als Wendepunkt in 2 Kön 25,27–30 erfüllt sich gleichzeitig die Aussage JHWHs: »Er bewahrt Tausenden Huld, nimmt Schuld, Frevel und Sünde hinweg, lässt aber den Sünder nicht ungestraft; er verfolgt die Schuld der Väter an den Söhnen und Enkeln, an der dritten und vierten Generation« (Ex 34,7

E.BIRNBAUM, *Salomo* 233–264, bes. 237–243). Anders T.RÖMER, *Salomon* 98–130; L.SCHWIENHORST-SCHÖNBERGER, *Salomo*.

563 Vgl. P.F.S.VAN KEULEN, *Manasseh* 86.

564 Vgl. M.A.SWEENEY, *King Josiah* 36.

565 Zur Bedeutung des unschuldig vergossenen Blutes s.o. (C.3.2).

EÜ 2016). Jojachin selbst ist die vierte Generation nach Manasse (Amon – Joschija – Jojakim – Jojachin) und erst dort lässt die Strafe Jhwhs nach.[566]

Aus all diesen Gründen ist es Manasse, der der Auslöser (nicht die Erstursache!) für den Untergang Judas ist (2 Kön 23,27; 24,4f.).[567] Es spielt nun keine Rolle mehr, ob sein Enkel Joschija die Kulthöhen zerstört, um seine Urenkel von diesen Kulten fernzuhalten.[568]

Manasse wird, ebenso wie sein Sohn Amon (21,21) und evtl. Jojakim (24,6),[569] im Garten Usas, der an seinem Haus liegt, begraben.

Dies ist aus mehreren Gründen wichtig. (1) Auch wenn nie klar wird, woher die Bezeichnung Usa kommt (z. B. von König Usija), ist dieses Grab offensichtlich *am* oder sogar *im* Garten des Königs, durch den Zidkija flieht (2 Kön 25,4f.). (2) Es wird nicht von Joschija gesagt, dass er dort beerdigt wird, deshalb könnte dieser Garten ein Ort für schlechte Könige sein.[570] Der Garten wird auf diese Weise negativ aufgeladen, zumindest aber ein unreiner Ort, da dort Tote bestattet sind und rangiert so zum Gegenbild des Gartens Jhwhs, des Garten Eden, der ein Ort des Lebens ist (Gen 2f.; 13,10 u. ö.).[571] Dies zeigt sich besonders deutlich im Erzählzusammenhang, da nur in Genesis und 2 Könige – mit Ausnahme einer Metaphorik im Bileamsegen (Num 24,5–9) – von Gärten die Rede ist. Neben dem Garten, aus dem der Mensch verbannt wurde (Gen 2f.), steht der selbstgepflanzte Garten Manasses (2 Kön 21). Doch statt ein Ort des Lebens und der Ruhe zu sein, ist er Grabstätte (2 Kön 21,18) und Fluchtweg (2 Kön 25,4).

c) *König Joschija von Juda – der neue David (2 Kön 23,30)*

Über König Joschija ist viel geschrieben worden, was vor allen Dingen auf seine Kultreform zurückzuführen ist. Sie ist das Gegenbild zur negativen Kultreform Manasses (2 Kön 21)[572] und eine wesentlich konsequentere Durchführung der Kultreinigung Hiskijas (2 Kön 18f.). Nach seinen Maßnahmen und der Feier des Pessachfestes (2 Kön 23,23) versiegt die Kultterminologie im Erzählzusammen-

---

566 Gegen P.F.S.van Keulen, *Manasseh* 158.

567 Vgl. D.R.Davis, *2 Kgs* 337; Er sagt weiter, dass es ab diesem Zeitpunkt keine Rolle mehr spiele, wer auf dem Thron Judas sitze – und wenn es David selbst wäre, da Gott nicht länger vergeben wolle. Dazu verweist Davis dafür auf Ps 103,10 (a. a. O. 339).

568 So zumindest H.-D.Hoffmann, *Reform* 33–37; P.F.S.van Keulen, *Manasseh* 206.

569 So zumindest Ant (vgl. Teil B).

570 So M.Suriano, *Politics* 109, der sich letztlich aufgrund des hohen Spekulationsgehalts dagegen entscheidet (a. a. O. 110).

571 Vgl. zum Begriff »Garten« die Tabelle im Anhang. Es zeigt sich dort, dass der Garten in nachexilischer Zeit ein Bild für das erneuerte Jerusalem sein wird (bes. Ezechiel, Jesaja, Jeremia). Im Erzählzusammenhang handelt es sich eher um einen deskriptiven Begriff.

572 Vgl. H.-D.Hoffmann, *Reform* 23f.29; 40.45f.; M.Sweeney, *King Josiah* 4, 36–39, 170. Die intertextuellen Nachweise finden sich bei B.Halpern, *Editions* 240: 2 Kön 21,3 vs. 23,8; 21,3 vs. 23,4; 21,4f. vs. 23,12.

hang und wird nicht länger negativ eingespielt.[573] Joschija liest das Königsgesetz (2 Kön 22) und vermutlich das gesamte Gesetz, denn er beginnt die Rechtsvorschriften in Juda umzusetzen. Besonders auffällig ist die Kultzentralisation (Dtn 12,4–7) sowie das strikte Verbot kanaanäischer Kultbräuche (Dtn 12,29–31). Schockiert zeigt er sich vermutlich bei der Lektüre der Flüche von Dtn 28, die er durch Hulda, die letzte Prophetin im Erzählzusammenhang, deuten lässt (2 Kön 22).

Exkurs Dtn 28 als Strafandrohung

Was hat Joschija gelesen, das ihn dazu bringt, die bedeutendste Reform der Königszeit durchzuführen? Was schreibt »das Buch des Gesetzes« über das Verhältnis von Gott und Volk? Um das strafende Vorgehen Gottes in 2 Kön 23,30–25,30 und die Wahl seiner Sanktionen zu verstehen, ist Dtn 28 eine Schlüsselstelle.[574] Es handelt sich um einen Vertragsabschluss[575], der Israel in V.1–14 den Segen Gottes garantiert, wenn es auf Jhwhs Stimme hört (יהוה בקול תשמע). In den nachfolgenden V.15–68 wird dann bis ins kleinste Detail beschrieben, was das Gottesvolk erleiden muss, wenn es nicht auf das Wort Jhwhs hört und den Bund mit ihm bricht.[576] Die sehr enge Verknüpfung mit der Erzählung zeigt sich an der starken semantischen Verbindung[577], die bereits vor jeder weiteren Interpretation auffällig ist.

573 Vgl. G.Vanoni, *Beobachtungen* 357f. Als Beispiel führt er סלח an, das siebenmal positiv im DtrG auftritt, davon fünfmal im Tempelweihgebet (1 Kön 8), einmal in Dtn 29,19 und 2 Kön 5,18, als negative Anspielung in 2 Kön 24,4 (a.a.O. 361). Ähnlich argumentiert M.Sweeney, *King Josiah* 39; 51.

574 So auch J.P.Sonnet, *Siege* 73–88, 77f.; D.R.Hillers, *Treaty-Curses* 85; G.E.Mendenhall, *Covenant Forms* 50–76, 73f.

575 Zur Rolle des Deuteronomiums als Verfassungsentwurf vgl. E.Otto, *Programmschrift* 93–104; C.Schäfer-Lichtenberger, *Verfassungsentwurf* 105–118; H.U.Steymans, *Deuteronomium*.

576 Selbstverständlich hat die historisch-kritische Exegese gezeigt, dass die Datierung dieses Textes ebenfalls eine reflektierte Form der Untergangserfahrung Jerusalems ist und dass sie eher etwas später als 2 Könige liegt (J.P.Sonnet, *Siege* 75). Für den Erzählzusammenhang aber ist diese Stelle unerlässlich und der Charakter des Fluchvertrages ist bereits lange vorher aus der Praxis des AO bekannt, sodass für den Eidbruch und die Vergehen in 1 Samuel - 2 Könige von einem gedachten Vertrag dieser Form ausgegangen werden kann (vgl. H.U.Steymanns, *Deuteronomium 28*).

577 Auf lexikalischer Ebene lassen sich wenig Parallelen ziehen, da kaum identes Vokabular verwendet wird. Auf der Sinnebene dagegen sind die Verbindungen augenfällig.

Dtn 28,15–61 (Strafandrohung)	**2 Kön 23,30 – 25,30 (Durchführung)**
20: Böses Tun führt zu Strafe	24,3.20: Strafe wegen bösem Tun
25a: Jhwh liefert sie dem Feind aus	24,1 f.; 25,9–21: Unterlegenheit gegen Feinde
25b: Israel muss fliehen	25,4f.: Flucht Zidkijas und seiner Männer
29: Fehlschläge & Ausplünderung	25,6: Gefangennahme & 23,33.35; 24,13; 25,13–17: Plünderung von Volk, König und Tempel
32.36.41.63: Exilierung des Volkes	24,12.14–16; 25,20f.: Exilierung des Volkes
33: Säen, aber nicht essen	25,3 (Hunger); 25,12 (Ärmste als Fronbauern)
43: der Fremde steigt auf	25,22–26: Befehlshaber Gedaljas sind z.T. Fremde
45: »all dies wird geschehen, wenn…«	24,3.20: »all dies ist geschehen, weil…«
47: Fremden dienen und hungern	25,3; evtl. 25,27–30 Dienst im Exil
48: unter dem eisernen Joch liegen/ in Ketten liegen	25,27: Jojachin ist im »Haus der Ketten«
49: ein fremdes Volk vom Ende der Erde	24,1: Babel kommt (d.h. ganz aus dem Osten)
52: Belagerung bis alle Mauern fallen	25,4.9: Zerstörung der Mauern; Fall Jerusalems
53–59: Essen der eigenen Kinder	25,3 großer Hunger (bewusste Auslassung?)
60f.: Ägyptens Plagen und die Rückkehr	25,26: Rückkehr nach Ägypten
62: nur Wenige werden übrig bleiben	25,12.26: nur noch ein Rest ist übrig
63f.: Zerstreuung unter die Völker	25,5 (zerstreut weg vom König); 21 (Babel); 26 (Ägypten); auch 2 Kön 17f. (Assur)
66f.: Brot essen in Angst	25,27–30: 37 Jahre Leben im Exil ohne Perspektive → erst dann gibt es tägliche Brot-Rationen zu essen
68: Rückkehr nach Ägypten auf Schiffen (über nicht durch das Meer)	25,26: Rückkehr nach Ägypten durch den Grenzbach (24,7)

Dtn 28 und das Hören auf die Stimme Jhwhs[578]

Das Standardwerk zu Dtn 28 ist fraglos die Dissertation von *Hans Ulrich Steymans: Deuteronomium 28 und die* âde *zur Thronfolgeregelung Asarhaddons* (1995).[579] Er hat nachgewiesen, dass die Vertragskonzeption von Dtn 28, die sich in Segen und Fluch aufteilt und bestimmte Strafen vorsieht, auf einer diachron wie synchron breit bezeugten altorientalischen Rechtstradition beruht. Es geht

578 Für das Auftreten des Wortfeldes »Stimme Gottes« vgl. die entsprechende Tabelle im Anhang.

579 H.U.Steymans, *Deuteronomium 28*; Ders., *Vorlage* 119–141. Eine Aktualisierung unter Beibehaltung der wesentlichen Thesen findet sich auch in seinem Artikel von 2011: Ders., *DtrB* 161–191. Zur weiterführenden Literatur sei verwiesen auf die Vorschläge von E.Otto, *Dtn 12–34* 1959–1966.

dabei um eine Selbstverfluchungsformel: »Segen und Fluch kommen beim Schwören des Vertrages als Sanktion iuris divini wesentliche Bedeutung zu. Der beschworene Eid macht die Götter zu Garanten der Vertragserfüllung.«[580] Es geht nicht darum, das Volk mit möglichst harten Strafen zu treffen, sondern es durch die Androhung von Strafen innerhalb des Vertrages zu halten. Es ist eine Abgrenzung: »Der Fluch ist nur der negative Hintergrund der eigentlich von JHWH und Israel angestrebten gegenseitigen Treue, aus der für Israel Segen und Leben fließen.«[581]

Dtn 28 steht am Ende der Gesetze des Mose als große Abschlussformel des Bundes und vor dem den Abschiedsreden vorausgehenden Summarium (Dtn 29–32).[582] Deswegen greifen die Flüche einiges aus den vorhergehenden Kapiteln auf und entwickeln im Lauf des nachfolgenden Erzählzusammenhangs eine Dynamik, die sich bis 2 Kön 23,30–25 dramatisch zuspitzt. K.Schmid bemerkt dazu:

> Eine Bestätigung dafür [Thema des AT ist der Treueeid zu JHWH] liefert auf seine Weise der Befund ›deuteronomistisch‹ überarbeiteter Bücher im Alten Testament, an denen erkennbar wird, wie ein normativer Text wie das Deuteronomium auf erzählende Überlieferungen ausstrahlen kann. Dieses Modell ist dann gewissermaßen in der späteren Ausstrahlung der Tora auf die übrigen Teile des Alten Testaments repetiert worden.[583]

Die Tora als Ausgangs- und Orientierungspunkt aller Handlungen ist aus synchroner Perspektive relevant. Dies zeigt sich vor allen Dingen im formelhaften »Hören auf die Stimme JHWHs«, welches in Dtn 28,15–68 dreimal vorkommt (V.15.45.62).[584]

Es geht dabei nicht um ein reines Befolgen von Befehlen, denn die Erhörung Gottes ist diesen Geboten ja bereits vorausgegangen: »Ich habe das Elend meines Volkes in Ägypten gesehen und ihre laute Klage über ihre Antreiber habe ich gehört […] Jetzt ist das laute Klagen der Israeliten zu mir gedrungen.« (Ex 3,7.9 EÜ 2016; auch Gen 30,6 u.ö.) Gott ist es, der zuerst auf Israel gehört und ihrem

---

580 Ebd. 23. Vgl. auch ebd. 27 zur Selbstverfluchung und die Hinweise zum magischen Verständnis des Vertragswortes (a.a.O. 209 Anm. 4).

581 Ebd. 382. Das sich aus diesen und anderen Überlegungen ergebende Konzept des »Monotheismus der Treue« wird kritisch geprüft und weiterentwickelt von Jan Assmann und seinen Diskussionspartnern, z.B. in R.SCHIEDER (Hg.), *Gewalt*; J.ASSMANN, *Exodus.*

582 Vgl. E.OTTO, *Dtn 12–34* 2022f.

583 SCHMID, *Literaturgeschichte* 221.

584 Das Hören bzw. nicht-Hören auf die Stimme JHWHs ist außerdem ein Kernelement der Theologie Jeremias und dient auch sonst immer wieder zur Bestätigung der Schuld des Gottesvolkes (vgl. exempl. E.ZENGER/ C.FREVEL, *Einleitung* 577–582; B.KEDAR-KLOPFENSTEIN, Art. קול Sp. 1250f.). Auf diese Bedeutung des Ausdrucks im Buch Exodus und seine Verbindung zu 2 Kön 25 über Jer 7 hat außerdem Aurelius hingewiesen (DERS., *Zukunft* 208–210).

Klagen geantwortet hat. Seine Antwort ist die Befreiung aus dem »Sklavenhaus« Ägypten gewesen (Ex 13,3.14; 20,2; Dtn 5,6; 6,12; 7,8; 8,14; 13,6.11; Jos 24,17 u. ö.).[585] Es folgt der Bundesschluss mit Israel (Ex 19–24). Dann werden die Regeln für das Zusammenleben des Volkes vor Gott besprochen (v. a. Levitikus und Deuteronomium). Diese Rechtstexte sind zunächst einmal die »Worte Gottes«, auf die es zu hören gilt, denn die Prophetenworte verkünden in der Regel nichts Neues sondern mahnen ein, was in der Tora grundgelegt ist.[586]

Wenn das Volk bzw. der König nicht auf Gott hört, dann hat dies zumeist katastrophale Auswirkungen. Die Drohungen von Dtn 28,15–68 werden ebenso eintreten, wie der Segen (Dtn 28,1–14), wenn ein guter König regiert. Die entstehenden Probleme können dann nur noch durch JHWH gelöst werden, da sie einen Rückfall in die Zeit vor der Rettung andeuten. Das ganze Richterbuch arbeitet nach gleichem Schema: Tun, was JHWH missfällt – Bedrängung durch einfallende Völker – Auftreten eines von JHWH gesendeten Richters bzw. einer Richterin.[587] Auch *Saul*, der erste König Israels, wird wie ein Heldenrichter angekündigt:

> Morgen um diese Zeit schicke ich einen Mann aus dem Gebiet Benjamins zu dir. Ihn sollst du zum Fürsten [statt Richter] meines Volkes Israel salben, Er wird mein Volk aus der Hand der Philister befreiten, denn ich habe mein Volk Israel gesehen und sein Hilfeschrei ist zu mir gedrungen[588]. (1 Sam 9,16 EÜ 2016 herv. BC)

Der König, den Israel erhalten hat, muss, wie bereits ausgeführt (D.2), für das Einhalten des Gotteswortes garantieren, da er das Volk auf dem rechten Pfad halten soll. Daran erinnert auch die *Abschiedsrede Samuels* (1 Sam 12,1–15). Im Anschluss an diese Rede aber wird auf Dtn 28 rekurriert:

> Insofern ihr den HERRN fürchtet und ihm dient und auf seine Stimme hört und euch dem Befehl des HERRN nicht widersetzt, wird die Hand des HERRN gegen euch wie gegen eure Väter sein. […] Auch mir selbst sei es fern, mich am HERRN zu versündigen, und ich höre deshalb nicht auf, für euch zu beten; ich werde euch den guten und geraden Weg weisen. Nur fürchtet den HERRN und dient ihm treu und von ganzem Herzen! […] Wenn ihr aber wieder Böses tut, dann werdet sowohl ihr als auch euer König dahingerafft werden. (V.14f.23–25 EÜ 2016, herv. BC)

Auch im *Tempelweihgebet Salomos*[589] (bes. 1 Kön 8,23–53) klingen die Drohungen von Dtn 28 nach, wenn Salomo (proleptisch/ prophetisch) versucht das

---

585 Zur formelhaften Verwendung des Exodusmotivs »Ägypten« im weiteren narratologischen Verlauf vgl. I.SCHULMEISTER, *Befreiung*.

586 Zur Rolle der Prophetie im narrativen Zusammenhang vgl. D.4; zur diachronen Frage der Prophetie sei verwiesen auf E.ZENGER/ C.FREVEL, *Einleitung* 513–525.

587 Vgl. Ebd. 268–270.

588 Hier hat man ein schönes Beispiel für das Fortbestehen der Exodusmotivik im gesamten Erzählzusammenhang.

589 Vgl. E.A.KNAUF, *1 Kön 1–14* 262–270.

Erlassen der zukünftigen Strafe im Vorfeld zu erwirken. Zuerst spielt er in V.25 auf die Dynastieverheißung (2 Sam 7) an und wenig später fordert er Gott auf, an seinem Tempel nach dem Tun-Ergehen-Zusammenhang zu richten (V.32; 37–40). In V.33f. folgt die Umkehrung des Fluchmotivs mit der Bitte um Begnadigung:

> Wenn dein Volk Israel von einem Feind geschlagen wird, weil es gegen dich gesündigt hat, und dann wieder zu dir umkehrt, deinen Namen preist und in diesem Haus zu dir betet und fleht, so höre du es im Himmel! Vergib deinem Volk Israel seine Sünde, lass sie in das Land zurückkommen, das du ihren Vätern gegeben hast.

In den Erzählungen der getrennten Reiche wird dieses Versagen immer weiter ausgefaltet (vgl. D.2), bis Joschija schließlich beim Lesen des Buches (s. o.) bekundet:

> Geht und befragt den HERRN für mich, für das Volk und für ganz Juda wegen dieses Buches, das aufgefunden wurde! Der Zorn des HERRN muss heftig gegen uns entbrannt sein, weil unsere Väter auf die Worte dieses Buches nicht gehört und weil sie nicht getan haben, was in ihm niedergeschrieben ist. (2 Kön 22,13 EÜ 2016)

Der Fluch von Dtn 28 und seine Vergebung in Dtn 30,1–10

Erst jüngst hat *Jean P. Sonnet* noch einmal auf die enge Verbindung zwischen Dtn 28 und dem Ende der Königsbücher hingewiesen, wobei er von einer minimalistischen Begründung der Strafe (2 Kön 24f.) und einer maximalistischen Form (Dtn 28,15–68) ausgeht.[590] Dtn 28 holt dabei so weit aus, dass nicht nur 2 Kön 22 und 1 Könige insgesamt, sondern Abraham (Dtn 28,62) und der Exodus (Dtn 28,63.68) zum Thema werden.[591] Sonnet sieht dies für 2 Kön 25 nicht gegeben und folgert:

> The dreadful scenes of Deut 28 enable the reader of Kings to dramatize what is left undramatized in 2 Kgs 25: they drive the reader within the walls and within the minds of the starving population. What Josiah did anticipatively – hearing the curses as a prophecy of doom against Jerusalem – the reader of Kings can do retrospectively, reading the curses as a prophecy come true.[592]

Da 2 Kön 25 erst durch Dtn 28 in seiner vollen Dramatik entfaltet wird, ist nach Sonnet auch Dtn 30,1–10 für das korrekte Verständnis wichtig:

590 J.P.SONNET, *Siege*. Für Sonnet ist 2 Kön 25 theologisch äußerst mager (a. a. O. 73f.; 87), womit er die gängigen Hypothesen von Zenger, Noth etc. stützt (vgl. Teil A).

591 Vgl. ebd. 75; 82f.

592 Ebd. 82. Die Bedeutung des Hulda-Orakels für die diachrone Analyse Joschijas untersucht er eigens in J.P.SONNET, *Book*.

> If God is able to deconstruct history, he is able to reconstruct it. This is precisely what the Deuteronomic Moses announces in Deut 30:1–10, in the speech that follows the uttering of the curses: there will be a return.[593]

Sonnet greift dabei auf Arbeiten D.Markls zurück, besonders auf den Artikel *No future without Moses* (2014).[594] Markl fragt dort nach der fehlenden Fortschreibung von 2 Könige in nachexilischer Zeit, sodass das »end in disaster« als Endtext stehen blieb.[595] Er sieht die große Leistung von 2 Könige im offenen Ende. Man liest von Genesis bis 2 Könige die größte Erzählung der Bibel und sie endet, ohne letzten Trost zu spenden. Besonders die Beziehungen zu Jeremia und Jesaja, die sich ab 2 Kön 17 auftun, bestätigen noch einmal im MT-Kanon, dass hier das Ende ist. Selbst 2 Chronik braucht ein *happy end* in Kap. 36, 2 Könige aber nicht.[596]

Markl kommt zu dem Schluss, dass späte Texte des Deuteronomiums die exilische Erfahrung – synchron gelesen – vorbereiten und in engem Zusammenhang mit dem Hulda-Orakel stehen (2 Kön 22,14–20).[597] Dies weist er am Beispiel von Dtn 30,1 nach, dessen formelhaftes »und wenn all diese Worte über dich gekommen sind, Segen und Fluch« ein Summarium des Orakels darstellt.[598] Auch das abschließende Lob über Joschija (2 Kön 23,25–27) steht in enger Verbindung zu Dtn 30,2.10 und sogar zu Dtn 6,4 dem Beginn des *Sch^{e}ma Israel*.[599] Die Verbindung von Deuteronomium und Joschija soll zeigen, warum es nach diesem perfekten König noch den Untergang geben musste, weshalb es ein »Zurück nach Ägypten« gibt und wieso Erlösung kein Automatismus ist:[600]

> There is no happy ending that can be gained cheaply. Whoever wants to be consoled by a message of hope is forced to turn Moses' rhetoric of blessing and curse and heaven and earth as witnesses as they make their decision between life and death.[601]

Die Wiederherstellung des Gottesvolkes nach seinen Sünden kann nicht verkürzt werden. Das Volk muss den gesamten Weg von Exil und Buße bis zu Rehabilitation gehen, wobei Dtn 29f. nicht einfach eine nachträgliche Spitzenaussage des Deuteronomiums ist, sondern vielmehr eine »rhetorical culmination of the en-

---

593 Ebd. 84.
594 D.Markl, *No Future* 711–728.
595 Ebd. 711f.
596 Vgl. ebd. 727f.
597 Vgl. ebd. 716f.; 719.
598 Vgl. ebd. 720.
599 Vgl. ebd. 721. Über die Beziehung zu Dtn 13 (bes. V.18) sind sich die Exegeten uneins. Besonders E.Otto, *Deuteronomium*, widerspricht dieser Auffassung.
600 Vgl. ebd. 724f.
601 Ebd. 725f.

tire sequence of speeches in chs. 1–30, which aims at the decision for life, that is, the decision for YHWH, YHWH's torah, and YHWH's covenant in 30:15–20.«[602]

Während der in Dtn 28 angedrohte Verlust des Landes noch einmal in 29,24–28 verstärkt wird, ist in Dtn 30,3–5 die Rede von einer Rückkehr ins Land und dem erneuten »zahlreich Werden« des Volkes, das durch die Flüche aus Dtn 28 fast ausgelöscht sein wird. Die Verse von Dtn 30,8–10 betonen die Notwendigkeit der Umkehr bei Fehlverhalten, während V.11–14 die (erneute) Verpflichtung auf die Gebote Gottes einfordern. Kapitel 30 schließt mit einem weiteren Hinweis auf das »Hören auf die Stimme JHWHs« und das Land:

> Liebe den HERRN, deinen Gott, hör auf seine Stimme und halte dich an ihm fest; denn er ist dein Leben. Er ist die Länge deines Lebens, das du in dem Land verbringen darfst, von dem du weißt: Der HERR hat deinen Vätern Abraham, Isaak und Jakob geschworen, es ihnen zu geben. (Dtn 30,20 EÜ 2016)

Zwischenfazit

Joschija erschrickt, als er liest, was Juda erwarten wird, wenn es nicht auf die Stimme JHWHs hört, und er macht daraufhin eine 180°-Wende in der Religionspolitik und Kultpraxis. Dtn 28 erinnert ihn an die Selbstverpflichtung des Volkes, seinem Gott allein die Treue zu halten, und an die Konsequenzen bei Nichteinhaltung. Er erweist sich in diesem Tun als bester aller Könige nach David, ist aber zugleich nicht mehr in der Lage, den Untergang aufzuhalten, sondern nur aufzuschieben (vgl. dazu D.2). Dtn 28 verkündet Segen und Fluch für Israel und bildet die Grundlage für das Handeln JHWHs an Juda in 2 Kön 24f. Er wendet nur die Vertragsstrafen an. Nicht von jeder, aber doch von den meisten dieser Strafen wird in 2 Kön 23,30–25,30 gesprochen, die verschwiegenen finden sich an anderer Stelle, z. B. das Essen der Kinder (Dtn 28,53–59) in Klgl 2,20; Jer 9 u. ö.[603] Doch das Deuteronomium spricht von einer Möglichkeit der Rehabilitation in Kap. 30, die vermutlich – aber nicht, wie Wolff[604] meint, zwingend – mit einer vollständigen Umkehr des Gottesvolkes einhergeht. Die heilvolle Initiative Gottes ist möglich – wenn auch nicht wahrscheinlich – bevor das Volk zur Einsicht gekommen ist. JHWH hält die Tora weiter ein, auch wenn das Volk sich von ihr abgewandt und den Bund gebrochen hat. Das einseitige (Durch-)Halten des Bundes durch JHWH ist die Hoffnung für das Volk, nicht das Vertrauen auf Einsicht und Umkehr der Menschen. Wäre nämlich das gesamte Volk gottesfürchtig und glaubte, wie Joschija, an die Möglichkeit göttlicher Vergeltung, dann würde Mose nicht in Dtn 32,29f. (EÜ 2016) beten:

602 Ebd. 722. Dieses Thema hat er ausführlich geprüft und ausgearbeitet in seiner Habilitationsschrift D.MARKL, *Gottes Volk* bes. 88–125.

603 Da diese außerhalb des Erzählzusammenhangs stehen, sind sie für die weitere Analyse nicht relevant. Daher soll es bei diesem Verweis bleiben.

604 Vgl. die Ausführung von Wolff zum Kerygma des DtrG unter A.1b; A.2.2c.

> Wären sie doch klug, so begriffen sie alles und verstünden, was in Zukunft mit ihnen geschehen wird. Wie kann ein Einziger hinter tausend [Israeliten] herjagen und zwei [Feinde] zehntausend [Israeliten] in die Flucht schlagen, es sei denn, ihr Fels [i. e. JHWH] hat sie [Israel] verkauft, der HERR hat sie preisgegeben?

Joschija ist einer der wenigen positiv bewerteten Könige nach David und wird explizit mit ihm (2 Kön 22,2)[605] und implizit mit Mose (Dtn 34,11) verglichen, was ihm phasenweise zu einem messianischen Ruf verholfen hat.[606] Er liest das Gesetz und findet die Warnungen JHWHs darin. Er hört auf die Propheten, bevor das Prophetenschweigen einsetzt, feiert das Pessach und ist in allem ein Vorbild als König. Trotzdem kann er das Strafhandeln JHWHs gegen Manasses Nachkommen nur noch hinauszögern. Weshalb braucht es im Erzählzusammenhang noch dieses positive Beispiel, wenn mit Manasse sowieso schon alles verloren ist? Wieso kann es doch einen idealen König geben und wieso kann er nicht bestehen?

Die Antworten haben sich schon bei David, vor allem aber bei Salomo ergeben. Kein König, und wäre er noch so gut, kann so absolut gerecht und gut sein wie JHWH. Dieser schiebt Joschija zuliebe den Untergang noch einmal auf, wie er David zuliebe das Königtum Salomos nicht völlig vernichtet hat. Doch für eine komplette Begnadigung reicht es nicht mehr. Zuviel ist in Juda geschehen, das zu vergeben nicht mehr gerecht wäre.

Ein zweites: Egal wie gut Joschija ist, an zwei Stellen könnte er doch versagt zu haben:

1. Er besteht nicht im Krieg, weil JHWH nicht an seiner Seite kämpft. Diese These begründet sich in der Tatsache, dass er ohne Auftrag in den Krieg gegen Ägypten zieht (2 Kön 23,29).[607] JHWH hat ihn nicht angewiesen zu kämpfen, es ist Joschijas Entscheidung. Außerdem fährt er im Streitwagen, einer Anschaffung Salomos, die aus Ägypten stammt und laut Königsgesetz (Dtn 17,16) als verworfen gilt.[608] Der Tod im Streitwagen (2 Kön 23,30) setzt Joschija außerdem parallel zu Ahasja von Juda (2 Kön 9,27f.) und Ahab von Israel (1 Kön 22,35), die ebenfalls in ihren Wagen sterben. Dennoch bleibt er gut.[609]

605 Zur Wichtigkeit dieser Ehrenbezeigung vgl. H.-P.MÜLLER, *Name* 430–446.

606 Vgl. M.SWEENEY, *King Josiah* 322. Ob diese Argumentation in der Linie der Cross-Schule und als Gegenvorschlag zu von Rads Modell, Jojachin als messianische Gestalt zu definieren wirklich aufgeht, soll an dieser Stelle nicht entschieden werden, da weitere Untersuchungen zu Datierung und Redaktion notwendig wären.

607 Die Cross-Schule geht davon aus, dass Joschija das Davidreich wiederherstellen will. In dieser Linie argumentiert auch Halpern, wenn er davon ausgeht, dass Joschija gegen Necho auszieht, anstatt zuvor die Versöhnung mit JHWH abzuschließen und ihn um Beistand anzurufen (vgl. DERS., *Editions* 244).

608 Vgl. J.P.LEITHART, *2 Kgs* 273; H.NIEMANN, *Herrschaft* 100f., der diese Streitwagen außerdem als eine Art »Superwaffe« (a. a. O. 101) beschreibt.

609 Etwas anders deutet hier M.H.PATTON, *Hope* 33.

2. Da er stirbt ohne sein Reich übergeben zu haben, gleicht er David eben nicht bis zum Ende. David hat seinem Sohn Salomo, wenn auch eher durch Intrigen seiner Mutter und Natans, den Thron zugesprochen und ihm gesagt, dass er nach den Gesetzen JHWHs leben muss. Dies ist durch den plötzlichen Tod Joschijas nicht möglich, sodass seine Thronfolger aus einem Machtvakuum heraus gewählt werden. Die Tora, die bei Joschija, David und Salomo eine so große Rolle spielt, entschwindet erneut der Erzählung.

Die drei hier behandelten Davidnachfolger haben je eine eigene Aufgabe im Erzählzusammenhang, hinter der ein Großteil ihrer Persönlichkeit verschwindet.[610] Während Salomo ambivalent zwischen idealem König und erstem kompletten Versagen (er verstößt gegen alle Vorschriften des dtn Königsgesetzes) steht, sind Manasse und Joschija Antipoden des Königtums, von katastrophal bis ideal. Es ist daher kein Zufall, wenn genau diese drei Könige, die Anfang und Ende Judas bilden, in der Erzählung 2 Kön 23,30–25,30 noch einmal eingespielt werden. Das wahre Ausmaß ihrer Rolle wird erst jetzt deutlich. Salomo und Joschija bilden einen Merismus der Könige Judas bis zum Untergang, vom Ideal und der Wirklichkeit. Manasse verbindet das Ende des Königtums durch die Metapher des (unschuldigen) Blutes mit den Anfängen der Geschichte des Blutvergießens (Gen 4) und schafft auf diese Weise einen begründeten Auslöser für das Ende von Juda. Während alle Könige das Ende hinauszögern konnten, ist dies für Joschija kaum mehr möglich. Sein Tod hinterlässt ein Machtvakuum, das dem Volk von Juda, z.B. dem Volk-des-Landes (2 Kön 23,31), die Möglichkeit gibt, Fehler zu machen, die sie nicht mehr selber korrigieren können (vgl. D.2). Die Rückkehr seiner Leiche beendet nicht, wie bei Ahab, eine Dynastie, doch zieht sie in ihrem Gefolge Pharao Necho mit sich, der seinem Sohn Joahas zum Verhängnis werden wird.

1.2 Neue Aspekte zu den letzten Königen von Juda

Bei den Königen Joahas, Jojakim, Jojachin und Zidkija war noch eine ganze Reihe von Fragen offen. Was genau die Schuld von Joahas und Jojachin gewesen ist, welche Beziehungen unter den vier Herrschern bestehen und was die anderen Gruppen damit zu tun haben. Die Struktur des davididischen Königshauses hilft schon, diese Fragen genauer zu klären. Es gibt bei den Königen Judas eine dreigliedrige Siebenerstruktur: sechs Königs und Atalja; sechs Könige und Manasse und schließlich sechs Könige und Nebukadnezar bzw. bis zum Ende.

610 Siehe die Ausführungen zu novel of action in Kapitel C.1.

1.2.1 Joahas – Der Anfang vom Ende

Joahas ist, wie die narrative Analyse zeigte (C.4.1.4), nicht der rechtmäßige Thronprätendent. Dies lässt sich am Gesetz nachweisen (Dtn 21,15f.). Er wird vielmehr vom Volk-des-Landes und evtl. von seiner Mutter (s. D.2) auf den Thron gehoben. Der Name wird neben 2 Kön 23,30–34 noch sechzehnmal genannt, wobei sich elf Belege auf den Nordreichkönig (!) Joahas von Israel beziehen (2 Kön 13,1–9) und die anderen fünf Parallelstellen aus den Chronikbüchern sind. Bis auf die Namensgleichheit und die negative Beurteilung gibt es keine Parallelen zwischen den beiden Herrschern, sodass der Erzählzusammenhang zunächst nicht weiterhilft.

Joahas' Funktion erschließt sich allein aus der Beziehung zu seinem Vater und seinen Brüdern. Er ist – wie bereits erwähnt – ein »zweiter Salomo«, insofern er als Nicht-Erstgeborener den Thron seines Vaters besteigt. Dabei wird er vom Volk-des-Landes gesalbt und nicht von Propheten, d.h. er ist kein von JHWH erwählter König und auch nicht nach dem Gesetz erbberechtigt. Er ist einer von vier Königen, die nur aus zwei (statt vier!) Generationen stammen und erweist sich, wie es das Hulda-Orakel angedeutet hat, als verurteilter König im Anschluss an Joschija (2 Kön 22,19f.). Er ist als Teil der Absetzungspolitik anderer Herrscher einer von drei potentiellen Königen im Exil (Joahas – Jojachin – Zidkija).[611] Das Urteil über ihn fällt negativ aus, weil schon sein Königwerden falsch ist. Die Propheten schweigen, das Volk wählt seinen König selbst, obwohl dies nur zu Unheil führen kann (vgl. D.1.1.3). Pharao Necho stürzt ihn vom Thron, weil JHWH ihn nicht retten will. Sein Untergang gefährdet dabei noch keineswegs Jerusalem oder Juda, denn er wird in Ribla im Lande Chamat, außerhalb des Landes, verurteilt. Er wird in Fesseln nach Ägypten gebracht und geht damit an den einzigen Ort, den das Königsgesetz (Dtn 17,16) untersagt und den Dtn 28,68 als Höchststrafe verhängt. Er wird nicht mehr eigens erwähnt, wenn Jischmael nach Ägypten flieht, da er nach 2 Kön 23,34 bereits als verstorben gelten kann, und damit flieht Jischmael an einen mehrfach hoffnungslosen Ort. Er wird der Davidide in Ägypten und damit, wie Joahas, zu einem disqualifizierten Kandidaten (vgl. D.1.1; D.5.2). Wie bei allen anderen Figuren im *plot* einer *novel of action* geht es weniger darum, ob Joahas selbst vollkommen schlecht ist, sondern er steht für einen Aspekt der Erzählung. Seine Rolle ist von Passivität[612] gekennzeichnet (vgl. C.4.1.4) und sein Name steht für den Beginn des Gottesgerichts. Er ist weder aktiv gut wie Joschija, noch schlecht wie Manasse und Amon

611 Vgl. SURIANO, *Politics* 92f.

612 D.Janzen weist darauf hin, dass alle Könige nach Joschija mehr oder weniger nur im Königsschema auftreten, während alle anderen Verse von den Fremden und ihren Taten an Israel sprechen. Er sieht daher alle Könige in der Erzählung als passiv an (vgl. DERS., *The Sins of Josiah* 367 Anm. 39).

und dennoch verführt er das Volk zu schlechtem Tun (Wahl und Salbung). Seine Strafe greift dem Strafvollzug an Volk, Land und Königtum vor und bildet deren Auftakt.

1.2.2 Jojakim – Der neue Manasse

Jojakim ist der schlechteste König der Erzählung 2 Kön 23,30–25,30. Dies zeigt sich in seiner Beziehung zu Manasse (2 Kön 24,1–3), aber auch an seinem Verhältnis zu Pharao Necho. Dieser gibt ihm nicht nur einen Thronnamen, vermutlich ein Privileg JHWHS (z. B. Ps 110)[613], sondern spricht auch in Befehlsform mit ihm, was einen weiteren Eingriff in den sprachlichen Machtbereich JHWHS bedeutet.[614] Jojakim dient Necho, wie er JHWH dienen müsste und fällt damit zumindest implizit zu den Göttern Ägyptens ab, d.h. er nimmt den paganen Kultbetrieb wieder auf.[615] Er gibt das Gold des Landes nach Ägypten, was aus der Sicht von Exodus einer Rückgabe gleichkommt und keineswegs in gleicher Linie mit den Tributgeschenken an Assur, die Unheil von Jerusalem abwenden sollen (2 Kön 15,20; 18,14–16), gedacht werden darf. Er nimmt nicht das Geld des Staats- bzw. Tempelschatzes, um sein Volk zu retten, sondern lässt es selbst dafür aufkommen (2 Kön 23,35). Bezieht man mit ein, dass Gold kultischen Zwecken dient (v.a. Ex 32; 1 Kön 6–8), dann findet sich auch hier ein Hinweis auf kultisches Fehlverhalten und ein erneuter Verstoß gegen das Erste Gebot.[616]

Jojakims Rebellion gegen Nebukadnezar, der ihn nach Necho unterwirft, ist ein Bruch des Vasallitätseides und damit der Bruch eines Schwurs im Namen JHWHS. Damit verstößt er erneut gegen ein Gebot des Dekalogs (Dtn 5,9–11// Ex 20,5–7) und wird nur durch seinen Tod vor der Rache Nebukadnezars bewahrt (2 Kön 24,6).

Jojakim vergießt unschuldiges Blut wie Manasse (2 Kön 24,3f.) und stirbt, wie viele Könige vor ihm, dennoch einen relativ ruhigen Tod (evtl. mit Grab im Garten Usa; vgl. D.1.1.4), eine Sicht, die in Jer 36 bewusst konterkariert wird.[617] Jojakim beschwört durch das Blut eigentlich einen familiären Fluch auf seinen Sohn Jojachin herab, den letzten legitimen König von Juda, der jedoch, abgesehen von der langen Haftstrafe und der Verdrängung durch seinen Onkel, glimpflich davonkommt. Dies könnte in seinem umsichtigen Handeln bei der Errettung Jerusalems gründen. Die Funktion Jojakims in der Erzählung ist die des schlechten Herrschers, der als Negation der guten Tendenzen gilt. Wie Ma-

---

613 Vgl. dazu ausführlich J.GRAY, *1 & 2 Kings*, 750f.

614 VAN KEULEN, *Manasseh* 151 weist dies am Sprachgebrauch in 2 Kön 23,35; 24,3 nach.

615 Explizit behaupten dies die Propheten Ezechiel und Jeremia (vgl. W.FRICKE, *2 Kön* 344).

616 Auf die gesamte Thematik des Ersten Gebotes kann ich an dieser Stelle nicht weiter eingehen. Sie wurde bei E.AURELIUS, *Zukunft*, ausführlich behandelt.

617 Vgl. zum »Eselsgrab Jojakims« J.JOB, *Jeremiahs Kings* 75–77; 97.

nasse Hiskijas Initiativen widerruft, so erledigt Jojakim die Reform Joschijas partiell. Er ist außerdem der einzige König, der sowohl Ägypten, als auch Babel untertan ist und damit von JHWH mehrfach abfällt. In ihm »errichtet« JHWH den Meilenstein für den endgültigen Untergang, der in seinem Bruder Zidkija abgeschlossen sein wird.

1.2.3 Jojachin – Der (vor-)letzte König von Juda

Auch wenn Jojachin, besonders aus Sicht von 2 Kön 25,27–30, aber auch wegen seines Einsatzes zur Rettung Jerusalems, positiv besetzt scheint, fällt das Urteil über ihn (zunächst) negativ aus (2 Kön 24,9). Dies mag auf die Tatsache zurückgehen, dass er eigenständig die Stadt rettet, anstatt wie Hiskija auf JHWH zu vertrauen (2 Kön 19) und Gott die Rettung von Stadt und Heiligtum zu überlassen oder eben auch die Zerstörung. Zunächst ist aber die Formel »wie es sein Vater getan hatte« (24,9) interessant. Im Königsschema wird über die Wahl des Ausdrucks immer eine Wertung einbezogen: Ausgehend vom Richterbuch, das immer wieder davon spricht, dass Israel tut, was JHWH missfällt (Ri 3,1; 4,1; 10,6; 13,1) gibt es in 1.2 Kön eine Wiederholung dieser Aussage. Erstmals tritt sie bei Salomo auf, der nicht alles genau so tat, »wie sein Vater David« (1 Kön 11,6). Es folgen eine Reihe expliziter Bezüge auf König Ahab, die zeigen, dass Könige, die in seiner Tradition stehen, besonders schlecht sind (1 Kön 21,25; 2 Kön 3,2; 8,18.27). In 2 Kön 15,9 und 17,2 werden die letzten Nordreichkönige verdammt, weil sie all das taten, was »die Könige Israels« getan hatten, womit nachträglich das gesamte Nordreich verdammt ist.

In Juda tritt dieses Schema vor allem nach Manasse in Kraft. Sein Sohn Amon tat »wie sein Vater Manasse« (2 Kön 21,20) und eine ähnliche Formulierung findet sich auch bei Zidkija, der tut, »wie Jojakim vor ihm« (2 Kön 24,19). Von Joahas und Jojakim dagegen wird von »den Vätern« im Plural gesprochen (2 Kön 23,32.37). Auf diese Weise wird ihr Vater Joschija mehr oder weniger übergangen. Sie haben nicht von ihm, sondern von allen Vorfahren, auch Manasse, das Schlechte übernommen. Auf der anderen Seite fehlt die Formel Salomos, in der David noch einmal in Schutz genommen wird (David tat anders), bei Joschija. Er ist gut, aber nicht völlig gut, wie sich bereits vorher zeigte. Bei Jojachin steht »wie sein Vater« (2 Kön 24,9) und damit wird auch er in die Traditionslinie Jojakims gestellt, der wiederum in der Linie Manasses zu verorten ist (2 Kön 24,3 f.). Den einzigen Hinweis auf einen Verstoß gegen das Königsgesetz (Dtn 17,17) kann man in der Tatsache sehen, dass Jojachin mehrere Frauen hatte (2 Kön 24,15), die ihn, wie Salomo, zum Kultdienst verführt haben könnten (vgl. D.1; D.2). Aus Sicht des Erzählzusammenhangs könnte dieses Konzept aufgehen, da Salomo gegen seinen guten Vater David handelt und den Kult einrichtet (1 Kön 11). Joschija hat ebenfalls den Kult bereinigt, also kann ein nachfolgender König, z. B.

durch seine ausländischen Frauen, »rückfällig« werden. Die Textbasis ist aber insgesamt zu schwach, um das Fehlverhalten Jojachins zweifelsfrei zu belegen.

Da aber Joahas und vor allem Jojakim bereits negativ beurteilt sind, lässt sich bei Jojachin eher von einer Fortsetzung des Götzendienstes ausgehen als von einem Neuanfang. Seine Schuld könnte daher vielleicht eher wie die vorangegangener Könige sein. In seiner sehr kurzen Regierungszeit, die von der Belagerung durch Babel, die sein Vater verursacht hat, überschattet ist, beendet er nicht den Götzenkult in der Stadt. Auf diese Weise verschuldet er den Götzendienst mit und unterwirft sich nicht der Tora,[618] eine Tat, die ein *intrinsice malum* ist. Hätte er stattdessen allein auf JHWH vertraut, so wäre Jerusalem gerettet und das Exil abgewendet worden, wie es bei Hiskija der Fall war (2 Kön 19f.).[619]

Jojachin, der sehr jung ist und die Schuld seines Vaters tragen muss, ins Exil zu verbannen, scheint – außerhalb des Kontextes – zunächst unfair. Daher ist die Abschlussszene 2 Kön 25,27–30 auch von so entscheidender Bedeutung.

Die Erhebung Jojachins an die Tafel des Königs von Babel weist starke semantische Parallelen zu Davids Umgang mit Merib-Baal, dem Sohn Jonatans, auf (2 Sam 9,10–13). Jojachins Begnadigung erfolgt außerdem in seinem 55. Lebensjahr. Damit hat er exakt so lange warten müssen, frei zu sein, wie Manasse regierte (2 Kön 21,1).[620] Die Strafe, die JHWH bis ins vierte Glied verfolgt, ist auf diese Weise (zeitlich und genealogisch) verbüßt und Jojachin kann, wie es Hiskija prophezeit worden war (2 Kön 20,18), eine gehobenere Stellung am Königshof einnehmen. Der »prisoner king«[621] wird zum Hoffnungszeichen für das Volk, wie es schon Joasch unter Atalja (2 Kön 11) war.[622] Das »freundliche« Reden des fremden Königs darf dabei als Zeichen des anbrechenden Heils verstanden werden (Spr 16,12–15). Auch wenn Jojachin in 2 Kön 24,8–16 gefallen ist, kann er wieder gut werden und das Volk retten, denn er hat das Potential zu einem »ideal king: God will save the nation when the king delivers positive (or deuteronomistic) cultic leadership and leads the people in repentance.«[623]

Bevor dieser letzte Aspekt und damit die Rolle Jojachins in der Gesamterzählung abschließend untersucht wird (D.5.3), sind noch die anderen Figuren, allen voran König Zidkija, zu analysieren.

618 Vgl. W.BRUEGGEMAN, *Theology* 12.

619 So D.JANZEN, *Sins* 349; 355; 357.

620 Das es sich um 37 Regierungsjahre handelt und die 55 Jahre nicht explizit genannt werden, ist diese Beobachtung um eine Spekulation, die weitergehend untersucht und diskutiert werden muss.

621 B.HALPERN, *Editions* 244.

622 Vgl. D.JANZEN, *Sins* 363.

623 Ebd. 359.

1.2.4 Zidkija – Das Siegel des Königtums

Zidkija entspricht in der Struktur seiner Regierung Jojakim (11 Jahre, negative Wertung) und hat die gleiche Mutter wie Joahas. Er ist der *Onkel* Jojachins, d.h. die Genealogie der Dynastie geht einen Schritt zurück (dritte Generation nach Manasse). Sein Geburtsname Mattanja weist nur Namensähnlichkeit zu einem Baalspriester auf (2 Kön 11,18). Dies kann zwar als Bestätigung negativer Vorzeichen gesehen werden, de facto ist es aber kein signifikanter Bezug, weil die beiden in getrennten sozialen Bereichen auftreten, es keine genealogische Verbindung und keine inhaltliche Beziehung gibt.

Der Thronname ist demgegenüber von größerer Bedeutung, da er einen Bogen zum Beginn der Landgabe und zur Anfangszeit Jerusalems schlägt (vgl. D.5.1).[624] Außerdem beendet die göttliche Gerechtigkeit (צדק) das Schicksal der Könige, das mit einem Friedensfürst hätte beginnen sollen (שלום).

Jojachin, der rechtmäßige König, ist in Gefangenschaft, sein Onkel aber regiert als König in Jerusalem. Dieses Privileg kommt Zidkija nicht zu und ist im wahrsten Sinne des Wortes ein Rückschritt. Ebenso wie Jojakim bezieht er seine Legitimation von einem menschlichen König und ebenso wie dieser bricht er den Vasallitätseid. Er stirbt aber nicht, wie Jojakim, und erlebt deshalb selber die Belagerung Jerusalems mit.

Wie sich bereits in der Handlungsanalyse zeigte (C.4.1.4), ist *Zidkijas Flucht* (2 Kön 25,4) wichtig, weil sie die Aufgabe des Königtums und die Preisgabe Jerusalems und des Tempels bedeutet. Vergleicht man seine Flucht mit der anderer Könige, so fügt sie sich ins Schema.[625] Der König, der am häufigsten fliehen muss, ist überraschenderweise David. Er flieht, ebenso wie Zidkija, nachts, um seinen Verfolgern, die ihn im Namen Sauls töten sollen, zu entkommen (1 Sam 19,10.18). Ein weiteres Mal flieht David in 1 Sam 27,4 in das Land der Philister, von dem aus er seinen endgültigen Aufstieg vorbereitet.[626] Als sein Sohn Abschalom einen Putsch plant, flieht David ein drittes Mal und dieses ist – wie bei Zidkija – eine Flucht in die Steppen (2 Sam 15,22) und schließlich bis zum Jordan (2 Sam 17,22). Das Fliehen Davids ist für ihn immer heilsam, denn er bleibt nicht nur am Leben, sondern er erobert die verlorenen Gebiete auch wieder zurück.

624 Zum Verhältnis Zidkija – Melchisedek und Adonizedek erscheint ein Beitrag im Tagungsband der AGAT 2018.

625 Vgl. J.P.Leithart, *2 Kgs* 277. Das Thema »Flucht« ist in der Bibel immer wieder ambivalent behandelt und nicht immer leicht zu deuten. So fragt Poulssen, ob die Flucht in Hld 8,14 nicht von Hld 1,2f. her verstanden werden muss. Dann aber ist die Flucht nur eine Tempoangabe, die keinen tieferen Sinn mehr hat (Ders., *Vluchtwegen* 72–82). Auf diese Weise stellt er den Begriff grundlegend in Frage und zeigt, dass eine Lexemanalyse außerhalb des Kontextes (in diesem Fall von 1 Samuel bis 2 Könige) nicht zielführend sein kann.

626 Da David in 1 Sam 16 bereits die Königssalbung empfängt, kann er auch schon in einer Reihe mit ihnen interpretiert werden.

Dies gelingt keinem seiner späteren Nachfolger, die die Flucht ergreifen. Der erste ist König Ahasja von Juda, der vor einer Schlacht in Megiddo zu fliehen versucht und – wie Joschija – in seinem Wagen stirbt und zum Begräbnis in die Davidstadt zurückgefahren wird (2 Kön 9). Wie Zidkija flieht er durch einen Garten (Richtung Haus im Weingarten Nabots) und wie er scheitert Ahasja vor dem Erreichen seines Ziels. Auf diese Weise kommt es zu einer Unterbrechung in der davididischen Dynastie, denn Atalja regiert im Namen ihres Sohnes eine Zeit lang in Juda (2 Kön 11). Nach der Flucht Zidkijas ist es Gedalja, der das Machtvakuum ausfüllen soll (2 Kön 22,22), und wie Atalja scheitert er an der Loyalität zu den Davididen und bezahlt mit dem Leben (2 Kön 25,25).

Ein zweites Mal wird von einer Flucht in 2 Kön 14,19 berichtet. Dort versucht Amazja von Juda einem Aufstand zu entkommen, indem er nach Lachisch flieht, dessen Bevölkerung ihn tötet.[627] Zidkija, der nach Jericho zu fliehen versucht, könnte mit einem ähnlichen Schicksal rechnen, da es sich bei beiden Städten ursprünglich um Stadtstaaten handelte, die von den Israeliten/ Jhwh (s. Jos 6; 10,31) unterworfen wurden.

Zidkija selbst flieht ebenfalls vor einem überlegenen Gegner. Anders als seine Vorgänger, geht es aber nicht um die Flucht wegen eines militärischen Fehlschlags (auch 1 Sam 31,1) oder einer Intrige, sondern er gibt seine eigene Hauptstadt auf. Als Route wählt er programmatisch den Weg an einem Garten vorbei und zwischen zwei Mauern hindurch, Anspielungen auf Gen 2f. und Ex 14f.[628] Bezieht man die historische Konstruktion assyrischer Königsgärten mit ein, die Manasse als Vorbild gedient haben dürften,[629] dann wandelt Zidkija bei seiner Flucht nicht nur geistig, sondern auch real auf den Wegen seiner (negativen) Väter und zeigt damit einmal mehr an, dass er als König von Juda ungeeignet ist.

Seine Flucht scheitert letztlich in den Ebenen vor Jericho und führt dazu, dass er besonders demütigende Strafen erhält: Ketten[630], Blendung sowie den Verlust aller potentiellen Thronfolger aus seiner Linie. Diese Strafen stehen in enger Verbindung zum Scheitern des letzten Richters Eli (1 Sam 4,15–22).[631] Eli verehrt ein goldenes Götzenbild und wird daher von Jhwh verwarnt und verurteilt (vgl. 1 Sam 1–3). Er erblindet im Alter und seine Söhne sterben (V.17). Auch seine

627 Auch der König von Israel stirbt. Anders liegt der Fall bei Ahab von Israel und seinem Kollegen von Juda. Dort überlebt Juda die Niederlage, während der König Israels stirbt. Dies sieht B.Schmitz als Prolepse auf den Untergang der beiden Reiche an (vgl. Dies., *Prophetie* 375).

628 Vgl. B.Collinet, *Verankerungen* 31f.; J.P.Leithart, *2 Kgs* 278.

629 Vgl. Ausführungen zum Zion im Online-Anhang zu diesem Buch.

630 Der Ausdruck, den 2 Kön 25,7 für »Ketten« verwendet, wird in Ez 16,36 als »Scham« wiedergegeben und unterstreicht auf diese Weise den entblößenden Charakter des Wortes.

631 J.P.Leithart, *2 Kgs* 276.

Schwiegertochter stirbt im Kindbett und nennt das Kind Ikabod »Fort ist die Herrlichkeit Gottes« (1 Sam 15,19–22), ein Ausdruck, der sich auf den Verlust der Bundeslade bezieht. Der Verlust der Lade bedeutet den Verlust der Präsenz Gottes und damit die Preisgabe von Tempel und Volk, ein »Vorhalt« (Genette) auf das Ende?

In den wenigen Versen, die Zidkija beschreiben, lebt die gesamte Geschichte des Volkes noch einmal auf und das Scheitern des Königtums wird heraufbeschworen: Was mit Josua begann, scheitert hier. Das Scheitern der Richter wird in Erinnerung gerufen und was mit Saul und David begann, kommt hier zum Ende. Es ist nicht so, als habe das Volk keine Chance gehabt, mit einem König zu leben, aber beide versagen fortwährend und mit immer schlimmeren Konsequenzen für Volk und Land. Daher beendet JHWH das »Projekt Königtum« und zeigt dadurch, dass seine Geduld und sein Großmut enden, wenn die Welt / das Volk nicht mehr fair werden kann, weil das Schlechte bzw. Sündhafte schon systemisch geworden ist. Der Name Zidkija wird daher als Siegel der Geschichte des Königtums eingeprägt: »Meine Gerechtigkeit ist JHWH«.

2. Die Rolle der Nebenfiguren Judas

Inhalt dieses Kapitels ist die Frage nach ›Juda‹ in all seinen Ausprägungen, um diese unbekannte Größe definieren zu können. Des Weiteren geht es um die Rolle der Figuren und Gruppen aus 2 Kön 23,30–25,30 im Erzählzusammenhang und um die Entwicklung von Aufgaben und Verstrickungen mit dem Königtum. Auf diese Weise sollen die Figuren bestimmt und die Frage einer möglichen Schuld ihrerseits gegenüber JHWH geklärt werden.

2.1 Die Mutter des Königs

In 2 Kön 23,30–25,30 legten sich zwei Vermutungen nahe: Die Mutter des Königs hat eine wichtige Aufgabe am Hof, die im Zusammenhang mit den Frauen des Königs steht, eventuell eine Leitungsfunktion, und sie kann Einfluss auf die Thronfolge nehmen. Beides gilt es nun zu verifizieren oder zu widerlegen und soweit möglich näher zu bestimmen.

Zwischen der Frau (גבירה) bzw. Hauptfrau eines Königs (שגל) und der hier relevanten Mutter des Königs (אם המלך) ist zu unterscheiden. Es geht nicht um die Beziehung zum Ehemann, sondern um den Einfluss der Königsmutter auf die Regierung des Sohnes und ihr Verhältnis zu den anderen Mitgliedern des Hofstaates bzw. Landes.

Ein drittes: In den Gesetzestexten der Tora kommt diese Amtsbezeichnung nicht vor, sie ist also rechtlich nicht vorgesehen bzw. nicht geregelt.

2.1.1 Die Mutter des Königs in Israel und Juda

Es ist auffällig, dass die Königsmutter im gesamten Königebuch keinen eigenen Terminus erhält, sondern immer nur *seine* Mutter (אמו) genannt wird. Sie regiert nicht selber, ihre Macht bezieht sie, wie bereits vorher bemerkt (C.4.1.3), aus ihrer Herkunft und aus der Macht ihres Sohnes, also einem strikt patriarchalen System.[632] Die Königsmütter haben im Südreich, d. h. in der Dynastie der Davididen eine Funktion, denn sie werden im Königsschema fast immer genannt (1 Kön 14,21; 15,2.10; 2 Kön 8,26; 12,2; 14,21; 15,1; 18,2; 21,1.19; 22,1; 23,31.36; 24,8.18).

Das Nordreich Israel nennt die Mutter im Schema nicht. Ein Grund mag in den ständig wechselnden Herrschaftsdynastien liegen. Eher aber noch ist die Antwort im Harem zu suchen. Allein Ahab von Israel hat mehrere Frauen (2 Kön 20). Sein Sohn Ahasja wird daher bei seiner Thronbesteigung – und zwar im Königsschema des Nordreiches – mit seiner Mutter Isebel in Verbindung gebracht (1 Kön 22,53). Ihre Wege werden wie die Ahabs und Jerobeams als schlecht bezeichnet.

Nur bei zwei judäischen Königen wird der Name der Mutter nicht genannt, bei Joram von Juda (2 Kön 8,16–24) und Ahas von Juda (2 Kön 16,3). Das ist besonders erwähnenswert, weil dies die einzigen Könige Judas sind, deren schlechte Taten auf Beziehungen zum Nordreich zurückgeführt werden und nicht auf das kultische Versagen innerhalb des Südreiches.

Jorams Frau ist eine Tochter Ahabs, eine Schwester König Ahasjas von Israel und sie ist Teil der Begründung für das Versagen: »Er [Joram] folgte den Wegen der Könige von Israel, wie es das Haus Ahab getan hatte, denn er hatte eine Tochter Ahabs zur Frau und er tat, was böse war in den Augen des HERRN.« (2 Kön 8,18 EÜ 2016) Bei ihm ist es nicht die Mutter, sondern die Ehefrau, die einen Einfluss auf seine Regierung ausübt, parallel zum Verhalten seines Schwiegervaters Ahab. Als Konsequenz gewinnen separatistische Bewegungen in Moab und Libna die Oberhand und spalten sich vom Südreich ab.

Ähnlich ergeht es Ahas von Juda:

> Er tat nicht, wie sein Vater [i. e. Ahnvater] David, was dem HERRN, seinem Gott, gefiel, sondern er folgte den Wegen der Könige von Israel. Er ließ sogar seinen Sohn durchs

632 Mit Isebel gibt es im Nordreich eine Ausnahme, denn sie wird als Ahabs *Frau* und nicht Mutter oder Tochter vorgestellt und erlebt den Höhepunkt ihrer Macht in der gemeinsamen Regierung Israels (1 Kön 16 – 2 Kön 9). Es handelt sich vermutlich auch bei Jorams Frau um ihre Tochter, sodass das Unheil Ahabs auf Juda übergreift (vgl. 2 Kön 8,18f.).

Feuer gehen und ahmte die Gräuel der Völker nach, die der Herr vor den Israeliten vertrieben hatte. (2 Kön 16,2f. EÜ 2016, herv. BC)

Auch er verliert einen Teil seines Landes, nämlich Eilat an die Aramäer (2 Kön 16,6) und kann nur überleben, weil er sich Assur unterwirft und kultisch angleicht (2 Kön 16,7–18).

Drei Dinge lassen sich vorläufig über die Mutter des Königs festhalten. (1) Die Nennung der Mutter steht mit einer polygamen Praxis der Könige, vermutlich aus politischen Gründen, in Zusammenhang. (2) Sie ist die Mutter des Thronfolgers, ob dieser patrilinear legitimiert ist oder nicht, was den Schluss nahelegt, dass sie Einfluss auf die Thronfolge nehmen kann. (3) Fehlt die Mutter, dann ist es eine andere mächtige Frau, die den König in seinen Entscheidungen beeinflusst und diese Entscheidungen fallen immer negativ aus der Sicht Gottes aus und bringen Nachteile für das Land mit sich.

2.1.2 Davids Harem und der Thronfolgestreit – Batseba als erste Mutter des Königs (2 Sam 11; 1 Kön 1f.11)

Die Namen der Mütter von Saul und David werden im Alten Testament verschwiegen, die Namen ihrer Frauen sind weitgehend bekannt. Bereits David pflegt Polygamie, vermutlich aus politischen Gründen. Er ist mit mindestens sieben Frauen verheiratet, mit den meisten von ihnen zeitgleich. Zunächst lehnt er eine Ehe mit Merab ab, die ihn in das Königsgeschlecht der Sauliden aufsteigen lassen würde (1 Sam 18,18f.), heiratet später aber ihre jüngere Schwester Michal (1 Sam 18,20–27), die unfruchtbar wird (2 Sam 6,23) und zwischenzeitlich mit einem anderen Mann verheiratet worden war (1 Sam 25,44). Es folgt eine Ehe mit Ahinoam aus Jesreel (1 Sam 25,43; 30,5), die ihm seinen Erstgeborenen Amnon schenkt (2 Sam 3,2). Die dritte Ehefrau heißt Abigajil und ist mit dem Kalebiter Nabal verheiratet, der gegen David rebelliert und dann stirbt (1 Sam 25). Von ihr stammt sein Sohn Kilab (2 Sam 3,3). Es folgen in 2 Sam 3,3–5 weitere Frauen und Söhne: Abschalom, Sohn der Maacha,[633] die wiederum die Tochter des Königs Talmai von Geschur war; Adonija, Sohn der Haggit; Schefatja, Sohn der Abital; Jitream, Sohn von Egla. In 2 Sam 5,13–16 folgen die Namen der bereits in Jerusalem geborenen Söhne, ohne Nennung ihrer (neu angeheirateten) Mütter: Schima, Schobab, Natan, Salomo, Jibhar, Elischua, Nefeg, Jafia, Elischama, Eljada und Elifelet.

Die Reihe der Hochzeiten beschließt Batseba, die Frau Urijas, den David in den Tod schickt, um sie heiraten zu können (2 Sam 11).[634] Die Hochzeit bzw.

633 Ob Maacha und der Maachititer (2 Kön 25,24) eine Verbindung haben wird weiter unten erklärt werden.

634 Die Komplexität dieser Figur kann in dieser Arbeit nicht ausreichend gewürdigt werden. Für

deren Zustandekommen wird vom Erzähler angemessen kommentiert: »In den Augen des HERRN aber war böse, was David getan hatte.« (2 Sam 11,27 EÜ2016). Die Gewalt, die David anwendet, um die Familie Urijas zu zerstören fällt durch den Tod des Kindes (2 Sam 12,18), den »Geschwisterstreit« um Tamar (2 Sam 13f.) und den Aufstand Abschaloms auf ihn zurück (2 Sam 15–19). Nicht David entscheidet, ob seine Gewalttat vertretbar war, sondern JHWH: »Gottes Blick auf David entlarvt die Gewalt, die mit Davids Blick auf Batseba begonnen hatte.«[635]

Als David im Sterben liegt, entsteht ein Thronfolgestreit (1 Kön 1), bei dem zuerst Adonija, der Bruder Abschaloms, das Königtum einfordert, obwohl er selbst nicht der Erstgeborene ist. Durch das Einholen des väterlichen Segens, der zugleich die Sukzession der Davididen begründet, gelingt es Natan und Batseba, Salomo zum Thronfolger ernennen zu lassen. Im darauffolgenden Kapitel zeigt sich Batseba als Beraterin ihres Sohnes und erreicht den Höhepunkt ihrer Macht:

> Als nun Batseba zu König Salomo kam, um mit ihm wegen Adonija zu sprechen, erhob sich der König, ging ihr entgegen und verneigte sich vor ihr. Dann setzte er sich auf seinen Thron und ließ auch für die Königsmutter [אם המלך] einen Thron hinstellen. (1 Kön 2,19)

Batseba ist die Mutter eines Königs, von der wir am meisten wissen und sie ist zugleich die erste, die als Mutter des Königs eingeführt wird. Bei ihr handelt es sich offensichtlich um das Urbild, den *typos* dieser Rolle. Mit der Hilfe des Propheten Natan, der bereits die Dynastieverheißung ausgesprochen hatte (2 Sam 7) und David wegen der Heirat Batsebas zurechtwies (2 Sam 12), sowie einiger anderer Unterstützer, unter denen auch das Volk-des-Landes und der Priester Zadok genannt werden (1 Kön 1,45), gelingt es ihr Salomo zu installieren. Nach dieser Einsetzung berät sie ihren Sohn bis zu seiner ersten Heirat (1 Kön 3,1), nach der sie nie wieder genannt wird, d.h. öffentlich auftritt.

Nach ihrem Verschwinden ist es der Harem Salomos, der Einfluss auf ihn ausübt und auch bei ihm hat dies negative Folgen. 1 Kön 11 berichtet von seiner Heirat mit einer Vielzahl von Frauen, von denen gesagt wird:

> König Salomo liebte neben der Tochter des Pharao noch viele andere ausländische Frauen: Moabiterinnen, Ammoniterinnen, Edomiterinnen, Sidonierinnen, Hetiterinnen. Es waren Frauen aus den Völkern, von denen der HERR den Israeliten gesagt hatte: Ihr dürft nicht zu ihnen gehen und sie dürfen nicht zu euch kommen; denn sie würden euer Herz ihren Göttern zuwenden. An diesen hing Salomo mit Liebe [...] Seine Frauen machten sein Herz anderen Göttern geneigt, sodass sein Herz dem HERRN seinem Gott nicht mehr ungeteilt ergeben war wie das Herz seines Vaters David [...] Er tat was Böse war in den Augen des HERRN. Damals baute Salomo [...] eine Kulthöhe für Kemosch,

---

die Figur aus narratologischer Perspektive sei verwiesen auf die demnächst erscheinende Dissertation von A.Fischer über 2 Sam 11.

635 I.MÜLLNER, *Dargestellte Gewalt* 286–317; 316.

den Götzen der Moabiter, und für Milkom, den Götzen der Ammoniter. Dasselbe tat er für alle seine ausländischen Frauen. (1 Kön 11,1–8)

Wie später bei Joram und Ahas, die Götzen dienen, folgt auch bei Salomo der entsprechend des Ausmaßes seiner Schuld angerechnete Landverlust, indem Gott ihm verkündet:

> Weil es so mit dir steht, weil du meinen Bund und meine Satzungen nicht bewahrt hast, die ich dir gegeben habe, werde ich dir das Königreich entreißen und es deinem Knecht geben. Nur deines Vaters David wegen werde ich es nicht schon zu deinen Lebzeiten tun [...] einen Stamm lasse ich deinem Sohn wegen meines Knechtes David und wegen Jerusalem, das ich erwählt habe. (1 Kön 11,11–13 EÜ 2016, herv. BC)

Nimmt man Batseba als Vorbild einer Königsmutter an, so zeigt sich, dass diese vor allen Dingen Einfluss auf die Inthronisierung ihres Sohnes ausübt. Im Rahmen der tatsächlichen Machtausübung greifen, wenn sie sich zurückhält, die Ehefrauen ein und gefährden damit die Stabilität des Thrones. Die Aufgabe der Königsmutter am Hof könnte also sowohl in der Beratung des Königs, als auch in der Kontrolle des Harems bestehen (2 Kön 24,12). Diese Aufgabe ist, sofern sie ihr zukommt, von enormer Wichtigkeit, denn Könige heiraten häufig aus politischen Gründen und nehmen dabei keine Rücksicht auf das Gottesgesetz, welches die Heirat andersgläubiger Frauen verbietet (Ex 36,16; Dtn 7,3). In dem Moment, in dem die Mutter des Königs als Korrektiv ausscheidet und Ehefrauen, die nicht zum Gottesvolk gehören, Einfluss auf die Entscheidungen des Königs nehmen, gerät die exklusive Loyalität zu JHWH ins Wanken und das Königtum in eine Krise, die es Land kostet. Die Aufgaben der Königsmutter sind nicht in der Tora niedergeschrieben, weil sie gar nicht nötig sein sollte. Hätte der König keine ausländischen (und vielen) Frauen geheiratet, wie es das Gesetz vorschreibt, dann gäbe es keine Notwendigkeit diese zu kontrollieren.

2.1.3 Machtmissbrauch: Atalja als regierende Mutter des Königs und das Volk-des-Landes (2 Kön 11)

Eine zweite Mutter sticht im Südreich hervor: Atalja, die Mutter Ahasjas von Juda. In 2 Kön 8–11 wird von dessen Regentschaft und seiner Nähe zum Nordreich Israel berichtet, aus dem seine Mutter stammt. Er fällt schließlich im Kampf gegen Jehu von Israel, der ihn nach einer vernichtenden Schlacht auf dem schicksalsträchtigen Acker Nabots tötet (2 Kön 9,27–29).

Als Atalja vom Tod ihres einzigen Sohnes erfährt, beschließt sie die gesamte Linie der Königssöhne auszulöschen, um selbst zu regieren (2 Kön 11,1). Ein einziger Sohn kann durch eine List entfliehen (V.2f.) und Jahre später mit Hilfe des Priesters Jojada und des Volkes-des-Landes seinen Thronanspruch geltend machen (V.3–20). Atalja wird gelyncht (V.16.20).

Vergleicht man Atalja mit Batseba, so sieht man hier eine zweite Variante des Versagens. Wo Batseba zu wenig machtbewusst agiert hat, übernimmt sich Atalja. Es ist nicht ihre Aufgabe Juda zu regieren und es steht ihr auch nicht zu. Sie schadet damit nur sich selber, nicht dem Reich, denn es folgt kein Landverlust und auch keine Verurteilung durch JHWH.

2.1.4 Zwischenfazit: Die Königsmutter als kultisches und politisches Korrektiv am Thron

Die bisherigen Beobachtungen haben ergeben, dass der Ort der Königsmutter im Palast ihres Sohnes ist. Den tatsächlichen Höhepunkt ihrer Macht erreicht sie im Akt der Inthronisierung ihres Sohnes (1 Kön 1f.; 2 Kön 23,31), den sie mitherbeiführen kann. Ab diesem Zeitpunkt scheint es ihre Aufgabe zu sein, den Harem des Königs zu leiten und ihm zur Seite zu stehen (1 Kön 2,19; 2 Kön 24,12.15). Ihre beratende Funktion darf dabei nicht von anderen Frauen übernommen werden, da dies die Einheit des Reiches bzw. der Dynastie gefährdet (1 Kön 11; 2 Kön 8; 16), aber auch nicht zu einem eigenen Regierungsversuch ausarten (2 Kön 11).

Ihre Rolle ist rein weltlicher Natur, denn wenn sie versagt, zürnt JHWH nicht ihr, sondern dem König. Ihr wird weder in den Rechtstexten der Tora keine Aufgabe übertragen noch wird sie überhaupt erwähnt.

Um ihre regierungsstützende Funktion ausüben zu können, muss die Königsmutter schließlich mit anderen Parteien koalieren. Dies sind zum einen die Priester (1 Kön 1; 2 Kön 11,4.9.15), dann der Prophet (1 Kön1) und schließlich das Volk-des-Landes (1 Kön 1,45; 2 Kön 11,14.18–20; 2 Kön 23,30). Wie genau das Machtverhältnis aussieht, kann aber erst nach genauerer Analyse dieser Figuren beurteilt werden.

2.2 Das Volk-des-Landes

Aus der Erzählung ist bekannt, dass es sich beim עם הארץ um eine einflussreiche kronloyale Gruppe innerhalb der judäischen Bevölkerung handelt, die zumindest teilweise eine direkte Funktion am Königshof hat. Sie sind gelegentlich an der Inthronisation der Könige Judas beteiligt und lehnen politische, evtl. auch kulturelle Einflüsse von Außenstehenden auf Juda ab.[636] Nicht geklärt werden konnte bisher, wer, wie und warum Mitglied dieser Gruppe wird.

Der Ausdruck עם הארץ wird im Alten Testament insgesamt 42x verwendet.[637]

636 Vgl. C.4.1.3.

637 Für diese und die nachfolgenden Schlagworte vgl. die Tabellen im Anhang.

Betrachtet man die verschiedenen Kontexte, so lassen sich unterschiedliche Definitionen für diesen Begriff finden, die sich zum Teil überschneiden.[638]

a) In Gen 23,12; 42,6; Num 14,9 sowie Esr 4,4 handelt es sich nicht um Angehörige des Volkes Israel, sondern um die *Bevölkerung* der umliegenden Regionen.[639]
b) Ex 5,5; Lev 20,2.4 sehen im VdL *das Gottesvolk*, das aus Ägypten ausziehen wird bzw. ausgezogen ist.
c) 2 Kön 11,14.18–20par; 21,24par; 23,30–25,19par; Jer 34,19; Ez 22,29; Ijob 12,24 sehen im VdL eine *politische Gruppierung* in der Nähe des Königs bzw. unterschieden von der Bevölkerung Judas.
d) In *kultischem Kontext* tritt das VdL in 2 Kön 16,15; Ez 39,13; 45,22; 46,3.9; Hag 2,4 und evtl. als Kritik gegen ihre Kultpraxis in Jes 24,4; Sach 7,5 auf.
e) Sie werden aber auch als *zu Richtende (v. a. moralisch)* eingestuft in 2 Kön 15,5par (König als Richter über sie); Jer 34,19 (Sklaverei); Ez 7,27; 12,19; 22,29 (Angst vor dem Gericht); Ez 33,2–4; Dan 9,6 (Mahnung zur Umkehr); Sach 7,5.

Deutlich wird, dass es mindestens zwei Gruppierungen gibt, die den Titel VdL tragen. Die kleinere Gruppe bezieht sich auf Bevölkerungen im Sinne eines Ab- oder sogar Ausgrenzungsbegriffs (a & b).

In der erzählten Königszeit sind c-e anzusiedeln. Sie behandeln vermutlich jedes Mal die gleiche Gruppierung. Es sind einflussreiche Südreichbewohner, die in der Nähe des Königs stehen und sowohl die Regierung als auch den Kult stützen. Ihnen scheint eine juridische Funktion in Fragen der Königswahl zuzustehen, denn sie setzen mehrmals Könige von Juda ein und Atalja, die Königsmutter, setzen sie ab. Lev 20,2.4 spricht vom VdL (vermutlich das Gottesvolk) als einer Instanz, die Götzendienst in den eigenen Reihen zu vermeiden hat.

Aus Sicht der großen Propheten hat das VdL seine soziale Macht missbraucht und nicht auf die Mahnungen zur Umkehr gehört. In diesem Machtmissbrauch könnte es bereits eine Unterscheidung zwischen persönlicher (2 Kön 15,5par; Jer 34,19 u. ö.) und institutioneller Schuld geben, da der König angehalten ist für das VdL ein eigenes Sühnopfer darzubringen (2 Kön 16,15; Ez 45,22).

Gerade das Verhältnis zu Kult und König sind über 2 Kön 23,30–25,30 hinaus das entscheidende Kriterium der Bewertung des VdL. Sowohl bei Ezechiel, als auch bei Jesaja, Jeremia und Daniel klingt eine persönliche wie systemische bzw.

638 E.Lipinski (ThWAT VI, Sp. 190) konzentriert sich vor allem auf den politischen Aspekt der Gruppierung in Abgrenzung von den Bewohnern Jerusalems bzw. von den Beamten und erwähnt den kultischen nur am Rande.

639 Aus dem Kontext von Esr 4,(1-)4 lässt sich sogar eine Polemik ableiten. Das VdL sind hier im Land Zurückgebliebene bzw. im ehemaligen Nordreich angesiedelte Fremde, die nicht zum Gottesvolk gehören.

kollektive Schuld dieser einflussreichen Gruppierung an, die es noch weiter auszuarbeiten gilt.

2.2.1 Königssalbung und politische Macht (2 Kön 23,30.33)

In 2 Kön 23,30 salbt (3. Pers. Pl. וימשׁו) das VdL Joahas zum König. Die Pluralform tritt nur bei den großen Königssalbungen auf, in 2 Sam 2,4//1 Chr 11,3 und 5,3 bei der Salbung Davids durch das Volk von Juda und die Ältesten Israels[640] sowie bei Salomo, der durch Natan und Zadok gesalbt wird (1 Kön 1,45//1 Chr 29,22). Das VdL nimmt mit der Salbung des Joahas erneut eine Rolle ein, die ihm zur Zeit der geeinten Reiche zukam, nachdem das Nordreich Israel bereits untergegangen ist.

Ob dies eine Kompetenzerweiterung oder Hybris ist, wird von T.Ishida mit letzterem beantwortet.[641] Er ist der Meinung, das VdL habe bei David und Salomo eigentlich nur ein passives Vetorecht gehabt, da gerade die Söldner in der Zeit Davids die tonangebenden Mächte gewesen seien.[642] Dies verschiebe sich erst zur Zeit Ataljas (2 Kön 16), indem das VdL beginnt seinen Machtbereich auszudehnen und mehr Einfluss auf den König zu nehmen.[643] Der Höhepunkt wäre dann in der Erwählung des Joahas (2 Kön 23,30) gegeben. Sie setzen den jüngeren Bruder vor dem älteren ein und durchbrechen damit die patrilineare Sukzession bzw. Primogenitur[644], die im Erbrecht vorgeschrieben wurde:

> Wenn ein Mann zwei Frauen hat, eine, die er liebt, und eine, die er nicht liebt, und wenn beide ihm Söhne gebären, die geliebte wie die ungeliebte, und der erstgeborene Sohn von der ungeliebten stammt, dann darf er, wenn er sein Erbe unter seine Söhne verteilt, den Sohn der geliebten nicht als Erstgeborenen behandeln und damit gegen das Recht des wirklichen Erstgeborenen, des Sohnes der ungeliebten Frau, verstoßen [...] Ihn hat er zuerst gezeugt, er besitzt das Erstgeborenenrecht. (Dtn 21,15–17 EÜ 2016)

Das VdL begeht auf politischer Ebene einen Fehler, der rechtliche Konsequenzen nach sich zieht. In 2 Kön 23,33 geschieht dies in Form einer Geldbuße, die der

640 Die Salbung der Ältesten Israels findet in Hebron statt, am Grab des Patriarchen Abraham. In diesem Kontext spricht ja auch Gen 23,12 vom VdL, meint die Bewohner des Landes. Die Ältesten Israels könnten das Pendant zum VdL in Juda sein, womit diese eine Art Senat aus Familienoberhäuptern bilden würden.

641 Vgl. T.Ishida, *Succession* 96–106.

642 Damit widerspricht er der These Fohrers, der in einem Beitrag von 1959 noch davon ausging, das VdL habe mit David eine Art Vertrag über das davidische Königtum geschlossen, der das VdL zur Treue verpflichtet, ihm zugleich aber das Recht einräumt, den Thronnachfolger zu bestimmen (vgl. G.Fohrer, *Vertrag* 1–22, 9; 11). Bemerkenswert ist die Beobachtung Fohrers im Bruch des Dynastievertrags einen Eidbruch gegenüber Jhwh zu vermuten, da jeder Eid auf Gott zu schwören war (vgl. a.a.O. 13f.).

643 Vgl. ebd. 102; 106.

644 Die patrilineare Sukzession vom Vater auf den ältesten direkten männlichen Nachkommen für das Königtum Israel, hat Suriano bereits herausgearbeitet (vgl. Ders., *Politics* 172).

rechtmäßige Thronfolger Jojakim ihnen auferlegt und einer späteren Versklavung im Exil. Zieht man die Vergleichsstellen heran, so fällt die bei Jeremia und Ezechiel kritisierte Ausbeutung der Armen an dieser Stelle auf das Volk-des-Landes zurück.[645]

2.2.2 Das Bestehen vor JHWH und die religiös-»kultische« Funktion (2 Kön 23,31)

Das VdL steht in der Regel zu den Königen, die in JHWHs Augen bestehen, z. B. David, Joasch (2 Kön 12,3) oder Joschija (2 Kön 22,2). Die einzigen Könige, die das VdL unterstützt, obwohl sie letztendlich nicht bestehen, sind Salomo (vgl. 1 Kön 11,9–13)[646] und Joahas (2 Kön 23,30f.). Während das Urteil über Joahas bisher noch nicht klar ist, fällt JHWH über Salomo wegen seiner Kulthöhen das bereits erwähnte Urteil:

> Damals baute Salomo auf dem Berg östlich von Jerusalem eine Kulthöhe für Kemosch, den Götzen der Moabiter, und für Milkom, den Götzen der Ammoniter. Dasselbe tat er für alle seine ausländischen Frauen, die ihren Göttern Rauch- und Schlachtopfer darbrachten. Der HERR aber wurde zornig über Salomo, weil sich sein Herz von ihm, dem Gott Israels, abgewandt hatte [...] und ihm verboten hatte, fremden Göttern zu dienen. (1 Kön 11,7–10 EÜ 2016).

Das VdL erhält innerhalb des Heiligkeitsgesetzes (Lev 17–26) den Auftrag, Götzendienst zu verhindern, da es sonst selbst bestraft werden wird (Lev 20,2.4).[647] Ebendies verhindert es aber nicht bei Salomo und auch nicht beim Volk, denn von den Kulthöhen wird in der Beurteilung der Könige Judas ständig gesprochen (1 Kön 15,14; 22,44; 2 Kön 12,4; 14,4, u. ö.). In 2 Kön 11 wird von der Zerstörung der Baalkultstätten unter Mitwirkung des VdL gesprochen, bei den großen Kultreinigungen unter Hiskija (2 Kön 18) und Joschija (2 Kön 23) werden sie nicht gesondert aufgeführt. Die überlieferten Kulthandlungen sind eher marginal. So wird für sie ein Opfer dargebracht (2 Kön 16,15) und sie nehmen an kultischen Prozessionen des Königs teil (2 Kön 11,18–20, wiederaufgegriffen in der Tempelvision Ez 43,6). Der Molochkult, dem sie entgegenstehen sollen, findet einzig im Hinnomtal bei Jerusalem statt (2 Kön 23,10; Jer 32,35). Da zwei räumliche Informationen auf Jerusalem hindeuten, befindet sich das VdL üblicherweise dort.

---

645 In Ez 7,27 wird sogar wie in 2 Kön 25,3 vom Hungern des VdL zu Beginn des göttlichen Gerichts gesprochen.

646 Knauf weist darauf hin, dass diese Stelle in Rückbezug auf 2 Sam 7 eine Auserwählung Judas unter den Stämmen bedeutet und Juda mit Jerusalem die Aufgabe der Davididen ist (DERS., *1 Kön 1–14* 330).

647 Die Kinderopfer, in denen Säuglinge für den Moloch durchs Feuer gehen müssen, die Lev 20,2–4 besonders anspricht, werden erst unter Joschija (2 Kön 23,10) verboten. Das VdL wird in diesem Kontext nicht erwähnt.

Es gibt ein kultisches Vergehen des VdL, das nicht im aktiven Götzendienst, sondern passiv, im Zulassen von Götzendienst im Land, besteht. Die Strafe für dieses Vergehen ist in Levitikus eindeutig benannt: »So richte ich mein Angesicht gegen ihn und seine Sippe und merze sie aus der Mitte ihres Volkes aus, ihn [i. e. Mitglied des VdL] und alle, die dem Moloch nachhuren.« (Lev 20,5 EÜ 2016). JHWH wird nicht nur den Götzendiener, sondern auch dessen Familie und das VdL in Sippenhaft nehmen.

Wie schon im Politischen, so ist auch im Kultischen die Aufgabe des VdL die eines Korrektivs. Was das Volk (Levitikus) oder der König (1.2 Kön) falsch machen, ist durch sie zu korrigieren. Dabei geht es offensichtlich nicht um ein Einmahnen, wie es bei Propheten üblich ist, sondern um ein konkretes Tun, ein Tun, welches sich vor allem in Jerusalem abspielt.

2.2.3 Das VdL und die Mutter des Königs

Sowohl die Mutter des Königs, als auch das VdL sind für die Einhaltung der Thronfolge, das Aufrechterhalten der politischen Ordnung und die Reinheit des Kultes verantwortlich. Während die Aufgabe der Königsmutter innerhalb des Palastes liegt, agiert das VdL in Juda vor allem in Jerusalem. Versagen beide Seiten, wie in 2 Kön 16,2 offensichtlich geschehen, so kommt es zu politischer Instabilität und Bedrohung des Reiches durch äußere Kräfte.

Eine Besonderheit im Verhältnis von Königsmutter und VdL hat Ihromi herausgearbeitet, die das VdL immer nur dann bei einer Königswahl in Erscheinung treten sieht, wenn die Königsmutter nicht aus Jerusalem oder dem Ausland, sondern aus einer der Städte der Losliste Judas (Jos 15) stammt.[648] Das VdL ist aus ihrer Sicht eine von Jerusalem getrennte rurale Größe, die in 2 Kön 23,30–25,30 von Babylon in einem eigenen Gerichtsgang abgeurteilt wird.[649] Auf diese Weise klärt Ihromi die Frage, wer das VdL ist: es unterstützt Töchter aus der Losliste Judas, sind es vermutlich die Clanoberhäupter Judas.

Diese These ist sehr sympathisch und scheint zunächst auch plausibel, doch lässt eine kritische Überprüfung Zweifel daran aufkommen. Es stimmt, dass das VdL dreimal auftritt, wenn Mütter aus Orten des Losliste Judas stammen, aber es gibt sie auch darüber hinaus, z. B. bei der Wahl Salomos in 1 Kön 1,45.

Das Auftreten bei Joasch, dessen Mutter aus Beerscheba stammt (Jos 15,39), der Mutter Joschijas, die aus Bozkat kommt (Jos 15,28), und der Mutter des Joahas, die aus Libna (Jos 15,42) ist, untermauert ihr Argument. Zwei der drei Namen aus der Ortsliste (Libna und Beerscheba) werden aber später zu Levitenstädten (Jos 19,2 Jos 21,13//1 Chr 6,42). Beerscheba ist außerdem die südliche

648 IHROMI, *Königsmutter* 426.
649 Vgl. ebd. 428f.

Grenzstadt des verheißenen Landes (Ri 20,1; 1 Sam 3,20; 2 Sam 3,10; 17,11 u. ö.) und ein Ort, an dem Abraham und Isaak einen Altar errichteten (Gen 21; 26). Libna ist ein erbitterter Gegner des Gottesvolkes während der Landnahme (Jos 10; 12,15). Wegen eines kultischen Fehlers des judäischen Königs fällt Libna in 2 Kön 8,22//2 Chr 21,10 von Juda ab und wird schließlich von Assur belagert (2 Kön 19,8//Jer 37,8).[650] Die letzten Erwähnungen der Stadt sind in der Herkunftserwähnung Hamutals, die die Mutter zweier Könige in der hier untersuchten Erzählung 2 Kön 23,30–25,30 ist (2 Kön 23,30; 24,18//Jer 52,1). Zu diesem Zeitpunkt ist Libna nicht einmal mehr Teil des Südreiches.

Allein Bozkat, welches nur zweimal im Alten Testament genannt wird, stützt die These Ihromis. Für die These, das VdL lebe auf dem Land und es unterstütze eigene Kandidatinnen, bleibt wenig Raum.

Zumindest bei Beerscheba und Libna handelt es sich aber um relativ große und einflussreiche Städte des Südreiches, sodass deren Töchter tatsächlich am Königshof eine gewichtige Rolle gespielt haben könnten und sich das VdL diesen Einfluss zu Nutze machen wollte. Da das VdL außerdem eine eher xenophobe Gruppierung ist (Lev 20,2.4; 2 Kön 11par; 21,24par; u. ö.),[651] die zudem für kultische Reinheit Verantwortung trägt, liegt in Krisen ihre Unterstützung für Thronfolger aus Levitenstädten bzw. josuanischen Eroberungen nicht ganz fern.

2.3 Die beiden Priester und die drei Torwächter des Jerusalemer Tempels

Der Ausdruck כהן הראש (»Priester des Hauptes« bzw. »*erster Priester*«) kommt nur in 2 Kön 25,17//Jer 52,24 und dreimal in den späteren Texten aus den Büchern der Chronik (2 Chr 19,11; 24,11; 26,20) vor, dort als Pendant zum Hohepriester. Der »*zweite Priester*« (כהן משנה) ist noch einmal in 2 Kön 23,4 erwähnt, wobei der erste Priester dort als der »große Priester« (כהן גדול), einer Vorstufe des nachexilischen »Hohepriesters« auftritt.[652] Die drei Wächter am סף (Türschwelle, Becken) sind in 2 Kön 25,18//Jer 52,24 anzutreffen. An dieser Stelle zeigt sich die Wichtigkeit des Ranges an dritter Stelle, während für ihre Funktion als *Hüter der*

650 Das Aufbegehren Libnas ist das Produkt einer Inkonsequenz von Anfang an. Bei der Eroberung der Stadt werden nicht alle Einwohner erschlagen, sondern es bleibt ein Rest bestehen, der nicht zum Gottesvolk gehört (vgl. E. Ballhorn, *Israel* 229 f.).

651 Siehe dazu die Ausführungen unter C.4.1.3.

652 Von den 16 Belegen für diesen Ausdruck entfallen je drei auf Nehemia und Sacharja, fünf auf Haggai und einer auf 2 Chr 34,9. In Jos 20,6 und dreimal im Kontext der Joschija-Erzählung (2 Kön 22,4.8; 23,4) hat er die Funktion eines Oberhauptes, wobei in Jos 20,6 ein Ausblick in die Zukunft als späterer Einschub zu vermuten ist.

Tempelpforte andere Belegstellen dienen (Jer 35,4; 2 Kön 12,10; 22,4; 23,4//2 Chr 34,9).[653]

Ebenso wie Hulda und Joschija ist auch der Hohepriester Hilkija, der das Gesetzbuch findet (22,4–8), das Ideal eines Priesters,[654] während der erste Priester Seraja (2 Kön 25,18) deportiert und hingerichtet (V.20) wird. Ob es sich daher – wie M.Rehm vermutet[655] beim כהן הראש um einen anderen Begriff für den Hohepriester handelt oder ob es nur eine Rangbezeichnung am Salomonischen Tempel war, der keine eigene kultische Bedeutung zukam, kann aufgrund der schwachen Faktenlage und dem gänzlichen Fehlen außerbiblischer Zeugnisse nicht entschieden werden. Sicher ist aber, dass er, da er in vorrangigem Bezug zu einem zweiten Priester angeführt wird eine bedeutende Rolle am Tempel gespielt hat.

Auch von Schwellenwächtern wird in 2 Könige noch einige Male berichtet. Es handelt sich bei ihnen ebenfalls um Priester (2 Kön 12,10), sie nehmen Geld vom Volk, das in den Tempel will (2 Kön 22,4). Bei der Kultreform müssen sie helfen den Tempel zu räumen, d.h. sie dürfen ihn sogar betreten (2 Kön 23,4).[656]

Aus den bisherigen Ergebnissen lässt sich schließen, dass sowohl die beiden Priester, als auch die drei Torwächter für den reibungslosen Ablauf am Tempel verantwortlich waren. Sie alle dürfen das Haus JHWHs betreten und kommen mit Geld in Berührung, was eine Möglichkeit zur Korruption bietet, von der aber nicht berichtet wird.

2.3.1 Die Priester als Levitensöhne und ihr Verhältnis zu den Propheten

Num 4,32 weist darauf hin, dass die Priester Söhne Aarons sind und den Leviten zugerechnet werden (Ex 4,14), an anderer Stelle wird das levitische Priestertum Zadok zugeordnet (vgl. Tabelle im Anhang). Ihr Auftrag innerhalb des Kultes besteht in der korrekten Durchführung und Wahrung der Reinheit innerhalb des Tempels und des Gottesvolkes (Dtn 24,8) nach den Maßgaben des Reinheitsgesetzes (Bezug auf Lev 11–15). Innerhalb des Ämtergesetzes haben sie außerdem eine zweifache Funktion. Sie sind zu Richtern über Blutschuld und andere schwierige Fälle eingesetzt, die ein normales Gericht nicht mehr lösen kann (Dtn 17,7f.). Zweitens müssen sie das Original des Gesetzbuches verwahren, dessen Kopie dem König zur täglichen Lektüre vorliegt (Dtn 17,18).

---

653 Vgl. ThWAT V (סף, C. Meyers), Sp. 898–901, 900. Die Zahl drei erklärt Meyers mit Ez 40, wo drei Tore am Tempel genannt werden, die von Händlern passiert werden können, a.a.O. Sp. 900f.).

654 Vgl. B.Schmitz, *Hulda* 34–40, 37.

655 Vgl. M.Rehm, *2 Kön* 245.

656 Ein weiterer Beleg findet sich in Jer 35,4, aus dem Rehm darauf schließt, es müsse sich um ranghohe Priester handeln (vgl. Ders., *2 Kön* 245).

Fasst man diese Aussagen zusammen, so ergibt sich vor allen Dingen eine Aufgabe: Die Priester sind für die Reinheit des Gottesvolkes verantwortlich und müssen dies im Alltag, im Kult und gegenüber dem König durchsetzen. Im Kontext des Heiligtums sind sie außerdem zu Trägern und Hütern der Bundeslade ausersehen (Jos 3,3; 8,33), die sie im Tempel zu bewachen haben (1 Kön 8,4).

In der Beamtenliste Davids (2 Sam 8,15–18) finden sich mit Abjatar und Zadok zwei Priester, die als Väter weiterer Priester in Salomos Königsliste (1 Kön 4,1.4) erneut auftreten. Versucht man die genealogische Reihe der Priester durch das Königebuch nachzuverfolgen, so lässt sie sich im Gegensatz zur Überlieferung der Chroniken (1 Chr 4) nicht durchgehend nachweisen, d.h. eine reine Vererbung der Nachfolge scheint üblich, aber nicht zwingend zu sein. Deutlich ist nur, dass die Priester immer aus dem Geschlecht der Leviten stammen.[657]

Verfolgt man Abjatar und Zadok genealogisch zurück, so findet man in Abjatar den einzigen überlebenden Priester nach dem Massaker Sauls (1 Sam 22) und zugleich den letzten Priester aus der Linie des Priesters Eli, der die Bundeslade in Schilo verwaltet hatte (1 Sam 3f.). Beide sind für die Bundeslade verantwortlich (2 Sam 15,24–35) und werden in der Folge Berater Davids am Königshof (2 Sam 15,35; 17,15; 19,12). In den Thronfolgestreitigkeiten nach dem Tod Davids stellt sich Abjatar auf die Seite Adonijas und damit gegen den Propheten Natan, den Priester Zadok, die Königsmutter Batseba u. v. a. (1 Kön 1,8). Nachfolgend wird er von Salomo durch einen anderen Priester ersetzt (1 Kön 2,27) und Zadok zum Obersten der Priester gemacht (1 Kön 2,35). Zadok könnte, und so versteht es 1 Chr 4; 9, der Ahnherr des כהן הראש sein.

Diese Kurzanalyse zeigt, dass es nicht möglich ist, Seraja und Zefanjahu, die beiden Priester aus 2 Kön 25,18 von ihrer Herkunft her zu erklären, wohl aber durch ihr Amt bzw. ihre Funktion als Bewahrer der Reinheit des Gottesvolkes, ohne das JHWH nicht unter seinem Volk leben wird und das Volk nicht im verheißenen Land leben kann (Lev 10,6–20; 20,22; 25,18; Dtn 12,11).

2.3.2 Seraja und Zefanjahu

Die Biographien der beiden Priester sind ebenfalls unergiebig. Seraja selbst wird nirgends vorher erwähnt,[658] aber er scheint einen typischen Beamtennamen zu tragen, denn David hatte einen Schreiber (2 Sam 8,17) und Gedalja einen

657 Für die Verbindung von Priestertum und Leviten vgl. Anhang.

658 In den Listen in Neh 10,3; 11,11; 12,1.12 wird er in die Linie der Zadokiden eingeordnet und gilt als Sohn des Oberpriesters Hilkija, der unter Joschija gut gehandelt hat. Esr 2,2 nennt ihn als Vater Esras, des ersten Hohepriesters. Weitere Personen mit diesem Namen sind Handwerker (1 Chr 4 [3x]), ein unbekannter Beamter in Jer 36,26 und ein Quartiersbeamter (Jer 51,59).

Heerführer (2 Kön 25,23) mit diesem Namen.[659] Zefanjahu dagegen wird beim Propheten Jeremia einmal erwähnt (Jer 21) und zwar als Abgesandter einer Delegation an Jeremia unter der zweiten babylonischen Belagerung.[660] Auch in Jer 29,29 und 37,3 fungiert Zefanjahu als Sprachrohr zwischen König und Prophet, wie andere Priester schon vor ihm (2 Kön 19,2 // Jer 37,7; 2 Kön 22,14). Jer 29,26 erklärt dies mit der Überwachungsfunktion eines Priesters, der sicherstellen soll, dass es keine Falschprophetie im Land gibt (vgl. dazu Dtn 18,9–22).

Ein weiterer Faktor ist an dieser Stelle mitzudenken. Nach dem optimalen Priester Hilkija, der König Joschija das Gesetzbuch übergibt (2 Kön 22,8) unterliegen auch diese beiden den vollen Bestimmungen des Priestergesetzes. Aber nicht nur das. Durch die Kultreform sammelte Joschija das gesamte Kultpersonal und alle Leviten im Land ein und konzentriert sie auf Jerusalem (2 Kön 23,8; Dtn 12,4–12). Das bedeutet, mit dem Untergang des Jerusalemer Tempels und der Hinrichtung dieses wichtigsten Kultpersonals, ist der Kultort Jerusalem tot und ganz Juda bzw. das *ganze Land* kultlos.

2.3.3 Das Kultpersonal, die Mutter des Königs und das Volk-des-Landes

Diese drei Gruppen sind es, die zusammen mit dem Propheten die Regierung des Königs stützen und in den Bahnen des göttlichen Gesetzes lenken sollen. Indem die Mutter des Königs für Ordnung innerhalb des Palastes – speziell des Harems – verantwortlich ist, sorgt sie zugleich dafür, dass fremdländische Frauen den König und damit das ganze Volk nicht zum Götzendienst verführen.

Das Volk-des-Landes regelt außerhalb des Palastes – und wahrscheinlich auch der Hauptstadt – den reibungslosen Ablauf der Politik. Es soll für soziale Gerechtigkeit stehen und dafür Sorge tragen, dass die Kultpraxis des Volkes dem göttlichen Gesetz entspricht und eine Alleinverehrung Jhwhs stattfindet. Außerdem greift es bei Thronstreitigkeiten ein, im Optimalfall in Einklang mit der Mutter des Königs und den Priestern.

Die Priester wiederum haben eine innere Hierarchie. Ihr Oberhaupt wird vom König eingesetzt und ihm ist ein (oder mehrere vgl. 2 Kön 23,4) zweite/ r Priester zugeordnet. Sie haben die Aufgabe das Gotteshaus (בית יהוה) zu beschützen, da dort die Lade aufbewahrt wird. Dazu werden einige Priester als Torwächter aufgestellt, die gleichzeitig regeln wer bzw. was den Tempel betreten darf. Auf diese Weise wird auch die Trennung zwischen sakral und profan deutlich gemacht und die Heiligkeit und Reinheit des Ortes bewahrt. Als Beamte des Königs kommen sie ihrer Funktion als ›Delegierte der Heiligkeit‹ in zweifacher Weise

---

659 Weitere Belege finden sich in 1.2 Chronik, Esra, Nehemia.
660 Vgl. M.Rehm, *2 Kön* 245.

nach: Sie führen, bewahren und erhalten einerseits das Heiligtum mit den Mitteln, die der König ihnen zur Verfügung stellt (1 Kön 6; 16; 2 Kön 12; 16; 18; 22f.) und tragen andererseits Verantwortung dafür, dass der König ständigen Zugang zum Gesetzbuch hat und sich tagtäglich daran orientiert (Dtn 17,14–20; 2 Kön 22,8–12).

Es findet sich kein expliziter Verweis auf die Schuld der Priester, jedoch einige Hinweise, weshalb auch sie mitschuldig am Untergang Judas geworden sind. Der Götzendienst in Juda erstreckt sich auch auf den Tempel in Jerusalem, sodass eine Kultreform überhaupt erst nötig ist (2 Kön 16; 18; 23). Im Zuge dieser Reform kommen auch all die Priester, die an den Kulthöhen geopfert haben, an den Tempel. Geht man nun davon aus, dass bei Jojachins Deportation die ehemaligen obersten Priester mit dem Rest der Oberschicht deportiert wurden (2 Kön 24,14), handelt es sich bei den Priestern unter Zidkija nicht mehr um die optimale Besetzung, sondern vielleicht sogar um ehemalige Nordreich- oder Kulthöhenpriester, die nicht geeignet sind ihrer Funktion nachzukommen. Auch wenn dies nicht der Fall sein sollte, bleibt aber ein Schluss klar: Mit der Hinrichtung der fünf wichtigsten Personen des Kultes, neben dem König selbst, wird der Tempel entblößt, die Schwelle zwischen profan und heilig, rein und unrein ist nicht mehr geschützt und das Gotteshaus zur Plünderung freigegeben.

Exkurs: Die Plünderung des Gotteshauses und die Schonung des Allerheiligsten

a) Die Plünderung im Detail

In der Erzählung wird von der Plünderung des Gotteshauses in allen Details berichtet. Neben den goldenen Geräten, die Salomo für den Tempel hat anfertigen lassen (2 Kön 24,13) werden außerdem die beiden Bronzenen Säulen, das Eherne Meer, Leuchter, Schalen, Kupfergeräte etc. mitgenommen (25,13–19). Die ausführliche Beschreibung der Säulen »Boas« und »Jachin« ist ein gekürztes wörtliches Zitat aus 1 Kön 7,13–22 und erinnert bei der Zerstörung des Tempels an seinen Anfang.[661] Auch die anderen Tempelgegenstände werden im Umfeld der Tempelweihe erwähnt und auf diese Weise wird auch klar, was König Salomo alles hat anfertigen lassen (2 Kön 24,13; 25,16) und wo diese Gegenstände verwendet wurden: Das Eherne Meer (1 Kön 7,23–26), dessen Stiersockel bereits unter Ahas von Juda demontiert worden war (2 Kön 16,17) steht an der Südseite des Tempelhofes (1 Kön 7,39). Die zehn Kesselwagen mit Zierleisten (1 Kön 7,27–

661 Eine andere Deutung bietet Fricke, der im Aufzählen der Gegenstände, besonders in der nachträglichen Einfügung des Beschreibungszitats 1 Kön 7,13–22, einen Brückenschlag zu spätexilisch-frühnachexilischen Texten vermutet, die auf eine Rückgabe der Tempelgeräte hoffen, z. B. Dan 5; Jes 52,11; Esr 1,7f. (vgl. Ders, *2 Kön* 356).

39), die unter Ahas entfernt (2 Kön 16,17) und dann später von den Chaldäern geplündert wurden (2 Kön 25,13.16), befanden sich zu je fünf auf der Nord- bzw. Südseite des Tempels (1 Kön 7,39). Der Kunstschmied Hiram von Tyrus (1 Kön 7,13 f.)[662] fertigt außerdem die Töpfe, Schaufeln und Schalen für den täglichen Betrieb (1 Kön 7,40). Die enormen Mengen aufgewendeter Bronze lassen sich nach 1 Kön 7,47 nicht wiegen (לא נחקר משקל נחשת), weshalb dies auch den Chaldäern nicht gelingt (2 Kön 25,16).

In 1 Kön 7,48–50 werden weitere Gegenstände aus Gold aufgezählt, die sich im Inneren des Tempels befinden, z. B. der Schaubrottisch, zehn Leuchter, diverse Intarsien und Verzierungen am Portal. Das Dekor wird bereits unter Hiskija als Tribut an die Assyrer übergeben (2 Kön 18,16), die Gegenstände aus Gold werden bei der Plünderung nicht eigens genannt, sondern von Nebukadnezar (2 Kön 24,13) bzw. Nebusaradan (2 Kön 25,15) gesammelt und mitgenommen. 1 Kön 7,51 schließlich spricht noch von »Weihegaben Davids« (קדשי דוד), die in der Schatzkammer lagern und entweder als Tribut entrichtet (1 Kön 15,18; 2 Kön 14,14; 16,8) oder von Nebukadnezar (2 Kön 24,13) entwendet wurden. Da Hiskija seine Schatzkammer noch voll Stolz herzeigen kann (2 Kön 18,15), ist der Plünderung unter Nebukadnezar der Vorzug zu geben, d. h. die Weihegeschenke Davids sind, ebenso wie die Kultgegenstände des Tempels und die Bronzearbeiten auf dem Vorhof nach Babel gebracht worden.[663]

b) Verschonung des Allerheiligsten?

Nun kommt es zu einer interessanten Beobachtung: Nachdem alles Gold und Silber aus der Schatzkammer inklusive der Weihegaben Davids und aller Gegenstände, die Salomo gemacht hat, geplündert sind, wird der Tempel niedergebrannt (2 Kön 25,9). Es gibt aber im Tempel bekanntlich noch weitere Gegenstände und zwar die Bundeslade, die Salomo nach Fertigstellung des Tempels und all seiner Gegenstände hineintragen lässt (1 Kön 8,1). Außerdem das Bundeszelt mit seinen heiligen Geräten (V.2–4). Der Ort, an den die Lade gebracht wird, betreten nur Priester und er wird »Allerheiligstes« (קדש הקדשים) genannt (V.6). Dort steht der Cherubenthron (1 Kön 8,6; Jes 6) an einer von außen nicht

662 Da seine Fähigkeiten als unvergleichlich gelten (1 Kön 7,13 f.), könnte er der Grund sein, warum unter den Deportierten in 2 Kön 24,14 der Schmied im Gegensatz zu den Handwerkern im Singular genannt ist. Es könnte sich um einen königlichen Schmied handeln, der zum Hof gehört und für die Fertigung und Instandhaltung von Tempel- und Palastdekor zuständig ist.

663 Leithart bemerkt zutreffend, dass die Kultgegenstände des Königtums entwendet werden (Ders., *1.2 Kgs* 272), nicht die des Volkes in der Wüste. Es ist die siebte Plünderung des Jerusalemer Tempels (a. a. O. 274). »A permanent stream of Gold leaves the land« (a. a. O. 272).

einsehbaren Stelle.[664] Eine Theophanie-Erscheinung beendet den Einzug (1 Kön 8,10) und es folgen die Ansprache und das große Weihgebet Salomos (1 Kön 8,14–66).

Kein einziger der Gegenstände des Allerheiligsten wird von Babel im Erzählzusammenhang angerührt. Dies kann mehrere Gründe haben:

1. Die Babylonier übersehen das Allerheiligste, weil es versteckt ist. Diese These macht keinen Sinn, da es sich nur um einen abgesonderten, nicht aber um einen versteckten Bereich des Tempels handelt (1 Kön 6,5.19f.31) und solche Einrichtungen im Alten Orient bekannt genug waren, dass sie auch in einer Erzählung danach gesucht hätten.[665]
2. Die genannten Gegenstände sind von ideellem Wert für das Gottesvolk, es lohnt sich aber nicht sie zu plündern. Allein das Allerheiligste selbst ist schon mit purem Gold ausgekleidet (1 Kön 6,20) und die Cherubim mit Gold überzogen (V.8), sodass sich eine Plünderung lohnen würde. Die Bundeslade ist von innen und außen mit Gold überzogenes Akazienholz (Ex 25,11). Dazu kommen eine Goldleiste und Goldringe (V.12), vergoldete Tragestangen (V.13). Die Sühnplatte und die zwei Cherubim auf dem Deckel sind aus purem Gold (V.17f.). Auch die Einrichtungsgegenstände des Offenbarungszeltes sind aus Gold (Ex 25,23.26.28.31.38). Das Zeltheiligtum wird aus teuren Stoffen und goldenen Haken gemacht (Ex 26,1–6.11.19.21.25.29–33.37). Die zweite These ist auch nicht haltbar.
3. Das Allerheiligste wurde geplündert, aber dieser Umstand nicht extra erwähnt. Da 2 Kön 25,10–17 sehr präzise schildert, was wie von wem mitgenommen wird, ist diese These ebenfalls eher unwahrscheinlich. Es wird schließlich vom Kerzenlöscher bis zum Ehernen Meer alles aufgelistet, sodass die wichtigsten Kultgegenstände kaum verschwiegen worden wären. Ein vorheriges Entfernen ist ebenfalls schwer denkbar, denn ein Tempel gibt seine ideell wertvollsten Sakralien wohl kaum bei Tributzahlungen ab.

Nachdem alle naheliegenden Lösungen ohne Hinweis geblieben sind, spielt der Kontext zwei weitere Möglichkeiten ein: Babel verzichtet in der Erzählung bewusst auf das Betreten des Allerheiligsten oder es ist bei dem Versuch gescheitert. Von beidem wird nicht explizit gesprochen, doch indem Jhwh als Figur im Hintergrund der Erzählung wirkt (C.4), könnte er auch hier die Fäden ziehen.

Das Allerheiligste ist der Ort, an dem sein Name wohnt (1 Kön 5,17–19; 8,16–20; 9,3.7; 2 Kön 21,4.7; 23,27 u.ö.) und damit der Ort, dessen Eroberung bzw. Plünderung am ehesten einer Demütigung gleichkäme. Würde stattdessen der

664 Zum Aufbau des Tempels und seinen historischen Implikationen vgl. den Online-Anhang dieses Buches.

665 Vgl. ebd.

Ort mit all dem Gold in ihm niedergebrannt, ohne betreten worden zu sein, dann könnte dies auch ein Zeichen von (Ehr-)Furcht sein.

Das Allerheiligste ist aber nicht nur eine kultische Schatzkammer, sondern als Ort, an dem man Gottes Angesicht schauen kann, auch lebensgefährlich. In Lev 16,13 heißt es bereits über Aaron als Priester: »Die Wolke des Räucherwerks soll die Deckplatte über der Lade einhüllen, damit er nicht sterben muss.« und in Ex 28,35: »Aaron soll ihn [i. e. einen Mantel mit Glöckchen] beim Dienst tragen [...] so wird er nicht sterben.« Und selbst Mose, der mit Gott direkt reden darf (Num 12,7f.), wird in Ex 33,20 angedroht: »Du kannst mein Angesicht nicht schauen; denn kein Mensch kann mich schauen und am Leben bleiben«. Das Ansehen Gottes oder auch nur seiner Präsenz z. B. in der Lade ist tödlich für *jeden* Menschen (Ex 40,34f.; Ri 13,22; 1 Sam 6,19; 2 Sam 6,6–8 u. ö.).[666] Überträgt man diese Vorstellung auf den vorliegenden Fall, so wird deutlich, dass Babel zwar versuchen könnte das Allerheiligste zu betreten, dann aber sterben müsste, angesichts der Präsenz Gottes.[667] Ob es dies tut und scheitert oder nicht tut aus Respekt, das Ergebnis bliebe das gleiche: Der sakrale Ort des Heiligtums bleibt unberührt, das Gold im Inneren und alle Gegenstände verbrennen.

c) Die Aufhebung der permanenten Präsenz Jhwhs im Gottesvolk

Die Wolke ist Zeichen einer spontanen Theophanie[668], d. h. sie erscheint vom Exodus über die Wüstenwanderung bis zur Errichtung des Tempels immer nur, wenn Jhwh sich »bewegt« (Ex 14,20; 16,10; 19,9; Num 9,15–23; 1 Kön 8,10f. u. ö.).

Die Lade, das Bundeszelt und der Tempel dagegen sind Zeichen der dauerhaften Präsenz Jhwhs bei seinem Volk und während der ganzen Zeit beim Volk. Wann immer das Volk im »Einheitsreich« versagt, verliert es die Lade und damit die schützende Gegenwart Jhwhs (1 Sam 14,18; 2 Sam 6,15–18) für eine gewisse Zeit (1 Sam 4,15.19–21). Mit der Verbrennung dieser drei statischen Elemente in 2 Kön 25,9 würde der Schutz über Jerusalem und das Gottesvolk endgültig aufgehoben werden (vgl. 1 Kön 9,7f.) und das Volk auf die erste Zeit am Sinai, bevor

666 Diese Sicht gilt auch noch zu Zeiten der Chronik (vgl. 2 Chr 5,9) und wird erst in Ijob 19,25f. weisheitlich überdacht (vgl. L.Schwienhorst-Schönberger, *Ijob* 114f.). Die Vision in Jes 6 ist ebenso wie die in Ez 1–3 oder im immer wiederkehrenden Motiv der Wolke, hinter der sich die Heiligkeit Gottes verbirgt, kein Fall von realem Sehen und deshalb müssen die »Sehenden« auch nicht sterben. Selbst in Gen 2f. wird nie davon gesprochen, dass Adam oder Eva Gott gesehen hätten, d. h. auch wenn das ›Todesurteil‹ von Gen 2,17; 3,3 erst in 3,19 real wird, bedeutet dies nur, dass der Mensch Gott vorher nicht sehen/ erkennen konnte. Einzig abweichend ist das deuterokanonische 2 Makk 2,5, wo, eine apokryphe Legende aufgreifend, von Jeremia gesagt wird, er habe die Lade in einer Höhle versteckt.

667 Ezechiel löst dieses Problem anders. Er lässt die Heiligkeit Gottes aus dem Tempel ausziehen und gibt so nur einen profanierten Raum dem Untergang preis (vgl. Ez 10,18f.).

668 Vgl. J.Jeremias, *Theophanie* 119.

es ein Heiligtum gab, zurückgeworfen sein (Ex 15–24). Gott verlässt sein Volk (auf Zeit).

An der Nahtstelle zwischen dem Bundesbuch und der Errichtung des Heiligtums steht in Ex 32 der erste Bundes*bruch*. Es ist ein starker Konsens in der gegenwärtigen Forschung, dass die Erzählung vom Goldenen Kalb auf die Sünde Jerobeams, d. h. die Stierbilder in den Grenzheiligtümern des Nordreiches anspielt.[669] Es geht um kultische Unreinheit, die außerdem den Untergang Samarias (2 Kön 17) mit unserer Erzählung in 2 Kön 23,30–25,30 in Verbindung bringt. Könnten also die Lade und das Bundeszelt bzw. das Allerheiligste insgesamt unrein geworden und deshalb im Feuer zu Asche verbrannt worden sein wie das Goldene Kalb (Ex 32,20)? Theoretisch ja, aber dann wäre die ausführliche kultische Reinigung unter Joschija (2 Kön 22f.) obsolet. Die Antwort findet sich eher im Inneren der Lade: auf den Bundestafeln. Die permanente Präsenz JHWHs in seinem Volk ist am Ende des Heiligkeitsgesetzes an eine klare Regel gebunden:

> <u>Wenn</u> ihr nach meinen Satzungen handelt, <u>meine Gebote</u> bewahrt und sie <u>befolgt</u>, [...] schlage [ich] meine Wohnung in eurer Mitte auf und habe gegen euch keine Abneigung. Ich gehe <u>in eurer Mitte</u>; ich bin euer Gott und ihr seid mein Volk [...] <u>Aber wenn</u> ihr auf mich <u>nicht hört</u> und alle diese Gebote <u>nicht befolgt</u>, wenn ihr meine Satzungen missachtet, meine Rechtsentscheide verabscheut <u>und meinen Bund brecht</u>, indem ihr keines meiner Gebote befolgt, so tue ich euch folgendes an [...] <u>Ich wende mein Angesicht gegen euch</u> und ihr werdet von euren Feinden geschlagen (Lev 26,3.11f.14–17 EÜ 2016, herv. BC).

Das Brechen des Bundes sorgt dafür, dass JHWH sein Angesicht gegen das Volk wendet, aus seiner heilsamen Präsenz inmitten seines Volkes eine unheilsame wird. Dies zeigt auch Ex 32. Mose sieht den *Verstoß* und als Zeichen des gebrochenen Bundes zerstört er die Tafeln (V.19). Dann wird der *Ort* des Bundesbruchs, das goldene Kalb *verbrannt* und zu Asche (V.20), bevor abschließend die *Schuldigen sterben* müssen (V.27f.).

Der Akt des Bundesbruches ist der permanente Begleiter in der Geschichte des Gottesvolkes vom Sinai an bis zum Zion und er steigert sich immer weiter, bis die Konsequenzen unabwendbar werden.[670] Realität und Bundesvertrag sind in solche Spannung geraten, dass die Tafeln bereits unter Joschija nur noch über das Buch des Gesetzes einsehbar sind. In Konsequenz werden auch die Hüllen der Tafeln, die Lade, das Allerheiligste und der gesamte Tempel überflüssig. JHWH wendet sein Angesicht gegen sein Volk (2 Kön 24,20). Auf den permanenten Verstoß (Numeri bis 2 Könige) folgt die Verbrennung des Ortes (2 Kön 25,9 i. S. v.

---

669 Vgl. exempl. J.HAHN, *Kalb*.

670 Diese Bedrohungen werden immer wieder durch das Eingreifen JHWHs begrenzt, doch sollte das zunehmende Ausmaß (z. B. 2 Kön 14,13f.) dabei den Figuren wie den Lesenden von 1.2 Kön als Warnung dienen.

Dtn 13,13–19) und die Hinrichtung der Schuldigen (2 Kön 25,18–21).[671] Die Tafeln existieren nur noch in der Erinnerung.

d) Vorläufiges Fazit

Versteht man die Plünderung des Tempels vom Erzählzusammenhang her, so ergibt sich ein klareres Bild der Ereignisse. Die detaillierte Aufzählung enthüllt indirekt, was nicht geplündert wird, das Allerheiligste. Wie JHWH selbst nur indirekt auftritt (C.4.1.5), könnte auch hier eine solche Handlung angelegt sein. Er hat seinem Volk angedroht, dass er seine heilbringende Präsenz zurückzieht und dies in der Geschichte immer wieder kurzzeitig getan (z.B. Verluste der Lade). Doch nun entzieht er sie dem Volk gänzlich, da es den Bund gebrochen und seine kultische Reinheit verloren hat. In einem solchen Volk kann JHWH nicht länger wohnen, ohne es vernichten zu müssen.[672] Die Hauptschuldigen sterben bzw. werden deportiert und in einem sengenden Feuer wird der Kultort Jerusalem vernichtet bzw. »gereinigt«. Die Maßnahmen Joschijas haben dafür nicht mehr ausgereicht und das Volk hat sein Symbol permanenter Präsenz verloren. Es ist in die Zeit des Exodus zurückgeworfen. Es lebt in der Fremde, es hat keinen aufrechten Bundesschluss mehr und damit sein Recht – nicht aber die Möglichkeit[673] – auf dauerhaften göttlichen Beistand verspielt. Es ist wieder ein Volk in der Knechtschaft, das seinen Gott, der er es aus Ägypten befreit hat, verloren zu haben scheint.

2.4 Gedalja und weitere Beamte und Funktionsträger Judas

Die Beamten treten hauptsächlich im Kontext ihrer Exilierung auf, als Funktionsträger der Könige (2 Kön 24,12.14–16; 25,19). Die Erzählung kennt neben Berufsbezeichnungen wie ›Schmied‹ (מסגר) oder ›Steinmetz‹ (חרש) auch noch die ›Eunuchen‹ bzw. ›Hofbeamten‹ (סרים).[674] Darunter werden zwei Fünfergruppen hervorgehoben: Die *›Pfeiler-des-Landes‹* (אילי הארץ), die nur noch in Ez 17,13 auftreten, wobei ihnen, ebenso wie in 2 Kön 24,15 eine machtvolle

671 Die permanente Reduktion des Gottesvolkes in beiden Büchern könnte man als Rahmen für diese Untergangserzählung sehen. Im Buch Numeri zeigt sich schon, was mit einem Volk geschieht, das die Tora nicht leben kann.

672 Vgl. zur Bedeutung von Reinheit in Levitikus G. WILHELM, *Reinheit* 197–217; Gott muss strafen was nicht rein ist.

673 Verglichen mit der totalen Vernichtung des Baaltempels unter Jehu (2 Kön 10,18–29) als Maximalform, ist die Zerstörung des Jerusalemer Tempels ein Machterweis, der keine endgültige Verwerfung beschreibt.

674 Zum Streit über die etymologische Herkunft und Bedeutung des Wortes vgl. B. KEDAR-KOPFSTEIN, Art. סרים, Sp. 952f.

Position am Hof zugeschrieben wird. Ähnliches lässt sich für die *›Männer-vor-dem-Angesicht-des-Königs‹* (2 Kön 25,19//Jer 52,25) vermuten, die nur an dieser Stelle vorkommen und daher keine genaue Definition ermöglichen. Beide Gruppen sind im Umfeld des Königs von Juda angesiedelt, was eine beratende Funktion nahelegt.

Außerdem gibt es militärische Figuren, z. B. die ›Männer des Krieges‹ (החיל גבורי), die neben 2 Kön 24,14 nur noch in Jos 1,14; 6,2; 8,3; 10,7 und 2 Kön 15,20 erwähnt werden. Bei ihnen handelt es sich vermutlich um eine Art Reservisten/Anführer, die anstelle eines stehenden Heeres dem König von Juda zur Verfügung stehen. Die Auflistung dieser Gruppen bei der Exilierung sowie ihre genaue Zählung soll vermutlich die Machtfülle des Königs von Juda unterstreichen und keine Volkszählung sein, da diese verboten ist (vgl. 2 Sam 24,10.16). Er hat ein mächtiges Heer, gute Handwerker und eine Schar von Beamten, d. h. einen großen Königshof, die mit ins Exil ziehen.

Ähnliches finden wir auch schon bei König David, der in 2 Sam 23,8–39 eine Liste seiner Helden aufstellt, unter denen sich auch ein Maachititer und zwei Netofatiter finden. Diese Tatsache ist für das Verständnis der Heerführer Gedaljas relevant, denn er hat ebenfalls je einen Vertreter dieser Bevölkerungsgruppen. Über Gedalja selbst erfährt man aus der Erzählung, dass er der Sohn Achikams und der Enkel Schafans ist (2 Kön 25,22). Beide treten in 2 Kön 22 auf und sind maßgeblich an der Kultreform Joschijas bzw. der Befragung Huldas beteiligt. Jer 26,24 berichtet außerdem, Achikam habe den Propheten geschützt.[675] Schafan wird als Staatsschreiber benannt, Achikam hält sich zumindest am Königshof auf. Ob die beiden zum Zeitpunkt von 2 Kön 25,22–26 bereits tot oder in einer der beiden Wellen deportiert worden sind, verschweigt die Erzählung. Fest steht aber, dass Gedalja aus einer elitären Schicht stammen dürfte, die sowohl für Babel als auch für Juda als Verwaltungsbeamte in Frage kommt. Nach 2 Kön 22,8 f. liest Schafan sogar das Buch des Gesetzes, welches er im Tempel gefunden hat, d. h. ihm ist das Königsgesetz (Dtn 17,14–20) bekannt und auch sein Sohn müsste prinzipiell in der Lage sein, nach den Gesetzen zu handeln. Die Frage, weshalb der Davidide Jischmael Gedalja in 2 Kön 25,25 tötet, bleibt weiterhin nebulös.[676]

Ein interessanter Aspekt ist die *Beamtenliste Salomos* (1 Kön 4). Im Gegensatz zu David hat er nicht Helden, sondern Fürsten, die ihn in Jerusalem beraten. Außer ihnen gibt es noch eine ganze Reihe von Beamten, die im ganzen Land verteilt leben. Möglicherweise könnte es sich bei diesen Beratern um die Männer-

675 Jeremia vermittelt insgesamt ein positives Bild von Schafan und Achikam (vgl. Jer 36; 39,14; 43,6 u. ö.).

676 Nach Jer 40 f., welches eine deutlich antidavididische Schlagseite hat, ist Jischmael ein gedungener Attentäter des Ammoniterkönigs, der das Gastrecht bricht und ein Massaker anrichtet.

vor-dem-Angesicht-des-Königs bzw. die Pfeiler-des-Landes handeln, während die anderen zum Volk-des-Landes zählen könnten. Auf diese Weise ließen sich nicht nur beide Begriffe, sondern auch der Ausdruck »Häuser der Großen« (בּיתים גדולים) in 2 Kön 25,9 genauer erklären. Da es aber keine starken Bezüge gibt und nur die Häufung der schwachen intertextuellen Bezüge zur Herrschaft König Salomos in Anschlag gebracht werden kann, ist die Entscheidung an dieser Stelle nicht zu treffen.

2.5 Zwischenfazit

Die Frage nach Juda und seiner Schuld gegenüber JHWH kann nach der Untersuchung von Königen und Nebenfiguren relativ eindeutig beantwortet werden: Es geht nicht um die territoriale Größe ›Südreich‹, sondern um die soziale Gruppe, die dahinter steht. Es geht um das Gottesvolk.[677] Die Untersuchung der Nebenfiguren ergab dabei ein Schema von Auftrag und Versagen dieser Figuren im Hinblick auf politisches und kultisches Agieren. Weniger das politische Intrigieren, als vielmehr das kultische Vergehen, d.h. Götzendienst, der Verstoß gegen das Erste Gebot, wird – wie schon bei den Königen (D.1) – zum Kriterium für Böses Tun:

> The sins of the king, then [wenn es dtr ist und damit in der Tradition des Mose und Josua steht], are the sins of the people, and in animadverting on those the Deuteronomist is but emphasizing his main theme of the tragedy of his people as the supreme example of divine retribution.[678]

Die Mutter des Königs soll aus Sicht des Regimes den Einfluss fremdländischer Frauen auf den König kontrollieren, damit dieser keinen Götzendienst betreibt. Ein Scheitern dieser Tendenz zeigt sich exemplarisch an König Salomo und einigen Nachfolgern. Es geht nicht um eine Misogynie an dieser Stelle, sondern um die Bewahrung kultischer Reinheit. Der negative Einfluss beginnt zur Zeit König Salomos (oder mit Batseba in 2 Sam 11) und setzt sich nach der Reichsteilung fort. Ab jetzt sind sogar Frauen aus dem Nordreich Israel als Gefährderinnen anzusehen, da Jerobeam die Kultreinheit und -einheit aufgehoben hatte.

Auch das Volk-des-Landes ist dazu angehalten, Kult und Königtum zu bewahren. Das davididische Königtum zu erhalten, dient implizit aber ebenfalls dem Ziel der Kultreinheit, da es nach Dtn 18 (vgl. D.1) die Aufgabe des Königs ist, die korrekte Verehrung JHWHs sicher zu stellen. Der König ist es – so Lohfink[679] –

---

677 K.WEINGART, *Israel* 255; 362f.

678 J.GRAY, *1.2 Kings* 38.

679 N.LOHFINK, *Rückblick* 134f. Als Belege führt er an Ri 2,11; 3,7.12; 4,1; 6,1; 10,6; 13,1; 1 Kön

der das Volk zum guten oder bösen Tun bewegt. Neben dem Volk-des-Landes gibt es noch weitere Beamte und Funktionäre, die mit der gleichen Aufgabe betraut sind und deren Funktion größtenteils auf König Salomos Hof (1 Kön 4) zurückgeht. Besonders hervorzuheben ist dabei das Kultpersonal am Tempel. Gerade an ihm zeigt sich das landesweite Versagen im kultischen Dienst und deshalb trifft sie die Strafe auch besonders hart. Der Verlust des Tempels führt zum Verlust der Lade, weshalb das Gottesvolk auf die Zeit vor dem Sinaibund zurückkatapultiert wird. Es hat sich als bundesbrüchig erwiesen und ist den Nöten und Bedrängnissen der Zeit vor seiner Errettung ausgesetzt. Dazu zählen aber nicht nur die Rückkehr in die Knechtschaft, sondern auch die Angriffe seiner Feinde, deren Rolle im Kontext noch deutlicher hervortritt und die Abwesenheit JHWHs als Schützer und Retter Judas.

3. Die Rolle der Völker im Erzählzusammenhang

3.1 Babel und die Chaldäer

Für *Babel* gibt es in den Erzählungen vor 2 Kön 23,30–25,30 nur sechs Belege: Gen 10,10; 11,9; 2 Kön 17,30; 20,12.17f., während innerhalb der Erzählung 21 Nennungen vorliegen.

In Gen 10,10 wird Babel zum Kerngebiet des Heldenkönigs Nimrod gezählt und durch die Toledot von Gen 10,1–32 über Kusch in die Genealogie des Noah-Sohnes Ham eingeordnet, dessen Söhne Kusch, Ägypten, Kanaan und Put sind. Gen 11,1–10 ist der Schnittpunkt[680] zwischen Urgeschichte/ Prolog der Bibel und dem Beginn der Erzelternerzählung. Gen 11,9 berichtet vom Ende des Turmbaus der Menschen und der Benennung der Stadt in Babel i. S. v. »Wirrsal/ Chaos«.[681] Die beiden Stellen in der Tora deuten auf die Entstehung Babels als Reich und Stadt hin, sagen aber scheinbar noch nichts über die Situation in 2 Kön 24f.

Anders ist es, wenn man die Zerstörung Jerusalems auf der Lexemebene mit der Perikope vergleicht. Das Brennen (שרף) der Ziegel für Babel (Gen 11,3) und das Niederbrennen der Häuser in Jerusalem (2 Kön 25,9) korrespondieren; ebenso die Angst vor dem zerstreut Werden (פוץ) in Gen 11,4 und die Zerstreuung der Truppen in 2 Kön 25,5. Von beiden Orten wird als *die* Stadt (העיר) gesprochen

11,6; 14,22; 15,26.34; 16,19.25.30; 22,53; 2 Kön 3,2; 8,18.27; 13,2.11; 14,24; 15,9.18.24.28; 17,2; 21,2.20; 23,32.37; 24,9.19 (a. a. O. 89).

680 Zur Diskussion vgl. A.SCHÜLE, *Prolog*; N.C.BAUMGART, *Umkehr*; DERS., *Ende* 27–58; E.ZENGER/ C.FREVEL, *Einleitung* 73.

681 Die Bezeichnung weicht von der wahrscheinlicheren Bedeutung »Tor Gottes« bewusst und leicht polemisch ab, weil die Perikope Gen 11,1–9 aus persischer Zeit stammen dürfte (vgl. dazu A.BERLEJUNG, *Living* 89–111, 108).

(Gen 11,5; 2 Kön 25,4) und das Verlassen der Stadt erfolgt sowohl unfreiwillig als auch durch JHWH verursacht. Es steht im Kontext mit Chaldäa und ist ein Hinausgehen aus dem eigenen Land (הארץ) (Gen 11,31; 2 Kön 25).

2 Kön 17,30 berichtet von der Ansiedlung von Fremdvölkern im Nordreich Israel nach dessen Untergang. Es befinden sich auch Menschen aus Babel darunter, die eine Gottheit mit Namen »Sukkot-Benot« anbeten. In 2 Kön 20//Jes 39 liegt König Hiskija von Juda krank auf seinem Bett und der König von Babel sendet ihm Genesungsgeschenke, woraufhin Hiskija seinen Abgesandten seine Schatzkammer zeigt (V.12f. par). Kurz darauf betritt der Prophet Jesaja die Szene und verkündet Hiskija, dass eine spätere Generation von Juda nach Babel verschleppt und die Königssöhne dort als Hofdiener arbeiten werden (V.17f. par).[682] Es handelt sich bei diesen Stellen um eine prophetische Vorhersage dessen, was in 2 Kön 24f. Wirklichkeit wird und könnte eine Andeutung über das Schicksal Jojachins in 2 Kön 25,27–30 enthalten, die sich im Text so nicht belegen lässt.

Die Könige *Nebukadnezar* und *Ewil-Merodach* treten überhaupt nicht vor der Erzählung 2 Kön 23,30–25,30 auf und auch ein König von Babel wird im Vorfeld nur in 2 Kön 20 erwähnt, sodass keine weiteren Informationen bzw. Verknüpfungen im Erzählzusammenhang auffindbar sind.

Das Volk bzw. die Gruppe der *Chaldäer* kommt vor allem in der Prophetie, besonders bei den Hinteren Propheten namentlich vor, im großen Erzählzusammenhang von Genesis bis 2 Könige aber nur innerhalb der Erzählung 2 Kön 23,30–25,30.[683]

Exkurs: Abraham aus Chaldäa

Auch wenn das Volk der Chaldäer nicht namentlich erwähnt wird, gibt es dennoch eine Ortsbezeichnung »Ur in Chaldäa« in Gen 11,28.31; 15,7. Es ist der Geburtsort Abrahams, von dem aus er seinem Vater mit seiner ganzen Familie folgt bis zu einem Ort namens Haran (Gen 11,31f.) und dann später weiter nach Kanaan (Gen 12). Interessanterweise geht diese Familie genealogisch auf den Noah-Sohn Sem zurück, d.h. es sind Semiten, obwohl sie im Gebiet Babels, der Hamiten, lebten (s.o.; vgl. Gen 11,10–32).[684] Die Bewegung der Semiten zurück in ihre Heimat nach der Zerstreuung in Babel, könnte als Vorausblick auf eine Sammlung und Rückkehr im bzw. aus dem Exil sein.

---

682 Ähnliche Ankündigungen werden vom Propheten Jeremia an Jojakim, Jojachin und Zidkija gegeben (vgl. Jer 20,1–6; 21,1–10; 22,25; 24,1; 25,1–14; 27 u.ö.).

683 Der Heerführer Nebusaradan wird nirgendwo erwähnt. Interessant ist aber die Figur des Holofernes aus dem Buch Judit, die ähnliche Züge aufweist, z.B. Auftreten anstelle ihres vergöttlichten Herrschers, gnadenlose Loyalität, u.ä.

684 Vgl. dazu auch T.HIEKE, *Genealogien.*

Nach Gen 15,7 ist Abraham von JHWH aus Ur »herausgeführt« (יצא) worden, was sowohl auf die Prophetenberufung, als auch auf den Exodus anspielt.[685] Abraham ist ein Erwählter und der Ort seiner Erwählung liegt in Chaldäa. Auch Gen 15,18 weist eine intertextuelle Verknüpfung zur untersuchten Erzählung auf, denn dort wird über das Land der Kinder Abrahams, sprich der Israeliten gesagt, es liege vom »Strom Ägyptens bis zum Strom Euphrat«. Dieses Gebiet gehörte nach 1 Kön 5,1//2 Chr 9,26 in den Herrschaftsbereich Salomos. In 2 Kön 24,7 wechselt es aus dem Machtbereich Ägyptens in die Hegemonie der Chaldäer, was auf die Machtverschiebungen innerhalb der Großerzählung zurückgeht.[686]

Fasst man diese Beobachtungen zu Abraham zusammen, so lassen sie einen vorsichtigen Schluss zu: Abraham, der auf die Stimme Gottes hört (vgl. Exkurs zu Dtn 28 bes. V.62), ohne ihn in Frage zu stellen, wird aus Babel herausgeführt. Dies ist der Beginn der Heilsgeschichte des Gottesvolkes, denn auf dieses Ereignis folgt die Erwählung Abrahams zum Stammvater Israels. Diese Erwählung zeigt parallele Strukturen zur Befreiung und Erwählung des Gottesvolkes im Buch Exodus.[687] In 2 Kön 25 wird von der Rückkehr nach Babel berichtet, das Volk kehrt zum Ursprungsort seines Glaubens (noch vor dem Bundesschluss am Sinai!) zurück. Es ist nicht länger im verheißenen Land, sondern an dem Ort, an dem es von JHWH herausgerufen werden muss. Was genau es an diesem Ort zu tun hat, bleibt – auf der narrativen Ebene – in 2 Kön 25 aber weiterhin unklar.[688]

---

685 Vgl. dazu Kapitel D.5.1.2.

686 Die Bezeichnung »Strom Ägyptens« tritt im Sinne einer Grenze noch in Num 34,5 (für das verheißene Land); Jos 15,4.47 (für Juda); 1 Kön 8,65//2 Chr 7,8 (Reich Salomos) auf. Der »Strom Euphrat« ist nach Gen 2,14 einer der vier Ströme, die aus dem Paradiesfluss hervorgehen. Dtn 1,7; 11,24; Jos 1,4 und Ps 80,2 nennen ihn als Grenze des verheißenen Landes im Osten. David sichert nach 2 Sam 8,3//1 Chr 18,3 die Grenze am Euphrat, während Joschija beim Versuch, gegen Assur zu ziehen, welches bereits jenseits dieser Grenze liegt, scheitert und stirbt (2 Kön 23,29//2 Chr 35,20). In Kombination treten die beiden Ströme neben den o.g. Stellen nur noch im Rahmen einer Heilsverheißung zur Sammlung des Gottesvolkes (Jes 27,12), also zu einem späteren Zeitpunkt, auf.

687 Vgl. z. B. R.RENDTORFF, *Theologie 1* 83f.

688 Gen 15 ist nach aktuellem Konsens ein später Text und mit Sicherheit jünger als 2 Kön 25. Aus diachroner Sicht trägt dieser Text nicht zum besseren Verständnis bei. Die historische Tatsache, dass Judas König mit Gefolge in Babel im Exil war, erklärt das *Setting* dagegen ausreichend. Im späteren Stadium der Textentwicklung, als das Exil nicht mehr erlebte, sondern erinnerte Geschichte geworden war, werden die Schuld, Toraobservanz und Reinheit auf einer Metaebene reflektiert und das Exil zu einem weisheitlichen Lernort stilisiert (vgl. dazu A.SIQUANS, *Exil* 24–40, 32f.38).

3.2 Die Aramäer

Aram wird genealogisch in Dtn 26,5, vor allem aber im Buch Genesis (Gen 10,22 f.; 22,21; 25,20 u. ö.) erwähnt. Zu diesem Volk bzw. Geschlecht gehört der listige Laban, welcher der Schwager Isaaks und der Onkel von Jakob ist (siehe auch Hos 12,13). Nach einem Streit zwischen Onkel und Neffe errichten sie ein Steinmahl als Trennung, das *Mizpa* genannt und zur Grenze zwischen Jakob (= Israel) und Laban (= Aram) gesetzt wird (Gen 31,49). Als militärischer Feind wird Aram erstmals in Num 23,7 erwähnt, wobei es dort zu einer unbeabsichtigten Grenzverletzung Israels kommt, die in keiner kriegerischen Auseinandersetzung endet.

Die Hauptquellen für die wechselseitigen Beziehungen sind das Buch der Richter und 2 Könige. Als Gruppen mit Moab und Ammon (2 Kön 24,2) tritt es nur in Ri 10,6 und 2 Kön 23,13 auf. Dort dienen sie Israel als schlechte Vorbilder in puncto Götzendienst.

Wie bereits im Buch Josua (vgl. D.5.1.2) sind die Israeliten auch im Richterbuch nicht in der Lage, ihre Feinde dauerhaft zu besiegen. So gelingt es ihnen zwar beispielsweise in Ri 1,8 Jerusalem in Brand zu stecken, nicht aber es zu erobern oder zu zerstören (Ri 1,21).

Aram und die anderen in Israel verbliebenen Völker sind eine ständige Bedrohung für Israel, der sie nur mit JHWHs Hilfe und der durch ihn eingesetzten Richterinnen und Richter, die als Heroen auftreten, begegnen können. Im Richterbuch kommt dabei ein Schema zum Tragen, das in Ri 2 vorgestellt wird: Israel fällt von JHWH ab (Ri 2,11–13), woraufhin Räuberscharen (גדודי)[689] einfallen (V.14). Die Einsetzung eines Richters führt zur Rettung des Volkes (V.15–18) bis zum Tod des Richters (V.19). Dann folgt ein erneuter Abfall von JHWH, d. h. das Volk hört nicht länger auf seine Stimme (שמע בקול יהוה), weshalb JHWH die Fremdvölker überleben lässt, um sie als ständige Bedrohung zu erhalten (V.20 f.). Dieses sich ständig wiederholende Schema ist wie eine Prolepse auf die Eroberungen Samarias (2 Kön 17 f.) und Jerusalems (2 Kön 24 f.) und folgt einer ähnlichen Argumentation wie 2 Kön 24,2.20; Dtn 28 etc. (vgl. D.1.1): Weil Israel nicht auf JHWH hört, gerät es in eine Bedrängnis, aus der nur JHWH es erretten kann.[690] Im Gegensatz zu 2 Kön 24,1–3 wird hier nicht ständig davon gesprochen, dass JHWH selbst die Räuberscharen gegen Israel aussendet, um es zur Umkehr zu zwingen. Er verweigert lediglich seine Hilfe bei der Rettung, bis das Volk umkehrt (z. B. Ri 10,13–16). Die fehlende Umkehr bei den Königen Israels und

689 Der Begriff גדודי wird nur in 1 Sam 30 in Bezug auf die Amalekiter verwendet, sonst immer als von JHWH gesendete Gruppe.

690 Das deuteronomistische Geschichtskonzept zeigt sich deutlich an dieser Stelle (zur Definition vgl. A.2).

Judas könnte ein ausschlaggebender Punkt in der Deutung von 2 Kön 23,30–25,30 sein. Explizit wird davon nicht gesprochen.

Implizit feindlich wird Aram vom Stamm der Daniter angesehen, die bei der Suche nach ihrem Wohnsitz (Ri 18) einen Ort weit entfernt von ihnen suchen (V.7.28).

Die Aramäer werden schließlich von David unterworfen (2 Sam 8,5–13; Ps 60,2). Sie rebellieren mit Hilfe der Ammoniter, besonders der Maachititer gegen ihn, werden aber zurückgeschlagen (2 Sam 10). Unter Salomo scheint es Handelsbeziehungen (1 Kön 10,29), wenn auch keinen stabilen Frieden zu geben (1 Kön 11,24f.).

In 1 Kön 15,18 ist Aram ein Bündnispartner des Nordreiches, der von Asa von Juda bestochen werden muss. Es erhält einen Tribut, um sich aus den inneren Streitigkeiten des Gottesvolkes herauszuhalten, was ein Signal für eine Machtverschiebung ist.

In 1 Kön 19,15 salbt Elija Hasael zum König von Aram, ein Privileg, das eigentlich nur von Israels Königen berichtet wird. Aram, überzeugt nun mit Jhwh auf seiner Seite zu kämpfen, rückt gegen das Nordreich aus und wird mehrfach vernichtend geschlagen (1 Kön 20; 22). Aram verliert, hat in der Erzählung aber eigentlich eine andere Funktion: Es soll das Gericht über König Ahab bringen, der trotz des mehrfachen Eingreifens und Redens Elijas, nicht vom Baalkult abgelassen hatte (1 Kön 19–22). Die Aramäer nehmen hier, ebenso wie in 2 Kön 24f., die Rolle eines Strafwerkzeugs ein.

Auch in 2 Kön 5–9 führt Aram Krieg gegen das Nordreich und belagert sogar dessen Hauptstadt Samaria (2 Kön 7), bevor sie durch eine Täuschung Jhwhs fliehen. Der Zustand der Belagerung ist dabei auf der Wortebene eng mit 2 Kön 25,1–8 verbunden. In 2 Kön 6,24f. wird die Stadt belagert (צור) und es folgt eine Hungersnot (רעב). Es gibt in 7,4f. Überläufer (»Umgefallene«, נפל אל) und der König von Israel erhebt sich in der Nacht (הלילה), weil der Feind in die Stadt eindringen könnte (7,12). Stattdessen hat Jhwh Israel gerettet, sodass es nicht Israel ist, das Richtung Jordan flieht (wie Zidkija in 2 Kön 25,4), sondern die Aramäer (2 Kön 7,15). Nicht Israel, sondern die Feinde werden ausgeplündert (7,16 vgl. 2 Kön 25,13–17).

In 2 Kön 10,32f. hat Aram sich wieder einmal von den Niederlagen erholt und erobert das transjordanische Gebiet, d. h. das Land des halben Stammes Manasse, das eigentlich Moab und Ammon zustehen sollte (s. u.). In 12,18f. zieht Aram gegen Juda. Die Eroberung Jerusalems kann nur durch einen Tribut verhindert werden kann (ähnlich zu 1 Kön 15,18). Diese versuchte Plünderung erinnert an 2 Kön 24,1f. Verstärkt wird dies noch durch das folgende Kapitel 13, wo Jhwh Aram als Strafaktion gegen den König von Israel plündern lässt (2 Kön 13,22; ähnlich Jes 9,11 für Juda). Desgleichen lässt Jhwh Aram gegen Juda ziehen (2 Kön 15,37; 16; Jes 7). Gerade in 2 Kön 16 zeigt sich dabei die Funktion Arams als Strafwerkzeug Jhwhs, denn es darf ausziehen, *weil* Ahas von Juda die Sünden Israels begeht, d. h. Götzenkult betreibt (2 Kön 16,2f.10).

Aram ist eindeutig ein bedeutender Feind der Königreiche Israel und Juda. Immer wieder gibt es Konflikte, die Aram nur dann gewinnen kann, wenn es von Jhwh gesendet wurde. Dies geschieht immer, wenn der König Götzenkult betreibt oder sich in irgendeiner anderen Weise von Jhwh abwendet. Sowohl Grenzverletzungen als auch Plünderungen diverser Art gehören dabei zum Repertoire Arams. Sein Erfolg als Teil der Räuberscharen in 2 Kön 24,2 sollte daher sowohl für die Leserinnen und Leser als auch für die judäischen Figuren innerhalb der Erzählung eine eindeutige Aufforderung zur Umkehr sein, damit Jhwh seinen heilvollen Blick von Aram ab- und Juda wieder zuwendet bzw. eine Erklärung, wie es zum Untergang kommen konnte. Die Nennung Arams hat leserlenkende Funktion.

3.3 Die Moabiter

Moab und Ammon werden in Gen 19,37f. als inzestuöse Kinder Lots mit seinen Töchtern verstanden. Sie gehören zur semitischen Familientradition (Gen 11,10–32), sind aber zugleich abgewertet und haben mindestens bis ins zehnte Glied kein Recht, Teil des Gottesvolkes zu werden (Dtn 23,4f.). Als kriegerisches Volk treten sie implizit in Ex 15,15, und explizit im Buch Numeri auf (v. a. Num 21–23, Anspielung in Mi 6,5). Von da ab werden sie zu Feinden der Israeliten, die immer wieder auftreten und besiegt werden müssen (Num 24,17; Jos 24,9; 1 Sam 14,47; 2 Sam 8; 2 Kön 3), sowie zu Götzendienern, die die kultische Reinheit Israels und seiner Könige gefährden (Num 25,1; Ri 10,6; 1 Kön 11; 2 Kön 23,13). Moab ist ein Gegner. Wie die anderen Völker darf es auf Anweisung Jhwhs weder ausgelöscht noch erobert werden (Dtn 2,8f.; Ri 11,15.25). Ein Gebot, welches der Stamm Manasse nicht einhält (Jos 13,32).

Zusammen mit den Ammonitern und den Amalekitern kämpft Moab auf Anweisung Jhwhs gegen Israel, das besiegt wird und eine Zeit lang Jericho verliert (Ri 3). Solche Anweisungen wiederholen sich (1 Sam 12,9; 2 Kön 1,1; 13,20), sodass ihr Auftreten als von Jhwh geschickte Scharen in 2 Kön 24,2 nicht länger unklar ist. Sie sind ein Strafwerkzeug Jhwhs, mit dem Israel/ Juda zur Einsicht gebracht werden soll.

3.4 Die Söhne Ammons und der Maachititer

Die erste Erwähnung der Ammoniter findet sich ebenso wie die Moabs in Gen 19,37f. Auch sie sind als inzestgezeugtes Volk pauschal abgewertet, erhalten aber eigenes Land von JHWH (Dtn 2,19.37). Sie werden als Riesen beschrieben (Dtn 3,11). In Num 21,24 werden sie vom Volk Israel aus einem Teil ihres Landes vertrieben, doch der Jabbok als Grenze (Dtn 3,16; Jos 12,2) bleibt aufrecht.

Nach Jos 13,25 zählt der eroberte Teil ihres Landes zum Gebiet des halben Stammes Manasse, der im Land lebt, ein Verstoß gegen die Anweisung aus Dtn 2.

In Ri 10–12 fällt Israel von JHWH ab und wird von Ammon bedroht. Als Israel umkehrt wird der Feldherr Jiftach auserkoren, dessen tragische Geschichte hier nicht erzählt werden kann (siehe Ri 11). Er mobilisiert von Mizpa[691] aus seine Streitkräfte (Ri 10,17; 11,29f.) und besiegt die Ammoniter.

Der erneuten Bedrohung durch die Ammoniter begegnet bereits König Saul (1 Sam 11), dessen rettendes Handeln nicht auf JHWH zurückgeführt wird (1 Sam 12,12; 14,47). Von David unterworfen (2 Sam 8,12) steht Ammon in einem brüchigen Vasallitätsverhältnis (2 Sam 23,37), das immer wieder gebrochen wird (2 Sam 10) und durch Machtbeweise erzwungen werden muss (2 Sam 11,1). David benutzt die Soldaten dieses Volkes um Urija, den Ehemann seiner späteren Frau Batseba, töten zu lassen (2 Sam 12). König Salomo heiratet, wie weiter oben erwähnt, auch ammonitische Frauen, die ihn zum Götzendienst verführen (1 Kön 11,33). Sogar sein Thronfolger Rehabeam ist Sohn einer Ammoniterin (1 Kön 14,21.31), was nach dem Gesetz (Dtn 23,4) nicht legal ist.

Die *Maachititer* als nicht-israelitische Volksgruppe im verheißenen Land werden in Dtn 3,14; Jos 12,5; 13,11–13 erwähnt.[692] Nach Jos 13 gehört ihr Gebiet zum Losbereich des halben Stammes Manasse, der auf der cisjordanischen Seite Land erhält. Nach 2 Sam 10,6.8 wird Maacha von einem König regiert und gehört zu den Ammonitern. Nach ihrer Unterwerfung (2 Sam 10) zählt ein Maachititer zu den Helden Davids (2 Sam 23,34), was auf gute Militärfunktionäre hindeutet. Aus diesen wenigen Informationen lässt sich für die Gedalja-Perikope (2 Kön 25,22–26) nur schließen, dass der Maachititer ein nicht zum Volk Israel gehörender Judäer ist, der aus einer für seine militärische Stärke bekannten Ethnie stammt, die ihn für Gedalja qualifiziert haben könnte. Wenn der Verfasser der Gedalja-Perikope bewusst auf diesen Namen zurückgreift, könnte er an die militärische Option aus 2 Sam 23,34 gedacht haben, in der auch zwei Netofatiter genannt werden. Dann würde auch 2 Sam 2,4 als Bezug zu 2 Kön 25,23 Sinn

691 Auf die Bedeutung Mizpas als Sammlungsort der Heere gegen die Nachbarvölker Israels weist auch D. JERICKE, *Ortsangaben* 191f., hin.

692 Maacha kommt sowohl als Männer- als auch als Frauenname im Alten Testament vor (Gen 22,24; 2 Sam 3,3; 1 Kön 2,39; 2 Kön 15,2.10.15; u.ö.). Eine Ahnfigur lässt sich nicht ausmachen.

machen. Hatte David noch »Männer Judas« bei sich, sind es hier die »Männer« aus dem Gefolge der Heerführer, die zu einem guten Teil eben nicht aus Juda stammen. Auf diese Weise würde an die Anfänge des Königtums und die Durchsetzungsfähigkeit des Idealkönigs David gedacht sein, vielleicht auch ein erster gescheiterter Versuch, eine nicht-monarchische Zukunft in der Davididentradition zu beginnen.

3.5 Zwischenfazit

In der Handlungs- und Figurenanalyse war noch unklar, weshalb JHWH in 2 Kön 24,2 gerade *Aram, Moab* und *die Ammoniter* über Juda herfallen lässt, außer dass sie Nachbarvölker sind. Der Kontext der Gesamterzählung zeigt auf, dass es sich dabei um alte Feinde des Gottesvolkes handelt, wobei die Wurzeln des Konflikts zum Teil schon auf die vorstaatliche Zeit zurückgehen und sogar genealogische Verwandschaftsstreitigkeiten aufzeigen. Dabei ist besonders interessant, dass diese Völker, ebenso wie Israel, auf den Stammvater Sem zurückgehen, und JHWH nur von dort Straf- bzw. Heilswerkzeuge auswählt.[693] JHWH ist es ebenfalls, der nach Auskunft des Deuteronomiums Land an jedes Volk zuweist, eine Tatsache, die in Jos 13 vom Volk ignoriert wird und damit die Auswahl der Völker bei der Land(weg)nahme beeinflusst haben könnte (vgl. D.5.1). Die drei Nachbarvölker sind, nach Josua, der Beweis des Versagens des Volkes vor JHWH, der deshalb die völlige Auslöschung der kultischen und politischen Bedrohung immer wieder aussetzt. Wann immer das Volk Israel sich als bundesbrüchig erweist, indem es anderen Göttern dient und nicht auf Gott hört (vgl. Dtn 28), fällt eines dieser Völker in Israel bzw. Juda auf JHWHs Anweisung hin ein und kann nur mit Gottes Hilfe zurückgeschlagen werden. Die dauerhafte Bedrohung von außen nimmt dabei im Lauf des Erzählzusammenhangs ständig an Intensität zu, sodass es immer schwieriger wird, sie zurückzudrängen. Einzig dem idealtypischen König David gelingt es, die Völker zu unterwerfen und ihre besten Krieger in die Reihe seiner Helden aufzunehmen. Schon unter Salomo erweisen sich die Völker wieder als unkontrollierbare Gefahr, die ihn sogar die Reichseinheit kosten (vgl. 1 Kön 11).

Das Großreich *Babel*, dem all diese Völker untergeordnet zu sein scheinen, tritt vor 2 Kön 23,24f. fast gar nicht in Erscheinung. Es ist ein geheimnisvolles Reich im Osten, das sowohl die Nähe zum Paradiesgarten (Gen 2,8), als auch zum Hochmut der Menschen (Gen 11,1–9) anklingen lässt, der von Gott zu Fall ge-

693 Aus politisch-historischer Sicht gibt es auch andere Gründe, weshalb gerade die Nachbarvölker bei einer Schwäche das Machtvakuum ausnutzen (vgl. die Geschichte Judas und seiner Nachbarn im Anhang).

bracht wird. Abraham aus Chaldäa könnte das Gottesvolk auf seine Abhängigkeit von Gott verweisen, weil sein Aufbruch aus Ur direkt auf JHWH zurückzuführen ist. Babel würde damit zum Ort der Besinnung und Identitätsfindung für Israel werden, eine Tatsache, der an dieser Stelle aus mehreren Gründen nicht weiter nachgegangen werden wird.[694]

Babel erweist sich im Erzählzusammenhang als nebulöse, gänzlich unbekannte Macht, die plötzlich hervorbricht und die Kraft der bisherigen Feinde bei Weitem übersteigt. Ähnlich der Sintflut im Vergleich zu einem Hochwasser, brechen die Chaldäer in die Gesamterzählung ein und fungieren – im Gegensatz zu den anderen Völkern, die noch ihre Rechnungen mit Juda offen haben, als »neutrale« Strafwerkzeuge JHWHs. Erst als ihre Herrschaft in Frage gestellt wird, ohne die Aufforderung JHWHs zur Rebellion, hat auch der König von Babel ein persönliches Interesse am Kampf gegen Juda.

Nach der Unterwerfung setzt der König von Babel einen Statthalter ein (2 Kön 25,22–26), der wiederum auf die Tradition der Nachbarvölker zurückgreift. Nicht nur Davids Helden, unter denen Netofatiter und Maachititer sind (vgl. 2 Sam 23), auch Mizpa als wichtiger Heeresort und Bollwerk gegen die Feinde in der Richterzeit (Ri 11 u. ö.), werden unter Gedalja (2 Kön 25,22–26) in Erinnerung gerufen. Gedalja, der Statthalter unter Babel ist, lässt in der Wahl des Ortes und seiner Heerführer die militärische Stärke der Frühzeit Israels anklingen, während er sich zugleich Babel verbal unterwirft (2 Kön 25,24). An dieser Stelle sollen die Völker funktional die Macht des »neuen Mannes« unterstreichen, der sich selbst in die Tradition Davids stellt. Dies könnte als Majestätsbeleidigung vom Davididen Jischmael aufgefasst worden sein, der daraufhin die gesamte Gruppierung in Mizpa auslöscht.

Versucht man all diese Beobachtungen auf einen Nenner zu bringen, so zeigt sich die stark funktionale Bedeutung der Völker in der Erzählung 2 Kön 23,30–25,30. Nicht nur die Nachbarn (2 Kön 24,2; 25,23), sondern auch Babel selbst ist auf eine bestimmte Funktion hin angelegt.

Räumlich betrachtet führt das Attentat von Mizpa jedenfalls zu einer Entscheidung. Weder Babel noch die Überbleibsel von Juda können im Land etwas ausrichten. Die Heerführer als Erinnerung an die Thronstreitigkeiten zwischen Saul und David sowie Mizpa als Heeresort der Richterzeit reichen nicht weit genug zurück, um die Schuld des Gottesvolkes zu begleichen. Von der Anknäpfung an die vorkönigliche Zeit aus ist ein heilsamer Neuanfang ebensowenig möglich wie im reinen Landnahmegeschehen (vgl. D.5.1) oder einer Rückkehr

694 Der Hauptgrund für diese Einschränkung ist die anzunehmende Spätdatierung aller genannten Bezugsstellen. Kaum eine der Perikopen dürfte vor der nachexilischen Zeit entstanden sein, d. h. es handelt sich schon um Reflexionen auf die Exilserlebnisse, die in 2 Kön 23,30–25,30 ja erst anfänglich bedacht werden (vgl. zur Datierung A.2.2.1c).

nach Ägypten (D.5.2). Dies wirft ein neues Licht auf 2 Kön 25,27–30, denn in dieser letzten Szene erscheint Babel transformiert, nicht länger als reine Bedrohung, wie im Folgenden gezeigt werden wird.[695]

Erzähltechnisch handelt es sich bei den Völkern nicht um vielschichtige Charaktere mit einem ausgeprägten Wertesystem. Sie bleiben Aktanten, denen eine leserlenkende Funktion durch den Kontext zugeordnet werden kann. Ihre Motive sind eher eindimensional auf Plünderung, eventuell noch Rache und Macht, insgesamt auf direkten Profit hin ausgerichtet. Wichtig für die Erzählung ist allein das Verhältnis JHWHs zu ihnen, der sie gegen Juda schickt, und zu Juda, das ihnen ausgeliefert ist. Der Blick in den Gesamterzählzusammenhang verstärkt dabei die Beobachtung, dass es sich bei den Völkern um Strafwerkzeuge Gottes handelt, deren Funktion mit der Exilierung des Gottesvolkes, d. h. dem vorläufigen Endpunkt der Geschichte des Gottesvolkes, erlischt. Die Völker stehen nicht länger unter seinem Schutz (2 Kön 25,25). Für die *novel of action* sind sie diejenigen, welche die Handlung ausführen, bis die Lesenden sich zum Kern vorgearbeitet haben.

4. Das Handeln JHWHs und die Rolle der Prophetie

Alle bisherigen Beobachtungen bestärken die Position JHWHs als zentraler Hauptfigur der Erzählung. Er leitet nicht nur die Strafaktionen gegen Israel ein, sondern hat auch vorher die Grundlagen gemeinsam mit dem Volk geschaffen. Jedes Vergehen Judas, des Volkes, der Könige und der einzelnen Gruppen lässt sich auf einen Gesetzestext, in der Regel aus dem Buch Deuteronomium, beziehen (Vgl. D.1; D.2). Selbst die Auswahl der Strafen ist dort bereits vorgegeben. Auch die Nachbarvölker als Korrektive einzusetzen geht auf vorherige Präzedenzfälle und Ankündigungen zurück (vgl. D.3). JHWH handelt keineswegs willkürlich, wie es innertextlich noch schien (vgl. C.4). Dennoch erscheint er auf den ersten Blick immer noch unbarmherzig. Er erfüllt das Gesetz bis ins kleinste Detail, egal ob es Segen oder Fluch betrifft. Er ist Hüter, Richter und Vollstrecker der vorgegebenen Ordnung. Selbst das Hinterlassen des Restes und die Erhebung Jojachins gehören in dieses Schema und sind keine spontanen Gnadenakte, sondern Teil seiner Selbstverpflichtung (2 Sam 7,15 f. u. ö.). Aber liegt nicht genau da die notwendige Spannung des Gottesbildes? JHWH erfüllt die Tora, wie er es auch von den Menschen erwartet, und zeigt damit, dass er gerecht und die Strafen über das Volk gerechtfertigt sind. Zugleich steht er aber auch zu seinen Verhei-

695 Ob sich an dieser Stelle bzw. in der redaktionellen Bearbeitung am Ende bereits ein erstes Dominieren der Gola im babylonischen Exil vor den anderen Gemeinden in der Diaspora zeigt, kann hier nicht entschieden werden.

ßungen, trotz der Bundesbrüche des Volkes und räumt ihnen immer wieder eine Chance ein. Hieran zeigt sich seine Bereitschaft, von der Maximalforderung der Tora Abstand zu nehmen und seiner Liebe zum Volk den Vorzug zu geben.

Das Gottesbild ist so vielschichtig und stellenweise ungreifbar in der Erzählung (vgl. A.1; C.4.4), dass weitere Beobachtungen aus dem Kontext hinzugezogen werden, um das entworfene Bild klarer fassen zu können.

4.1 Die Münder Gottes: Prophetie und Tora

JHWH selbst spricht zum Volk in der Regel über Vermittlungsinstanzen, besonders über Prophetinnen und Propheten. Sie sind ein Schlüssel, um sein Verhalten und das Verhalten des Volkes im Verhältnis zu JHWH und zur Tora deuten zu können, denn sie zeigen an, dass er das Volk gewarnt und ihm jede Chance zur Umkehr eingeräumt hatte. Dies ist nur eine der Verhaltensweisen JHWHs, die als barmherzig verstanden werden können. Im Vorfeld wurde wiederholt das Verschwinden der Propheten nach Hulda (2 Kön 22) angesprochen. Weder Jeremia noch Jesaja oder Ezechiel, nicht Hulda und auch keine neue Figur tritt mehr für Juda ein, nachdem Joschija die Kultreform durchgeführt hat. Es hat keinen Fürsprecher mehr wie Mose in Ex 32–34, niemand ermahnt es oder versucht es auf den richtigen Pfad zurückzuführen. Die Zeit der Worte ist vorbei. Was bleibt sind Taten JHWHs, das Senden von Räuberbanden als Bedrohung von außen, die die Könige zum Einlenken bewegen sollen. Doch selbst wenn 2 Kön 24,1–3 noch aufhebbar wäre, mit 2 Kön 24,20 ist dies endgültig vorbei. JHWH lässt seinen Zorn ausbrechen. Doch weshalb in dieser Vehemenz? Wieso keine erneute Warnung? Die Antwort findet sich in der aufgefundenen Schriftrolle aus 2 Kön 22. Der König hat wieder die vergessene Tora vor sich, das Wort Gottes, auf das die Prophetinnen und Propheten immer wieder hingewiesen hatten. Es braucht keine Mittler mehr, die auf das Wort hinweisen, denn es liegt offen zutage. Die Aufgabe des Königs ist es, das Wort zu hören, die Aufgabe des Kultpersonals, ihn daran zu erinnern, die Aufgabe der verschiedenen Gruppen im Land, ihre Gebote zu erfüllen.

Doch bevor es soweit kommt, sagt Hulda bereits den Untergang voraus:

> So spricht der HERR, der Gott Israels: Sagt zu dem Mann, der euch zu mir geschickt hat: So spricht der HERR: Ich bringe Unheil über diesen Ort und seine Bewohner, alle Drohungen des Buches, das der König von Juda gelesen hat. Denn sie haben mich verlassen, anderen Göttern geopfert und mich durch alle Werke ihrer Hände erzürnt. Darum ist mein Zorn gegen diesen Ort entbrannt und er wird nicht erlöschen. Sagt aber zum König von Juda, der euch hergesandt hat, um den Herrn zu befragen: So spricht der HERR, der Gott Israels: Durch die Worte, die du gehört hast, wurde dein Herz erweicht. Du hast dich vor dem HERRN gedemütigt, als du vernahmst, was ich über diesen Ort und

seine Bewohner gesprochen habe: dass sie zu einem Bild des Entsetzens und zum Fluch werden sollen. Du hast deine Kleider zerrissen und vor mir geweint. Darum habe ich dich erhört – Spruch des HERRN. Ich werde dich mit deinen Vätern vereinen und du sollst in Frieden in deinem Grab beigesetzt werden. Deine Augen sollen all das Unheil nicht mehr sehen, das ich über diesen Ort bringen werde. (2 Kön 22,15–20 EÜ 2016 herv. BC)

Hulda prophezeit, dass das Gericht Gottes bereits unabwendbar geworden ist durch Manasse.[696] Joschija kann das Steuer nicht mehr herumreißen, aber das Gericht noch ein letztes Mal aufschieben. Das Auftreten Huldas verleiht der ganzen Situation noch einmal Ernsthaftigkeit, die keinen Zweifel mehr zulässt: Das, was im Buch steht, ist Wort JHWHs, keine ›Fälschung‹ der Priester, und es wird eintreten.[697]

Bemerkenswert ist die Tatsache, dass das endgültige Ende nicht von einem der »großen« Propheten Jeremia und Jesaja, sondern von einer Frau vorhergesagt wird. Dies ist ein Strukturmerkmal, das göttliches Handeln in der Großerzählung markiert: Mit Deborah (Ri 4f.) beginnt die Prophetie im Land und sie markiert das erste Versagen des Volkes, das korrigiert werden muss. Es folgt das Scheitern des Richterkonzepts und die Geburt des Propheten Samuel, in dessen Kontext seine Mutter Hanna eine wichtige Rolle spielt (1 Sam 1).[698] Batseba wiederum tritt auf, als David fällt (2 Sam 11), besonders aber in dem Moment, an dem sich das Königtum Juda entscheidet, indem sie Salomo bei der Thronbesteigung hilft (1 Kön 1). Diese drei Frauen markieren strukturell jeweils einen Übergang: Volk ohne Führung – Richter – König – Dynastie. Auch Hulda findet sich in dieser Linie, denn sie verkündet das Ende des (menschlichen) Königtums im Volk.[699] JHWH wählt Frauen aus, um die wichtigsten heilsgeschichtlichen Stationen zu markieren und Übergänge einzuleiten.[700] Offen ist dann, welchen Anfang Hulda setzt.

Über die Prophetin selbst ist nicht viel bekannt. B.Schmitz macht plausibel, dass der Wohnort Huldas auf eine Verbindung zum Nordreich deutet und sie damit in den Spuren der Nordreichpropheten geht.[701] Dies sind nicht nur Elija und Elischa, sondern auch Micha ben Jimla (1 Kön 22), der den Untergang Ahabs und das Überleben des Südreichskönigs ansagt – eine auffällige Parallele zu

696 Zu den Details auf der Wortebene vgl. W.DIETRICH, *Prophetie* 13f.; 39.

697 Vgl. dazu die ausführliche Analyse bei M.PIETSCH, *Kultreform* 109–160.

698 Vgl. K.BUTTING, *Prophetinnen* 97–198, bes. 167–172.

699 Mit der Besonderheit der Prophetinnen als rahmendes Element der Geschichte Israels beschäftigt sich I.FISCHER, *Gotteskünderinnen* 182–185.

700 So auch U.SCHMIDT, *Randfiguren* 234. Auch das Neue Testament misst den Frauen eine wichtige strukturelle und inhaltliche Bedeutung bei. Besonders auffällig ist dies in den Passions- und Auferstehungserzählungen sowie im Lukasevangelium im Allgemeinen.

701 Vgl. B.SCHMITZ, *Hulda* 35; 38. Ähnlich aber mit anderen Argumenten auch W.DIETRICH, *Prophetie* 33 Anm. 45.

2 Kön 17; 25, die zugleich einen »Verheißungsüberschuss« anzeigt.[702] Dieser Überschuss kann nur dann als heilsrelevant eingestuft werden, wenn auch die anderen Aussagen eintreten, wie es das Prophetengesetz lehrt (Dtn 18,22). Die Erfüllung findet sich im Tod Joschijas, besonders aber in 2 Kön 24,2, der strukturell einem Erfüllungsvermerk entspricht.[703]

Schaut man die Prophezeiung selbst an, so ist ihr Überschuss offensichtlich in dem Buch zu suchen, welches Joschija zu Einsicht und Verhaltensänderung bewegt hat. Dieses Buch hat die Kraft, das ganze Volk zu wandeln. Mit ihm braucht es keine Prophetie mehr, außer um es besser zu verstehen. Was kein Prophet im Erzählzusammenhang je geschafft hat, wirkliche Umkehr des Herzens auf Dauer, das gelingt dem Buch bei einmaligem Lesen. Doch Joschijas Nachfolger lesen es nicht mehr und so treffen die Worte Huldas ein. Das Prophetenschweigen setzt ein, weil alles gesagt ist. Das Buch wird nicht mehr erwähnt. Könnte sich in der Schriftrolle des Gesetzes, in der Tora, der Schlüssel für die Zukunft finden?

4.2 Der Souverän des Volkes – Gericht und Barmherzigkeit

Wie sich immer wieder zeigt, ist JHWH der Souverän des Volkes, der wahre König über Israel und Juda. Geht man bis Gen 1 zurück, so findet sich dort seine Legitimation: Er ist Schöpfer und damit *eo ipso* Herr der ganzen Welt. Mit Abraham und Mose erwählt JHWH sich ein Volk unter den anderen Völkern, das als Vorbild der Treue zu ihm dienen soll. Er hat es befreit, ihm seine Liebe erklärt, sich an es gebunden und beide haben sich in gegenseitigen Schwüren und Verträgen ihre Liebe und Treue zugesagt (vgl. D.1–3). Zugleich ist er, indem er Mose das Gesetz offenbart, der Rechtsgeber.[704] Doch das Volk versagt fortwährend im Lauf seiner Geschichte. Er hat es noch nicht einmal heimgeführt, da wendet es sich schon gegen ihn. Es will einen eigenen König und es dient wiederholt fremden Göttern. Es erkennt JHWH nicht an, trotz allem, was er getan hat, und erfüllt damit seine Aufgabe nicht.

JHWH versucht alles, um seinem Volk eine Chance zu geben. Gleichzeitig ist er aber auch der souveräne Herr der Welt und muss als solcher auf den Bestand ihrer Ordnung achten. Das bedeutet auf Ebene der Menschen bzw. Völker die Einhaltung der Gerechtigkeit.[705] Auch wenn er Israel/ Juda immer bevorzugt behandelt, hat auch dieses Verhalten seine Grenzen. Immer wieder korrigiert er eindringlich und teils sogar gewalttätig die Taten seines Volkes, besonders wenn

702 Vgl. B.Schmitz, *Prophetie* 374f. Besonders die Namensgleichheit des falschen Propheten Zidkija mit dem letzten König unterstreicht hier m. E. den Bezug.

703 Sieh dazu W.Dietrich, *Prophetie* 22.

704 Vgl. dazu ausführlich http://www.dominik-markl.at/docs/Gericht.pdf.

705 Vgl. G.Fischer, *Theologien* 62–65.

es zu anderen Göttern abzufallen droht. Dieses Eingreifen und besonders die Gewalt ist aber nicht als gewaltgenerierend, sondern als eingrenzend zu verstehen.[706] Es geht Jhwh nicht darum zu vernichten, sondern das Leben zu erhalten und zu beschützen. Der Abfall von ihm führt zu Chaos, der Glaube an andere Götter zu Unfrieden und Bedrohung des Landes. Ob die Kräfte dabei nur von ihm kontrolliert sind oder auch eigenständig agieren, ist nicht ganz klar. Letzteres ist aber wesentlich wahrscheinlicher (vgl. Gen 4f.; 9 u.ö.).

Auch sich selbst legt Jhwh Grenzen auf, wenn er nach der Sintflut (Gen 9) und der Verwerfung Sauls (2 Sam 7,15) beschließt, der Menschheit und dem Königtum weiterhin eine Chance zu geben. Seine Heilsverheißungen erweisen sich als beständig und verhindern eine völlige Auslöschung. Wenn aber das Volk oder die Könige versagen, dann ist auch eine Umkehrung des Heils möglich. Unheil ist nie Selbstzweck, sondern Konsequenz:

> Keiner der Belege im Alten Testament, die auf eine vorgegebene Heilstradition Bezug nehmen und sie umkehren, will einfach das Gegenteil dieser Tradition sagen, schon gar nicht ihre Aussage bestreiten. Vielmehr ist gerade umgekehrt die Intention vieler Belegstellen, den Wert und die Gültigkeit der überkommenen Tradition dadurch herauszustellen, dass sie bis in ihr sachliches Gegenteil weitergedacht wird. In der überwiegenden Mehrzahl der Stellen geht es dabei um die Identität Jahwes. Er hört nicht auf, Jahwe zu sein, wenn er als Heerführer der Feinde statt früher als Heerführer Israels erscheint, wenn er statt ehemals durch die Ägypter nun durch Israel todbringend ›hindurchschreitet‹ (Am 5,17) […] Vielmehr gilt es ihrer Auffassung nach, die unüberbietbare Macht Jahwes, die Israel am Anfang heilvoll zu seiner Rettung erfuhr, auch als Macht des Richters zu wissen, der ein Gottesvolk, das an der eigenen Macht Genüge hat und seiner nicht mehr bedarf, nicht nur beiläufig zur Rechenschaft zieht, sondern aus dem Bereich seines Heils hinausstößt, d.h. in die prinzipiell rettungslose Verlorenheit, in den Tod gibt.[707]

Diese Auslieferung des Volkes fällt mit dem prophetischen Bild des Jhwh-Tages zusammen, das es bereits in den ältesten Texten des AT gibt.[708] Jhwh verwüstet das Land (2 Kön 24f.), er sendet wilde Tiere (2 Kön 17f.) und ein Völkersturm wird entfesselt (2 Kön 24f.).[709]

Dabei handelt es sich nicht um eine spontane Theophanie, sondern um die Kehrseite der dauerhaften Präsenz Gottes inmitten seines Volkes. Durch den Tempel ist es dem Volk möglich, die Präsenz Jhwhs zu erfahren und ihn kultisch zu verehren. Sie ist Schutz und Zeichen der Reinheit, Garant des Lebens und der Gerechtigkeit.[710] Ein hoher Anspruch ist dabei an das Gottesvolk gestellt, der bei

---

706 Vgl. dazu den Beitrag L.Schwienhorst-Schönberger, *Recht* 318–351.
707 J.Jeremias, *Umkehrung* 309–320, 318.
708 Vgl. J.Jeremias, *Theophanie* 97.
709 Vgl. ebd. 96–98.
710 Vgl. R.E.Clements, *Theology* 66–72; ähnlich W.Brueggeman, *Theology* 150–182.

Nichterfüllung bittere Konsequenzen zeitigt, die sich nicht zuletzt im Angriff feindlicher Supermächte zeigen.[711] Aber zugleich dienen die Sanktionen immer nur der Korrektur, nie der Auslöschung des Volkes: »Zorn Gottes [...] ist Reaktion auf einen menschlichen Bundesbruch [...] Er hat aber nicht das letzte Wort.«[712] Stattdessen findet JHWH immer wieder einen Weg, eine Retterfigur zu installieren, die notwendend wirkt: »Allein bewegt aus der Not des Volkes und nicht einmal darum gebeten, sendet Jhwh Richter/ Retter.«[713] Er agiert mehrdimensional und manchmal scheinen seine Handlungen zueinander im Widerspruch zu stehen. Doch nur in diesem Ringen um Gerechtigkeit öffnet sich der Weg für einen Umbruch und Neuanfang.[714] So lässt JHWH zwar Tempel und Stadt zerstören, hat aber vorher den potentiellen Kandidaten zur Rehabilitierung in Sicherheit bringen lassen (2 Kön 24,12). Das Exil erweist sich als Schutzort vor dem Zorn Gottes. Dabei behält er immer die Kontrolle, wie der Ausdruck »das Volk in die Hand der Feinde *geben*« deutlich macht. Gott lässt sprechen und es erfüllt sich, er zeigt seine Macht vermittelt durch andere und agiert gerade in 1.2 Kön aus dem Hintergrund heraus.[715] Auch in Niederlage und Versagen hält er seinem Volk die Treue und beweist damit, dass er wirklich der »Ich bin da« ist[716], ein Gott, dessen Merkmale »gerechte Barmherzigkeit, unendliches Wohlwollen und mächtige Rettung«[717] sind. Als das Volk seinen Wohnort verlassen muss, verlässt auch er das Land. Der Tempel ist zerstört, vom Zeltheiligtum, das im Allerheiligsten ist, wird das nicht gesagt. JHWH ist immer noch »mobil«, er kann weiterhin mit seinem Volk ziehen.

Fasst man diese wenigen Beobachtungen zusammen, so zeigt sich, dass JHWH keineswegs nur ein *Do ut des* Gott ist, der gut gegen schlecht abwägt und dann das Volk auslöscht. Er ringt um es, setzt sich für es ein, ist in höchstem Maße engagiert. Seine Mittel scheinen aus heutiger Sicht nicht immer angemessen, entsprechen aber dem Kodex ihrer Zeit: Gewalt muss eingegrenzt werden, Leben in Frieden und Gerechtigkeit muss möglich sein.[718] Zugleich ist er ein Gott, der Verträge auch dann noch einhält, wenn die andere Seite sie gebrochen hat. Aus dem Segen wird dabei Fluch und aus dem Heilszustand wieder Verheißung. Er

711 Vgl. W.BRUEGGEMANN, *Theology of the Old Testament* 552–564. Zu den Supermächten und ihrer Instrumentalisierung (vgl. a.a.O. 518–527).

712 A.DEISSLER, *Grundbotschaft* 149f.

713 G.FISCHER, *Theologien* 63.

714 Vgl. ebd. 68.

715 Vgl. ebd. 70–73.

716 Vgl. ebd. 75.

717 Ebd. 294.

718 Zu Recht und Gerechtigkeit Gottes im Alten Testament vgl. L.SCHWIENHORST-SCHÖNBERGER, *Recht* 318–351; DERS., *Recht und Ethik* 60–91. In diesem Kontext sind m.E. auch die Diskussion um Jan Assmans »Monotheismus der Treue« und die Rede vom »eifersüchtigen Gott« einzuordnen.

agiert nicht auf vorderster Ebene, denn diese Art der Theophanie würde sein Erscheinen verlangen. Wenn dies geschieht, d. h. die ganze Welt in sein Angesicht blickt, dann müsste sie vergehen. Stattdessen gestattet er lebensfeindlichen chaotischen Kräften zuzuschlagen und initiiert eine kosmische Katastrophe. Im Moment der Tempelzerstörung geht eine Lücke in Raum und Zeit auf, die das Verhältnis Gottes zu seinem Volk für immer ändert.[719] JHWH setzt Recht und Gerechtigkeit durch. Seine Barmherzigkeit findet sich darin, dass er immer wieder eine Chance offen lässt, das Geschick noch zu wenden (vgl. Dtn 30,1–10). Jeder König kann das Unheil aufschieben, Jojachin konnte sich ergeben und aus diesem Potential heraus zum Heilsträger werden (vgl. D.5.3), es gibt einen Rest des Volkes im Land (vgl. 2 Kön 25,12.22). Theologisch sind einige Möglichkeiten offen, die es am Ende aufzuführen und gegeneinander abzuwägen gilt. Gott gibt dem Volk eine mögliche Zukunft. Eine Zukunft mit ihm?

4.3 Juda als Gottesvolk

Bevor die theologische Weichenstellung am Ende diskutiert werden soll, wird nun die Rolle »Judas« geklärt. Es handelt sich bei ihm nicht nur um ein Volk und Territorium (vgl. C.3), sondern um viel mehr. Das gesamte Volk, das aus Ägypten heraufgeführt wurde und auf Abraham zurückgeht, ist kein Königsvolk, sondern ein *Gottesvolk*. Nur von Gott her ist eine Definition zu begründen. Das Volk gehört zu JHWH und soll ihm nachfolgen. Die Anführer des Volkes, Könige, Priester und Propheten sollen dabei helfen, diesen Weg mit und zu Gott zu gehen. Aus diesem Grund geht das gesamte Volk namentlich auch auf Jakob-Israel, den Vater der Stämme, zurück, sie bilden von Anfang an eine »Schicksalsgemeinschaft«[720]. Zugleich ist gewiss, dass das Gottesvolk, da es eben aus Menschen besteht, JHWH nie ganz gerecht werden kann. Deshalb ist mit seinem Versagen zu rechnen.[721] Als das Nordreich Israel und mit ihm die Majorität der Stämme untergeht (2 Kön 17), überträgt sich der Begriff »Gottesvolk« mit all seinen Kompetenzen auf das Südreich Juda.[722] Nun liegt es an den Stämmen Juda und Benjamin, aus dem die Könige stammen, den Auftrag als Gottesvolk zu erfüllen. Ein Auftrag, der auch im Exil noch nicht erloschen zu sein scheint, da Jojachin begnadigt wird (2 Kön 25,27–30).

719 Eine Rezeption dieses Elements findet sich in der Matthäus-Passion (Mt 27,45–56).
720 Vgl. K.WEINGART, *Israel* 17. Dies zeigt sich besonders an den Genealogien (vgl. a. a. O. 36).
721 Vgl. ebd. 223.
722 Vgl. ebd. 20; 255; 362.

5. (Theologische) Orte für einen Neuanfang

Nachdem die offenen Fragen zur Bedeutung der Räume und zu Rolle und Verhalten der Figuren weitgehend untersucht sind, steht die Frage nach der Interpretation der letzten Perikope noch im Raum. Warum gibt es die Szene 2 Kön 25,27–30? Handelt es sich bei ihr um einen Epilog in Form einer *externen Prolepse*[723] (Vorschau) oder ist es eher ein *cliffhanger*[724] (offene unmittelbar zu klärende Frage)?

Zur Beantwortung dieser beiden Fragen ist die Situation in Babel von ihrem Kontext und ihren Alternativen her zu deuten. Es gibt nicht nur Volk und Anführer in Babel, sondern auch im Land (2 Kön 25,22–25) und in Ägypten (2 Kön 25,26). Der Kontext gibt hierbei Aufschluss über die (theologischen) Gründe für das Scheitern und Gelingen an den verschiedenen Orten.

5.1 Business as usual – Das Verbleiben im Land (2 Kön 25,22–24)

5.1.1 Der Verlust des Landes

Der Statthalter Gedalja versucht den im Land zurückgelassenen Rest zu motivieren, sein Leben unter den neuen Bedingungen bestmöglich zu leben (2 Kön 25,24). Er wählt mit Mizpa einen Militärstützpunkt als Ersatz für Jerusalem, um die öffentliche Ordnung wiederherzustellen und zugleich einen geschichtsträchtigen Ort, der für ein Gottesvolk ohne König steht (vgl. D.3). Durch das Attentat seines Heerführers Jischmael und die darauf folgende Flucht der verbliebenen Bevölkerung nach Ägypten scheitert diese Option offensichtlich. Wie in Dtn 28,64 angekündigt, zerstreut JHWH Israel unter die Völker, d. h. sie dürfen nicht in dem Land, das ihnen nur gegeben wurde, weil sie auf die Stimme JHWHs hörten, bleiben.[725] So heißt es bereits in Dtn 11:

> Wenn ihr dieses ganze Gebot, auf das ich euch heute verpflichte, genau bewahrt und es haltet, wenn ihr den HERRN, euren Gott, liebt, auf allen seinen Wegen geht und euch an ihm festhaltet, dann wird der HERR alle diese Völker vor euch ausrotten und ihr werdet den Besitz von Völkern übernehmen, die größer und mächtiger sind als ihr. Jede Stelle, die euer Fuß berührt, soll euch gehören, von der Wüste an. Dazu soll der Libanon euer Gebiet sein, vom Strom, dem Eufrat, bis zum Meer im Westen. Keiner wird eurem Angriff standhalten können. Dem ganzen Land, das ihr betretet, wird der HERR, euer Gott, Schrecken und Furcht vor euch ins Gesicht zeichnen, wie er es euch zugesagt hat [...] Den Fluch aber für den Fall, dass ihr nicht auf die Gebote des HERRN, eures Gottes,

723 Vgl. zu den vier Spielarten der Prolepse B.MÜLLER, Art. *Prolepse* 599.
724 Vgl. S.LAHN/ J.C.MEISTER, *Einführung* 83.
725 Vgl. den Exkurs zu Dtn 28 in D.1.

> hört, sondern von dem Weg abweicht, auf den ich euch heute verpflichte, und anderen Göttern nachfolgt, die ihr früher nicht gekannt habt. (Dtn 11,22–25.28 EÜ 2016)

Der Landverlust ist kein plötzliches Ereignis, das durch eine spontane Furcht in 2 Kön 25,26 ausgelöst wird, sondern es ist ein Prozess, der schon mit dem Tod Salomos bzw. der Reichsteilung ab 1 Kön 14 beginnt.

Durch die von Jhwh angekündigte Spaltung des Reiches in Nord- und Südreich gehen zehn Stämme, das Nordreich, in 2 Kön 17 endgültig verloren. Die Eroberung und Zerstörung von Samaria (2 Kön 17,1–23) ist ein Strafgericht an Israel, welches Juda als eine der letzten großen Warnungen dienen soll, nicht länger auf den falschen Wegen zu gehen und deutliche Parallelen zu 2 Kön 25 aufweist.[726]

Die Eroberungen beginnen jeweils im neunten Jahr der Herrschaft (2 Kön 17,6; 25,1) und enden mit dem Weg ins Exil (17,23; 25,21). In Kap. 17 erfährt man explizit, was Israel falsch gemacht hat: Kulthöhen, Steinmahle und Kultpfähle wurden errichtet (17,9–12), etwas, das laut Königsschema auch noch in Juda vorliegt. Ein klarer Verstoß gegen das Götzendienst- und Bilderverbot (Dtn 5,7f.// Ex 20,4f.) liegt vor. Die Stämme des Nordreichs haben nicht auf die Propheten, d.h. die Stimme Jhwhs gehört und sind nicht der Tora gefolgt (V.13.15). Stattdessen versündigten sie sich

> gegen der Herrn, ihren Gott, der sie aus Ägypten, aus der Gewalt des Pharao, des Königs von Ägypten, heraufgeführt hatte. Sie verehrten fremde Götter, ahmten die Satzungen der Völker nach, die der Herr vor den Israeliten vertrieben hatte, und folgten dem Beispiel, das die Könige von Israel gaben. (17,7f. EÜ 2016).

In Konsequenz werden alle Stämme außer Juda »verstoßen, weg vom Angesicht Jhwhs« (17,18), eine Formulierung, die in 2 Kön 24,20 auch Juda und Jerusalem treffen wird. Darum kündigt sich zugleich mit der Zerstörung Samarias der Untergang Jerusalems durch die einfallenden »Räuberscharen« (17,20; 24,2f.) an:

> Doch auch Juda bewahrt nicht die Gebote des Herrn, seines Gottes, sondern ahmte die Bräuche nach, die Israel eingeführt hatte. Darum verwarf der Herr das ganze Geschlecht Israels. Er demütigte sie und gab sie Räubern preis; schließlich verstieß er sie (alle) vor seinem Angesicht (2 Kön 17,19f. EÜ 2016).

Vorher folgen in Juda noch die Könige Hiskija, Manasse und Amos, die eine teilweise Umkehr bzw. maximale Abkehr vom göttlichen Gebot leben (2 Kön 18–21) und so Jerusalem in große Bedrängnis bringen. In 2 Kön 22 erfährt Juda schließlich, wie gut es leben kann, wenn es den Wegen Gottes folgt, nach seinem Gebot lebt und handelt. Doch es reicht nicht mehr (vgl. C.3.2; D.1). Joschija

726 Die Beziehungen auf der Wortebene zeigten schon P.Dubovský, *Similarities* 62; G.Braulik, *Weisung* 129–136; N.Lohfink, *Orakel*; Ders., *Rückblick* 134f.; J.Granowski, *Jehoiachin* 173–188, bes. 178; J.P.Leithart, *2 Kgs* 272, M.H.Patton, *Hope* 40.

versucht das verheißene Land wiederzuvereinen und scheitert. Die Erzählung 2 Kön 23,30–25,30 beginnt und zeigt den endgültigen Verlust des Landes in kleineren Schritten an:

1. In 23,30–35 unterwirft Ägypten Juda und wird damit zur dauerhaften Machtpräsenz im Land. Die Räuberscharen aus 2 Kön 24,2 fallen ins Land ein und werden zur Bedrohung. Wie in D.3 gezeigt, haben sie ein begründetes Eigeninteresse an einem Teil des Landes, das der bereits eroberte Stamm Manasse sich unerlaubt angeeignet hatte.
2. In 2 Kön 24,7 wird Ägypten durch Babylon ersetzt und dabei wird deutlich, dass die alten Grenzen des Landes »vom Strom Ägyptens bis zum Strom Euphrat« bereits in der Hand anderer Mächte sind. Juda ist nur noch ein Bruchteil dessen, was das verheißene Land flächenmäßig gewesen ist.
3. Die Bezeichnung der Könige Judas als »König von/ in Jerusalem« ist eine weitere Einschränkung des Machtbereiches, der sich ab der Belagerung unter Jojachin in 2 Kön 24,10–16 faktisch nur mehr auf diese Stadt beschränken kann (vgl. C.4.1.4).
4. König Zidkija verliert durch seine Rebellion auch diesen Machtbereich und flieht (2 Kön 25,4). Das Ziel seiner Flucht sind die Steppen von Jericho, der Ort, an dem die Landgabe begann und ist zugleich das Aufgeben des Kronbesitzes der Davididen. Ab diesem Moment gibt es keinen Landbesitz mehr im verheißenen Land.
5. Die Zerstörung Jerusalems erfolgt ebenfalls in Schritten: Tempel, Palast, Häuser der Großen und schließlich alle übrigen Häuser werden niedergebrannt sowie die bereits durchbrochenen Mauern geschleift (2 Kön 25,4.9f.). Diejenigen, die nicht exiliert sind, werden zu Fronbauern gemacht (2 Kön 25,12). Kein Israelit im ganzen verheißenen Land besitzt mehr Grund und Boden.
6. Gedalja erhält als Statthalter zwar einen Sitz in Mizpa, doch ist dieser Administrationsort mit Soldaten aus dem Ausland bzw. aus Babel besetzt (2 Kön 25,22–25), was deutlich macht, dass es sich nicht mehr um Landbesitz Judas handelt.
7. Jischmael und der Rest der Bevölkerung verlassen nach der Ermordung der Besatzer den Raum und ziehen nach Ägypten (2 Kön 25,26), womit das Land menschenleer und verlassen daliegt.

Der Landverlust ist kompositorisch durchgeplant und folgt einer bestimmten Struktur, die sich als Umkehr der Landgabe im Buch Josua und des Ausbaus von Jerusalem in 2 Samuel und 1 Könige verstehen lässt.

5.1.2 Die Landgabe, die Landnahme und die Landverheißung

Das Buch Josua ist die wichtigste Quelle für die Erzählung der Landgabe an das Volk. Die Rückbindung an die Verheißungen in der Tora, besonders zum Deuteronomium, gilt an dieser Stelle als vorausgesetzt:

> In Jos 1,1 betritt Josua die Bühne des Geschehens als fertiger Held [...] Dies bedeutet für den Anfang des Buches Josua, dass der Protagonist nicht neu eingeführt werden muss, sondern bereits mit seiner Vorgeschichte im bisherigen Handlungsablauf [i. e. Ex – Dtn] verwurzelt ist.[727]

Die Erzählungen im Buch Josua nennen, wie schon das Deuteronomium, Kriterien für die erfolgreiche Landgabe an das Volk durch JHWH und für das Verbleiben im Land. Rahmend ist dabei die Erfüllung der Tora ohne »abzuweichen nach links oder rechts« (Jos 1,7; 23,6), ein Kriterium, das einzig König Joschija erfüllt (2 Kön 22,2) und das dem Volk Ruhe und Frieden im Land garantiert (Jos 21,44f.).

Wenn das Volk vom göttlichen Gebot abweicht, dann wird es von jenen Völkern äußerlich bedroht werden, die es bei der Einnahme des Landes nicht vernichten konnte (z. B. Jos 15,63).[728] Diese Völker sollen laut Tora zwar als abschreckendes Beispiel dienen:

> Denn nicht, weil du [Israel] im Recht bist und die richtige Gesinnung hast, kannst du in ihr Land hineinziehen und es in Besitz nehmen. Vielmehr rottet der HERR, dein Gott, diese Völker vor dir aus, weil sie im Unrecht sind und weil der HERR die Zusage einlösen will, die er deinen Vätern Abraham, Isaak und Jakob mit einem Schwur bekräftigt hat. (Dtn 9,5 EÜ 2016)

Zugleich sind sie in der Erzählung aber auch eine Bedrohung für die innere Ordnung Israels und zeigen seinen Abfall von JHWH an:

> Denn wenn ihr euch wirklich von ihm abwendet und euch diesen Völkern, die bei euch noch übrig geblieben sind, anschließt [...], dann könnt ihr gewiss sein, dass der HERR, euer Gott, diese Völker nicht mehr vor euren Augen vertreiben wird. <u>Sie werden zur Schlinge und zur Falle für euch [...] bis ihr aus diesem schönen Land verschwindet, das der HERR, euer Gott, euch gegeben hat</u>. [...] Wie aber bisher jede Zusage, die der HERR, euer Gott, euch gegeben hat, eingetroffen ist, so wird der HERR, euer Gott, künftig jede Drohung gegen euch verwirklichen, bis er euch aus diesem schönen Land hinweggerafft hat, das euch der HERR, euer Gott, gegeben hat. Wenn ihr euch gegen den Bund [...] vergeht [...], dann wird der Zorn des HERRN gegen euch entbrennen und ihr werdet rasch aus dem schönen Land verschwinden, das er euch gegeben hat. (Jos 23,12f.15f. EÜ 2016, herv. BC)

---

727 E. Ballhorn, *Josua* 3–12, 10.

728 Vgl. E. Ballhorn, *Israel* 229f.; C. de Vos, *Das Los Judas* 289–291.

Wenn Israel den Völkern folgt, d.h. Götzendienst betreibt und auf diese Weise den Bund bricht, darf es »nicht länger im Heilszustand wohnen«.[729] Dies weiß das Volk, denn am Ende des Geschichtsdurchgangs (Jos 24,1–15) folgt eine Selbstverpflichtung des Volkes auf den Bund, die Josua kritisch kommentiert:

> Ihr seid nicht imstande, dem HERRN zu dienen, denn er ist ein heiliger Gott, ein eifersüchtiger Gott; er wird euch eure Frevel und eure Sünden nicht verzeihen. Wenn ihr den HERRN verlasst und fremden Göttern dient, dann wird er sich von euch abwenden, wird Unglück über euch bringen und euch ein Ende bereiten, obwohl er euch zuvor Gutes getan hat. (Jos 24,19f. EÜ 2016)

M.Weippert kam aufgrund dieser Beobachtungen bereits 1972 zu dem Schluss, dass die Landgabe bei Josua und der Landverlust in 2 Könige in einem engen Verhältnis stehen: »Eine Geschichtsdarstellung, die derart mit der Abwendung Israels von Jahwe im Land der erfüllten Verheißung beginnt und mit der Vertreibung der Israeliten aus eben diesem Land endet, kann als eine einzige große Ätiologie des Landesverlustes aufgefasst werden.«[730] Verlust und Verlassen des Landes sind demnach Konsequenz des versagenden Gottesvolkes. Ein Bleiben im Land ist nicht vorgesehen.

Bei näherer Untersuchung der Stichwortverbindungen fallen die namentlichen ›Rückbezüge‹ von 2 Kön 24f. zum Stadtkönigtum Jerusalem (Jos 10) auf.[731] So heißt nach Jos 10,1 der Jebusiterkönig Adoni-Zedek (»Mein Herr ist Gerechtigkeit«), der letzte König Judas Zidkija (»JHWH ist meine Gerechtigkeit«). Die Verbindung von erstem und letztem König in Jerusalem und der explizite Bezug auf die Gerechtigkeit Gottes, der immer wieder neu entscheidet, wem Jerusalem gehört (Jos 10, 2 Sam 5, 2 Kön 18f., 2 Kön 24f. u.ö.) unterstreicht die Souveränität JHWHs.[732] Darüber hinaus werden Jericho und Jerusalem in der Liste besiegter Königtümer geführt (Jos 12,9f.), wobei auch die Araba Erwähnung findet (Jos 12,2f.). Jerusalem ist Teil des Landbesitzes Judas (Jos 15,47), wird aber nicht zur Asylstadt ernannt, obwohl es wegen des Tempels eine Stadt voller Leviten ist.[733] Auch Mizpa (Jos 15,38) und die Araba (Jos 15,61) werden in den Städtelisten Judas geführt.

Zieht man schließlich die Verteilung des Landes nach dem Buch Josua zur Deutung des Verlustes von Juda hinzu, fallen gegensätzliche Strukturen auf:

---

729 M.WEIPPERT, *Fragen* 415–442, 418f.

730 Ebd. 435.

731 Zu Nennung und narratologischer Funktion Jerusalems als Prolepse im Josuabuch ist eine Publikation in Vorbereitung (B.COLLINET, *Jerusalem*) im Band der AGAT-Jahrestagung 2018.

732 Vgl. zum diachronen Aspekt und der vermutlich intendierten Einfügung von Jos 10,1 E.BALLHORN, *Israel* 213 Anm. 504.

733 Vgl. zur theologischen Bedeutung dieser Tatsache die Ausführungen bei E.BALLHORN, *Israel* 303f.

Nach der Überschreitung des Jordan (Jos 3–5) wird zunächst der Süden (6–10) – unter Auslassung Jerusalems – und dann der Norden erobert (Jos 11,1–14), bevor die Verteilung des Landes erfolgt (Jos 14–16). In 2 Kön 17 geht zunächst der Norden und in 2 Kön 24f. der Süden unter. Mit der Flucht Zidkijas (2 Kön 25,4f.) wird Jericho noch einmal ins Spiel gebracht als Ort, an dem der König scheitert, bevor Jerusalem fällt.

Auch hierbei ist Jerusalem ein Sonderfall, der eigens zu betrachten ist. Vergleicht man die Eroberung und Zerstörung Jerusalems in 2 Kön 25,9 mit der Eroberung unter David (2 Samuel) und dem Ausbau Jerusalems unter König Salomo (1 Könige), so fällt auch hier eine parallele Struktur auf:

Gebäude	**Zerstörung**	**Errichtung**	**Planung**
Tempel	2 Kön 25,9a	1 Kön 6	2 Sam 7
Palast	2 Kön 25,9b	1 Kön 7,1–11	2 Sam 5,11
Mauern	2 Kön 25,9c	1 Kön 9,16	2 Sam 5,6f.

Tempel, Palast und Mauern werden in der gleichen Reihenfolge zerstört, wie sie ausgebaut wurden, jedoch in der entgegengesetzten Richtung zu ihrer ursprünglichen Entstehung. Die geplante Grundsteinlegung des Tempels (2 Sam 7) wird auf Salomos Zeit verlegt, doch David wird in 2 Sam 5,11 ein Haus errichtet, welches unter Salomo zum Palast wird und auch die Mauern Jerusalems sind zumindest implizit zur Zeit der davidischen Eroberung vorhanden (2 Sam 5,6f.). Die Beibehaltung der Reihenfolge gegenüber der Baupolitik Salomos rückt diesen König erneut in den Fokus der Aufmerksamkeit. Er, der als erster Davidide Land verliert – und sogar verschenken würde (1 Kön 9,11) –, ist auch der wesentliche intertextuelle Bezug der Vernichtung Jerusalems, sowohl was die Plünderungen angeht (vgl. D.2 Exkurs), als auch bei der Zerstörung der Gebäude an dieser Stelle. Bezieht man nun noch die Erkenntnis ein, dass sich die ›Häuser der Großen‹ auf seine Beamtenliste in 1 Kön 4 beziehen könnten, wird das Netz um diesen König als Schlüsselfigur immer enger. Seine Opposition zum Idealkönig David (vgl. D.1) tritt noch deutlicher hervor.

Während der Verlust des Landes mit Zidkija in Verbindung steht, weist der Verlust Jerusalems deutlich auf König Salomo hin. Es handelt sich demnach um verschiedene Modelle, die unterschiedlich behandelt und weitergedacht werden müssen.

Der Verlust des Landes geht zwar ebenfalls auf das Konto der Könige, aber auch auf das des gesamten Volkes. Weil es nach Jos 24 nicht in der Lage ist, JHWH zu folgen, verliert es das Land wieder. E.Ballhorn hat in seiner Habilitation folgendes Schema der *Landverheißung* herausgearbeitet, dem ich ein Schema des Landverlustes gegenüberstellen möchte:

Landverheißung	**Landverlust**
Erwählung	Entfernung (24,3.20)
Errettung	Keine Rettung (2 Kön 23,29f.; 24,2)
Landverheißung	Verlust-Verheißung durch Hulda (2 Kön 22)
Landgabe (Jos)	*Wegnahme des Landes (ab 1 Kön 14)*

Der *Verlust des Landes* wird vor allem in 1.2 Kön beschrieben. Er steht im krassen Gegensatz zur Landverheißung der Tora und der Landgabe unter Josua und David, in der das Reich ständig wächst. Der Verlust des Landes ist ein Prozess, der im Lauf des Erzählzusammenhangs immer weiter fortschreitet und in der Erzählung 2 Kön 23,30–25,30 abgeschlossen ist. Mit der Flucht der letzten verbliebenen Judäer nach Ägypten in 2 Kön 25,26 ist die Wegnahme des Landes abgeschlossen. Wie das Volk, das auf seinen Gott hörte, Land erhält und seine Feinde vertreibt, so wird das untreue Volk bedrängt und muss das Land Stück für Stück wieder preisgeben. Die Figur Gedalja ist ein letztes Aufbäumen im Land gegen die Unausweichlichkeit dieses Verlustes. Mit Mizpa an die Tradition der Richterzeit anknüpfend, versucht er ohne eigenen König das Land zu führen und unter Berufung auf Babel das Land zu erhalten. Da aber JHWH und nicht Babel der Geber des Landes ist, scheitert auch dieser letzte Versuch.

Wenn JHWH das Land gibt und nimmt, wie er auch die Könige einsetzt und entthront (vgl. D.1; D.4), dann besteht letztlich noch die Chance, dass das Land wieder an das Volk gegeben werden wird. Die Rücknahme des Landes entgegengesetzt zur Landgabe in Josua ist nichts anderes als die Kehrseite der Verheißungen der Tora. Die Erwählung (*potentia*) wird nicht widerrufen, nur die Verwirklichung (*actus*) ist aufgehoben. Die Verheißung selbst bleibt intakt: Wenn ihr auf den Herrn, euren Gott hört, wird er euch das Land geben.

Bis dahin ist das Land keine Option mehr. Zwei weitere Orte bleiben als Orte der Besinnung übrig, an denen das Volk den Weg zurück zu JHWH bzw. JHWH den Weg zum Volk gehen kann: (1) Ägypten (2 Kön 25,26) als Ort des Attentäters Jischmael und des Restes an Volk und (2) Babel (2 Kön 25,27–30) als Ort der Davididenkönige ab Salomo, die den Verlust Jerusalems zu verantworten haben.

5.2 Eisodus nach Ägypten (2 Kön 25,26) – Rückkehr zum Altbekannten

Die Rückkehr nach Ägypten ist die letzte Auswirkung des Fluchs von Dtn 28, der das Volk treffen soll (Dtn 28,68). Dies wirft als Zielort Jischmaels und des übrigen Volkes, das aus Angst vor Babel dorthin flieht (2 Kön 25,26), kein beruhigendes Licht auf die Zukunft. Im Gegenteil: Der Wille zur Rückkehr in die altbekannte Knechtschaft wird in den Büchern Exodus und Numeri als besonders verwerflich angesehen und führt schließlich zur Verweigerung JHWHs, die Auszugsgeneration ins verheißene Land einziehen zu lassen (Num 32,9–15). Im Deuteronomium wird Ägypten schließlich zur erinnerten Größe.

In den Büchern Josua bis 2 Samuel wird diese *memoria passionis* der Knechtschaft in Ägypten forciert und in 1.2 Kön eine politische Bedrohung bzw. Versuchung für die Könige eingespielt. Im bereits zitierten Königsgesetz (vgl. D.1) steht daher auch der scharfe Verweis: »Er (der König) soll das Volk nicht nach Ägypten zurückbringen [...], denn der Herr hat gesagt: Ihr sollt auf diesem Weg nie wieder zurückkehren.« (Dtn 17,16 EÜ 2016)[734]

Diesem Gebot handelt Jischmael zuwider (2 Kön 25,26), was ihn als Königskandidaten disqualifiziert. Aus der Feindschaft Babels mit Ägypten und der Unfähigkeit der Chaldäer ihren Feind endgültig zu besiegen (2 Kön 24,7) lässt sich zwar die Hoffnung Jischmaels und des Volkes begründen. Sie nehmen aber Zuflucht bei den Feinden Babels, statt bei Jhwh Schutz zu suchen. Die Option eines Volkes mit Anführer in Ägypten rückt damit in weite Ferne.

5.2.1 Das alte und neue Ägypten in 2 Kön 23,30–25,30

Die oben genannten Ausführungen reichen aus, um Ägypten als Zukunftsoption auszuschließen. Die Bedeutung des Exodusmotivs in der frühexilischen Literatur ist aber breit genug belegt,[735] um auch weitere Verbindungen der Erzählung anzuführen.

Mehrmals[736] tritt Ägypten bzw. sein Pharao in der Erzählung auf (vgl. C.3.2; C.4.1.1), wobei in allen Fällen eine Verbindung zum Exodusgeschehen vorliegt.

In 2 Kön 23,34 wird Joahas nach Ägypten gebracht, um dort zu sterben. Auch in der Exodusgeschichte ist Ägypten ein Ort des Todes für Israel, sei es durch den Mord an den Neugeborenen (Ex 1,16.22), die Todesstrafe, die über Mose verhängt wird (Ex 2,15) oder die Verfolgungspläne des Pharao (Ex 14,5f.).

Wie schon im Buch Exodus ist auch hier die Figur ›Pharao‹ verantwortlich für das Leiden des Volkes bzw. den Tod des Joahas. Auch die Änderung des theophoren Namensteils von *El*jakim in *Jo*jakim durch den Pharao, die darauf schließen lässt, dass diesem der Gott Judas bekannt ist, geht auf den Exodus zurück. Nachdem dem Pharao der Gott Israels zunächst unbekannt ist: »Wer ist Jhwh, dass ich auf ihn hören und Israel ziehen lassen sollte? Ich kenne Jhwh nicht und denke auch nicht daran Israel ziehen zu lassen« (Ex 5,2), ändert sich dies durch die Plagen (Ex 9,27, 10,8.16 u.ö.), bis er schließlich ausruft: »Auf, geht weg von meinem Volk, ihr (beide) und die Israeliten! Geht und verehrt Jhwh, wie ihr es gesagt habt!« (Ex 12,31).

---

734 Zur Interpretation vgl. E.Otto, *Dtn I* 1484f.

735 Vgl. dazu R.Hendel, *Remembering* 329–345.

736 2 Kön 23,33f.; 24,10.12; 25,2f.26.

2 Kön 23,33 spricht von einer Entschädigung Ägyptens in Silber und Gold, die sich im engeren Kontext auf Reparationszahlungen beziehen dürfte und ihre Bezugsstelle ebenfalls in Ex 12 findet. Fragt man sich aber, wofür diese Entschädigung noch sein kann, dann fällt nicht nur das Schilfmeerwunder (Ex 15), sondern vor allem die Ausplünderung der Ägypter durch das Volk Israel (Ex 12,35 f.) ins Gewicht. Während die Israeliten im Buch Exodus die Ägypter um ihre Habe erleichtern, muss das Volk des Landes hier ebenso Gold und Silber zahlen. Die bewusste Verbindung zum Buch Exodus wird noch plausibler, wenn man sich vor Augen hält, dass alle anderen Tributzahlungen in 2 Könige aus dem Kron- bzw. Tempelschatz gegeben werden (1 Kön 15,18; 2 Kön 14,14; 16,8) und hier allein das Volk-des-Landes dafür aufkommen muss (2 Kön 23,36). In Ex 5,5 findet sich der erste Beleg des Erzählzusammenhangs für diese Gruppe: »So viel Volk-des-Landes und ihr wollt sie vom Frondienst[737] abhalten?« Das Volk-des-Landes ist für den Pharao eine Gruppierung, die ihm eine Form von Dienstleistung schuldig ist.

In 2 Kön 24 gerät Jerusalem erstmals unter Belagerung durch König Nebukadnezar. Die Konsonanten מצר bedeuten nicht nur »Belagerung«, sondern auch »Ägypten«. Durch diese Anspielung kann eine indirekte Verbindung zum Exodusgeschehen hergestellt werden. Zwei Verse später kapituliert König Jojachin und »zieht hinaus« (יצא) aus der Stadt. Das Verb »hinausziehen« in Nähe zu einer Anspielung auf Ägypten ist aus meiner Sicht ein starker Indikator für einen intertextuellen Bezug. Es handelt sich in diesem Fall um die Umkehrung des Exodus-Motivs, d. h. das Gottesvolk wird nicht *heraus*geführt, sondern es geht ein Sklavenhaus *hinein.* Auch ist der Zielort der Exilierten nicht Ägypten, sondern Babel als neues Sklavenhaus bzw. *neues Ägypten.* Da sowohl König Jojakim, als auch Zidkija als עבד, »Diener/ Knecht/ Sklave«, Nebukadnezars bezeichnet werden, legt sich auch hier die Beziehung zum Exodus-Ereignis nahe.

2 Kön 25,2 steht in Parallelität zu 2 Kön 24,2, da auch hier Jerusalem »unter Belagerung/ nach Ägypten« gerät. An dieser Stelle ereilt Zidkija das gleiche Schicksal wie Jojachin, nur dass dieser nicht freiwillig ins Exil gehen will. Aufgrund dessen dauert die Belagerung der Stadt an und das Volk leidet Hunger. Die Verbindung von »Ägypten« und »Hunger« ist bereits aus der Josefgeschichte (Gen 37–50) bekannt. Die hungernden Söhne Jakobs wandern nach Ägypten aus, um nicht zu sterben und begründen auf diese Weise das Leben Israels in Ägypten (vgl. Ex 1,1–8).

Doch dieses Mal ist eine solche Rettung ausgeschlossen. Wie schon bei Jojachin dreht sich auch hier das Heilsgeschehen um und die Bewohner der Stadt müssen verhungern. Auch das Manna, welches sie in der Notsituation der Wüste (Ex 16) erhielten, fällt nicht mehr vom Himmel (vgl. Jos 5,12), sodass der Hunger

737 Hier wird ebenso wie in Ex 1,11 סבלות für den Dienst verwendet.

andauert. In das neue Ägypten werden die Überlebenden des Volkes geführt und erst dort werden sie Brot erhalten (2 Kön 25,29f.).

Das exilierte Volk hat durch Plünderung und Deportation alles verloren, was es seit dem Exodus gewonnen hat, das zurückgelassene Volk verliert alles an Ägypten. Nachdem sie ihre Chance auf einen Neuanfang im Land verspielt haben und von den Chaldäern keine Gnade zu erwarten ist (vgl. C.4.1.2), kehren sie in das alte Sklavenhaus zurück, während die Exilierten in ein neues Ägypten gezogen (worden) sind.[738]

5.2.2 Das Überqueren des Wassers

Auch das Durchzugsmotiv wiederholt sich für beiderlei ›Ägypten‹. Bevor das fliehende Volk das Land der ehemaligen Knechtschaft betreten kann, muss es zunächst den Weg durch die Wüste zurücklegen. Macht man sich außerdem bewusst, dass Babel die Ägypter bis an seine Grenzgewässer zurückgetrieben hat (2 Kön 24,7), so ist der einzig offene Fluchtweg für die Judäer durch das Wasser, ganz wie Dtn 28,68 angekündigt hatte: »Der Herr wird dich auf Schiffen nach Ägypten zurückbringen, auf einem Weg, von dem ich dir sagte: du sollst ihn niemals wiedersehen«. Im Gegensatz zu Ex 15 weicht dieses Mal das Wasser nicht zurück, da die Israeliten keinen göttlichen Beistand auf dem (Rück-)Weg nach Ägypten, dem Land des Todes (2 Kön 23,34) zu erwarten haben (vgl. D.3; D.5.1).

Ähnliches gilt auch für die Flucht Zidkijas (2 Kön 25,4f.), der zwischen Mauern hindurchziehen muss, ein Ausdruck, der nicht nur an die Wassermauern des Exodus (Ex 14), sondern auch an den Durchzug durch den Jordan (Jos 4) am Beginn der Landnahme erinnert.[739] An diesen beiden Orten aber ist JHWH der Beistand, während Zidkija aus der verheißenen Stadt flieht, um in die Araba Jerichos zu gelangen, an die Ufer des Jordan. Bevor er diese Wasser erreichen kann, ist er bereits gefangen. Östlich des Jordan gelangt Zidkija erst bei seiner Verschleppung nach Babel (2 Kön 25,8), in das neue »Sklavenhaus Ägypten«.

Während beide ›Ägypten‹ in dieser Perikope den gleichen Charakter haben, den es schon im Buch Exodus aufwies, verkehren sich die Heilszusagen, wie schon bei der Landnahme (D.5.1) an Israel, in ihr Gegenteil. Dem Volk in der Not wird keine Rettung zuteil, die Rettungsgestalt versagt und alle ziehen in das neue (Babel) oder alte Sklavenhaus (Ägypten) zurück. Aus dem Auszug (Exodus) wird ein Einzug (Eisodus), aus dem Heil Unheil und aus der Freiheit Sklaverei. Wie schon der versuchte Neustart *im* Land, der Neubeginn ab einem Punkt *nach* der Landnahme scheitert, zeigt sich, dass auch die Rückkehr bis zum erinnerten Ort

738 Die Wurzel בא, die als Gegenbild zu יצא gesehen werden kann, kommt hier zum Tragen.

739 Vgl. dazu B.COLLINET, *Verankerungen* 31–33. Spannend sind auch die intertextuellen Bezüge zwischen Ex 15 und Jos 3f. (vgl. dazu J.KRAUSE, *Zug* 383–400).

der Rettung nicht ausreicht. Theologisch gesprochen reicht es nicht aus, noch einmal das ganze Land erobern zu müssen, da die Zusage, Land zu erhalten, nicht gleichbedeutend mit dessen Besitz ist. Ebenso ist die Zusage der Errettung aus Ägypten, die in der Tora vielfach belegt ist, das einzige, was dem Volk bleibt. Sich selbst ins Land der Knechtschaft zu fliehen (altes Ägypten) zwingt JHWH nicht zur erneuten Rettung. Die Erwählung des Gottesvolkes ist nach dem andauernden Bundesbruch (Richter bis 2 Könige) ebenso grundsätzlich infrage gestellt, wie es nach dem ersten Bundesbruch (Ex 32) geschehen war:

> Weiter sprach der HERR zu Moses: Ich habe dieses Volk gesehen und siehe, es ist ein hartnäckiges Volk. Jetzt lass mich, damit mein Zorn gegen sie entbrennt und sie verzehrt! Dich aber will ich zu seinem großen Volk machen. Mose aber besänftigte den HERRN, seinen Gott [...] Ach, dieses Volk hat eine große Sünde begangen. Götter aus Gold haben sie sich gemacht [...] Am Tag meiner Heimsuchung werde ich ihre Sünde an ihnen heimsuchen. (Ex 32,9–11; 34,31.34 EÜ 2016)

War es in Ex 32 Aaron als religiöse und politische Führungsgestalt in der Abwesenheit des Propheten Mose, so sind es auch dieses Mal die Anführer, die Könige, aber auch das Kultpersonal, die versagen, während die Propheten sich zurückgezogen haben (vgl. D.4).

Das Volk wird nicht mehr durch Worte und Zeichen der Propheten, sondern durch die Taten der Völker über den Willen JHWHs »informiert«. Sie werden in das neue Ägypten geführt, was zugleich eine Rückkehr zum ursprünglichen Ort der Erwählung Israels, dem Ort der Berufung Abrahams, bedeutet.

5.3 Back to the Roots – oder: Babel als neuer Horizont? (2 Kön 25,27–30)

Mit den wenigen Versen der Erhebung Jojachins aus dem Gefängnis und der lebenslangen Versorgung mit Nahrung wird die Gesamterzählung beschlossen. Zwischen enttäuschten Minimalisten und euphorischen Maximalisten in der Auslegungstradition (vgl. A.2.2) gibt es ein weites Spektrum an möglichen Interpretationen. Die intertextuellen Bezüge deuten, wie bereits von D.Murray und J.Granowski nachgewiesen wurde,[740] auf eine besondere Nähe zur Joseferzählung (Gen 37–50) am Vorabend des Exodus hin.[741]

---

740 Zu nennen sind hier vor allen Dingen D.F.MURRAY, *Years*; J.GRANOWSKI, *Jehoiachin* und jüngst M.J.CHAN, *Joseph* 566–577. Der älteste Beleg für eine Auslegung in diese Richtung findet sich bei A.KLOSTERMANN, *Sam* XXVIII.

741 Zur entgegengesetzten These vgl. bspw. W.OSWALD, *Staatstheorie* 121–124. Wenig später schließt er aus seiner Sicht späteren Datierung von Ex 1 für 2 Kön 25: »Der Schluss der Davididenerzählung [...] ist für das DtrG belanglos. Die Davididen-Erzählung setzt ihre Hoffnung auf Jojachin, das DtrG dagegen setzt seine Hoffnung auf das Lernen der Tora, auf die Unterrichtung der Kinder und auf die exklusive Ausrichtung des Herzens auf den Gott

Das »Erheben von jemandes Haupt« tritt – wie Murray nachweist – nur 20x im Alten Testament auf, davon zweimal bei Jojachin (2 Kön 25,27//Jer 52) und dreimal bei der Befreiung Josefs aus dem Gefängnis in Ägypten (Gen 40,13.19f.), d.h. ein Viertel aller Belege steht in zwei Szenen.[742] Der Ausdruck וַיְדַבֵּר אִתּוֹ טֹבוֹת ist sogar singulär, findet aber eine besondere Ähnlichkeit in der Natanweissagung 2 Sam 7,28: »Du hast zu deinem Knecht solch Gutes gesprochen.«[743] Am deutlichsten ist für Murray aber die semantisch parallele Struktur von 2 Kön 25,28f. und Gen 41,40–44.[744] Will man daher der Frage nachgehen, ob im Exil der Ort eines Neuanfangs liegt oder ob 2 Könige gar keine Chance für das Gottesvolk mehr sieht und von der endgültigen Verwerfung ausgeht, so muss man bei den Verbindungen zu Josef beginnen.

5.3.1 Die Erhebung Josefs aus dem Gefängnis (Gen 40f.) als Deutehorizont

In Gen 40f. wird von Josefs Gefängnisaufenthalt erzählt. Dort trifft er zwei Männer, die sich ihrem Pharao gegenüber zu verantworten haben. Beide träumen und Josef hilft ihnen, diese Träume zu deuten, wobei er dem einen Heil, dem anderen den Tod voraussagt. Zum geretteten Mundschenk sagt Josef: »In drei Tagen wird der Pharao dein Haupt [weg vom Haus der Ketten] erheben (אֶת־רֹאשׁ מִבֵּית כֶּלֶא) und dich wieder in dein Amt einsetzen.« (Gen 40,13). Dieser verspricht ihm daraufhin, ihm zu helfen, sobald er freigesprochen ist, ein Wort, das er nicht hält (Gen 40,23). Erst zwei Jahre später (Gen 41,1) erinnert sich der Mundschenk an den Gefangenen, weil der Pharao selbst dieses Mal einen Traumdeuter be-

Israels« (a.a.O. 143). Anders argumentieren T.Römer, *fin* 285–294, bes. 293f., und J.P.Leithart, *2 Kgs* 274. Jüngst hat sich auch Patton noch einmal gegen eine enge Verbindung zu Gen 41 ausgesprochen, obwohl er sie sieht (Ders., *Hope* 24–26). Seine Gegenargumente beziehen sich auf den Mundschenk, dessen Haupt erhoben wird, während es bei Josef nicht explizit gesagt wird. Diese Beobachtung ist syntaktisch korrekt, aus dem Erzählzusammenhang heraus aber nicht zutreffend, da bei beiden Gefangenen der gleiche Prozess stattfindet. Das zweite Argument bezieht sich auf die Erwähnung Jhwhs in der Traumdeutung bei Josef, während bei Jojachin keine Rede von Jhwh ist. M.E. (vgl. Teil C.) handelt es sich dabei aber um eine Eigenart des Prophetenschweigens am Ende von 2 Könige, die dem eigenen Kontext entspricht. Die Erwähnung Jhwhs ist außerdem eine Rechtfertigung der Traumdeutung Josefs, der sich sonst des Götzendienstes schuldig machen würde (vgl. Dtn 18). Das dritte und letzte Argument bezieht sich auf den Aufstieg Josefs, der bei Jojachin nicht vergleichbar ist. Dieses Argument benötigt Patton, um seine These des Anti-Salomo zu stärken, die weiter unten diskutiert werden wird (vgl. M.H.Patton, *Hope* 41f.).

742 D.F.Murray, *Years* 253; so auch R.L.Cohn, *2 Kgs* 173. Weitere Belege in Ex 30,12; Num 1,2.49; 4,2.22; 26,2; 31,26.49; Ri 8,28; Sach 2,4 evtl. 3,1–7; Ps 24,7.9; 83,3; Ijob 10,15; 1 Chr 10,9.

743 Ebd. 254. Außerdem könnte Jer 12,6 ein Bezugspunkt sein (a.a.O. 255). Granowski sieht außerdem einen Bezug zu 2 Sam 9,7 (Ders., *Jehoiachin* 183).

744 Ebd. 256.

nötigt. Josef wird aus dem Gefängnis erhoben und darf seine Kleidung wechseln (שִׁנָּא אֵת בִּגְדֵי־שֵׁשׁ), bevor er zum Pharao gebracht wird. Wegen seiner weisen Antwort setzt ihn der Pharao über (מֵעַל) alle Menschen in Ägypten, mit Ausnahme seines eigenen Throns (כִּסֵּא) (Gen 41,40). Er belohnt Josef wiederum mit neuer Kleidung, lässt ihn Ägypten stellvertretend regieren, und gibt allen Brot (לֶחֶם), die es brauchen und solange sie es brauchen (Gen 41,54–58). Josef ist 30 Jahre alt, als er der mächtigste Mann Ägyptens wird, d. h. zur Zeit des großen Hungers. Wenn er seine Familie – die Stammväter des Gottesvolkes – rettet, ist er folglich in seinem 37. Jahr (בִּשְׁלֹשִׁים וָשֶׁבַע שָׁנָה). In dieser Zeit werden Josef zwei Söhne geboren, die er Manasse (Gen 41,50) und Ephraim (Gen 41,51) nennt. Diese Namen erinnern im Buch der Könige an die Schreckensgestalten schlechthin (2 Kön 17; 2 Kön 21; 24,1–3),[745] sodass eine Prolepse auf das Ende der Königsbücher anzunehmen ist. Sie sind zugleich die Vorfahren Jojachins, der noch keine eigenen Söhne im Königebuch hat, d. h. seine Heilszeit ist noch nicht angebrochen. Die Begnadigung Josefs ist der Beginn eines neuen Kapitels der Heilsgeschichte seiner Familie, also des Gottesvolkes. Ganz Israel zieht nach Ägypten und lebt dort ein gutes Leben bis zu Josefs Tod. Erst als ein Pharao eingesetzt wird, der »Josef nicht mehr kannte« (Ex 1,1), beginnt die Zeit der Not und Sklaverei, die schließlich zum Exodus führt. Dies könnte zwar bedeuten, dass das ganze Gottesvolk nach Babel ziehen muss, um zu überleben, aber *de facto* sind diejenigen in Babel ja schon die letzten Hoffnungsträger.[746]

Vergleicht man diese Geschichte mit 2 Kön 25,27–30 verdienen einige Punkte Beachtung. Eine ganze Reihe seltener[747] Wörter werden in beiden Texten verwendet und beide Erzählungen zeichnen eine sehr ähnliche Geschichte: Ein Israelit wird gegen seinen Willen in ein fremdes Land verschleppt. Er hat nichts getan, was einen mehrjährigen Gefängnisaufenthalt rechtfertigen würde. Josef widersteht den Verführungen der Frau seines Dienstherrn (Gen 39) und Jojachin wird für die Rebellion seines Vaters bestraft (2 Kön 24,1). Der König des fremden Volkes befreit – laut Bibeltext *persönlich* – den Israeliten aus dem Gefängnis, spricht freundlich mit ihm, gibt ihm neue Kleidung und weist ihm einen Ehrenplatz oberhalb aller anderen Leute im Land zu. Der Weg führt vom tiefsten Kerker hinauf in den Thronsaal. Ab diesem Zeitpunkt hat der Israelit genug Brot zu essen, selbst in Notzeiten. Auch das 37. Jahr hat für beide Figuren eine positive Bedeutung und markiert vielleicht den Beginn einer Heilszeit für das ganze Gottesvolk.

745 Vgl. die Ausführungen in Teil C und Kapitel D.1.

746 Dies ist diachron ein starkes Argument für die Golagemeinde in Babel und gegen eine Gola in Ägypten und evtl. auch gegen im Land zurückgebliebene Gruppierungen. Dies könnte eine Vorstufe zur Vorstellung eines »wahren Israel« aus dem Exil sein, wie es in Esra und Nehemia, in frühnachexilischer Zeit vertreten wird.

747 Vgl. die Tabelle von M.J.Chan, *Joseph* 571.

Beide Erzählungen, Gen 40f. und 2 Kön 25,27–30, sprechen nie direkt von JHWH, beide werden innerhalb der Grenzen eines feindlichen Landes verortet, das sich als überlebensnotwendig, nicht aber als Ort dauerhaften Lebens erweist (Ex 1; 2 Kön 25,30). Mit dem Tod Josefs und des Pharao beginnt erneut das Unglück für Israel bis zu dem Moment, in dem Gott Mitleid mit seinem Volk empfindet und es in das verheißene Land führt. Die Formulierung »alle Tage seines Lebens« in 2 Kön 25,29 kann sich sowohl auf Jojachin, als auch auf Ewil-Merodach beziehen und kreiert durch ihre Offenheit eine vergleichbare Situation: das Sterben eines oder beider Herrscher.[748] Das Land, das Abraham verheißen wurde, ist der Zielort des Exodus aus Ägypten (Ex 6,8). Babel, das Land, aus dem Abraham stammte (Gen 11), ist der Ausgangspunkt von 2 Kön 25,27–30 und könnte ebenfalls den ehemaligen Zielort Abrahams, das verheißene Land, haben.

Die Josefgeschichte erzählt von einem Israeliten, der sich in der Fremde bewährt hat und dort ein gutes Leben fristen kann. Vergleicht man dies mit Jojachin, könnte alles für ein dauerhaftes Leben in Babel sprechen.[749] Schaut man aber genauer hin, gibt es zwei Probleme: Auf der einen Seite wird Josef die rechte Hand des Königs von Ägypten, wohingegen Jojachin lediglich besser behandelt wird als zuvor.[750] Sein Ehrenplatz bzw. Thron ist höher als alle anderen Throne in Babel, sodass auch er der zweite nach dem König sein könnte.

König Ewil-Merodach gibt Jojachin Brotrationen für jeden einzelnen Tag, d.h. Jojachin wäre niemals in der Lage zu fliehen oder unabhängig vom Königshof zu leben, ihm wird nicht vertraut.[751] Auf der anderen Seite verdeutlicht die Josefgeschichte, dass die guten Zeiten in der Fremde ein Ablaufdatum haben. Sie hängen vom Herrscher des jeweiligen Landes ab und stellen Israel vor die Wahl, unterdrückt zu werden oder sich nach eigenem Land umzusehen.

Wenn die Josefgeschichte das Morgengrauen des befreienden Auszugs aus Ägypten ist, dann könnte auch die Erhebung Jojachins die Vorbotin eines neuen Exodus sein.[752]

---

748 Anzumerken ist weiters, dass Jojachin zu diesem Zeitpunkt 55 Jahre alt ist, nicht mehr sehr jung und historisch bekannt ist, dass Amil Marduk nur 2 Jahre regierte (vgl. B 5.1.2b), d.h. das Faktum eines baldigen Todes der beiden Protagonisten könnte in die Erzählung eingearbeitet sein.

749 Dies ist die Argumentation von Begg u.a. (vgl. A.2.2).

750 So auch J.GRANOWSKI, *Jehoiachin* 185.

751 An dieser Stelle setzt das Argument von Noth u.a. an, die 2 Kön 25,27–30 als historische Notiz betrachten (vgl. A.2.2). ארחת wird außer an dieser Stelle und einer Parallele in Jer 40,5 nur noch in Spr 15,17 verwendet und meint immer eine genau abgemessene Portion (vgl. J.GRAY, *1.2 Kgs* 773; D.F.MURRAY, *Years* 257f.). Dieses Handeln aus Barmherzigkeit durch Babels König sieht Murray reflektiert in 1 Kön 8,50 (vgl. a.a.O. 255).

752 Vgl. M.J.CHAN, *Joseph* 568; 576. In diese Richtung weisen die Argumentationen von Rads u.a. (vgl. A.2.2). Wie bereits im letzten Kapitel beschrieben, verschmelzen auch hier Ägypten und Babel zu einem Wohnort für das Volk (vgl. D.5.2).

5.3.2 Ewil-Merodach, Babel und die Natanverheißung

a) David und die ewige Dynastie (2 Sam 7)

Die Anspielung auf die Natanverheißung (2 Sam 7,9) im Zusprechen von Gutem (2 Kön 25,28) bezieht sich auf die Zusage einer ewigen Herrschaft.[753] Das gute Zureden geht in 2 Sam 7 direkt auf JHWH zurück und wird durch einen Propheten gesprochen. Wenn die Szene eine Anspielung darauf sein soll, dann ist die Erhebung Jojachins aus dem Gefängnis das erste Anzeichen einer Wiederherstellung. Die davidische Dynastie wird für immer in Israel regieren und soll nie vergehen, im Gegensatz zu den Sauliden (1 Sam 15; 2 Sam 7,15) oder dem Gros der Menschheit (Gen 6–9)[754], denn JHWH verspricht: »Ich werde den Erdboden

753 Nicht nur Murray, sondern auch von Rad, Wolff, und Jeremias stärken 2 Sam 7 als Schlüssel zum Ende der Königsbücher (vgl. A.2.2). Murray deutet die intertextuellen Bezüge als Ironisierung und damit als polemische Spitze gegen die Davididen (vgl. DERS., *Jehoiachin* 262). In dieser Linie argumentiert auch Patton, der 2 Sam 7 von Jeremia her als Umkehrung der Dynastieverheißung sieht (DERS., *Hope* 185). Für ihn ist 2 Sam 7 in 2 Kön 25 ironisch aufgegriffen, wie er unter Bezug auf Murray ausführt. Im Gegensatz zum Prachtthron Salomos, erhält er einen Sessel, den man beliebig verstellen kann. Salomo ist der verehrte König, Jojachin der Vasall eines Königs. Darüber hinaus ist die Formulierung »alle Tage seines Lebens« (1 Kön 4,21; 2 Kön 25,28) bei Salomo ein Ausdruck des Regierens, bei Jojachin des Dienens (vgl. a. a. O. 37f.). Jojachin wird auf diese Weise zum »anti-Solomon« (188). Dies ist wichtig für Patton, weil er die negative Seite Salomos, seinen zu großen Ruhm (vgl. a. a. O. 45; 50f.; außerdem Anm. oben), als Indikator einer Abwendung von JHWH sieht. Jojachin soll in seiner Ärmlichkeit den Wendepunkt markieren und zeigt damit, dass »2 Sam 7 remains in force.« (43). Diese Argumente richten sich in erster Linie gegen die Cross-Schule, wie die Fußnoten zeigen (43) und führen dabei m. E. am Punkt vorbei. Ich teile die Auffassung, dass Salomo nicht nur der gute König ist, doch seine Bezüge zu Jojachin erscheinen mir eher bestärkend als widersprüchlich zu sein: Er erhält einen Thron über den Thronen der anderen, was kaum eine Ironie sein dürfte. Das »Setzen« des Throns an eine Stelle muss ja keinen physischen Vorgang bedeuten, sondern ist die Zuweisung eines Ehrenplatzes, wie sogar im NT berichtet wird (Lk 14,7–11). Die Abhängigkeit Jojachins vom König ist vergleichbar mit der des Josef und macht sie zu Dienern, keinesfalls aber zu Vasallen. Auch die Formulierung »alle Tage seines Lebens« deutet mehr auf ein offenes Ende, als auf eine polemisch-ironische Anspielung hin. Abschließend soll zu diesem Punkt eines ergänzt werden. Die Argumentation Pattons läuft letztlich auf die Genealogie Mt 1,13 hinaus und will Jojachin als Typos Christi sehen (vgl. a. a. O. 44), da mit seiner Befreiung der »turning point« (a. a. O. 1; 187 u. ö.) markiert werde. Das sich Ergeben Jojachins wird, wie die Hingabe Jesu positiv gedeutet (a. a. O. 23). Gerade wenn man in dieser Linie argumentieren will, sollte m. E. die Joseferzählung stark gemacht werden. Nicht nur die Parallelen zu Ex 1 durch den Kindermord und die Flucht nach Ägypten deuten auf Gen 50/ Ex 1 hin. Auch der Tod Josefs als Voraussetzung eines Exodus, eines Rettungshandelns Gottes wird angedeutet. Gleiches gälte dann für Jojachin, nach dessen Tod ein zweites Heilsgeschehen einsetzen kann, der zweite Exodus. Als Typos Christi würde dann der Tod als notwendige Voraussetzung für die Errettung des Volkes/ der Menschheit gefunden sein.

754 Jeremias zeigt, dass der Zorn Gottes nur zweimal im Alten Testament zur Gänze ausbricht und dass Gott in allen anderen Texten nur warnt oder geringere Strafen verhängt, als er androht (vgl. J. JEREMIAS, *Zorn* 9–12; 46; 56; 67–75; 186).

wegen des Menschen niemals wieder verfluchen [...] Ich werde niemals wieder alles Lebendige schlagen, wie ich es getan habe.« (Gen 8,21 herv. BC; auch 9,11.15) und »Nie wird sich meine Huld von ihm [i.e. David] entfernen, wie ich sie von Saul entfernt habe, den ich vor dir entfernt habe. Dein Haus und dein Königtum werden vor dir auf ewig bestehen bleiben« (2 Sam 7,15f. herv. BC). Dies ist ein Hoffnungsschimmer, denn Jojachin ist ein Nachfahre Davids und seine Söhne haben die Chance zu regieren.[755] Auf der anderen Seite könnte das Auslassen der Nachfahren aber auch darauf bezogen sein, dass das Königtum an sich nicht länger Hoffnungsträger ist. In ihnen mag zwar die Verheißung auf eine bessere Zukunft liegen, ihre Rolle selbst aber ist in der Geschichte Israels – nachdem sie das Volk ver- und ins Exil geführt haben – ebenso erloschen, wie die Josefs, nachdem er sein Volk gerettet hat.

b) Ewil-Merodach, König von Babel

Die syntaktische Struktur von 2 Kön 23,30–25,30 hat gezeigt (vgl. C.4.1.5), dass das Sprechen Gottes nicht nur durch Propheten, sondern auch durch Wort und Handlungen anderer möglich ist. Daher könnte es sein, dass er auch durch Ewil-Merodach spricht, dessen Vorgänger ebenfalls ein Strafinstrument JHWHs war, nachdem das Prophetenschweigen begonnen hat (2 Kön 24f.). Das singuläre Auftreten Ewil-Merodachs in 2 Kön 25,27//Jer 52,31 und die versteckte Polemik gegen seinen echten Namen (Amil Marduk)[756] findet eine Entsprechung am Anfang des Königebuches bzw. von 2 Könige.[757] In 2 Kön 1,2 liegt Ahasja von Israel auf dem Krankenbett und sendet einen Boten nach Ekron, um den Gott Baal-zebub zu befragen. Auch dies ist eine versteckte Polemik, denn Baal-zebul würde »Prinz des Baal« bedeuten, Baal-zebub hingegen »Baal der Fliegen«.[758] Das zweite Buch der Könige beginnt und endet mit einer versteckten Polemik gegen einen Namen und gegen einen Götzen. Zugleich wird nach der religiösen Identität Israels als Gottesvolk gefragt.[759] 2 Kön 1 setzt mit einem Gotteswort fort: »Gibt es denn keinen Gott in Israel, sodass ihr fortgehen müsst, um Beelzebul,

755 Die Söhne werden nur in der Chronik (1 Chr 3,17f.), nicht aber in 2 Könige erwähnt. Sie dürfen daher nicht einfach zur Erklärung des Endes herangezogen werden, wie es vielfach in Kommentaren geschieht. In eine ähnliche Richtung argumentiert auch D.F.MURRAY, *Years* 263.

756 Vgl. C.4.1 Zur Verwendung der Polemik siehe Y.AMIT, *Polemics* 44; 56.

757 So auch J.GRANOWSKI, *Jehoiachin* 177. Er bezieht dies nicht nur auf 2 Kön 1, sondern auch auf 1 Kön 1, wo der ohnmächtige König David gewärmt werden muss, als Gegenbild zu machtlosen Jojachin, der Brot vom Tisch eines anderen essen muss (a.a.O. 178).

758 Vgl. Dazu auch A.PIQUER OTERO, *Flies* 81–88.

759 Bedenkt man nun noch, dass Baal und Marduk korrespondierende Gottheiten sind und dass versteckte Polemiken vor allem im kultischen Kontext und im Kontext von Identitätsfragen Israels auftreten, wird die Verknüpfung noch einmal verstärkt (vgl. zu dieser Systematik Y.AMIT, *Polemics* 98).

den Gott von Ekron, zu befragen? Darum: [...] Vom Lager, auf das du dich gelegt hast, wirst du nicht mehr aufstehen; denn du musst sterben« (2 Kön 1,3f. EÜ 2016).

Bedeutet dies, dass Jojachin sterben muss wie Ahasja vor ihm, oder handelt es sich um eine zufällige Entsprechung? Aus meiner Sicht erzählt 2 Kön 1,2–4 von einem König, der seinen eigenen Gott vergessen hat und deshalb andere verehrt, eine Entscheidung gegen den Gott des Lebens und damit für den Tod. Durch das ganze zweite Königsbuch entfaltet sich der Untergang von Israel und Juda. In 2 Kön 25,27 ist es erneut ein König, der JHWH nicht (mehr) kennt. Die Frage: Ist denn kein Gott in Israel, dass du ihn in der Fremde suchen musst? könnte hier bejahend beantwortet werden: Der Tempel ist zerstört, die Wolke aus dem Heiligtum hat sich erhoben, JHWH ist fort vom Zion:

> Dort müsst ihr Göttern dienen [...] Dort werdet ihr den HERRN, deinen Gott, wieder suchen. Du wirst ihn auch finden, wenn du dich mit ganzem Herzen und mit ganzer Seele um ihn bemühst. Wenn du in Not bist, werden alle diese Worte dich finden. In späteren Tagen wirst du zum HERRN, deinem Gott, zurückkehren und auf seine Stimme hören. Denn der HERR, dein Gott ist ein barmherziger Gott. Er lässt dich nicht fallen und gibt dich nicht dem Verderben preis und vergisst nicht den Bund mit deinen Vätern. (Dtn 4,28–31 EÜ 2016, herv. BC)

Jojachin, der König von Juda, stirbt nicht, sondern gewinnt ein neues Leben. Nun stellt sich die Frage, wem er dies verdankt.

c) *Die Stadt Babel und Abraham*

2 Kön 25,28 erzählt vom Bleiben Jojachins in Babel. Der Name der Stadt wird nur zweimal vor 2 Kön 17–25 erwähnt und zwar in Gen 10,19, als Besitz von Nimrod, dem Heldenkönig, und in Gen 11,1–10. Die Nennung Babels katapultiert das Ende von 2 Könige an den Beginn der linear ablaufenden (Heils)Geschichte zurück.[760] Der Turm von Babel ist ein Symbol für die gefallene Menschheit und markiert den Übergang zwischen Urgeschichte und der Berufung Abrahams zum Vater des Volkes (Gen 11,11–25,11). Mit Abraham, der selbst aus Chaldäa stammt (vgl. D.3.1), beginnt eine Heilsgeschichte, deren Kreis sich räumlich in 2 Kön 25,27–30 schließt. Abraham lebt ein gerechtes Leben, ohne JHWH zu kennen, doch sobald Gott mit ihm spricht, folgt er seiner Stimme. Jojachin ist in einer ähnlichen Situation. Er ist in Babel und JHWH hat nie mit ihm gesprochen, denn mit Hulda endet die vermittelte Gottesrede in 2 Könige und der Ausruf in 2 Kön 24,1–3 liegt *vor*, die Feststellung 24,20 *nach* seiner Zeit als König. Könnte es also sein, dass Jojachin nichts anderes tun muss bzw. kann, als auf die Stimme JHWHs

760 Ähnlich J.GRANOWSKI, *Jehoiachin* 186.

zu warten und das Gute, das er erfährt, zu deuten? Dann wäre es auch möglich, dass ihm im guten Sprechen Ewil-Merodachs die Stimme JHWHs begegnet.

5.3.3 Die Begnadigung Jojachins

Führt man alle intertextuellen Beobachtungen zu 2 Kön 25,27–30 zusammen und bezieht die vorherigen Analysen mit ein, ergibt sich ein vielschichtiges Bild. Josef ist eine wichtige Gründungsgestalt Israels, denn er ist der erste nach den Erzeltern. Er durchlebte das gleiche wie Jojachin, Gefangenschaft und Aufstieg. Abstieg und Erhebung sind die Voraussetzung für das Überleben des Volkes in der Fremde, zumindest für eine begrenzte Zeit. Es ist der Beginn von etwas Neuem, obwohl es zunächst das Ende einer Erzählung zu sein scheint (Gen 50,26).[761] In der tiefen Not erfährt der Protagonist Rettung. Die Deutung der Rettergestalt ist bei Jojachin noch unklar, bei Josef jedoch deutlich: Seine Fähigkeit Träume zu deuten ist ein göttliches Geschenk (Gen 40,8; 41,16.25.28.38f.); seine Kinder tragen Namen, die JHWH verehren sollen (Gen 41,51f.; 48,9). Ab diesem Zeitpunkt der Geschichte tritt die Gottesbezeichnung signifikant öfter auf als zuvor. So deutet Josef seine Zeit in Ägypten als Führung Gottes: »Denn um Leben zu erhalten, hat Gott mich vor euch hergeschickt.« (Gen 45,5) und beginnt damit einen Prozess der Versöhnung, der in die Spitzenaussagen mündet:

> Nun vergib doch die Untat der Knechte des Gottes deines Vaters! […] Fürchtet euch nicht! Stehe ich denn an der Stelle Gottes? Ihr habt Böses gegen mich im Sinne gehabt, Gott aber hatte dabei Gutes im Sinn, um zu erreichen, was heute geschieht: viel Volk am Leben erhalten […] Gott wird sich gewiss eurer annehmen, <u>er wird euch aus diesem Land heraus- und in jenes Land hinaufführen, das er Abraham, Isaak und Jakob mit einem Eid zugesichert hat</u>. (Gen 50,17.19f.24 herv. BC)[762]

Auf den Tod des Josef folgt die Rettung aus dem Leid im Buch Exodus. Durch die Rückbindungen an den Beginn von 2 Könige, an die Dynastieverheißung (2 Sam 7) und sogar an Gen 11, werden weitere narratologische Schlüsselstellen des Erzählzusammenhangs eingespielt. Gen 11 warnt vor einem Leben in Babel, da diese Stadt bereits verworfen ist. 2 Kön 1 mahnt die Alleinverehrung JHWHs ein, er ist es, der vom Volk zu suchen ist. Die Hinweise auf 2 Sam 7 und 1 Kön 8,50 zeigen schließlich, dass es JHWH ist, der dem Volk in der Fremde beisteht und dessen Verheißung bestehen bleibt (vgl. Dtn 26,16–19).

Jojachin dagegen spricht in der ganzen Szene nicht ein einziges Wort: »For the reader the Judean king exists in silence.«[763] Er kehrt auch nicht um oder betet um

761 Vgl. ebd.

762 Die Zusage des Herausführens ist dabei eine Wiederholung von Gen 48,21, wo Jakob vor seinem Tod einen Segen über seine Kinder spendet.

763 J.GRANOWSKI, *Jehoiachin* 178.

Rettung, wie D.Murray gegen H.W.Wolff anbringt,[764] es gibt keine selbstgeführte Transformation des letzten Königs von Juda. Doch diese findet sich auch nicht bei Josef. Weder betet er noch zeigt er Reue für irgendetwas. Seine Rettung erfolgt zu einem Zeitpunkt, an dem er nicht mehr damit rechnen konnte.

5.4 Zwischenfazit

Die letzten Verse der Erzählung spielen verschiedene theologische Ansätze für einen Neubeginn durch und zeigen, dass sie, wenn sie zu kurz greifen, zum Scheitern verurteilt sind:

1. Das Volk, das im Land zurückgelassen wird, kann aus der Spirale der Gewalt nicht mehr ausscheiden. Wie es von Jhwh das Land bekommen hatte, ist es ihm auch wieder genommen worden. Führte 2 Kön 25,21 an die Grenzen des Königtums und damit bis zum Richterbuch zurück, ist das Volk nun auf die andere Seite der Landesgrenze verwiesen. Es muss wegen seiner Sünde das verheißene Land verlassen, wie die Ureltern das Paradies (Gen 3). Auf diese Weise kehrt die Erzählung zu einer weiteren Grenze zurück: der Schwelle zwischen biblischem Prolog und der Geschichte des Volkes. Hätte das Volk auf die Stimme Jhwhs gehört, die durch die Propheten gesprochen und das Gesetz eingemahnt hat, dann hätte es im Land bleiben und von dort aus vielleicht sogar einen Neuanfang wagen dürfen. Stattdessen rät Gedalja zum Hören auf Babel und besiegelt damit sein Schicksal. Alles was dem Volk bleibt, ist die Landverheißung.
2. Der zweite Versuch des Volkes, sich ein selbstgewähltes Sklavenhaus zu suchen und so erneut auf das rettende Eingreifen Jhwhs warten zu können, ist in der Erzählung kaum der Rede wert, nur einen Vers (2 Kön 25,26). Der Weg durch Wüste und Meer und damit zurück in die Notsituation darf nicht selbst gewählt werden. Oder zumindest darf dann keine Hilfe erwartet oder eingefordert werden. Die geschickte Setzung der intertextuellen Bezüge ermöglicht es, zwei verschiedene Typen von ›Ägypten‹ in 2 Kön 23,30–25,30 auszumachen. Das alte Sklavenhaus, in das zurückzukehren den Exodus rückgängig macht, und das neue Sklavenhaus, in das das Volk verschleppt wird. Das Volk ohne Land kehrt nicht an den Sinai zurück. Es hat diesen Bund gebrochen und scheint sich von dort keine Hilfe mehr zu erwarten, da Jhwh, der von dort mit ihnen gezogen ist, zugelassen hat, dass seine Wohnung in Jerusalem zerstört wurde. Die Bedeutung von Bund und die Treue zur Tora sind durch das Verschwinden des einen Vertragspartners zutiefst in Frage gestellt. Daher kehrt das Volk an die Schwelle des Meeres zurück und setzt sich selbst durch

764 Vgl. D.F.Murray, *Years* 264.

seine Rückkehr in den Zustand des versklavten, aber eben nicht des rettungsbedürftigen, weil handlungsunfähigen Volkes zurück. Auch hier gilt wieder: Hätte das Volk auf die Worte des Gesetzes – denn die Propheten außer Mose, der das Gesetz offenbart hat, sind ja außerhalb des Landes noch keine Option – vertraut, wäre es vielleicht gerettet worden. So aber gibt es den Status des herausgeführten Volkes auf. Ihm bleibt nichts, denn die Zusage herausgeführt zu werden, setzt unverschuldete Not voraus und den Bund hat es aufgegeben.

3. Mit Babel als neuem Sklavenhaus bleibt eine dritte Option für einen Neustart. Durch die Nähe zum Josefbuch zeigte sich, dass Babel durchaus als neues Ägypten verstanden werden soll, als ein Ägypten, das eine Zeit lang Frieden bringt, bevor das Volk wieder in Not geraten wird. Das Volk wurde verschleppt wie Josef, der erste Israelit nach den Stammvätern, und darf daher auch wie er darauf hoffen, dass Jhwh dieses Exil als Not-wendig ansieht. Das Volk inklusive König ist in Babel völlig handlungsunfähig geworden, was sich zumindest durch sein Verschweigen *e silentio* nahelegt. Es ist gar nicht mehr in der Lage von Jhwh abzufallen, da es zunächst nur noch das nackte Überleben kennt. Die Erhebung Jojachins aus dem Gefängnis ist der Wendepunkt der Not, doch auch hier nicht im aktiven Sinn. Jojachin ist das Objekt des Gnadenhandels Ewil-Merodachs, eines Fremdkönigs. Das Königtum Judas bzw. das gesamte Gottesvolk ist keine eigenständige Größe mehr, sondern hat einen Ehrenplatz an der Seite des Königs. Wenn der Fremdkönig selbst als Instrument Jhwhs fungiert, so ist der König, unter dem Jojachin eine Vorrangstellung einnimmt, ebenfalls Jhwh, der Israel unter den Völkern erwählt und ihm einen Ehrenplatz gegeben hat. Jojachins verbesserte Lebenssituation ist, wie schon die Rettung Josefs, langfristig eine Hoffnungsperspektive für das ganze Volk. Sie ist die Vorbedingung der Rettung, weil sie das Überleben des Volkes garantiert, bis Jhwh es hinausführen will. Weder Josef noch Jojachin werden diese Rettung erleben.

Das Ende von 2 Könige mag eine historische Notiz sein und auch probabylonische Tendenzen beinhalten. Es könnte auf eine Rettergestalt hindeuten, die sogar messianische Züge trägt. Klar ist auf jeden Fall, dass es Fragen aufwirft. 2 Kön 25,27–30 hat, wie auch die Erzählung von 2 Kön 23,30–25,30 insgesamt, einen »*recency effect*«[765], d.h. die gesamte Erzählung wird noch einmal für die Interpretation des Schlusses herangezogen und zugleich wird sie erst durch das Ende voll verständlich.

765 Zur Begriffsdefinition siehe J.Granowski, *Jehoiachin* 176.

Das Ende ist jedoch nicht abrundet, wie bisher angenommen, sondern weist einen deutlichen Sinnüberschuss auf.[766] 2 Kön 25,27–30 schafft die Vorbedingungen für einen neuen Exodus, ihn aber durch die Begnadigung Jojachins als garantiert anzusehen, würde zu weit greifen.[767] So bemerkt J.P.Leithart am Ende seines Kommentars zurecht: »The book of Kings leaves Israel east of Eden, awaiting a return that is not yet come.«[768]

Das offene Ende des Erzählzusammenhangs von Genesis bis 2 Könige lässt eine schmerzliche, aber auch eine kreative Leerstelle offen, die es zu füllen gilt. Mit welchem theologischen Konzept, das ist die Frage der im kanonischen Sinne nachfolgenden Bücher, die Frage der Menschen, die diesen Text gelesen und rezipiert haben bzw. es heute noch tun.

766 Ähnlich dem, den Schmitz für 1 Kön 22 nachweist und auf dessen Einlösung sie am Ende von 2 Könige wartet (vgl. Dies, *Prophetie* 374).

767 Ebd. 374 Anm. 90.

768 J.P.Leithart, *2 Kgs* 279.

E. Schlussbetrachtungen

Ziel der vorliegenden Arbeit war es, herauszufinden, wovon bzw. wie die Erzählung 2 Kön 23,30–25,30 von den letzten Königen von Juda und dem Untergang Jerusalems erzählt. Die innertextliche Lektüre (Teil C) und die erweiterte Perspektive durch den Erzählzusammenhang (Teil D) sollten dabei helfen, eine Erfahrung mit dem Text zu machen und einen über die bisherigen Forschungsarbeiten hinausgehenden Zugang zu (neuen) Sinnpotentialen des Textes zu eröffnen. Eine große Gruppe von Interpreten ab Raschi, besonders aber ab dem späten 19. Jahrhundert, sah im Ende der Königsbücher einen historischen ›Tatsachenbericht‹, der, auf verschiedenen Quellen und Redaktionen aufbauend, eine Reflexion zur Vergangenheitsbewältigung sein sollte. In Adaption des Grundkonzepts stellte besonders im anglo-amerikanischen Sprachraum eine weitere Gruppe von Forschenden die Theorie auf, dass es sich um eine pragmatische Aufforderung handelt, sich mit den neuen Herrschern zu arrangieren und der Sinn von 2 Kön 23,30–25,30 durch die letzten Verse auf eine pro-babylonische Lesart hindeuten solle, die eine Gegenwartsbewältigung der Exilierten fördern will. Eine andere Gruppe ab Abrabanel über Gerhard von Rad stellte diesen Überzeugungen ein stärker theologisches Konzept entgegen. Die Möglichkeiten reichen dabei von Jojachin als messianischer Gestalt über neue Tempeltheologien bis hin zu Staatsideologien im 20. Jahrhundert.

Die vorgelegte Studie hat keinen Beitrag zur Diachronie geleistet, daher wäre es reine Spekulation, etwas über die redaktionsgeschichtlichen Modelle zu sagen. Aus dem gleichen Grund kann auch keine Aussage zu den drei o.g. Optionen gegeben werden. Nicht die *intentio auctoris* lag meiner Fragestellung zugrunde, sondern die Frage, wie der Text (zunächst isoliert) von den Erstlesern des Endtextes (Teil C) und dann im heutigen Kontext des Kanons (Teil D) interpretiert werden kann.

Das Ergebnis ist eindeutig. Die Erzählung ist in der heutigen Form auf Hoffnung hin angelegt. Die göttlichen Verheißungen sind intakt, da der Bund einseitig durchgehalten wurde und die Heilszusagen bestehen bleiben.

Die Geschichte des Königtums der Israeliten scheitert an der menschlichen Schwäche ihrer Vertreter. Kompositorisch zeigen sich Versagen und Hoffnung in der geschickten Dekonstruktion der Heilszusagen Gottes, die sich strukturell und inhaltlich auf allen Ebenen finden lassen. Der Tun-Ergehen-Zusammenhang wird zwar angewendet, steht aber bereits in diesen Büchern in einem weiteren Horizont der Barmherzigkeit Gottes. Von zentraler Bedeutung ist dabei das Gesetz des Deuteronomiums.

Die Frage des Prophetenschweigens ließ sich ebenfalls erzähltechnisch beantworten, wenn man die Prophetie als Erinnerung an die Tora versteht, die in 2 Kön 22 für sich selbst spricht – und damit jede weitere Prophetie überflüssig macht. Dies ist auch theologisch eine wichtige Einsicht: Wo das göttliche Wort aus sich selbst heraus offenbar wird, bedarf es keiner zusätzlichen Vermittlung.

Die Konstruktion der ›Figur‹ JHWH ist in der Forschungs- und Kommentarliteratur zu 2 Könige stark auf das Gerichtsmotiv eingeschränkt und wird in den meisten Fällen auf das Notwendigste beschränkt. Die Könige Joahas, Jojakim und Zidkija spielen in der Regel keine und Jojachin nur von der letzten Szene (2 Kön 25,27–30) her eine Rolle in der Deutung.

Die anderen Völker, besonders Babel, dienen als Strafwerkzeuge Gottes, können aber auch zum Heil dienen, was die Ambivalenz des göttlichen Handels noch einmal vor Augen führt.

Das erzählte Ende der letzten Könige von Juda

An dieser Stelle ist die Arbeit inhaltlich zu Ende gedacht. Da es aber, wie ich eingangs sagte, um das Nachvollziehen einer Erzählung durch ihr Erzählen geht, folgt nun noch die erzählte Ausdeutung:

Am Ende des großen Erzählbogens, der in Gen 1,1 beginnt und mit Unterbrechungen bei 2 Kön 25,30 (vorläufig) endet, wird die Geschichte der Menschheit mit Gott enggeführt. Die verschiedenen Beziehungsstationen werden im Prolog (Gen 1–11) vorgelebt und entfalten sich dann in der Geschichte des Gottesvolkes immer wieder weiter.[769] Das Drama eines Volkes, das mit Gott im Bunde ist und der Tora folgen soll, dies aber aus unterschiedlichen Gründen nicht schafft, spitzt sich fortwährend zu. Es begleitet das Volk von ›seiner‹ Erwählung (Gen 12–50) und seiner Befreiung (Exodus) bis hin zur Gabe der Tora, die ihnen die genauen Regeln festlegt.

Das Versagen zeigt sich im verheißenen Land (Josua), besonders im Zusammenleben (Richter – 2 Könige). Regelmäßig gibt es aber auch Lichtblicke, die sich meistens an herausragenden Einzelgestalten zeigen, z. B. Abraham, Jakob, Josef oder Mose in der Tora, Deborah, David oder Joschija im linearen Erzählzu-

769 Vgl. G. STEINS, *Bibelauslegung* 15f., der von der »zentralen Gerechtigkeitsoption« spricht, die in Genesis grundgelegt wird.

sammenhang. Diejenigen, die fest auf JHWH vertrauen, werden gerettet und ihnen allein ist es möglich dauerhaft gut zu leben. Doch das Schlechte im Volk (vgl. Königsschema) greift immer wieder um sich und wird schließlich systemisch, wie es schon bei der Menschheit insgesamt war (Gen 5–9). JHWH versucht ständig es zu begrenzen und ihm entgegenzuwirken, aber weder die Tora noch die Propheten oder die gerechten Könige reichen aus, um eine dauerhafte Einsicht und Verhaltensänderung zu bewirken. Kern allen Übels ist dabei die Verehrung fremder Göttinnen und Götter, z. B. durch Gold oder Kinderopfer, falsche Verehrung oder das Vergessen des Gottes, der das Volk gerettet hat, sodass alle Lebensgrundlagen dauerhaft gefährdet sind.

Es zeigt sich: Kein menschlicher Herrscher kann je dem Anspruch gerecht werden, der an ihn gestellt ist, denn allein Gott vermag es, dauerhaften Frieden und Wohlstand im Land zu gewährleisten. Aus Barmherzigkeit ermöglicht er es dem Volk dennoch permanent weiterzumachen und greift jegliche positive Initiative auf, um das Volk zu stützen und zu schützen, wie er es im Segen (Dtn 28,1–14) versprochen hat.

Mit Ahab und Manasse endet die Geduld der Figur JHWH. Es ist ihm nicht länger möglich, ein Fortbestehen des Gottesvolkes und seiner Könige zu garantieren, da sie all dem widersprechen, für das sie eigentlich stehen sollten: Die Könige sollen dem Volk Vorbild sein, wie man gerecht vor Gott lebt, das Volk wiederum soll dem Rest der Menschheit Vorbild sein. Wie schon bei der Sintflut und beim Scheitern der ersten Königsdynastie Israels unter König Saul (1 Sam 15; 31) beschließt JHWH auch hier alle Glieder des Volkes, bis auf einen kleinen Rest, den er für den Neuanfang aufbewahrt, zu bestrafen.[770]

Der Prozess beginnt mit dem Untergang des Nordreiches Israel und der Zerstörung Samarias (2 Kön 17), die den verbliebenen Stamm Juda (Südreich) zur Einsicht bewegen soll. Dies scheint zunächst auch zu gelingen, denn Hiskija beginnt mit einer Kultreinigung (2 Kön 18–20). Statt diese positive Tendenz aufzugreifen und damit die letzte Chance zu nutzen, versagen sein Thronfolger Manasse und dessen Sohn Amon auf ganzer Linie. Erst Hiskijas Urenkel Joschija gelingt die umfassende Reform und die Ausrichtung des Reiches Juda, das mittlerweile alle Kompetenzen und Aufgaben des Gottesvolkes auf sich vereint hat, hin auf den Jerusalemer Tempel, der ›Haus JHWHs‹ genannt wird (2 Kön 22 f.). Der Kult wird monopolisiert und kultische Reinheit und Einheitlichkeit werden hergestellt. Der Götzenkult ist eingestellt. Die Prophetie wird eingestellt, weil die Tora wiedergefunden wurde.

Nun hätte sich das Königreich Juda seiner Aufgabe widmen und als Vorbild der Völker weiterexistieren können. Stattdessen träumt Joschija vom großen

770 Diese Motive lassen sich nicht nur im AT finden, sondern sind auch Bestandteil der jesuanischen Sprache, z. B. in Joh 15,1–8.

Einheitsreich seines Vorgängers Salomo und legt damit den letzten Fallstrick zum Untergang Judas und des gesamten Königtums.

An dieser Stelle setzt 2 Kön 23,30 ein. Joschija ist gestorben und sein Sohn Joahas wird unrechtmäßiger Thronfolger. Mit ihm wird schließlich die ihn unterstützende Gruppe des Volkes-des-Landes machtpolitisch ausgeschaltet und die Unterwerfung unter die Fremdherrschaft der Ägypter beginnt. Das verheißene Land selbst droht zu Ägypten, dem ultimativen Erinnerungsort der Sklaverei-Erfahrung des Gottesvolkes, zu werden. Doch noch ist es nicht soweit. Mit Jojakim wird die rechtmäßige Dynastiefolge wiederhergestellt und dieser hat die theoretische Chance nach dem Königsgesetz (Dtn 17,14–20) zu handeln. Stattdessen richtet er seine Politik nach der des Manasse aus (2 Kön 24,1–3) und bricht damit den Stab über sich selbst. Sein Thronprogramm führt zum Vergießen unschuldigen Blutes. Um ihn zur Einsicht zu bewegen, sendet JHWH, wie schon zur Zeit der Richter, Räuberbanden gegen das Land, setzt aber keine/ n Richter/ in als Retter mehr ein, da es ja einen König gibt. Auch kein/ e Prophet/ in tritt auf, weil die Tora dem König vorliegt. Jojakim aber steht unter Belagerung, weil er seinen Treueid gegenüber Babel gebrochen hat, und kann dem Land nicht helfen. Es herrschen in Juda die gleichen anarchistischen Zustände wie vor dem Königtum, die Geschichte dreht sich in die Richterzeit zurück bzw. der heilvolle Schutz JHWHs wird vom Land genommen.

Jojakim stirbt und der letzte legitime Nachfolger Jojachin wird inthronisiert (2 Kön 24,8). Er ist der letzte König Judas, der kein Vasall ist und befindet sich während seiner kurzen Regierungszeit in Jerusalem unter Belagerung. Bevor die Stadt fällt, ergibt er sich und verhindert so ihre Zerstörung. Hätte er aber, wie sein Vorfahr Hiskija, auf JHWH vertraut, so wäre Jerusalem vermutlich auch verschont geblieben, weshalb ihm, trotz aller guten Absichten ein negatives Urteil beschieden wird. Er überschätzt seine eigene Macht und vertraut nicht auf das Heilswirken Gottes, ein Verhalten, dass auch Mose schon zum Verhängnis geworden war. Jojachin wird deportiert und mit ihm die gesamte geistige Elite des Gottesvolkes sowie ein Großteil des Tempelschatzes.

Die letzte Phase der Dekonstruktion beginnt. Zidkija, der Onkel Jojachins, wird als Marionettenkönig installiert, obwohl Jojachin noch lebt und er nicht sein Nachkomme ist. Wie schon Jojakim folgt er in seinem Regierungsprogramm den schlechten Taten seiner Vorgänger und bricht erneut den Treueeid zu Babel, ein Vergehen, dass JHWH selbst beleidigen muss, da dieser Eid auf ihn geschworen wurde. Nun ist der letzte Widerstand in JHWH gebrochen (2 Kön 24,20). Er erlaubt den Chaldäern heraufzuziehen und die gesamte Stadt inklusive Königspalast und Tempel auszuradieren (2 Kön 25,9–21). Zidkija sucht sein Heil in der Flucht (2 Kön 25,4) und gibt mit dem Verlassen Jerusalems den Thronanspruch der Davididen auf. Seine Verhaftung und Bestrafung fällt härter aus als die gegen irgendeinen anderen König aus dem Gottesvolk. Seine Söhne werden ausgelöscht und auch er selbst ist durch die Blendung nicht länger regierungsfähig. Mit Zidkija werden auch die Funktionäre, das Kultpersonal und alle anderen Gruppierungen, die nach den Gesetzen der Tora für die Ordnung im Land zuständig waren, bestraft bzw. getötet. Der Tempel wird zerstört und in ihm verbrennt die Bundeslade mit der in ihr gelagerten Niederschrift des Gesetzes und dem Zeltheiligtum. Der Bund mit JHWH könnte als aufgekündigt betrachtet, ein Mitziehen und Mitleiden mit seinem Volk als nicht mehr denkbar abgetan werden.[771]

Stattdessen erweist sich JHWH ein weiteres Mal als gnädig. Nicht alle werden getötet oder deportiert, sondern ein kleiner Rest darf im Land verbleiben und kann zur Wurzel des Neuanfangs werden. Doch mit Gedalja und Jischmael stirbt auch diese Hoffnung (2 Kön 25,22–26). An einen Neuanfang im Land ist nicht mehr zu denken. Die Option eines Neustarts in Ägypten ist ebenfalls ausgeschlossen, da den Leserinnen und Lesern vom Exodus her bekannt ist, dass dort kein Heilsort sein kann. Zugleich ist die Rückkehr nach Ägypten der Abschluss des Fluchs, den das Gottesvolk in Dtn 28,16–63 auf sich herabgerufen hatte.

Die großen theologischen Heilsentwürfe werden dekonstruiert und in 2 Kön 23,30–25,30 von JHWH zurückgefahren und auf Anfang gestellt. Er bleibt bei der Zusage, dass er nicht die Menschheit insgesamt auslöscht und auch dabei, dass er den Davididen Bestand geben wird, denn Jojachin lebt im Exil und das Volk existiert noch in Babel und Ägypten. Doch anstelle eines eigenständigen Königtums, wie es in 1 Samuel bis 2 Könige versucht worden war, gibt es nur die Unterordnung unter fremde Herrscher. Anstelle des freien Lebens im eigenen Land, wie es Josua und Richter vorsahen, ist das Volk des Landes verwiesen und lebt in ständiger Bedrohung von außen. Aus dem Segen des Gesetzes ist sein angedrohter Fluch geworden. Und schließlich: aus der so stark ersehnten Freiheit des Exodus eine erneute Knechtschaft. Das Volk steht in Ägypten da, wo es angefangen hatte. Doch an diesem Ort kennt das Volk seinen Gott noch nicht, denn er offenbart sich ja erst dem Mose. Und JHWH setzt das Volk sogar noch einen Schritt weiter zurück. Er sendet es nach Babel, dem Ort der Wirrsal (Gen 11), der zum Ausgangspunkt der Erwählung Abrahams geworden war und damit zum Geburtsort des auserwählten Volkes.

JHWH hat Mose versprochen (Dtn 34), das Volk nicht zu verwerfen, deshalb beginnt er *mit* diesem Volk noch einmal ganz von vorne. Er erweist sich bis zuletzt als der treue Gott seines Volkes, der es nie im Stich lässt, nie endgültig verwirft oder hinter sich lässt. JHWH wählt die Völker, allen voran Babel und seine Könige, als Werkzeuge seines Zornes, doch als Heilswerkzeug bleibt sein Bund auch nach

771 Die Frage nach dem Mitleiden Gottes ist auch zentraler Bestandteil der Theologie nach Ausschwitz. Zur Bedeutung Israels und der Leidensfähigkeit Gottes vgl. den Sammelband J.-H.TÜCK, *Augapfel*.

dem Bruch bestehen.[772] Er hält den Bund einseitig durch, selbst wenn dies Fluch für das Volk bedeuten muss (Dtn 28,16–63), damit die Tora weiter erfüllt ist und eine Beziehung von Gott und Mensch möglich bleiben kann.

Genau an dieser Stelle setzt 2 Kön 25,27–30, die finale Szene, an. Der letzte König von Juda, der letzte König des Gottesvolkes wird nach Jahrzehnten der Gefangenschaft aus dem Gefängnis befreit und steigt in Babel auf. Seine Geschichte erinnert dabei nicht an den Erzvater Abraham, es ist nicht die Geschichte des vertrauensvollen Dieners, der JHWH folgt, ohne ihn zu kennen, sondern sie erinnert an Josef. JHWH erwartet keinen blinden Gehorsam mehr, sondern erweist sein Heil dem Volk, das er bereits erwählt hat.

Jojachin selbst wird es dennoch ebenso wenig gestattet sein, seine Heimat wiederzusehen, wie es Mose erlaubt ist, ins verheißene Land einzuziehen: Die Zweifel an Gott machen dies unmöglich. Trotzem wird Jojachin zum Lichtblick für das Volk. Seine Begnadigung zeigt, dass es noch Hoffnung auf eine Zukunft für das Volk gibt, dass ein Überleben möglich ist. Wie in der Josefsgeschichte hält sich JHWH völlig im Hintergrund, und dennoch ist davon auszugehen, dass er den Weg zukünftigen Heils vorbereitet.

Welcher Weg dies sein wird, wie die Rückkehr gelingen kann wird, ist noch unklar.[773] Gewiss ist nur eins: Das Projekt Königtum ist gescheitert, denn auch das Königreich Juda und die Davididen als Gottes auserwählte Könige waren nicht in der Lage eine gerechte Gesellschaft zu schaffen bzw. zu erhalten.[774] Ein immanent monarchistisches Konzept kann das Verhältnis von Gott und Schöpfung und besonders von JHWH und den Menschen nicht sichern, da kein Mensch in der Lage ist, die Verantwortung für alle anderen zu tragen. Es braucht neue Wege und theologische Konzepte, die in der Hoffnung auf ein dauerhaftes Leben in der Gegenwart JHWHs hin zu erproben sind. Das Königtum Israel/ Juda kann es nicht und wird auch nicht in dieser Form wiedererrichtet werden. Mit Joahas, Jojakim, Zidkija und Jojachin endet, was mit Saul, David und Salomo begonnen hatte. Ein neuer Weg ist zu suchen, denn die Geschichte endet nicht mit den letzten Königen von Juda.

772 Es soll hier nicht darum gehen, das gewaltsame Handeln der Figur JHWH zu rechtfertigen oder ihren Einfluss auf das Gottesbild im AT zu unterschätzen. Vielmehr soll es um ein kritisches Einordnen in das Gesamt der Gottesvorstellung der Bibel geben, wie es G.Baumann vorgeschlagen hat (vgl. DIES., *Gottesbilder*).

773 Zur Frage der kanonischen Anschlusstexte befindet sich eine Publikation in Vorbereitung.

774 Ähnlich BAYLE, *Rois* 586; N.LOHFINK, *Rückblick* 141.

Abstract

This dissertation thesis deals with the ending of 2 Kings in recent literary studies. It asks what and how 2 Kgs 23:30–25:30 narrate the Fall of Jerusalem and the reign of Judah's last kings with help of narrative analyses and intertextual references in special shape for Biblical texts. The focus is on the books of Gen to 2 Kgs.

Before these two parts a discussion of the history of interpretation from ancient exegetes until recent studies is done. Not only Christian but also Jewish writers and commentaries were read so that an overall survey on the academic reception is given.

A translation of the Hebrew text (mainly MT) combined with text critical comments on the OG version and Ant/Luc opens the interpretation on the text.

The narrative analysis begins with time and space and deals afterwards with the characters in the intratextual (isolated) chapters 23:30–25:30. Open questions are answered in part D. The context helps to understand the story better, so the whole complex of what 2 Kgs 25 might be the end is used for an intertextual study. Lexematic work, word groups, names and motives get analysed to understand the literary and theological meaning of the text.

Two very important questions are why and to what extent does the character »YHWH« judge and punishe his people so hard? What is the use of the last Kings of Judah?

An important point, the study worked out, is the composed judgment and deconstruction of the kindgom in the people of YHWH. On the other hand YHWH strenghtens his salvation promises by keeping them and the Torah – even if this meens a curse for the people of Israel (Dtn 28). God is true to his people even if they fail, but when they fail salvation becomes curse.

The kings of Judah have to show the peoples that YHWH is the one and only God in the world, because they got this mission for the whole people of God latest after the Fall of the Northern Kingdom. They were not able to fulfill their mission, so that injustice becomes systematic and YHWH makes himself to chose the *ultima ratio* to rescue a rest of his people. He punishes in the way of his contract (Dtn 28), because the people failed, esp. the kings (Dtn 17 vs. realtiy of 1.2 Kgs). All salvation gets lost, but the promises are still intact.

In the end a new perspective for Israel in the HB/OT is looked for. Jehoiachin, so the thesis, is like Joseph (Gen 41) preparing the people for a new Exodus. He prepares, but he will never see it.

An English translation of the thesis is planned.

Literaturverzeichnis

o. A., *Joshua-Kings. The books of Joshua, Judges, Ruth, 1 and 2 Samuel and 1 and 2 Kings in the Revised Standard version and New Vulgate* (The Navarre Bible), Dublin 2002.

ALBANI, Matthias, *Religiöse Kommunikation zwischen Israel und Mesopotamien im 6. Jh. v. Chr. und der biblische Monotheismus. Abgrenzung und Entgrenzung der israelitischen Gottesvorstellung bei Deuterojesaja*, in: Schweitzer, Friedrich (Hg.), *Kommunikation über Grenzen. Tagungsband des XIII. Europäischen Kongresses für Theologie in Wien* (VWGTh 33), Leipzig 2007, 213–232.

ALBERTZ, Rainer, *Israel in Exile. The History and Literature of the Sixth Century BCE* (SBL 3), Boston/ Leiden 2004, 435–446.

DERS., *Die Zerstörung des Jerusalemer Tempels 587 v. Chr. Historische Einordnung und religionspolitische Bedeutung*, in: Hahn, Johannes (Hg.), *Zerstörungen des Jerusalemer Tempels. Geschehen – Wahrnehmungen – Bewältigung*, Tübingen 2002, 40–60.

ALBRIGHT, William F., *Further Light on Synchronisms between Egypt and Asia in the Period 935–685B.C.*, in: BASOR 141 (1956) 23–27.

DERS., *New Light from Egypt on the Chronology and History of Israel and Judah*, in: BASOR 130 (1953) 4–11.

DERS., *The Seal of Eliakim and the Latest Preexilic History of Judah, with some Observations on Ezekiel*, in: JBL 51 (1932) 77–106.

ALT, Albrecht, *Kleine Schriften zur Geschichte des Volkes Israel III*, München ²1968.

ALVAREZ, Miguel, *Terminologia Deuteronomistica en los Libros Historicos (Jueces – 2 Reyes)* (BPAA 34), Roma 1994.

AMIT, Yairah, *Epoch and Genre. The Sixth Century and the Growth of Hidden Polemics*, in: Blenkinsopp/ Lipschits, *Judah and the Judeans*, 135–152.

ARENDT, Hannah, *Eichmann in Jerusalem. Ein Bericht von der Banalität des Bösen*, München 2004.

ASSMANN, Aleida, *Geschichte und Gedächtnis. Drei Formen von Geschichtsschreibung*, in: Blum, Erhard (Hg.), *Das Alte Testament – ein Geschichtsbuch? Beiträge des Symposiums »Das Alte Testament und die Kultur der Moderne« anlässlich des 100. Geburtstags Gerhard von Rads (1901–1971) Heidelberg 18.–21. Oktober 2001* (Altes Testament und Moderne 10), Münster 2005, 175–184.

ASSMANN, Jan, *Exodus. Die Revolution der Alten Welt*, München 2015.

DERS., *Das kulturelle Gedächtnis. Schrift, Erinnerung und politische Identität in den frühen Hochkulturen*, München ⁷2013.

DERS., *Das kulturelle Gedächtnis. Wahrnehmen – Erinnern – Vergessen*, in: Schubert, Venanz (Hg.), *Begegnung der Zeiten. Über Zeit, Kultur und Wissenschaft* (Wissenschaft und Philosophie. Interdisziplinäre Studien Bd. 23), St. Ottilien 2002, 63–85.

DERS., *Ma'at. Gerechtigkeit und Unsterblichkeit im Alten Ägypten*, München 2001.

AULD, A. Graeme, *What Was the Main Source of the Book of Chronicles?*, in: Graham, Patrick M./ McKenzie, Steven L. (Hg.), *The Chronicler as Author. Studies in Text and Texture* (JSOT.SS 263), Sheffield 1999, 91–99.

AURELIUS, Erik, *Zukunft jenseits des Gerichts. Eine redaktionsgeschichtliche Studie zum Enneateuch* (BZAW 319), Berlin 2003.

DERS., *Der Ursprung des Ersten Gebots*, in: ZThK 100 (2003) 1–21.

AVI-YONAH, Michael, *The Third and Second Walls of Jerusalem*, in: IEJ 18 (1968) 98–125.

BACHTIN, Michail M., *Chronotopos* (stw 1879), Berlin 2008.

BÄHR, Karl C.W.F., *Die Bücher der Könige. Theologisch-homiletisch bearbeitet*, Bielefeld 1868.

BAIER, Karl: *Lesen als spirituelle Praxis in christlicher und buddhistischer Tradition*, in: Ders./ Polak, Regina, [u.a.] (Hg.), *Text und Mystik. Zum Verhältnis von Schriftauslegung und kontemplativer Praxis* (Wiener Forum für Theologie und Religionswissenschaften 6), Wien 2013, 23–58.

BAL, Mieke, *Narratology. Introduction to the Theory of Narrative*, Toronto/ London [u.a.], ^{2}1997.

BALLHORN, Egbert, *Israel am Jordan. Narrative Topographie im Buch Josua* (BBB 162), Göttingen 2011.

DERS., *Josua im Pentateuch. Die narrative Entwicklung eines Protagonisten und seiner Leitungsfunktion*, in: Gafus, Georg/ Wimmer, Stefan W. (Hg.), *»Vom Leben umfangen«. Ägypten, das Alte Testament und das Gespräch der Religionen. Gedenkschrift für Manfred Görg* (ÄAT 80), Münster 2014, 3–12.

DERS., *Die Gestaltung des Gilgal (Jos 3–4). Das Buch Josua als Heterotopie*, in: NOORT, Ed (Hg.), *The Book of Joshua* (BETL 250), Leuven 2012, 415–429.

BALTZER, Klaus, *Das Ende des Staates Juda und die Messias-Frage*, in: Koch, Klaus/ Rendtorff, Rolf (Hg.), *Studien zur Theologie der alttestamentlichen Überlieferungen*, Neukirchen-Vluyn 1961, 33–43.

BARKAY, Gabriel, *The Problem of the Burial of the Later Kings of the House of David*, in: Broshi, Michael (Hg.), *Between Hermon and Sinai. Memorial to Ammon (Binyaminovits)*, Jerusalem 1977, 75–92.

BARNES, William E., *The Two Books of Kings*, Cambridge 1908.

BARRICK, W. Boyd, *What do we really know about ›high-places‹*, in: SEA 45 (1980) 50–57.

DERS., *On the »removal on the ›high places‹« in 1–2 Kings*, in: Bib 55,2 (1974) 257–259.

BARSTAD, Hans M., *The myth of the empty land. A study in the history and archaeology of Judah during the »Exilic« period* (SO.S 28), Oslo 1996.

DERS., *After the »Myth of the Empty Land«. Major Challenges in the Study of Neo-Babylonian Judah*, in: Blenkinsopp, Joseph/ Lipschits, Oded (Hg.), *Judah and the Judeans in the Neo-Babylonian Period*, Winona Lake, IN ^{2}2006, 3–20.

BAUDISSIN, Wolf W.G., *›Gott schauen‹ in der alttestamentlichen Religion*, in: ARW 18 (1915) 193–261.

BAUMGART, Norbert C., *Die Umkehr des Schöpfergottes. Zu Komposition und religionsgeschichtlichem Hintergrund von Gen 5–9* (HBS 22), Freiburg i.Br. 1999.

DERS., *Das Ende der biblischen Urgeschichte in Gen 9,29*, in: BN 82 (1996) 27–58.

BAUMANN, Gerlinde, *Gottesbilder der Gewalt im Alten Testament verstehen*, Darmstadt 2006.

BAYLE, o. A., *Les Livres des Rois*, Paris 1879.

BEA, Augustin: *König Jojachin in Keilschrifttexten*, in: Bib 23 (1942) 78–82.

BECKER, Eva-Marie, *Vom Ereignis zur Geschichte. Die narrative Konstruktion von Geschichte als literaturgeschichtliche Frage*, in: C.Landmesser/ R.Zimmermann, Text und Geschichte. Geschichtswissenschaftliche und literaturwissenschaftliche Beiträge zum Faktizitäts-Fiktionalitäts-Geflecht in antiken Texten (VWGTh 46), Leipzig 2017, 97–118.

BECKING, Bob, *From David to Gedaliah. The Book of Kings as Story and History* (OBO 228), Göttingen 2007.

BEGG, Christopher T. ›*DtrP*‹*in 2 Kings 25. Some further Thoughts*, in: RB 96 (1989) 49–55.

DERS., *The significance of Jehoiachin's release*, in: JSOT 36,11 (1986) 49–56.

BENZINGER, Immanuel, *Die Bücher der Könige erklärt* (Kurzer Handkommentar zum Alten Testament 9), Freiburg i. Br. 1899.

BEGRICH, Joachim, *Die Chronologie der Könige von Israel und Juda*, Tübingen 1929.

BERGER, Peter L./ LUCKMANN, Thomas, *Die gesellschaftliche Konstruktion der Wirklichkeit. Eine Theorie der Wissenssoziologie*, Berlin [19]2003.

BERGES, Ulrich, *Klagelieder* (HThK.AT), Freiburg i. Br. [2]2012.

DERS., *Synchronie und Diachronie. Zur Methodenvielfalt in der Exegese*, in: BiKi 62 (2007), 249–252.

BERLEJUNG, Angelika, *Living in the Land of Shinar. Reflextions on Exile in Genesis 11:1–9?*, in: Dubovský/ Markl, *The Fall of Jerusalem*, 89–111.

BETLYON, John W., *Neo-Babylonian Military Operations Other Than War in Judah and Jerusalem*, in: Blenkinsopp, Joseph/ Lipschits, Oded (Hg.), *Judah and the Judeans in the Neo-Babylonian Period*, Winona Lake, IN [2]2006, 263–283.

BIRNBAUM, Elisabeth, *»Just call me Salomo?«: Hld 3,6–11 und 8,11–12 als Fallbeispiele der Hoheliedinterpretation*, in: Schwienhorst-Schönberger, Ludger (Hg.), *Das Hohelied im Konflikt der Interpretationen* (ÖBS 47), Frankfurt a. M. 2017, 233–264.

BLANCO WISS[ß]MANN, Felipe, *»Er tat das Rechte…«. Beurteilungskriterien und Deuteronomismus in 1 Kön 12–2 Kön 25* (AThANT 93), Zürich 2008.

DERS., *»He did what was Right«. Criteria of Judgment and Deuteronomism in the Book of Kings*, in: Dozeman, Thomas B./ Römer, Thomas [u. a.] (Hg.), *Pentateuch, Hexateuch, or Enneateuch. Identifying Literary Works in Genesis through Kings* (AIL 8), Atlanta, GA 2011, 241–260.

BLANKERTZ, Herwig, *Die Geschichte der Pädagogik. Von der Aufklärung bis zur Gegenwart*, Wetzlar 1992.

BOTTERWECK, Johannes/ RINGGREN, Helmer (Hg.), *Theologisches Wörterbuch zum Alten Testament*, Stuttgart 1987 f.

BRANDT, Peter, *Endgestalten des Kanons. Das Arrangement der Schriften Israels in der jüdischen und christlichen Bibel* [BBB 131], Berlin 2001.

BRAULIK, Georg, *Die allgemeine Gesetzesparänese und das »paränetische Schema« im Buch Deuteronomium*, in: o. A. (Hg.), *»Canterò in eterno le Misericordie del Signore« (SAL 89,2). FS für Gianni Barbiero* (AnBibSt 3), Roma 2015, 21–50.

DERS., *»Die Weisung und das Gebot« im Enneateuch*, in: Hossfeld, Frank-Lothar (Hg.), *Das Manna fällt auch heute noch. Beiträge zur Geschichte und Theologie des Alten, Ersten Testaments. Festschrift für Erich Zenger* (HBS 44), Freiburg i. Br. 2004, 115–140.

DERS., *Theorien über das Deuteronomistische Geschichtswerk (DtrG) im Wandel der Forschung*, in: Frevel, Christian/ Zenger, Erich (Hg.) *Einleitung in das Alte Testament*, Stuttgart 92015, 233–254.

BROSHI, Michael, *The Expansion of Jerusalem in the Reigns of Hezekiah and Manasseh*, in: IEJ 24 (1978) 21–26.

BRUEGGEMANN, Walter, *1 & 2 Kings* (Smyth & Helwys Bible commentary), Macon, GA 2000.

DERS., *Old Testament Theology. Essays on Structure, Theme and Text*, Minneapolis, MN 1992.

BRUEGGEMAN, Walter, *Theology of the Old Testament. Testimony, Dispute, Advocacy*, Minneapolis, MN 1977.

BUIS, Pierre, *Le Livre des Rois* (Sources Bibliques), Paris 1997.

BUSINK, Thomas A., *Der Tempel von Jerusalem. Von Salomo bis Herodes. Eine archäologisch-historische Studie unter Berücksichtigung des westsemitischen Tempelbaus. Teil 1: Der Tempel Salomos*, Leiden 1970.

BUSTENAY, Oded, *Where Is the »Myth of the Empty Land« To Be Found? History versus Myth*, in: Blenkinsopp/ Lipschits, *Judah and the Judeans*, 55–74.

BUTTING, Klara, *Prophetinnen gefragt. Die Bedeutung der Prophetinnen im Kanon aus Tora und Prophetie* (Biblisch-feministische Texte 3), Knesebeck 2001.

CARRASCO, Joaquin M., *Los Libros de Los Reyes* (Texto y Commentario) (El Mensaje del Antiguo Testamento 8), Salamanca o. A.

CHAN, Michael J., *Joseph and Jehoiachin. On the Edge of Exodus*, in: ZAW 125,4 (2013) 566–577.

CLEMENTS, Ronald E., *Old Testament Theology. A fresh Approach* (Marshall's Theological Library), London 1978.

DERS., *A Royal Privilege. Dining in the Presence of the Great King (2 Kings 25.27–30)*, in: Aucker, W. Brian/ Lim, Timothy H. [u. a.] (Hg.), *Reflection and Refraction. Studies in Biblical Historiography in Honour of A. Graeme Auld* (VT.S 113), Boston/ Leiden 2007, 49–66.

DERS., *The Deuteronomistic Law of Centralisation and the Catastrophe of 587 B.C.E.*, in: Barton, John/ Reimer, David J. (Hg.), *After the Exile. Essays in Honour of Rex Mason*, Macon, GA 1996, 5–25.

COGAN, Mordechai/ TADMOR, Hayim, *II Kings. A new translation* (AncB 11), Garden City, NY 1988.

COHN, Robert L., *2 Kings* (Berit Olam), Collegeville, MI 2000.

COLLINET, Benedikt, *Textexterne Verankerungen. Zur Frage des Stellenwerts geschichtswissenschaftlicher Zeugnisse in der (Re)Konstruktion narrativer Räume am Beispiel der Flucht Zidkijas (2 Kön 25,4–5)*, in: PzB 26,1 (2017) 22–35.

DERS., *The Motif of Ordered Love (Caritas Ordinata) in Song of Songs 2:4b. Reflections on its History of Interpretation*, in: Schellenberg, Annette/ Schwienhorst-Schönberger, Ludger (Hg.), *Interpreting the Song of Songs – Literal or Allegorical?* (BiTS 26), Leuven 2016, 131–161.

DERS., *Die Nicht-Gleichgültigkeit religiöser Texte. Chancen und Grenzen von Bibel- und Koran-Übersetzungen im Vergleich*, in: Gaderer, Alexander/ Lumesberger-Loisl, Barbara [u.a.] (Hg.), *Alles egal? Theologische Reflexionen zur Gleichgültigkeit*, Freiburg i.Br. 2015, 17–34.

CONTI, Marco, *1–2Kings, 1–2 Chronicles, Ezra, Nehemiah, Esther* (ACCS.OT V), Downers Grove, IL 2008.

COOKE, Gerald, *The Israelite King as Son of God*, in: ZAW 73,2 (1961) 202–225.

CORTESE, Enzo, *Lo schema deuteronomistico per i re di Giuda e d'Israele*, in: Bib 56 (1975) 37–52.

DA RIVA, Rocio, *Nebuchadnezzar II's Prism (ES 7834): A new Edition*, in: ZA 103,2 (2013) 196–229.

DAVIS, Dale R., *2 Kings – The Power and the Fury* (Focus on the Bible), Fearn 2005.

DEISSLER, Alfons, *Die Grundbotschaft des Alten Testaments*, Freiburg i.Br. 2006.

DE TROYER, Kristin, *The Seventy-two and their Many Grandchildren: A Review of Septuagint Studies from 1997 Onward*, in: CBR 11,1 (2012) 8–64.

DE VAUX, Roland, *Le livre des Rois* (La sainte Bible), Paris ²1958.

DE VOS, Jacobus C., *Das Los Judas. Über Entstehung und Ziele der Landbeschreibung in Josua 15* (SVT 95), Boston/ Leiden 2003.

DIETRICH, Manfried, *Das biblische Paradies und der babylonische Tempelgarten. Überlegungen zur Lage des Gartens Eden*, in: Ego, Beate/ Janowski, Bernd (Hg.), *Das biblische Weltbild und seine altorientalischen Kontexte* (FAT 32), Tübingen 2001, 281–324.

DIETRICH, Walter, *Prophetie und Geschichte. Eine redaktionsgeschichtliche Untersuchung zum deuteronomistischen Geschichtswerk* (FRLANT 108), Göttingen 1972.

DERS. (Hg.), *Ein Gott allein?. JHWH-Verehrung und biblischer Monotheismus im Kontext der israelitischen und altorientalischen Religionsgeschichte. 13. Kolloquium der Schweizerischen Akademie der Geistes- und Sozialwissenschaften 1993*, Göttingen 1994.

DERS., *Von David zu den Deuteronomisten. Studien zu den Geschichtsüberlieferungen des Alten Testaments* (BWANT 156), Stuttgart 2002.

DIJKSTRA, Meindert, *›As for the other events…‹ Annals and Chronicles in Israel and the Ancient Near East*, in: Gordon, Robert P./ de Moor, Johannes C. (Hg.), *The Old Testament in Its World. Papers Read at the Winter Meeting, January 2003 The Society for Old Testament Study and at the Joint Meeting, July 2003 The Society for Old Testament Study and Het Oudtestamentisch Werkgezelschap in Nederland en België* (OTS 52), Boston/ Leiden 2005, 14–44.

DILDAY, Russel, *1,2 Kings* (Mastering the Old Testament 9) US 1987.

DISSE, Andreas, *Informationsstruktur im biblischen Hebräisch. Sprachwissenschaftliche Grundlagen und exegetische Konsequenzen einer Korpusuntersuchung zu den Büchern Deuteronomium, Richter und 2 Könige* (Arbeiten zu Text und Sprache im Alten Testament 56,1–2), St. Ottilien 1998.

DOHMEN, Christoph, *Vom vielfachen Schriftsinn – Möglichkeiten und Grenzen neuerer Zugänge zu biblischen Texten*, in: Sternberg, Thomas (Hg.), Neue Formen der Schriftauslegung? (QD 140), Freiburg i.Br. 1992, 9–74.

DONNER, Herbert, *Geschichte des Volkes Israel und seiner Nachbarn in Grundzügen. Teil 2: Von der Königszeit bis zu Alexander dem Großen. Mit einem Ausblick auf die Geschichte des Judentums bis Kochba* (ATD.Erg. 4/2), Göttingen ⁴2008 (1986).

DERS., *Aufsätze zum Alten Testament* (BZAW 224), Berlin 1994.

Dorival, Gilles/ Harl, Marguerite [u.a.] (Hg.), *La Bible grecque des Septante. Du judaïsme hellénistique au christianisme ancien* (Initiations au christianisme ancien), Paris 1988.

Dubovský, Peter, *The Building of the First Temple. A Study in Redactional, Text-Critical and Historical Perspective* (FAT 103), Tübingen 2015.

Ders., *Suspicious Similarities. A Comparative Study of the Falls of Samaria and Jerusalem*, in: Ders./ Markl, Dominik u.a. (Hg.): *The Fall of Jerusalem and the Rise of the Torah* (FAT 107), Tübingen 2016, 47–72.

Eynikel, Erik, *The Reform of King Josiah and the Composition of the Deuteronomistic History* (OTS 33), Köln/ Leiden [u.a.] 1996.

Farrar, F. W., *The second Book of Kings*, London 1894.

Fernandez-Marcos, Natalio/ Busto Saiz, Jose R., *Theodoreti Cyrensis. Quaestiones in Reges et Paralipomena* (Textos y Estudios »Cardenal Cisneros« 32), Madrid 1984.

Ders., *The Antiochene Edition in the Text History of the Greek Bible*, in: Kreuzer, Siegfried/ Sigismund, Marcus (Hg.), *Der Antiochenische Text der Septuaginta in seiner Bezeugung und seiner Bedeutung* (DSI 4), Göttingen 2013, 57–73.

Ders., *Der antiochenische Text der griechischen Bibel in den Samuel- und Königsbüchern (1–4 Kön LXX)*, in: Fabry, Hans-Josef/ Offerhaus, Ulrich (Hg.), *Im Brennpunkt: Die Septuaginta. Studien zur Entstehung und Bedeutung der Griechischen Bibel Band 2* (BWANT 161), Stuttgart 2001, 177–213.

Ders., *Some Reflections on the Antiochian Text of the Septuagint*, in: Fraenkel, Detlef/ Quast, Udo [u.a.] (Hg.), *Studien zur Septuaginta. Robert Hanhart zu Ehren, aus Anlass seines 65. Geburtstages* (AAWG 190), Göttingen 1990, 219–229.

Fillion, Luc-Claude, *La sainte bible. Commentée d'après la Vulgata et les textes originaux. A l'usage des séminaires et du clergé. Tome II*, Paris ^{10}1930 (1902).

Fischer, Georg, *Theologien des Alten Testaments* (NSK.AT 31), Stuttgart 2012.

Ders., *Wege in die Bibel. Leitfaden zur Auslegung*, Stuttgart ^{4}2011.

Ders., *Jeremia 1–25* [HThKAT], Freiburg i.Br. 2005.

Ders., *Jeremiah 52. A test case for Jer LXX*, in: Taylor, Bernard A. (Hg.), *X Congress of the International Organization for Septuagint and Cognate Studies Oslo, 1998* (SCSS 51), Atlanta, GA 2001, 37–48.

Ders., *Jeremia 52. Ein Schlüssel zum Jeremiabuch*, in: Bib 79 (1998) 333–359.

Fischer, Irmtraud, *Gotteskünderinnen. Zu einer geschlechterfairen Deutung des Phänomens der Prophetie und der Prophetinnen in der Hebräischen Bibel*, Stuttgart 2002.

Fitzgerald, Aloysius, *The Mythological Background for the Presentation of Jerusalem as a Queen and false Worship as Adultery in the OT*, in: CBQ 34 (1972) 403–416.

Fohrer, Georg, *Der Vertrag zwischen König und Israel*, in: ZAW 71 [1959] 1–22.

Foucault, Michel, *Die Heterotopien/ Les hétérotopies. Der utopische Körper/ Le corps utopique. Zwei Radiovorträge*, Frankfurt a.M. 2005.

Frankl, Victor E., *Der leidende Mensch. Anthropologische Grundlagen der Psychotherapie*, München ^{2}1996.

Fretheim, Terence E., *First and Second Kings* (Westminster Bible companion), Louisville, KY 1999.

Frevel, Christian, *Geschichte Israels*, Stuttgart 2016.

DERS., *YHWH und die Göttin bei den Propheten. Eine Zwischenbilanz*, in: Oeming, Manfred/ Schmid, Konrad (Hg.), *Der eine Gott und die Götter. Polytheismus und Monotheismus im antiken Israel* (AThANT 82), Zürich 2003, 49–76.

DERS., *Aschera und der Ausschließlichkeitsanspruch YHWHs. Beiträge zu literarischen, religionsgeschichtlichen und ikonographischen Aspekten der Ascheradiskussion* (BBB 94,1–2), Weinheim 1995.

FRICKE, Klaus-Dietrich, *Das zweite Buch von den Königen* (Die Botschaft des Alten Testaments 12/ II), Stuttgart 1972.

FRIED, Lisbeth S., *Conquest and Restoration in the Ancient Near East*, in: BLENKINSOPP, Joseph/ LIPSCHITS, Oded (Hg.), *Judah and the Judeans in the Neo-Babylonian Period*, Winona Lake, IN ²2006, 21–55.

FRIEDL, Johanna, *Ein brüderliches Volk: Das ›Bruder‹-Konzept im Heiligkeitsgesetz und im deuteronomischen Gesetz*, Wien 2017 (Druck in Vorbereitung).

FRIEDMAN, Richard E., *The Exile and Biblical Narrative. The Formation of the Deuteronomistic and Priestly Works* (HSM 22), Chicago, CA 1981.

FRITZ, Volkmar, *Das zweite Buch der Könige* (ZBK 10.2), Zürich 1998.

FU(ß)SS, Martin, *Die Konstruktion der Heiligen Stadt Jerusalem. Der Umgang mit Jerusalem in Judentum, Christentum und Islam* (SBB 68), Stuttgart 2012.

GADAMER, Hans G., *Wahrheit und Methode. Grundzüge einer philosophischen Hermeneutik* (GW 1), Tübingen 2010 (1960).

GAFUS, Georg, *Königskritik und Königskult. Politische Positionen im deuteronomistischen Geschichtswerk*, in: Ders./ Wimmer, Stefan W. (Hg.), *»Vom Leben umfangen«. Ägypten, das Alte Testament und das Gespräch der Religionen. Gedenkschrift für Manfred Görg* (ÄAT 80), Münster 2014, 49–58.

GALIL, Gershon: *The Chronology of the Kings of Israel and Judah* (SHCANE IX), Leiden 1996.

DERS., *The Babylonian Calendar and the Chronology of the Last Kings of Judah*, in: Biblica 72 (1991) 367 378

GARCÍA LÓPEZ, Félix, *Construction et Destruction de Jérusaleme. Historie et Prophétie dans les cadres rédactionels des livres des Rois*, in: RB 94 (1987) 222–232.

GAROFALO, Salvatore, *Libro dei Re II* (La sacra Bibbia), Turin 1951.

GENETTE, Gérard, *Die Erzählung*, München 1994.

GERHARDS, Meik, *Die Begnadigung Jojachins. Überlegungen zu 2.Kön.25,27–30 (mit einem Anhang zu den Nennungen Jojachins auf Zuteilungslisten aus Babylon)*, in: BN 94 (1998) 52–67.

DERS., *Die beiden Erzählungen aus 2. Kön.20 und 2. Kön.20,18 als Ankündigung der Begnadigung Jojachins (2. Kön.25,27–30)*, in: BN 98 (1999) 5–12.

GILLMAYR-BUCHER, Susanne, *Erzählte Welten im Richterbuch. Narratologische Aspekte eines polyfonen Diskurses* (BIS 116), Boston/ Leiden 2013.

DIES., *Intertextualität. Zwischen Literaturtheorie und Methodik*, in: PzB 8,1 (1999) 5–20.

GLASSNER, Jean-Jacques, *Mesopotamian Chronicles* (SBL WAW 19), Atlanta, GA 2004.

GÖRG, Manfred, *Die Beziehungen zwischen dem alten Israel und Ägypten. Von den Anfängen bis zum Exil* (Erträge der Forschung 290), Darmstadt 1997.

GRABBE, Lester L., *The Last Days of Judah and the Roots of the Pentateuch. What Does History Tell us*, in: Dubovský, Peter/ Markl, Dominik u. a. (Hg.), *The Fall of Jerusalem and the Rise of the Torah* [FAT 107], Tübingen 2016, 19–46.

Ders., *The Kingdom of Judah from Sennacherib's Invasion to the Fall of Jerusalem. If we had only the Bible…*, in: Ders., *Good Kings and Bad Kings* (LHBOTS 393), London 2005, 78–122.

Granowski, Jan J.: *Jehoiachin at the King's table. A Reading of the Ending of the Second Book of Kings*, in: Fewell, Danna N. (ed.), *Reading between Texts. Intertextuality and the Hebrew Bible* (literary currents in biblical interpretation), Louisville, KN 1992, 173–188.

Gray, John, *1 & 2 Kings. A commentary* (The Old Testament Library), London [3]1980.

Green, Alberto R., *The Chronology of the Last Days of Judah. Two Apparent Discrepancies*, in: JBL 101 (1982) 57–72.

Gressmann, Hugo/ Gunkel, Hermann [u. a.], *Die älteste Geschichtsschreibung und Prophetie Israels. (Von Samuel bis Amos und Hosea)* (Die Schriften des Alten Testaments in Auswahl II/1), Göttingen 1910.

Gro(ß)ss, Walter, *Richter* (HThKAT), Freiburg i. Br. 2009.

Guillaume, Philippe, *Jerusalem 586 BC. Katastrophal?*, in: BN 110 (2011) 31–32.

Hahn, Joachim, *Das Goldene Kalb. Die Jahwe-Verehrung bei Stierbildern in der Geschichte Israels* (EHS.T 154), Frankfurt a. M. [2]1987.

Haller, Kurt von, *Das Gesetz der kleinen Zahlen. Wie sich der Zufall berechnen lässt*, Norderstedt 2004.

Halpern, Baruch, *The Editions of Kings in the 7th-6th Centuries B.C.E.*, in: Hebrew Annual 62 (1991) 179–244.

Hamblin, William J./ Seely, David R., *Salomos Tempel. Mythos und Geschichte des Tempelberges in Jerusalem*, Stuttgart 2007.

Hardmeier, Christof, *König Joschija in der Klimax des DtrG (2 Reg 22f.) und das vordtr Dokument einer Kultreform am Residenzort (23,4–15*)*, in: Lux, Rüdiger (Hg.): *Erzählte Geschichte. Beiträge zur narrativen Kultur im alten Israel* (BThST 40), Neukirchen-Vluyn 2000, 81–146.

Ders., *Umrisse eines vordeuteronimistischen Annalenwerks der Zidkijazeit*, in: VT 60,2 (1990), 148–175.

Harrington, Daniel/ McNamara, Martin, *Targum Jonatan on the Former Prophets*, Edinburgh 1987.

Haug, Hellmut: *Namen und Orte der Bibel* (Bibelwissen), Stuttgart 2002.

Hausmann, Jutta, *Israels Rest. Studien zum Selbstverständnis der nachexilischen Gemeinde* (BWANT 124), Stuttgart 1987.

Heller, Jan, *Namengebung und Namendeutung. Grundzüge der alttestamentlichen Onomatologie und ihre Folgen für die biblische Hermeneutik*, in: Ders. (Hg.), *An der Quelle des Lebens. Aufsätze zum Alten Testament* (BEAT 10), Frankfurt a. M. 1988, 71–82.

Hendel, Ronald, *Remembering the Exodus in the Wake of Catastrophe*, in: Dubovský/ Markl, *The Fall of Jerusalem*, 329–345.

Hentschel, Georg, *Gott, König und Tempel* (EThSchr 22), Leipzig 1992.

Ders., *Die Königsbücher*, in: Frevel, Christian/ Zenger, Erich (Hg.) *Einleitung in das Alte Testament*, Stuttgart [9]2015, 300–311.

Hieke, Thomas, *Die Genealogien der Genesis* (HBS 39), Freiburg i. Br. 2003.

Hillers, D.R., *Treaty-Curses and the Old Testament Prophets* (BibOr 16), Rom 1964.

Hobbs, T.R., *2 Kings* (WBC 13), Waco, TX 1985.

HOFFMANN, Hans-Detlef, *Reform und Reformen. Untersuchungen zu einem Grundthema der deuteronomistischen Geschichtsschreibung* (AThANT 66), Zürich 1980.

HOPPE, Leslie J., *Jerusalem in the Deuteronomistic History*, in: Lohfink, Norbert (Hg.), *Das Deuteronomium. Entstehung, Gestalt und Botschaft* (BETL 48), Leuven 1985, 107–110.

HOUSE, Paul R., *1,2 Kings* (NAC 8), US 1995.

HRUSA, Ivan, *Ancient Mesopotamian Religion. A descriptive introduction*, Münster 2015.

HUBER, Michael, *Gab es ein davidisch-salomonisches Großreich? Forschungsgeschichte und neuere Argumentationen aus der Sicht der Archäologie* (SBB 64), Stuttgart 2010.

HUI, Kim Lee (Timothy), *A critical analysis of the Sixth column of Origen 's Hexapla in 1 Kings 22–2 Kings 25.* Dissertation, Dallas Theological Seminary 1981.

HUTZLI, Jürg, *The Literary Relationship between I–II Samuel and I–II Kings. Consideratings Cocerning the Formation of the Two Books*, in: ZAW 122 (2010) 505–519.

IJEZIE, Luke E., *The Interpretation of the Hebrew Word am (People) in Samuel-Kings* (EUS XXIII/830), Frankfurt a. M. 2007.

IHROMI, *Die Königsmutter und der ›AMM HA‹AREZ im Reich Juda*, in: VT 24,4 (1972) 421–429.

ISHIDA, Tomoo, *The Royal Dynasties in Ancient Israel. A study on the Formation and Development of Royal-Dynastic Ideology* (BZAW 142), Berlin/ New York 1977.

DERS., *Royal Succession in the Kingdoms of Israel and Judah with special reference to the people under arms as a determining factor in the struggles for the throne*, in: Emerton, J.A. (Hg.), *Congress Volume Jerusalem 1986*, Leiden, New York [u. a.] 1988, 96–106.

JANOWSKI, Bernd, *Der Himmel auf Erden. Zur kosmologischen Bedeutung des Tempels in der Umwelt Israels*, in: Ders./ Ego, Beate (Hg.), *Das biblische Weltbild und seine altorientalischen Kontexte* (FAT 32), Tübingen 2001, 229–260.

DERS., *Die heilige Wohnung des Höchsten. Kosmologische Implikationen der Jerusalemer Tempeltheologie*, in: Keel, Othmar/ Zenger, Erich (Hg.), *Gottesstadt und Gottesgarten. Zu Geschichte und Theologie des Jerusalemer Tempels* (QD 191), Freiburg i. Br. 2002, 24–68.

JANZEN, David, *The Sins of Josiah and Hezekiah: A Synchronic Reading of the Final Chapters of Kings*, in: JSOT 37,3 (2013) 349–370.

DERS., *The Violent Gift. Trauma Subversion of the Deuteronomistic History's Narrative* (LHBOT 561), London 2012.

JAPHET, Sara, *Periodization.: Between History and Ideology. The Neo-Babylonian Period in Biblical Historiography*, in: Blenkinsopp, Joseph/ Lipschits, Oded (Hg.), *Judah and the Judeans in the Neo-Babylonian Period*, Winona Lake, IN [2]2006, 75–89.

DIES., *The Wall of Jerusalem from a Double Perspective. Kings versus Chronicles*, in: Amit/ Finkelstein, 205–219.

JEPSEN, Alfred, *Die Quellen des Königebuches*, Halle 1953.

DERS., *Zur Chronologie der Könige von Israel und Juda. Eine Überprüfung*, in: Ders./ Hanhart, Robert (Hg.), *Untersuchungen zur israelitisch-jüdischen Chronologie* (BZAW 88), Berlin 1964, 1–48.

JEREMIAS, Jörg, *Theologie des Alten Testaments* (ATD.Erg. 6), Göttingen 2015.

DERS., *Der Zorn Gottes im Alten Testament. Das biblische Israel zwischen Verwerfung und Erwählung* (BThS 104), Neukirchen-Vluyn 2009.

DERS., *Die Reue Gottes. Aspekte alttestamentlicher Gottesvorstellung* (BThS 31), Neukirchen-Vluyn [2]1997.

Ders., *Umkehrung von Heilstraditionen im Alten Testament*, in: Hausmann, Jutta/ Zobel, Hans-Jürgen (Hg.), *Alttestamentlicher Glaube und Biblische Theologie. FS für Horst Dietrich Preuß zum 65. Geburtstag*, Stuttgart 1992, 309–320.

Ders., *Theophanie. Die Geschichte einer alttestamentlichen Gattung* (WMANT 10), Neukirchen-Vluyn [2]1977.

Jericke, Detlef, *Die Ortsangaben im Buch Genesis. Ein historisch-topographischer und literarisch-topographischer Kommentar* (FRLANT 248), Göttingen 2013.

Job, John B., *Jeremiah's Kings. A study of the Monarchy in Jeremiah* (SOTSM), Aldershot 2006.

Johnston, Philip S., *Death in Egypt and Israel. A theological Reflection*, in: de Moor, Johannes C./ Gordon, Robert P. (Hg.), *The Old Testament in Its World. Papers Read at the Winter Meeting, January 2003 The Society for Old Testament Study and at the Joint Meeting, July 2003 The Society for Old Testament Study and Het Oudtestamentisch Werkzelschap in Nederlang en België*, Boston/ Leiden 2005, 94–117.

Jonker, Gerdien, *The Topography of Remembrance. The Dead, Tradition and Collective Memory in Mesopotamia* (SHR 68), Leiden/ New York [u. a.] 1995.

Jones, G. Henry, *1 and 2 Kings* (NCBC), Grand Rapids, MN 1984.

Kalimi, Isaac, *Das Chronikbuch und seine Chronik. Zur Entstehung und Rezeption eines biblischen Buches* (Fuldaer Studien 17), Freiburg i. Br. 2013.

Ders., *Literary-chronological Proximity in the Chronicler's historiography*, in: VT 43,3 (1993) 318–338.

Kant, Immanuel, *Grundlegung zur Metaphysik der Sitten* (KW 7), Frankfurt a. M. [13]1996.

Ders., *Kritik der praktischen Vernunft* (KW 7), Frankfurt a. M. [13]1996.

Ders., *Zum ewigen Frieden* (KW 11), Frankfurt a. M. 1977.

Karrer, Martin/ Kraus, Wolfgang (Hg.), *Septuaginta Deutsch. Erläuterungen und Kommentare zum griechischen Alten Testament Band I. Genesis bis Makkabäer*, Stuttgart 2011.

Kedar-Kopfstein, Benjamin, Art. סריס, in: ThWAT V, Sp. 948–954.

Ders., Art. קול, in: ThWAT VI, Sp. 1237–1252.

Keel, Othmar, *Jerusalem und der eine Gott. Eine Religionsgeschichte*, Göttingen 2011.

Ders., *Die Geschichte Jerusalems und die Entstehung des Monotheismus.* Teil 1/2 (Orte und Landschaften der Bibel IV,1), Göttingen 2007.

Ders., *Der salomonische Tempelweihspruch. Beobachtungen zum religionsgeschichtlichen Kontext des Ersten Jerusalemer Tempels*, in: Ders./ Zenger, Erich (Hg.), *Gottesstadt und Gottesgarten. Zu Geschichte und Theologie des Jerusalemer Tempels* (QD 191), Freiburg i. Br. 2002, 9–23.

Ders./ Kuechler, Max [u. a.] (Hg.), *Orte und Landschaften der Bibel 4. Die Geschichte Jerusalems und die Entstehung des Monotheismus Bd. 1–2*, Göttingen 2007.

Ders./ Uehlinger, Christoph, *Göttinnen, Götter und Gottessymbole. Neue Erkenntnisse zur Religionsgeschichte Kanaans und Israels aufgrund bislang unerschlossener ikonographischer Quellen*, Freiburg i. Br. [7]2012 [1992].

Kessler, Rainer, *Studien zur Sozialgeschichte Israels* (SBAB 46), Stuttgart 2009.

Ders., *Sozialgeschichte des Alten Israel. Eine Einführung*, Darmstadt 2006.

Ders., *Staat und Gesellschaft im vorexilischen Juda. Vom 8. Jahrhundert bis zum Exil* (SVT 47), Köln/ Leiden [u. a.] 1992.

Ketter, Peter, *Die Königsbücher übersetzt und erklärt* (HB III/2), Freiburg i. Br. 1953.

KIM, Jong-Hoon, *Die hebräischen und griechischen Textformen der Samuel- und Königsbücher. Studien zur Textgeschichte ausgehend von 2Sam 15,1–19,9* (BZAW 394), Berlin/ New York [u. a.] 2009.

KINOWSKI, Krzysztof, *The Meaning of Bloodshed in 2Kgs 21:16; 24:4 in the Context of the Fall of Judah*, Dissertation PBI Rom 2017 [bisher unveröffentlicht].

KITTEL, Rudolf, *Die Bücher der Könige* (Handkommentar zum Alten Testament: Abt. 1, Die historischen Bücher 5), Göttingen 1900.

KLEBER, Albert M., *The Chronology of 3 and 4 Kings and 2 Paraleipomenon*, in: Biblica 2 (1921) 3–29; 170–205.

KLOPFENSTEIN, Martin, *Vom Zorn Gottes im Alten Testament (1990)*, in: Ders., *Leben aus dem Wort. Beiträge zum Alten Testament. Herausgegeben von Walte Dietrich* (BEAT 40), Frankfurt a. M. 1996, 199–202.

KLOSTERMANN, August, *Die Bücher Samuelis und der Könige* (Kurzgefasster Kommentar zu den heiligen Schriften Altes und Neues Testaments 3), Nördlingen 1887.

KNAUF, Ernst A., *1 Könige 1 – 14* (HThKAT), Freiburg i. Br. 2017.

KNOPPERS, Gary N., *Yhwh's Rejection of the House Built for His Name. On the Significance of Anti-temple Rhetoric in the Deuteronomistic History*, in: Amit, Yairah/ Finkelstein, Israel [u. a.], *Essays on Ancient Israel in Its Near Eastern Context. A Tribute to Nadav Na'aman*, Winona Lake, IN 2006, 221–238.

DERS., *»There was None Like him«. Incomparibility in the Books of Kings*, in: CBQ 54 (1992) 411–431.

KOCH, Klaus, *Sädaq und Ma'at. Konnektive Gerechtigkeit in Israel und Ägypten?*, in: Assmann, Jan/ Janowski, Bernd [u. a.] (Hg.), *Gerechtigkeit. Richten und Retten in der abendländischen Tradition und ihren altorientalischen Ursprüngen*, München 1998, 37–64.

DERS., *Das Profetenschweigen des deuteronomistischen Geschichtswerks*, in: Jeremias, Jörg/ Perlitt, Lothar (Hg.), *Die Botschaft und die Boten. Festschrift für Hans Walter Wolff zum 70. Geburtstag*, Neukirchen-Vluyn 1981, 115–128.

DERS., *Die Mysteriösen Zahlen der judäischen Könige und die apokalyptischen Jahrwochen*, in: VT 28,4 (1978) 433–441.

DERS., *Gibt es ein Vergeltungsdogma im Alten Testament?*, in: DERS. (Hg.), *Um das Prinzip der Vergeltung in Religion und Recht des Alten Testaments* (WdF 125), Darmstadt 1972, 130–180.

KRAFT, Robert A. (Hg.), *Septuagintal lexicography* (SCSS 1), Missoula, MT 1975.

KRATZ, Reinhard G., *Die Komposition der erzählenden Bücher des Alten Testaments. Grundwissen der Bibelkritik*, Göttingen 2000.

DERS./ NEUSCHÄFER, Bernhard (Hg.), *Die Göttinger Septuaginta. Ein editorisches Jahrhundertprojekt* (MSU 30), Berlin/ Boston 2013.

KRAUSE, Joachim J., *Der Zug durch den Jordan nach Josua 3–4*, in: Noort, Ed (Hg.), *The Book of Joshua* (BETL 250), Leuven 2012, 383–400.

KREUZER, Siegfried/ SIGISMUND, Marcus (Hg.), *Der Antiochenische Text der Septuaginta in seiner Bezeugung und seiner Bedeutung* (DSI 4), Göttingen 2013.

KÜCHLER, Max, *Jerusalem. Ein Handbuch und Studienreiseführer zur Heiligen Stadt* (Orte und Landschaften der Bibel IV,2), Göttingen ²2014.

LAHN, Silke/ MEISTER, Jan Ch., *Einführung in die Erzähltextanalyse*, Weimar ²2013.

LANDMESSER, Christof/ ZIMMERMANN, Ruben (Hg.): *Text und Geschichte. Geschichtswissenschaftliche und litraturwissenschaftliche Beiträge zum Faktizitäts-Fiktionalitäts-Geflecht in antiken Texten* (VWGTh 46), Leipzig 2017.

LANG, Bernhard, *Die Jahwe-allein-Bewegung. Neue Erwägungen über die Anfänge des biblischen Monotheismus*, in: Oeming, Manfred/ Schmid, Konrad (Hg.), *Der eine Gott und die Götter. Polytheismus und Monotheismus im antiken Israel* (AThANT 82), Zürich 2003, 97–110.

LEFEBVRE, Henri, *Die Produktion des Raums*, in: Dünne, Jörg/ Günzel, Stephan (Hg.), *Raumtheorie. Grundlagentexte aus Philosophie und Kulturwissenschaft*, Frankfurt a. M. 2006, 330–342.

LEITHART, J. Peter, *1 & 2 Kings* (Brazos theological commentary on the Bible), Grand Rapids, MN 2006.

LEMAIRE, André, *Vers L'histoire de la Rédaction des Livres des Rois*, in: ZAW 98 (1986) 221–236.

LEVENSON, Jon D., *The Last Four Verses in Kings*, in: JBL 103,3 (1984) 353–361.

LEVIN, Christoph, *Nach siebzig Jahren. Martin Noths Überlieferungsgeschichtliche Studien*, in: ZAW 125,1 (2013) 72–92.

DERS., *Das synchronistische Exzerpt aus den Annalen der König von Israel und Juda*, in: VT 61 (2011) 616–628.

LEWY, Julius, *Die Chronologie der Könige von Israel und Juda*, Gießen 1927.

LEUENBERGER, Martin, *Jhwhs Herkunft aus dem Süden. Archäologische Befunde – biblische Überlieferungen – historische Korrelationen*, in: ZAW 122,1 (2010) 1–19.

LIPSCHITS, Oded, *The Fall and Rise of Jerusalem. Judah under Babylonian Rule*, Winona Lake, IN 2005.

DERS., *Demographic Changes in Judah between the Seventh and Fifth Centuries B.C.E.*, in: Ders./ Blenkinsopp, Joseph (Hg.), *Judah and the Judeans in the Neo-Babylonian Period*, Winona Lake, IN ^{2}2006, 323–376.

LOHFINK, Norbert, *Der Zorn und das Exil*, in: Ders., *Studien zum Deuteronomium und zur deuteronomistischen Literatur V* (SBAB 38), Stuttgart 2005, 37–55.

DERS., *Welches Orakel gab den Davididen Dauer? Ein Textproblem in 2 Kön 8, 19 und das Funktionieren der dynastischen Orakel im deuteronomistischen Geschichtswerks* (1990), in: Ders., *Studien zum Deuteronomium und zur deuteronomistischen Literatur IV* (SBAB 31), Stuttgart, 2000, 11–34.

DERS., *Der Tod am Grenzfluß. Moses unvollendeter Auftrag und die Konturen der Bibel*, in: Ders., *Im Schatten Deiner Flügel. Große Bibeltexte neu erschlossen*, Freiburg i. Br. ^{2}2000, 11–28.

DERS., *Gab es eine deuteronomistische Bewegung? (1995)*, in: Ders., *Studien zum Deuteronomium und zur deuteronomistischen Literatur III* (SBAB 20), Stuttgart 1995, 65–142.

DERS., *Kerygmata des deuteronomistischen Geschichtswerks*, in: Ders., *Studien zum Deuteronomium und zur deuteronomistischen Literatur II* (SBAB 12), Stuttgart 1991, 125–142.

DERS., *Die Bundesurkunde des Königs Josias. Eine Frage an die Deuteronomiumsforschung (1963)*, in: Ders., *Studien zum Deuteronomium und zur deuteronomistischen Literatur I* (SBAB 8), Stuttgart 1990, 99–165.

DERS., *Rückblick im Zorn auf den Staat* (Dokument im Besitz des Autors).

LONG, Burke O., *2 Kings* (FOT 10), Grand Rapids, MN 1991.

LORENZ, Bernd, *Bestattung und Totenkult im Alten Testament*, in: ZRG 42,1 (1990) 21–31.

DERS., *Bemerkungen zum Totenkult im Alten Testament*, in: VT 32,2 (1982) 229–234.

LÖW, Martina, *Raumsoziologie*, Frankfurt a. M. [8]2015.

LUKÁS, Georg, *Die Theorie des Romans*, München 1994.

MAIER, Johann, *Studien zur jüdischen Bibel und ihrer Geschichte* (Studia Judaica 28), Berlin 2004.

MARKL, Dominik, *Gottes Volk im Deuteronomium* (BZABR 18), Wiesbaden 2012.

DERS., *No Future without Moses: The Disastrous End of 2 Kings 22–25 and the Chance of the Moab Covenant (Deuteronomy 29–30)*, in: JBL 133/4 (2014) 711–728.

DERS., *Gericht* (2011), unter: http://www.dominik-markl.at/docs/Gericht.pdf (Stand: 9/2017).

MAYER, Gottlob, *Samuelis, Könige, Chronika in religiösen Betrachtungen für das moderne Bedürfnis* (Das Alte Testament in religiösen Betrachtungen für das moderne Bedürfnis 4), Gütersloh 1914.

MAZAR, Amihai, *Archaeology of the land of the Bible 1. 10.000–586 B.C.E.*, New York [2]1992.

MCKENZIE, Steven L., *The Trouble with Kings. The Composition of the Book of Kings in the Deuteronomistic History* (S.VT 62), Leiden/ New York [u. a.] 1991.

MENDENHALL, G.E., *Covenant Forms in Israelite Tradition*, in: BA 17 (1954) 50–76.

METTINGER, *King and Messiah. The civil and sacral ligitimation of the Israelite kings* (CBOTS 8), Lund 1976.

MICHEL, Andreas, *Gott und Gewalt gegen Kinder im Alten Testament* (FAT 37), Tübingen 2003.

MIDDLEMASS, Jill A., *The Troubles of templeless Judah* (OTM), Oxford 2005.

MONTGOMERY, James A./ SNYDER GEHMAN, Henry, *A critical and exegetical commentary on The books of Kings* (ICC), Edinburgh 1967.

MORUS, Thomas, *De optimae rei publicae, statu deque nova insula Utopia* (1516). Lateinisch/ Deutsch, Stuttgart 2012.

MOWINCKEL, Sigmund, *Die Chronologie der israelitischen und jüdischen Könige*, in AcOr 10 (1932) 161–277.

MÜHL, Britta, *Der kirchliche Heilsexklusivismus als Phänomen der »Mosaischen Unterscheidung«? Eine kritische Selbstvergewisserung*, in: Tück, Jan-Heiner, *Monotheismus unter Gewaltverdacht. Zum Gespräch mit Jan Assmann*, Freiburg i. Br. 2015, 178–211.

MUIR, Edwin, *The structure of Novel*, London [10]1979.

MÜLLER, Beate, Art. *Prolepse*, in: Nünning, Ansgar (Hg.), *Metzler Lexikon Literatur- und Kulturtheorie. Ansätze – Personen – Grundbegriffe*, Stuttgart [4]2008, 599.

MÜLLER, Hans-Peter, *Der Name »David«*, in: Hossfeld, Frank-Lothar/ Schwienhorst-Schönberger, Ludger (Hg.), *Das Manna fällt auch heute noch. Beiträge zur Geschichte und Theologie des Alten, Ersten Testaments. Festschrift Erich Zenger* (HBS 44). Freiburg i. Br. 2004, 430–446.

MÜLLER, Karl F., *Das Assyrische Ritual. Teil I. Texte zum assyrischen Königsritual* (MVAG 41,3) Leipzig 1937.

MÜLLNER, Ilse, *Gewalt im Hause Davids. Die Erzählung von Tamar und Amnon (2 Sam 13,1–22)* (HBS 13), Freiburg i. Br. 1997.

DIES./ NAUMANN, Thomas, *Männlichkeit in Kampf und Schmerz. Aspekte einer Geschlechteranthropologie der Samuelbücher*, in: Dietrich, Walter (Hg.), *The Books of Samuel. Stories – History – Reception History* (BETL 284), Leuven 2016, 303–315.

DIES./ EISEN, Ute E. (Hg.), *Gott als Figur. Narratologische Analysen biblischer Texte und ihre Adaptionen* (HBS 82), Freiburg i. Br. 2016.

DIES., *Dargestellte Gewalt und die Gewalt der Darstellung. Narrative Figurationen in den Davidserzählungen*, in: Fischer, Irmtraud (Hg.), *Macht - Gewalt - Krieg im Alten Testament. Gesellschaftliche Problematik und das Problem ihrer Repräsentation* (QD 254), Freiburg i. Br. 2013, 286–317.

DIES., *Zeit, Raum, Figuren, Blick. Hermeneutische und methodische Grundlagen der Analyse biblischer Erzähltexte*, in PzB 15,1 (2006) 1–24.

MURRAY, Donald F., *Of all the Years of Hope - or Fears? Jehoiachin in Babylon (2 Kings 25:27–30)*, in: JBL 120,2 (2001) 245–265.

NA'AMAN, Nadav, *The Temple Library of Jerusalem and the Composition of the Book of Kings*, in: LEMAIRE, André (Hg.), *Congress Volume Leiden 2004*, Leiden 2006, 129–152.

DERS., *Death Formulae and the Burial Place of the Kings of the House of David*, in: Biblica 85 (2004) 245–254.

NELSON, Richard D., *The Double Redaction of the Deuteronomistic History* (JSOT.SS 18), Sheffield 1982.

DERS., *I e II Re* (Strumenti Commentari 51), o. A.

NEUDORFER, Heinz-Werner, *Das zweite Buch der Könige*, Wuppertal 1998.

NEVIS, Arthur J., *When was Solomon's Temple Burned Down? Reassessing the Evidence*, in: JSOT 31,1 (2006) 3–25.

NIEHR, Herbert, *Götterbilder und Bilderverbot*, in: Oeming, Manfred/ Schmid, Konrad (Hg.), *Der eine Gott und die Götter. Polytheismus und Monotheismus im antiken Israel* (AThANT 82), Zürich 2003, 227–247.

DERS., *In Search of YHWH's Cult Statue in the First Temple*, in: van der Toorn, Karel (Hg.), *The Image and the Book. Iconic Cults, Aniconism, and the Rise of Book Religion in Israel and the Ancient Near East* (Contributions to Biblical Exegesis and Theology 21), Leuven 1997, 73–95.

NIEMANN, Hermann M., *Herrschaft, Königtum und Staat. Skizzen zur soziokulturellen Entwicklung im monarchischen Israel* (FAT 6), Tübingen 1993.

NITSCHE, Stefan A./ UTZSCHNEIDER, Helmut, *Arbeitsbuch literaturwissenschaftliche Bibelauslegung. Eine Methodenlehre zur Exegese des Alten Testaments*, Gütersloh [4]2014.

NOBILE, Marco, *1–2 Re* (I libri biblici : Primo Testamento 9), Mailand 2010.

DERS., *Un contributo alla letteratura sincronica della redazione Genesi-2Re, sulla base del filo narrativo offerto da 2Re 25,27–30*, in: Antonianum 61 (1986) 207–224.

NORIN, Stig I.L., *Sein Name allein ist hoch. Das Jhwh-Suffix althebräischer Personennamen untersucht mit besonderer Berücksichtigung der alttestamentlichen Redaktionsgeschichte* (CBOTS 24), Lund 1986.

NOTH, Martin, *Könige. 1. Könige 1–16* (BK.AT 9), Neukirchen-Vluyn 1968.

DERS., *Überlieferungsgeschichtliche Studien. Die sammelnden und bearbeitenden Geschichtswerke im Alten Testament*, Tübingen [3]1967.

DERS., *Gott, König, Volk im Alten Testament. Eine methodologische Auseinandersetzung mit einer gegenwärtigen Forschungsrichtung (1950)*, in: Ders., *Gesammelte Studien zum Alten Testament* (TB 6), München 1966, 188–229.

DERS., *Die Katastrophe von Jerusalem im Jahre 587 v. Chr. und ihre Bedeutung für Israel (1953)*, in: Ders., *Gesammelte Studien zum Alten Testament* (TB 6), München 1966, 346–371.

Ders., *Geschichte Israels*, Göttingen [9]1950.

Nötscher, Friedrich, *»Das Angesicht Gottes schauen« nach biblischer und babylonischer Auffassung. Im Anhang: ›Gott schauen‹ in der alttestamentlichen Religion von Wolf Wilhelm Graf Baudissin*, Darmstadt 1969.

O'Brien, Mark, *The deuteronomistic history hypothesis. A reassessment* (OBO 92), Fribourg 1989.

Oeming, Manfred/ Schmid, Konrad (Hg.), *Der eine Gott und die Götter. Polytheismus und Monotheismus im antiken Israel* (AThANT 82), Zürich 2003.

Oswald, Wolfgang, *Staatstheorie im Alten Israel. Der politische Diskurs im Pentateuch und in den Geschichtsbüchern des Alten Testaments*, Stuttgart 2009.

Otto, Eckart, *Deuteronomium* (HThKAT), Freiburg i. Br. 2008–2016.

Ders., *Born out of Ruins. The Catastrophe of Jerusalem as Accoucheur to the Pentateuch in the Book of Deuteronomy*, in: Dubovský/ Markl, *The Fall of Jerusalem*, 155–167.

Ders., *Das Deuteronomium. Politische Theologie und Rechtsreform in Juda und Assyrien* (BZAW 284), Berlin 1999.

Ders., *Von der Programmschrift einer Rechtsreform zum Verfassungsentwurf des Neuen Israel. Die Stellung des Deuteronomiums in der Rechtsgeschichte Israels*, in: Braulik, Georg (Hg.), *Bundesdokument und Gesetz. Studien zum Deuteronomium* (HBS 4), Freiburg i. Br. 1995, 93–104.

Ders., *Jerusalem – die Geschichte der Heiligen Stadt* (Urban Taschenbücher 308), Stuttgart 1980.

Pakkala, Juha, *Intolerant Monolatry in the Deuteronomistic History* (PFES 76), Göttingen 1999.

Ders., *Gedaliah's Murder in 2 Kings 25:25 and Jeremiah 41:1–3*, in: Jokiranta, Jutta/ Voitila, Anssi (Hg.), *Scripture in Transition. Essays on Septuagint, Hebrew Bible, and Dead Sea Scrolls in Honour of Raija Sollamo* (JSJ.S 126), Boston/ Leiden 2008, 401–411.

Ders., *Zedekiah's Fate and the Dynastic Succession*, in: JBL 125,3 (2006) 443–452.

Parker, S.B., *Did the authors of the Book of Kings make use of royal inscriptions*, in: VT 50 (2000) 374–376.

Patton, Mathew H., *Hope for a Tender Sprig. Jehoiachin in Biblical Theology* (BBR.Sup 16), Winona Lake, IN 2017.

Pedersen, Johannes, *Der Eid bei den Semiten* (Der Islam. Beihefte 3), Strasbourg 1914.

Person, Raymond F., *The Deuteronomistic History and the Books of Chronicles. Contemptorary Competing Historiographies*, in: Aucker, W. Brian/ Lim, Timothy H. [u. a.] (Hg.), *Reflection and Refraction. Studies in Biblical Historiography in Honour of A. Graeme Auld* (VT.S 113), Boston/ Leiden 2007, 315–336.

Ders., *The Deuteronomistic School. History, Social Setting and Literature* (SBL 2), Boston/ Leiden 2002.

Ders., *II Kings 24,18–25,30 and Jeremiah 52: A Text-Critical Case Study in the Redaction History of the Deuteronomistic History*, in: ZAW 105 (1993) 174–205.

Pietsch, Michael, *Die Kultreform Josias. Studien zur Religionsgeschichte Israels in der späten Königszeit* (FAT 86), Tübingen 2013.

Piquer Otero, Andrés: *Flies, Idols and Oracles. On a Collection of Variants to MT in 2 Kgs 1*, in: Augustin, Matthias/ Niemann, Hermann M. (eds.): *Stimulation from Leiden. Collected Communications to the XVIIIth Congress of the International Organization for the Study of the Old Testament*, Leiden 2004 (BEAT 54), Frankfurt a. M. 2006, 81–88.

Pohlmann, Karl-Friedrich, *Erwägungen zum Schlusskapitel des deuteronomistischen Geschichtswerkes. Oder: Warum wird der Prophet Jeremia in 2.Kön 22–25 nicht erwähnt?*, in: Gunneweg, Antonius H.J./ Kaiser, Otto (Hg.), *Textgemäß. Aufsätze und Beiträge zur Hermeneutik des Alten Testaments. Festschrift für Ernst Würthwein zum 70. Geburtstag*, Göttingen 1979, 94–109.

Ders., *Religion in der Krise – Krise einer Religion. Die Zerstörung des Jerusalemer Tempels 587v.Chr.*, in: Hahn, Johannes (Hg.), *Zerstörungen des Jerusalemer Tempels. Geschehen – Wahrnehmungen – Bewältigung*, Tübingen 2002, 40–60.

Pola, Thomas, *Jojachin, König von Juda. Aspekte einer Herrschergestalt*, in: Hauer, Linus/ Georg-Zöller, Christa [u.a.] (Hg.), *Jesus als Bote des Heils. Heilserfahrung in frühchristlicher Zeit. Detlev Dormeyer zum 65. Geburtstag (SBB 60)*, Stuttgart 2008, 12–18.

Porter, Barbara N., *Trees, Kings and Politics. Studies in Assyrian Iconography* (OBO 197), Göttingen 2003.

Poulssen, Niek, *König und Tempel im Glaubenszeugnis des Alten Testaments* (SBM 3), Stuttgart 1967.

Ders., *Vluchtwegen. In Hooglied 8,14. Over de Meerzinnigheit van en slootvers*, in: Bijdragen 50 (1989), 72–82.

Provan, Iain W., *1 and 2 Kings* (NIBC), Peabody, MA ^{4}2003 (1995).

Ders., *Hezekiah and the Book of Kings. A contribution to the debate about the Deuteronomistic history* (BZAW 172), Berlin 1988.

Quinzio, Sergio, *Un commento alla Bibbia*, Mailand ^{2}1991.

Rad, Gerhard von, *Theologie des Alten Testaments Band 1. Die Theologie der geschichtlichen Überlieferungen Israels* (KT 2), München ^{10}1992.

Ders., *Theologie des Alten Testaments Band 2. Die Theologie der prophetischen Überlieferungen Israels* (KT 3), München ^{10}1993.

Ders., *Gerichtsdoxologie (1971)*, in: Ders., *Gesammelte Studien zum Alten Testament II* (TB 48), München 1973, 245–254.

Ders., Gerhard, *Das judäische Königsritual*, in: Ders., *Gesammelte Studien zum Alten Testament I* (TB 8), München 1965, 205–213.

Ders., *Die deuteronomistische Geschichtstheologie in den Königsbüchern (1947)*, in: Ders., *Gesammelte Studien zum Alten Testament I* (TB 8), München 1965, 189–204.

Ders., *Der Heilige Krieg im alten Israel*, Göttingen ^{2}1952.

Rahlfs, Alfred, *Septuaginta-Studien I–III. 2. Aufl. Verm. um einen unveröffentlichten Aufsatz und eine Bibliographie mit einem Nachruf v. Walter Bauer*, Göttingen 1965.

Ders., *Studien zu den Königsbüchern* (Septuaginta-Studien 1), Göttingen 1904.

Rast, Walter E., *Joshua, Judges, Samuel, Kings* (Proclamation Commentaries), Philadelphia 1973.

Rechenmacher, Hans, *Personennamen als theologische Aussage. Die syntaktischen und semantischen Strukturen der satzhaften theophoren Personennamen in der hebräischen Bibel* (ATSAT 50), St. Ottilien 1997.

Reimer, David, *Jeremiah before the Exile?*, in: Day, John (Hg.), *In Search of Pre-exilic Israel. Proceedings of the Oxford Old Testament Seminar* (JSOT.SS 406), London/ New York 2004, 207–224.

Rehm, Martin, *Das zweite Buch der Könige. Ein Kommentar*, Würzburg 1982.

Rehms, Martin, *Textkritische Untersuchungen zu den Parallelstellen der Samuel-Königsbücher und der Chronik* (Alttestamentliche Abhandlungen XIII/3), Münster 1937.

REISER, Marius, *Bibelkritik und Auslegung der Heiligen Schrift. Beiträge zur Geschichte der biblischen Exegese und Hermeneutik* (WUNT 217), Tübingen 2007.

RENDTORFF, Rolf, *Theologie des Alten Testaments. Ein kanonischer Entwurf Bd. 1 Kanonische Grundlegung*, Neukirchen-Vluyn 1999.

REUSS, Edouard, *La Bible. Traduction Nouvelle avec Introductions et Commentaires. Vol 7*, Paris 1874.

ROBINSON, J., *The Cambridge Bible Commentary. The second Book of Kings*, Cambridge 1976.

ROLLA, Armando, *Libri dei Re. Versione - Introduzione - Note* (Nuova Versione della Bibbia 9), Rom 1971.

RÖMER, Thomas, Salomon d'après les Deutéronomistes. Un roi ambigu, in: C.Lichtert/ D.Nocquet, *Le Roi Salomon. Un héritage en question. Hommage à Jacques Vermeylen*, Bruxelles 2008, 98–130.

DERS., *The So-Called Deuteronomistic History. A sociological, historical and literary Introduction*, London 2005.

DERS., *La fin du livre de la Genèse et la fin des livres des Rois. ouvertures vers la Diaspora. Quelques remarques sue le Pentateuque, l'Hexateuque et l'Ennéateuqe*, in: Böhler, Dieter/ Himbaza, Innocent [u. a.] (Hg.), *L'écrit et l'esprit. Études d'histoire du texte et de théologie biblique en hommage à Adrian Schenker* (OBO 214), Fribourg 2005, 285–294.

RÖSEL, Hartmut N., *Von Josua bis Jojachin. Untersuchungen zu den deuteronomistischen Geschichtsbüchern des Alten Testaments*, Boston/ Leiden [u. a.] 1999.

RUPRECHT, Eberhard, *Die ursprüngliche Komposition der Hiskija-Jesaja-Erzählung und ihre Umstrukturierung durch den Verfasser des deuteronomistischen Geschichtswerkes*, in: ZThK 87 (1990) 33–66.

RÜTERSWÖRDEN, Udo, *Die Beamten der israelischen Königszeit* (BWANT 117), Stuttgart 1985.

SACK, Ronald H., *Amel-Marduk 562–560 B.C.* (AOATS 4), Neukirchen-Vluyn 1972.

DERS., *Nebuchadnezzar II and the Old Testament. History versus Ideology*, in: Blenkinsopp, Joseph/ Lipschits, Oded (Hg.), *Judah and the Judeans in the Neo-Babylonian Period*, Winona Lake, IN ²2006, 221–234.

SCHÄFER-LICHTENBERGER, Christa, *Der deuteronomische Verfassungsentwurf. Theologische Vorgaben als Gestaltungsprinzip sozialer Realität*, in: Braulik, Georg (Hg.), *Bundesdokument und Gesetz. Studien zum Deuteronomium* (HBS 4), Freiburg i. Br. 1995, 105–118.

SCHELER, Max, *Zur Idee des Menschen (1915)*, in: GW III, 171–195.

SCHENKER, Adrian, *Älteste Textgeschichte der Königsbücher. Die hebräische Vorlage der ursprünglichen Septuaginta als älteste Textform der Königsbücher* (OBO 199), Göttingen 2004.

DERS., *Gibt es graeca veritas für die hebräische Bibel?. Die »Siebzig« als Textzeugen im Buch Haggai als Testfall*, in: Böhler, Dieter/ Fabry, Hans-Josef (Hg.), *Im Brennpunkt: Die Septuaginta Band 3: Studien zu Theologie, Anthropologie, Ekklesiologie, Eschatologie und Liturgie der Griechischen Bibel* (BWANT 174), Stuttgart 2007, 57–78.

SCHIEDER, Rolf (Hg.), *Die Gewalt des einen Gottes. Die Monotheismusdebatte zwischen Jan Assmann, Micha Brumlik, Rolf Schieder, Peter Sloterdijk und anderen*, Berlin 2014.

SCHIPPER, Bernd U., *Israel und Ägypten in der Königszeit. Die kulturellen Kontakte von Salomo bis zum Fall Jerusalems* (OBO 170), Göttingen 1999.

SCHIPPER, Jeremy, *»Significant Resonances« with Mephobosheth in 2 Kings 25:27–30. A Response to Donald F. Murray*, in JBL 124 (2005) 521–529.

SCHLÖGL, Nivard, *Die Bücher der Könige (Drittes und Viertes, Hebr. Erstes und Zweites)* (Wissenschaftlicher Kommentar zu den Heiligen Schriften des Alten Testaments Abt. I, Bd. 3; II. Hälfte), Wien 1911.

SCHMID, Hans H., *Gerechtigkeit als Weltordnung. Hintergrund und Geschichte des alttestamentlichen Gerechtigkeitsbegriffs* (BHTh 40), Tübingen 1968.

SCHMID, Konrad, *Literaturgeschichte des Alten Testaments*, Darmstadt ²2014.

DERS., *Divine Legislation in the Pentateuch in ist Late Judean and Neo-Babylonian Context*, in: Dubovský/ Markl, *The Fall of Jerusalem*, 129–153.

DERS., *L'accession de Nabuchodonosor à l'Hégémonie mondiale et la fin de la Dynasitie Davidique. Exégese intrabiblique et construction de l'Histoire universelle dans le Livre de Jérémie*, in: ETR 81,2 (2006) 211–227.

DERS., *Differenzierungen und Konzeptualisierungen der Einheit Gottes in der Religions- und Literaturgeschichte*, in: Ders./ Oeming, Manfred (Hg.), *Der eine Gott und die Götter. Polytheismus und Monotheismus im antiken Israel* (AThANT 82), Zürich 2003, 11–38.

DERS., *Kollektivschuld? Der Gedanke übergreifender Schuldzusammenhänge im Alten Testament und im Alten Orient*, in: ZAR 5 (1999) 193–222.

DERS., *Manasse und der Untergang Judas. »Golaorientierte« Theologie in den Königsbüchern?*, in: Bib 78 (1997) 87–99.

SCHMID, Wolf, *Elemente der Narratologie*, Berlin ³2014.

SCHMIDT, Uta, *Zentrale Randfiguren. Strukturen der Darstellung von Frauen in den Erzählungen der Königebücher*, Gütersloh 2003.

SCHMITT, Hans-Christoph, *Das spätdeuteronomistische Geschichtswerk Gen I – 2 Regum XV und seine theologische Intention*, in: Ders., *Theologie in Prophetie und Pentateuch. Gesammelte Schriften* (BZAW 310), Berlin 2001, 277–294.

SCHMITT, John J., *The Motherhood of God and Zion as Mother*, in: RB 92,4 (1985) 557–569.

DERS., *The Virgin of Israel. Referent and Use of the Phrase in Amos and Jeremiah*, in: CBQ 53 (1991) 365–387.

SCHMITZ, Barbara, *Prophetie und Königtum. Eine narratologisch-historische Methodologie entwickelt an den Königsbüchern* (FAT 60), Tübingen 2008.

DIES., *Hulda – eine gefragt Frau. Bibelarbeit zur Prophetin Hulda (2 Kön 22,1–20)*, in: THEUER, Gabriele (Hg.), *Prophetinnen* (FrauenBibelArbeit 16), Stuttgart 2006, 34–40.

SCHNEIDER, Jost, *Einführung in die Roman-Analyse* (Germanistik kompakt), Darmstadt ⁴2016.

SCHNIEDEWIND, William M., *Society and Promise to David. The reception history of 2 Samuel 7:1–17*, New York 1999.

SCHÖKEL, Luis A., *Reyes* (Los Libros Sacrados 5), Madrid 1973.

SCHÖPFLIN, Karin, *Jotham's speech and fable as prophetic comment on Abimelech's story: the Genesis of Judges 9*, in: SJOT 18,1 (2004) 3–22.

SCHROER, Silvia, *In Israel gab es Bilder. Nachrichten von darstellender Kunst im Alten Testament* (OBO 74), Göttingen 1987.

SCHÜLE, Andreas, *Der Prolog der hebräischen Bibel. Der literar- und theologischegeschichtliche Diskurs der Urgeschichte (Gen 1–11)* (AThANT 86), Zürich 2006.

SCHULMEISTER, Irene, *Israels Befreiung aus Ägypten. Eine Formeluntersuchung zur Theologie des Deuteronomiums* (ÖBS 36), Frankfurt a. M. 2010.

SCHULZE, Ulrike/ STEUERNAGEL, Gert, *Zur Aussage »Sich zu den Vätern legen« in den Büchern der Könige sowie in II Chronik*, in: ZAW 120 (2008) 267–275.

SCHWIENHORST-SCHÖNBERGER, Ludger, *Ijob – ein Weg durch das Leid*, Freiburg i. Br. [4]2016.

DERS., *Recht und Ethik im Alten Testament*, in: Frevel, Christian (Hg.), *Mehr als zehn Worte? Zur Bedeutung des Alten Testaments in ethischen Fragen* (QD 273), Freiburg i. Br. 2015, 60–91.

DERS., *»Der Herr hat gegeben, der Herr hat genommen, gelobt sei der Name des Herrn« (Ijob 1,21). Das Leid und seine Bewältigung im Buch Ijob*, in: Una Sancta (4/2014), 274–287.

DERS., *Recht und Gewalt im Alten Testament*, in: Fischer, Irmtraud (Hg.), *Macht – Gewalt – Krieg im Alten Testament. Gesellschaftliche Problematik und das Problem ihrer Repräsentation* (QD 254), Freiburg i. Br. 2013, 318–351.

DERS., *Seelsorger in Extremsituationen. Die Freunde Ijobs*, in: ThPQ 159 (2011) 146–153.

SEITZ, Christopher R., *Theology in Conflict. Reactions to the Exile in the Book of Jeremiah* (BZAW 176), Berlin/ New York 1989.

SELIGMANN, Isaac L., *Die Auffassung von der Prophetie in der Deuteronomistischen und Chronistischen Geschichtsschreibung (mit einem Exkurs über das Buch Jeremia)*, in: *Congress Volume Göttingen 1977* (VTS 29), Leiden 1978, 254–284.

SÉVÈRE D'ANTIOCHE, *Fragments grecs tirés des chaînes sur les derniers livres de l'octateuque et sur les règnes. Texte grec établi et traduit par Francoise Petit* (TEG 14), Leuven 2006.

SIEGERT, Folker, *Zwischen hebräischer Bibel und Altem Testament* (MJST 9), Münster 2001.

SIMONS, Jan J., *Jerusalem in the Old Testament. Researches and Theories* (Studia Francisci Scholten memoriae dicata 1), Leiden 1952.

SINGER, Karl H., *Die Metalle Gold, Silber, Bronze, Kupfer und Eisen im Alten Testament und ihre Symbolik* (fzb 43), Würzburg 1980.

SIQUANS, Agnethe, *Der Deuteronomiumkommentar des Theodoret von Kyros* (ÖBS 19), Wien 2002.

DIES., *Israels Exil und Gottes Weisheit. Die Rezeption von Dtn 4 und 6,4–9 in Bar 3,9–4,4*, in: BZ 61 (2017), 24–40.

SLOTKI, I.W., *Kings*, London [12]1983.

SMEND, Rudolf, *Das Gesetz und die Völker. Ein Beitrag zur deuteronomistischen Redaktionsgeschichte*, in: WOLFF, Hans W. (Hg.), *Probleme biblischer Theologie. Gerhard von Rad zum 70. Geburtstag*, München 1971, 494–509.

SNAITH, Norman A./ CALKINS, Raymond, *The First and Second Book of Kings* (The Interpreter's Bible 3), Nashville, TN 1954.

SOGGIN, J. Alberto, *Der judäische ›am-ha‹ ares und das Königtum in Juda. Ein Beitrag zum Studium der deuteronomistischen Geschichtsschreibung*, in: VT 13,2 (1963) 187–195.

SOISALON-SOININEN, Ilmari, *Zurück zur Hebraismenfrage*, in: Fraenkel, Detlef/ Quast, Udo [u. a.] (Hg.), *Studien zur Septuaginta. Robert Hanhart zu Ehren, aus Anlass seines 65. Geburtstages* (AAWG 190), Göttingen 1990, 35–51.

SOMMER, Benjamin D., *A Prophet Reads Scripture. Allusion in Isaiah 40–66*, Stanford 1998.

SONNET, Jean Pierre, *The Siege of Jerusalem between Rhetorical Maximalism (Deuteronomy 28) and Narrative Minimalism (2 Kings 25)*, in: Ders./ Dubovský, Peter [u. a.] (Hg.), *The Fall of Jerusalem and the Rise of the Torah* (FAT 107), Tübingen 2016, 73–86.

DERS., *The Book within the Book. Writing in Deuteronomy* (BibInt 14), Leiden 1997.

SPANIER, Ktziah, *The Queen Mother in the Judean Royal Court. Maacah – A Case Study*, in: Brenner, Athalya (Hg.), *A Feminist Companion to Samuel and Kings* (FCB 5), Sheffield 1994, 186–195.

SPIECKERMANN, Hermann, *Stadtgott und Gottesstadt. Beobachtungen im Alten Orient und im Alten Testament*, in: Bib 73 (1992) 1–31.

DERS., *Juda unter Assur in der Sargonidenzeit* (FRLANT 129), Göttingen 1982.

SPINOZA, Benedictus de, *Theologisch-politischer Traktat* (Sämtliche Werke in sieben Bänden 4), Hamburg 1977.

SPRONK, Klaas, *Aanhangsel ot uitvloeisel? Over het slot van het deuteronomistische geschiedswerk (2 Koningen 25:27–30)*, in: GTT 88,3 (1988) 162–170.

STADE, Bernhard, *The Book of Kings*, Leipzig 1904.

STECK, Odil H., *Zion als Gelände und Gestalt. Überlegungen zur Wahrnehmung Jerusalems als Stadt und Frau im Alten Testament*, in: ZThK 86 (1989) 261–281.

STEINER, Margaret L., *The Notion of Jerusalem as a Holy City*, in: Aucker, W. Brian/ Lim, Timothy H. [u. a.] (Hg.), *Reflection and Refraction. Studies in Biblical Historiography in Honour of A. Graeme Auld* (VT.S 113), Boston/ Leiden 2007, 447–458.

STEINS, Georg, *Kanonbewusste Bibelauslegung. Exegetische Prolegomena zu einer sozialethisch orientierten Lektüre*, in: Ders./ Heimbach-Steins, Marianne (Hg.), *Bibelhermeneutik und Christliche Sozialethik*, Stuttgart 2012, 37–62.

DERS., *Kanonisch-intertextuelle Bibellektüre – my way*, in: Herrmann, Karin/ Hübenthal, Sandra (Hg.), *Intertextualität. Perspektiven auf ein interdisziplinäres Arbeitsfeld*, Aachen 2007, 55–68.

DERS., *Kanonisch lesen*, in: Blum, Erhard/ Utzschneider, Helmut (Hg.), *Lesarten der Bibel. Untersuchungen zur einer Theorie der Exegese des Alten Testaments*, Stuttgart 2006, 45–64.

DERS., *Amos und Mose rücken zusammen. Oder: was heißt intertextuelles Lesen der Bibel?*, in: Religionsunterricht an höheren Schulen 44 (2001) 20–28.

STEMBERGER, Günter, *Geschichte der jüdischen Literatur. Eine Einführung*, München 1977.

DERS., *Reaktionen auf die Tempelzerstörung in der rabbinischen Literatur*, in: Hahn, Johannes (Hg.), *Zerstörungen des Jerusalemer Tempels. Geschehen – Wahrnehmungen – Bewältigung*, Tübingen 2002, 207–236.

STERNBERG, Meir, *The Poetics of Biblical Narrative. Ideological Literature and the Drama of Reading*, Bloomington, IN 1985.

STEYMANS, Hans U., *Deuteronomium 28 und die âde zur Thronfolgeregelung Asarhaddons. Segen und Fluch im Alten Orient und in Israel* (OBO 145), Fribourg 1995.

DERS., *DtrB und die adê zur Thronfolgeregelung Asarhaddons? Bundestheologie und Bundesformular im Blick auf Dtn 11*, in: Fischer, Georg/ Markl, Dominik [u. a.] (Hg.), *Deuteronomium – Tora für eine neue Generation* (BZAR 17), Wiesbaden 2011, 161–191.

DERS., *Eine assyrische Vorlage für Deuteronomium 28,20–44*, in: Braulik, Georg (Hg.), *Bundesdokument und Gesetz. Studien zum Deuteronomium* (HBS 4), Freiburg i. Br. 1995, 119–141.

STICHER, Claudia, *Die Rettung der Guten durch Gott und die Selbstzerstörung der Bösen. Ein theologisches Denkmuster im Psalter* (BBB 137), Berlin/ Wien 2002.

STIPP, Hermann-Josef, *Alttestamentliche Studien. Arbeiten zu Priesterschrift, Deuteronomistischem Geschichtswerk und Prophetie* (BZAW 442), Berlin 2013.

DERS., (Hg.), *Das deuteronomistische Geschichtswerk* (ÖBS 39), Frankfurt a. M. [u. a.] 2011.

Ders., *Gedalja und die Kolonie von Mizpa*, in: ZAR 6 (2000) 155–171.

Stoltmann, Dagmar, *Jerusalem - Mutter - Stadt. Zur Theologiegeschichte der Heiligen Stadt* (MThA 57), Altenberge 1999.

Stolz, Fritz, *Einführung in den biblischen Monotheismus*, Darmstadt 1996.

Suriano, Mathew J., *The Politics of Dead Kings. Dynastic Ancestors in the Book of Kings and Ancient Israel* (FAT II 48), Tübingen 2010.

Sweeney, Marvin A., *King Josiah of Judah. The Lost Messiah of Israel*, Oxford 2001.

Tatu, Silviu, *Jotham's fable and the crux interpretum in Judges IX*, in: VT 56,1 (2006) 105–124.

Thenius, Otto, *Die Bücher der Könige Nebst e. Anh.: das vorexilische Jerusalem und dessen Tempel* (Kurzgefasstes exegetisches Handbuch zum Alten Testament 9), Leipzig 1849.

Thiel, Winfried, *Unabgeschlossene Rückschau. Aspekte alttestamentlicher Wissenschaft im 20. Jahrhundert. Mit einem Anhang: Grundlinien der Erforschung des »Deuteronomistischen Geschichtswerkes«* (BThSt 80), Neukirchen-Vluyn 2007.

Thiele, Edwin R., *The mysterious numbers of the Hebrew kings. A reconstruction of the chronology of the Kingdom of Israel and Judah*, Cambridge, MA ³1983 [1951].

Thonhauser, Johannes, *Das Unbehagen am Monotheismus. Der Glaube an den einen Gott als Ursprung religiöser Gewalt? Eine aktuelle Debatte um Jan Assmans Thesen zur mosaischen Unterscheidung*, Marburg 2008.

Tilly, Michael/ Zwickel, Wolfgang, *Religionsgeschichte Israels. Von der Vorzeit bis zu den Anfängen des Christentums*, Darmstadt 2011.

Ders., *Einführung in die Septuaginta* (Einführung Theologie), Darmstadt 2005.

Tov, Emanuel, *The text-critical use of the Septuagint in biblical research*, Winona Lake, IN ³2015.

Ders., *Textual criticism of the Hebrew Bible*, Minneapolis, MN ²2001.

Ders., *The Greek and Hebrew Bible. Collected essays on the Septuagint* (SVT 72), Boston/ Leiden 1999.

Tück, Jan-Heiner, *Gottes Augapfel. Bruchstücke zu einer Theologie nach Ausschwitz*, Freiburg i. Br. ²2016.

Ders., *Monotheismus unter Gewaltverdacht. Zum Gespräch mit Jan Assmann*, Freiburg i. Br. 2015.

Ubach, Bonaventura, *I i II dels Reis* (La Biblia. Versió dels Textos originals i Commentari. Pels Monjos de Montser-rat 6), Monestir de Montserrat 1957.

Uehlinger, Christoph, *Gab es eine joschijanische Kultreform? Plädoyer für ein begründetes Minimum*, in: Gro[ß]ss, Walter (Hg.), *Jeremia und die »deuteronomistische« Bewegung* (BBB 98), Weinheim 1995, 57–90.

Uspenskij, Boris, *Poetik der Komposition, Struktur des künstlerischen Textes und Typologie der Kompositionsformen*, Frankfurt a. M. 1975.

Valvekens, P.J.B., *Koningen I–IV - Paralipomenon* (HOT II), Brügge 1928.

Vanderhooft, David, *Babylonian Strategies of Imperial Control in the West. Royal Practice and Rhetoric*, in: Blenkinsopp, Joseph/ Lipschits, Oded (Hg.), *Judah and the Judeans in the Neo-Babylonian Period*, Winona Lake, IN ²2006, 235–262.

van Keulen, Percy F.S., *Manasseh through the eyes of the Deuteronomists. The Manasseh Account (2 Kings 21:1–18) and the Final Chapters of the Deuteronomistic History* (OTS 38), Köln/ Leiden [u. a.] 1996.

VANONI, Gottfried, *Beobachtungen zur deuteronomistischen Terminologie in 2 Kön 23,25–25,30*, in: Lohfink, Norbert (Hg.), *Das Deuteronomium* (BEThL LXVIII), Leuven 1985, 357–362.

VEIJOLA, Timo, *Die ewige Dynastie. David und die Entstehung seiner Dynastie nach der deuteronomistischen Darstellung* (AASF B 193), Helsinki 1975.

DERS., *Das Königtum in der Beurteilung der deuteronomistischen Historiographie* (AASF B 198), Helsinki 1977.

VOLGGER, David, *Verbindliche Tora am einzigen Tempel. Zu Motiv und Ort der Komposition von 1.2 Kön* (ATSAT 61), St. Ottilien 1998.

VON RANKE, Leopold, *Sämtliche Werke* Bd. 33, Leipzig 1885.

WAGENAAR, Jan A., *The Priestly Festival Calendar and the Babylonian New Year Festivals: Origin and Transformation of the Ancient Israelite Festival Year*, in: de Moor, Johannes C./ Gordon, Robert P. (Hg.), *The Old Testament in Its World. Papers Read at the Winter Meeting, January 2003 The Society for Old Testament Study and at the Joint Meeting, July 2003 The Society for Old Testament Study and Het Oudtestamentisch Werkzelschap in Nederlang en België*, Boston/ Leiden 2005, 218–252.

WAZANA, Nili, *The Law of the King (Deuteronomy 17:14–20) in the Light of Empire and Destruction*, in: Dubovský/ Markl, *The Fall of Jerusalem*, 169–195.

WEIDNER, Ernst F., *Jojachin, König von Juda, in babylonischen Keilschrifttexten*, in: o. A., *Mélanges Syriens. Offerts a monsieur René Dussaud Secrétaire perpétuel de l'Académie des Inscriptions et Belles-Lettres par ses Amis et ses Élèves. Tome II*, Paris 1939, 923–935.

WEIGL, Michael, *Die aramäischen Achikar-Sprüche aus Elephantine und die alttestamentliche Weisheitsliteratur* (BZAW 399), Freiburg i. Br. 2008.

WEINBERG, Joel, *Gedaliah, the Son of Ahikam in Mizpah. His Status and Role, Supporters and Opponents*, in: ZAW 119 (2007) 356–368.

DERS., *The Babylonian Conquest of Judah. Some Additional Remarks to a Scientific Consensus*, in: ZAW 118 (2006) 597–610.

WEINFELD, Moshe, *Deuteronomy and Deuteronomic School*, Oxford 1972.

WEINGART, Kristin, *Stämmevolk – Staatsvolk – Gottesvolk?. Studien zur Verwendung des Israel-Namens im Alten Testament* (FAT 2.68), Tübingen 2014.

WEIPPERT, Helga, *Die »deuteronomistischen« Beurteilungen der Könige von Israel und Juda und das Problem der Redaktion der Königsbücher*, in: Biblica 53 (1972) 301–339.

WEIPPERT, Manfred, *Fragen des israelitischen Geschichtsbewusstsein*, in: VT 23 (1972) 415–442.

WELLHAUSEN, Julius, *Prolegomena zur Geschichte Israels. Nachdruck der 6. Aufl. von 1927*, Berlin 2001.

DERS., *Die Zeitrechnung des Buchs der Könige seit der Theilung des Reichs*, in: Jahrbücher für Deutsche Theologie 20 (1875) 607–640.

WERLITZ, Jürgen, *Die Bücher der Könige* (NSK.AT 8), Stuttgart 2002.

WIERSBE, Warren W., *Sei anders. Als Kind Gottes einzigartig sein. Studien des Alten Testaments: 2. Könige und 2. Chronik*, Dillenburg 2007.

WILHELM, Gernot, *Reinheit und Heiligkeit*, in: Fabry, Hans-Josef/ Jüngling, Hans-Winfried (Hg.), *Levitikus als Buch* (BBB 119), Berlin 1999, 197–217.

WILLI, Thomas, *Die Judäische Komponente der Davididenherrschaft*, in: Ders., *Juda – Jehud – Israel. Studien zum Selbstverständnis des Judentums in persischer Zeit* (FAT 12), Tübingen 1995, 11–17.

Ders., *Zur Nachgeschichte eines Begriffs*, in: Ders., *Juda – Jehud – Israel. Studien zum Selbstverständnis des Judentums in persischer Zeit* (FAT 12), Tübingen 1995, 30–39.

Wischnowsky, Marc, *Tochter Zion. Aufnahme und Überwindung der Stadtklage in den Prophetenschriften des Alten Testaments* (WMANT 89), Neukirchen-Vluyn 2001.

Wiseman, Donald J., *1 and 2 Kings*, Leicester 1993.

Ders., *Chronicles of Chaldean Kings (626–556 B.C.) in the British Museum*, London 1956.

Wolff, Hans W., *The Gedaliah Episode and Its Sequels in Josephus*, in: JSP 12 (1994) 21–46.

Ders., *The interpretation of the Gedaliah episode (2Kgs 25,22–26) in context*, in: Antonianum 62 (1987) 3–11.

Ders., *Das Thema »Umkehr« in der alttestamentlichen Prophetie (1951)*, in: Ders., *Gesammelte Studien zum Alten Testament. 2., erweiterte Auflage* (TB 22), München ²1973, 130–150.

Ders., *Das Geschichtsverständnis der alttestamentlichen Prophetie (1960)*, in: Ders., *Gesammelte Werke*, München 1970, 289–307.

Ders., *Das Kerygma des Deuteronomistischen Geschichtswerks*, in: ZAW 73 (1961) 171–186.

Würthwein, Ernst, *Der Text des Alten Testaments. Eine Einführung in die Biblica Hebraica*, Stuttgart ⁵1988.

Ders., *Die Bücher der Könige 1.Kön.1–16* (AT.D 11,1) Göttingen 1985.

Ders., *Die Bücher der Könige 1.Kön.17–2.Kön.25* (AT.D 11,2) Göttingen 1998.

Yeivin, Shmuel, *Was There a High Portal in the First Temple?*, in: VT 14,3 (1963) 331–343.

Yerushalmi, Shmuel, *The Book of Melakhim II* (Torah Anthology), Jerusalem 1997.

Zeelander, Susan, *Closure in Biblical Narrative* (BIS 111), Boston/ Leiden 2012.

Zenger, Erich: *Die deuteronomistische Interpretation der Rehabilitierung Jojachins*, in: BZ NF 1 (1968) 16–31.

Zenger, Erich/ Frevel, Christian (Hg.), *Einleitung in das Alte Testament*, ⁹2016.

Zimmerli, Walter, *Grundriss der alttestamentlichen Theologie* (ThW 3,1), Stuttgart ⁷1999 [1972].

Zorn, Jeffery R., *Toll en-Nasbeh and the Problem of the Material Culture of the Sixth Century*, in: Blenkinsopp, Joseph/ Lipschits, Oded (Hg.), *Judah and the Judeans in the Neo-Babylonian Period*, Winona Lake, IN ²2006, 413–447.

Zwickel, Wolfgang, *Der salomonische Tempel* (Kulturgeschichte der Antiken Welt 83), Mainz 1999.

Wichtige Stichwortverknüpfungen[775]

»(Nicht) nach rechts oder links abweichen« in seinen 22 Belegen

Funktion	Bibelstelle(n)
Aufteilen (räumlich)	Gen 13,9
Geteilte Wasser	Ex 14,22.29
Bewegung (räumlich)	Num 20,17; 22,16; Dtn 2,27; 1 Sam 6,12; 2 Sam 2,19.21; 1 Makk 5,46
Toraobservanz	Dtn 5,32; 17,11.20; 28,14; Jos 1,7; 23,6; 2 Kön 22,2//2 Chr 34,2; 1 Makk 2,22
Moralisch Anweisung	2 Sam 14,19; Spr 4,27
Gehen müssen	Jes 30,21

»Garten« in seinen 70 Belegen

Bedeutung	Bibelstelle(n)
Garten JHWHs (Paradies)	Gen 2,8–10.15f.; 3,1–3.8.10.23f.; 13,10; Ez 28,13; 31,8f.; 36,35; Joe 2,3 Ps 80,16
Veredlung von Land	Num 24,6; Jes 29,17
Garten des Königs/ Usas	2 Kön 21,18//2 Chr 33,20; 2 Kön 21,26; 25,4//Jer 39,4// 52,7; Dan 13,4
angelegte Pflanzungen	Est 7,7f.; Jer 29,5.28; Klgl 2,6; Am 9,14; Koh 2,5
Gegenbild zur Wüste (= Zion)	Jes 1,30; 32,15f.; 51,13; Jer 4,26; 31,12; Ez 34,29; 36,35; Joe 2,3; Am 4,19
Ort kultischer Unreinheit	Jes 17,10; 65,3; 66,17; Jer 2,7
Ort der Vitalität	Jes 10,18; 58,11; 61,11; Jer 31,12; Bar 6,70; Ij 8,16

775 Tabellarisch werden nur jene Stichworte aufgelistet, die eine Vielzahl möglicher Bedeutungen bzw. eine große Anzahl an Belegstellen haben. Für Stichworte, deren Definitionsmenge klar ist bzw. die weniger als 25x zitiert werden, findet die Auswertung ausschließlich im Analyseteil Platz.

(Fortsetzung)

Bedeutung	Bibelstelle(n)
Garten als Personifizierung	Ez 19,10; 31,8f.; Ps 80,16; Hld 4,12.15f.; 5,1; 6,2; 8,13; Sir 24,30f.
Jojakims Garten im Exil	Dan 13,4.7.15.17f.20.25f.36.38

»Das Nicht(Hören) auf die Stimme JHWHs« und die Konsequenzen (ca. 90 Belege)

Kontext/ Funktion	Bibelstelle
Beschreibung der Stimme Gottes (v.a. Donnergrollen)	Num 7,89; Dtn 5,24–26; 18,16; 2 Sam 22,14; Ij 37,2.4f.; Ps 18,14; 68,34; 104,7; Jes 6,8; 30,30f.; Jer 10,13; 25,30; 51,16; Ez 1,24; 10,5; Joe 2,11; 4,16; Am 1,2
Hören auf die Stimme JHWHs (→ Segen)	Gen 22,18; 2 Chr 15,14; Hag 1,12
Wenn ihr auf meine Stimme hört... (→Ankündigung)	Ex 15,26; 19,5; 23,22; Dtn 13,19; 15,5; 26,17; 30,2.10; 1 Sam 12,14; 15,22; Sach 6,15
Auf die Stimme hören wollen (→ Selbstverpflichtung)	Jos 24,24
Ich habe gehört auf die Stimme JHWH (→Rechtfertigung)	Dtn 26,14; 1 Sam 15,20; Jes 42,6
Nicht hören auf die Stimme Gottes (→ Strafandrohung)	Dtn 8,20; 9,23; **28,15.37.45.62**; Jos 5,6; Ri 2,2.20; 6,10; 1 Sam 12,15; 28,18; 1 Kön 20,36; 2 Kön 18,12; Ps 81,12; 106,25; Spr 5,13; Jer 3,13; 7,28; 9,12; 18,10; 22,21; 32,23; 40,3; 42,13.21; 43,4.7; 44,23
Hört (doch) auf meine Stimme! (→Aufforderung)	Ex 23,21; Dtn 13,5; 27,10; 18,1f.; 30,20; Ps 29,3–9; 95,7; Jes 28,23; 32,9; Jer 7,23; 11,4.7; 26,13; 38,20
Warum hast du nicht gehört auf die Stimme...? (→ Vorwurf)	Dtn 4,30; 30,8
Du wirst auf die Stimme hören (→ aus der Not)	1 Sam 15,19
Wir haben nicht gehört... (→Schuldbekenntnis)	Jer 3,25; Dan 9,10

Das Volk-des-Landes (עם הארץ)[776] in seinen 42 Belegen

Bibelstelle	Kontext/ Funktion/ Bedeutung
Gen 23,12 (2x)	Abraham kauft Land von Efron aus dem VdL (= Hetiter)
Gen 42,6	Josef verkauft Getreide an das *ganze* VdL (= Ägypter?)
Ex 5,5	Der Pharao will nicht die Arbeit reduzieren sondern das VdL (= Gottesvolk)

776 In der Tabelle werden *nichtjüdische Bevölkerungen*, **politische Funktionsträger** und anders oder nicht definierte Stellen voneinander unterschieden.

(Fortsetzung)

Bibelstelle	**Kontext/ Funktion/ Bedeutung**
Lev 20,2.4	Das VdL (= Gottesvolk) muss alle töten, die dem Moloch opfern oder sie werden selbst bestraft werden
Num 14,9	Josua sagt als Kundschafter, das VdL im Land sei nicht zu fürchten (= Bewohner des verheißenen Landes)
2 Kön 11,14.18–20 // 2 Chr 23,13.20f.	Absetzung Ataljas durch das *ganze* VdL und König; anschließende Zerstörung der Baalkultstätten durch das *ganze* VdL und Triumphzug des Königs u.a. mit dem *ganzen* VdL vom Tempel zum Palast
2 Kön 15,5 // 2 Chr 26,21	Jotam soll anstelle seines aussätzigen Vaters das VdL richten
2 Kön 16,15	Ahas gibt Opferanweisungen an den Priester u.a. ein Brandopfer für das *ganze* VdL
2 Kön 21,24 (2x) // 2 Chr 33,23 (2x)	Die Verschwörer gegen Amon werden vom VdL besiegt und anschließend setzen sie Joschija zum König ein
2 Kön 23,30–25,19 (//Jer 52,25; 2 Chr 36,1)	*Die hier untersuchte Erzählung (6–7 Erwähnungen)*
Jes 24,4	Die Höhe (i.S.v. Größe) des VdL sind dahin
Jer 34,19	Die »Großen Jerusalems und Judas«, aber auch das VdL werden unter Zidkija bestraft, weil sie sich nicht an die Sklavenfreilassung im Jobeljahr gehalten haben
Ez 7,27	Beim göttlichen Gericht zittern dem VdL die Hände
Ez 12,19	Brot und Wasser wird das VdL in Jerusalem nur noch mit Angst essen können
Ez 22,29	Das VdL beraubt das Volk und steht gegen die Armen
Ez 33,2–4	Der Prophet mahnt das VdL zur rechtzeitigen Umkehr
Ez 39,13	Das VdL soll Gog von Magog und seine Schergen begraben um das Land zu reinigen
Ez 45,22	Am Pessach soll der Fürst für sich und das VdL ein Sühnopfer darbringen
Ez 46,3	Ein Tempeltor nach Osten wird am Sabbat geöffnet und der König und das VdL werden vor dem Tor stehen und JHWH anbeten
Ez 46,9	Jeder (inkl. VdL) der den Tempelberg durch das Nord-/Südtor betritt hat ihn auf der gegenüberliegenden Seite zu verlassen.
Dan 9,6	Niemand (inkl. VdL) hat auf die Mahnungen gehört
Esr 4,4	Das VdL könnte gegen den Wiederaufbau des Tempels stehen
Hag 2,4	Alle, auch das VdL sollen sich am Wiederaufbau beteiligen
Sach 7,5	Mahnung an Priester und VdL das Fasten ernst zu nehmen

(Fortsetzung)

Bibelstelle	Kontext/ Funktion/ Bedeutung
Ijob 12,24	Den (Ober-)Häuptern des VdL nimmt JHWH den Verstand, wenn er nur will

Die Verbindung von Priester (כהן) und Levit (לוי) in ihren 105 Belegen

Kontext/ Funktion/ Bedeutung	Bibelstelle
Leviten und Leitung eines Aaroniden-Priesters	Ex 38,21; Num 3,32; Jos 21,1.4
Levitische Priester als Gericht und Gesetzeswahrer	Dtn 17,9.18
Levitische Priester müssen besitzlos bleiben	Dtn 18,1; Jos 18,7
Levitische Priester als Bewahrer der Reinheit	Dtn 24,8 (Lev 11–15)
Levitische Priester als Hüter/ Träger der Lade	Jos 3,3; 8,33; 1 Kön 8,4
Ein Levit als Hauspriester für Micha	Ri 17,10–13
Theologisch bzw. inhaltlich deutlich nachexilisch	
»Priester und Leviten« als Tempelpersonal in der Chronik (46x)	1 Chr 9,2; 13,2; 15,11.14.27; 23,2; 24,6.31; 28,13.21; 2 Chr 5,5.12; 7,6; 8,14f.; 11, 13f.; 13,9f.; 17,8; 19,8; 23,4.6.8.18; 24,5; 29,4.16.26.24; 30,15f.21.25.27; 31,2.4.17.19; 34,30; 35,8.10f.14.18
»Priester und Leviten« in Esra und Nehemia nehmen den Dienst am Tempel wieder auf (36x)	Esr 1,5; 2,70; 3,8.10.12; 6,16.18.20; 7,7.13.24; 8,15.29f.33; 9,1; 10,5 Neh 7,72; 8,9.13; 10,1.2935.38–40; 11,3.20; 12,1.22.30.44; 13,5.13.29f.
Priester und Leviten aus den Nationen berufen	Jes 66,21
Für die Priester und Leviten gilt die Natanverheißung	Jer 33,18.21
Levitische Priester sind Zadokiden	Ez 43,19; 44,15; 48,11.13

Bibelstellenverzeichnis

Altes Testament

(Die Bibelstellen der lexematischen Untersuchungen sind im Online-Anhang zu finden.)

Neues Testament